MANUEL

_{DES}

DÉCLARATIONS DE SUCCESSION

ET DES

DROITS DE MUTATION PAR DÉCÈS

CONTENANT

LE RÉSUMÉ DES DÉCISIONS ADMINISTRATIVES ET JUDICIAIRES RENDUES JUSQU'A CE JOUR

PAR

M. B. MOLINEAU

ANCIEN NOTAIRE, AUTEUR DE PUBLICATIONS SUR LE NOTARIAT ET L'ENREGISTREMENT.

Deuxième Édition, entièrement refondue et augmentée

PARIS

A L'ADMINISTRATION DU JOURNAL DES NOTAIRES ET DES AVOCATS

RUE DES SAINTS-PÈRES, 52,

ET CHEZ L'AUTEUR, RUE DE SÈVRES, 91

1865

MANUEL

DES

DÉCLARATIONS DE SUCCESSION

ET DES

DROITS DE MUTATION PAR DÉCÈS

OUVRAGES DU MÊME AUTEUR :

1° Études sur la Législation fiscale. — Enregistrement. — Mutation par décès. — Droit d'affichage. — Modifications proposées : 1° exemption de tout droit de mutation par décès, en ligne directe, pour les succession pour les pauvres au-dessous de 500 fr. (Pétition au Sénat. V. *Moniteur* du 13 fevrier 1864), 2e extension du droit d'affichage. Brochure grand in-12. Prix 1 fr. *franco.*

2° Des Ventes forcées d'Immeubles en Belgique et en France, avec pétition au Sénat pour la révision de la loi sur la saisie immobilière et le renvoi de ces ventes devant notaires. Brochure in-8°. Prix : 1 fr. 50 franco.

3° Traité de la Purge hypothécaire, ou Commentaire : 1° du chapitre 8 de la loi du 16 décembre 1851 (du mode de purger en Belgique les propriétés des priviléges et hypothèques) ; 2e de la loi du 15 août 1854, sur l'expropriation forcée en Belgique, etc. 1 vol. in-8°. Prix : 5 fr. *franco.* Cet ouvrage contient en outre le texte de la nouvelle législation sur le régime hypothécaire et l'expropriation forcée en Belgique, et autres documents utiles à consulter.

4° Traité des Contraventions notariales sur la loi organique du 25 ventose an XI., etc. Deuxième édition, avec supplément contenant la jurisprudence depuis 1852 jusqu'en 1864, et mise en concordance avec le *Journal des Notaires et des Avocats* et le *Dictionnaire du Notariat,* 4e édition, suivi d'une étude de législation comparée de France et de Belgique au point de vue de la transmission des offices, et du texte de l'organisation nouvelle du notariat en Belgique, en Prusse, en Hollande et dans le Grand-Duché du Luxembourg. 1 vol. in-8°. Prix : 6 fr. 50 c. *franco.*

Tous ces ouvrages sont en vente à l'administration du *Journal des Notaires et des Avocats,* rue des Saints-Pères, 52, et chez l'auteur rue de Sèvres, 91.

Un avantage est offert aux souscripteurs qui prendront les cinq ouvrages en même temps (y compris *le Manuel des déclarations de succession*); en s'adressant directement à l'auteur, les souscripteurs ne payeront que QUINZE FRANCS pour un exemplaire des cinq ouvrages.

Paris. — Imprimerie de E. Donnaud, rue Cassette, 9.

MANUEL

DES

DÉCLARATIONS DE SUCCESSION

ET DES

DROITS DE MUTATION PAR DÉCÈS

CONTENANT

LE RÉSUMÉ DES DÉCISIONS ADMINISTRATIVES ET JUDICIAIRES
RENDUES JUSQU'A CE JOUR

PAR

M. B. MOLINEAU

ANCIEN NOTAIRE, AUTEUR DE PUBLICATIONS SUR LE NOTARIAT ET L'ENREGISTREMENT.

Deuxième Édition, entièrement refondue et augmentée

PARIS

A L'ADMINISTRATION DU JOURNAL DES NOTAIRES ET DES AVOCATS

RUE DES SAINTS-PÉRES, 52,

ET CHEZ L'AUTEUR, RUE DE SÈVRES, 91

1865

AVANT-PROPOS.

Aussitôt qu'une succession s'ouvre, ceux qui sont appelés à la recueillir, soit par une disposition de dernière volonté, soit dans l'ordre établi par la loi, sont tenus d'en faire la déclaration à la Régie de l'enregistrement et d'en acquitter les droits sur l'évaluation par eux donnée des biens qui en dépendent.

Bien peu de personnes paraissent connaître les formalités à remplir pour satisfaire aux prescriptions de la loi.

Pénétré de cette pensée qu'une publication spéciale qui réunirait, sous une forme facile à consulter, tous les documents se rattachant à ces formalités de la déclaration de succession à faire par ceux auxquels la loi en impose la charge serait accueillie favorablement du public, nous avons comblé cette lacune en publiant un *Manuel des déclarations de succession et des droits de mutation par décès.*

Nos prévisions étaient justes ; le besoin d'une publication de ce genre était depuis longtemps assez généralement reconnu. Aussi, une première édition de ce *Manuel* a été promptement épuisée. Nous en publions une nouvelle entièrement refondue et considérablement augmentée.

Afin de rendre plus utile encore cette publication, nous l'avons mise en concordance non-seulement avec le *Dictionnaire du Notariat* (4ᵉ édition) et le *Journal des Notaires et des Avocats*, mais encore avec 1° le *Répertoire général de Jurisprudence* de M. Dalloz ; 2° le *Répertoire de la Jurisprudence du Notariat*, de M. Rolland de Villargues ; 3° et le *Répertoire général* ou le *Nouveau Dictionnaire de l'Enregistrement*, de M. Garnier. Cette concordance, qui sera assurément appréciée, présentera un immense avantage pour les possesseurdes ces précieux ouvrages, qui se trouvent aujourd'hui dans toutes les bibliothèques.

La publication du *Manuel des déclarations de succession* ne s'adresse pas seulement aux gens d'affaires, mais à toutes les personnes appelées à une succession, à tous ceux, par conséquent, qui sont obligés de faire une déclaration de succession. Ce *Manuel* contient tous les éléments nécessaires pour les formalités à remplir.

Le Dictionnaire du Notariat, vᵒ *Succession*,

n° 842, 4ᵉ édition, contient pour les héritiers,
légataires et donataires peu habitués aux affaires
qui auraient une déclaration de succession à passer, ce conseil qui nous paraît fort sage : « Nous
» ne saurions trop recommander aux héritiers,
» légataires et donataires de se faire diriger par
» un notaire pour les déclarations qu'ils ont à
» passer. D'après la loi, *ces déclarations sont cen-*
» *sées l'œuvre des parties;* mais il arrive souvent
» qu'elles s'en rapportent, pour la rédaction de
» leur déclaration, aux préposés de la Régie, qui
» ne manquent pas de la faire dans le sens le plus
» fiscal. La plupart des contestations relatives à
» la perception des droits de mutation par décès
» prennent source dans cet excès de confiance en-
» vers les préposés de la Régie. »

MANUEL

DES

DÉCLARATIONS DE SUCCESSION

ET DES

DROITS DE MUTATION PAR DÉCÈS

DIVISION SOMMAIRE.

---

§ 1er. — Origine de l'impôt des mutations par décès.

1. L'impôt sur les successions remonte à une époque fort reculée. On le trouve, dans les institutions romaines, sous la dénomination de *vicesima hœreditatum* (vingtième des éritages). Comme la dénonciation l'indique, l'impôt n'était que du vingtième, c'est-à-dire de cinq pour cent, ce qui était un taux modéré; à une époque où la propriété et les capitaux étaient d'un revenu plus considérable que dans les temps modernes. D'une autre part, l'impôt ne frappait pas la succession en ligne directe, ni la succession déférée à l'agnation. (Voir un article de M. Troplong dans *La Revue de législation*, année 1848, t. II, p. 220.) Néanmoins; malgré cette modération dans l'application, l'impôt des successions ne fut pas de longue durée. Imaginé par Auguste, en vue de subvenir aux insuffisances du trésor public, comme une émanation de ce principe prétendu, mais assurément tyrannique et fort inexact, que l'État est la source de la propriété, il tomba sous la révolution opérée par le Christianisme.

2. Il fut rétabli et généralisé même par la féodalité. Alors il eut pour cause ou pour principe le droit supérieur appartenant au seigneur sur les terres de son fief. « Les fiefs, dit Pocquet de Livonière (*Traité des fiefs*, liv. 4, ch. I), dans leur première institution étaient réversibles en divers cas. Quand on a voulu les rendre patrimoniaux et héréditaires, ce qui ne s'est fait que par degrés et par succession de temps, les seigneurs, pour se dédommager, se sont réservé divers droits, mais entre autres, le droit de *rachat* ou *relief*. Il est appelé rachat en quelques lieux, parce que, moyennant certaine composition, réglée ordinairement au revenu d'un an, le successeur rachète le fief qui était dévolu au seigneur... En d'autres endroits, ce droit s'appelle relief, parce qu'il semble qu'on relève le fief qui est tombé en caducité par la réversion qui s'en faisait au profit du seigneur... »

3. La succession, la donation, le mariage, étaient parmi les cas diversement réglés, par les coutumes, les plus communs de ceux auxquels s'appliquait le rachat ou le relief. Nous ne nous occuperons que du premier (*la succession*). Régulièrement, et par le droit commun de la France, il n'était pas dû de rachat en ligne directe, parce que la succession des enfants était considérée moins comme une acquisition nouvelle que comme une continuation de seigneurie, suivant la disposition du droit qui regardait le père et le fils comme une même personne, et supposait que l'héritage du père passait au fils sans interruption et presque sans mutation. (V. Pocquet de Livonnière, *loc. cit.*, sect. 1.) C'était la règle générale; elle comportait néanmoins quelques exceptions, parmi lesquelles on peut citer celles qu'avaient introduites les coutumes d'Anjou (art. 84) et du Maine (art. 97), d'après lesquelles le rachat était dû par les petits-

enfants qui recueillaient la succession de leurs aïeuls et aïeules, ou autres ascendants. Au contraire, en ligne collatérale, la règle générale était pour l'exigibilité du rachat. D'après la coutume de Paris et d'après le droit commun, le rachat était dû en effet, en toute succession collatérale, tant au premier degré qu'autres peu éloignés, tant par les frères et sœurs que par les oncles, neveux, cousins qui venaient à la succession les uns des autres. Mais la règle comportait aussi des exceptions; il faut citer notamment celle des coutumes déjà indiquées, d'après lesquelles le rachat n'était pas dû lorsque le frère succédait à son frère, le frère à sa sœur, ou la sœur au frère, ce qui, d'après Pocquet, *loc. cit.*, sect. 2, « peut avoir pour fondement l'ancienne institution des fiefs, et l'édit de l'empereur Conrad portant que le frère doit succéder à son frère décédé sans enfants, dans le fief concédé au père commun. Or, comme le rachat n'est dû que dans le cas où originairement la succession des fiefs n'était pas reçue, et où il fallait racheter le fief dévolu au seigneur, c'est avec raison que nos coutumes (celles d'Anjou et du Maine) en ont exempté les frères qui étaient fondés par le droit dans une succession réciproque des fiefs propres, ce qui, depuis, a été étendu aux acquêts et en faveur des sœurs... »

4. La législation du centième denier s'était inspirée de ces principes. La quotité du droit sur les successions fut différente en ce sens qu'au lieu du revenu d'un an auquel était réglé le rachat, c'était le centième denier de la valeur entière des immeubles réels dépendant de la succession qui était dû d'après la législation dont il s'agit maintenant. Mais l'application du droit se faisait d'après les mêmes principes. Ainsi, les héritiers en ligne directe qui, en général, étaient exempts du rachat, furent également exemptés du centième denier. L'exemption, sous ce dernier rapport, devint même plus absolue que ne le fut celle relative au rachat. En effet, par l'art. 25 de l'édit du mois de décembre 1703, les successeurs en ligne directe, dans les coutumes où ils étaient tenus de payer des droits aux seigneurs lors des mutations au même titre, furent assujettis à payer la moitié du centième denier des biens immeubles qu'ils recueillaient, afin que l'enregistrement de leur déclaration servît à prouver les connaissances nécessaires aux seigneurs et aux fermiers du domaine du roi pour la conservation de leurs droits. Cette disposition avait été confirmée par l'art. 16 de la déclara-

tion du roi, du 19 juillet 704. Mais les successeurs en ligne directe furent dispensés de payer ce demi-droit de centième denier par l'édit du mois d'août 1706, portant que tous les biens immeubles qui écherront ci-après en ligne directe seront dispensés et déchargés de ce droit, si ce n'est dans le cas de donations, de legs des père et mère ou aïeuls à leurs enfants, lesquels payeront seulement les droits d'insinuation desdites donations et legs, suivant le tarif. Ainsi, en ce qui concerne les successions *ab intestat*, les successeurs en ligne directe furent exemptés du droit de centième denier dans tout le royaume. (V. *Bosquet*, Dictionnaire des dom., v° *Directe et succession directe*.) — Quant aux successions collatérales, elles étaient indistinctement soumises aux droits du centième denier, lequel, on doit le remarquer, se percevait uniquement sur la valeur des immeubles. D'après *Bosquet, loc. cit.* (v° *Succession collatérale*), les nouveaux possesseurs de biens immeubles à titre successif en ligne collatérale, soit *ab intestat*, soit par testament, soit aussi qu'ils eussent accepté la succession purement et simplement, ou sous bénéfice d'inventaire, étaient assujettis à faire leurs déclarations détaillées et circonstanciées desdits biens, sur le registre de chacun des bureaux de leur situation, dans les six mois du jour de l'ouverture des successions; ils étaient tenus de communiquer les titres de propriété, les baux ou autres titres justificatifs de la valeur, ou de déclarer qu'ils n'en avaient aucun, et ils devaient payer le droit de centième denier de la valeur entière de tous les immeubles réels dépendant de la succession, de quelque nature qu'ils fussent, sauf seulement des rentes foncières non rachetables dont les biens étaient chargés, en justifiant qu'elles existaient et qu'elles étaient véritablement foncières et non rachetables. Faute d'y satisfaire dans le délai de six mois, ils encouraient la peine du triple droit; et s'il était omis quelques biens dans les déclarations, ou si ceux qui y étaient compris étaient évalués au-dessous de leur valeur, les règlements prononçaient une amende de 300 livres, outre le supplément du droit et le triple droit contre ceux qui avaient fait ces déclarations.

5. Tel était l'état des choses lorsque survint la révolution de 1789. La loi de 1790 qui refondit les anciens droits en un seul, le droit d'enregistrement, suivit néanmoins, en ce point, les errements du passé, sauf une modification qui porta sur les successions en ligne directe. Ces successions cessèrent en effet

d'être affranchies comme elles l'avaient été jusque-là. Pour la
première fois on songea à faire payer à l'enfant une succession
que, selon l'expression de M. Troplong, *loc. cit.*, il tient de la
nature, de l'affection et de la copossession. Mais ce fut, sauf
les modifications de tarif, le seul changement que les réforma-
teurs introduisirent d'abord dans les pratiques anciennes.

6. Ce changement une fois consacré, on n'eut pas de
peine à le maintenir dans la législation. Les rédacteurs de la
loi du 22 frimaire an 7 ne proposèrent pas d'affranchir du
droit d'enregistrement les successions directes, bien qu'ils
reconnussent tout ce qu'il y avait de favorable dans ces mutations qui, disaient-ils, semblent appartenir autant aux lois de
la nature qu'à celles de la société. Cependant, ajoutaient-ils,
c'est la société qui protége les propriétés privées ; on ne peut
être propriétaire qu'à la faveur de ses lois, et cette faveur ne
peut être gratuite dans aucun cas, dès que la société a des dépenses publiques à faire pour assurer la garantie commune et pro-
téger les propriétés privées. Tout ce qu'il est juste d'accorder
à la propriété directe, c'est de la soumettre à un droit moins
élevé, à un quart par exemple, de celui qui sera exigé pour les
autres. C'est ainsi que les rédacteurs de la loi de l'an 7
furent amenés à maintenir le changement opéré par leurs
devanciers relativement à la succession en ligne directe. Mais
ils ne s'en tinrent pas là ; ils proposèrent, en outre, de soumettre au droit les successions mobilières qui, jusqu'à cette
époque, en avaient été affranchies ; seulement ils ne le proposèrent que contre l'héritier collatéral. Le droit existe, disaient-
ils, sur ces sortes de successions entre époux ; et, lorsqu'un
héritier collatéral ne recueille que des effets mobiliers, il n'est
pas tenu d'en faire la déclaration, et il ne paye rien pour cette
nouvelle propriété.

Cette différence est condamnée également par la raison et
par les principes de l'égalité. Celui qui achète ou à qui l'on
donne (entre-vifs) des effets mobiliers, paye un droit proportionnel comme celui qui acquiert ou à qui on donne des immeubles. Pourquoi ceux à qui les effets sont transmis par
succession ne payeraient-ils pas aussi un droit de mutation?...
Voici un héritier à qui il vient d'échoir une succession mobilière de plusieurs millions peut-être, et la loi n'exige de lui ni
déclaration, ni droit quelconque, comme si une succession

mobilière n'était pas un bien, comme si elle n'avait aucune valeur, comme si on ne devait pas autant à la loi pour la faveur qu'elle accorde dans ce cas comme dans tous les autres ?... Ces réflexions étaient fort justes ; mais les auteurs du projet avaient eu le tort de ne pas songer qu'elles étaient susceptibles de s'appliquer à l'héritier direct aussi bien qu'à l'héritier collatéral. On le comprit en discutant la loi. Le projet fut généralisé, et il fut admis, en définitive, que la succession mobilière serait soumise à l'enregistrement d'une manière absolue comme la succession immobilière, sauf une différence dans la quotité des droits applicables à l'une et à l'autre. Ces principes sont suivis encore aujourd'hui, en ce sens que la loi atteint la succession mobilière et la succession immobilière. (V. Dalloz, *Traité de de l'enregistrement*, tome II (vingt-deuxième du Répertoire), p. 288; nᵒˢ 3961 et suiv.), V. aussi Dict. Not., vᵒ *Succession*, nᵒ 298 et suiv., 4ᵉ édit. ; Rolland de Villargues, *Répertoire de la Jurisprudence du Notariat*, vᵒ *Mutation par décès*, nᵒˢ 1ᵉʳ et suiv., 2ᵉ édit., et Garnier, *Répertoire général*, nᵒˢ 12760 et suiv.

§ II — **Déclaration à fournir. — Par qui elle doit être faite.**

DIVISION.

ART. 1ᵉʳ.— Pour les transmissions de biens meubles et immeubles qui s'opèrent par décès.

ART. 2. — Pour les biens des absents.

—

ART. 1ᵉʳ. — *Pour les transmissions de biens meubles et immeubles qui s'opèrent par décès.*

7. Le fait seul de l'ouverture d'une succession donne lieu à l'impôt du droit de mutation par décès, et l'*héritier*, le *légataire* ou le *donataire* doit passer la déclaration des biens dans les délais fixés et acquitter les droits exigibles. Loi du 22 frim. an 7, art. 27.

8. Nécessité de la déclaration. — D'après cela, aussitôt qu'une succession s'ouvre, ceux qui sont appelés à la recueillir, soit par une disposition de dernière volonté, soit dans l'ordre établi par la loi, *sont tenus* d'en faire la déclaration à la Régie de l'enregistrement et d'en acquitter les droits sur l'évaluation par eux donnée des biens qui en dépendent. (Dalloz, *ibid.*, n° 4139 ; Rolland de Villargues, *Répertoire de la Jurisprudence du Notariat*, v° *Mutation par décès*, n° 26, 2ᵉ édit. ; Dict. Not. V° *Succession*, n° 694, 4ᵉ édit. ; Garnier, 12606.)

9. Hâtons-nous de dire qu'il n'est pas nécessaire que tous les héritiers ou légataires appelés à recueillir une succession concourent tous en personne ou par procuration à cette déclaration. C'est une grave erreur de croire que ce concours est indispensable pour la régularité et la validité de la déclaration. Il n'en est pas ainsi ; cela eût occasionné des déplacements et des frais tout à fait inutiles, quand la déclaration faite par un seul héritier profite aux autres et les rend solidaires pour les conséquences de cette formalité. L'art. 32 de la loi du 22 frimaire an 7 s'explique ainsi à l'égard de cette solidarité et des droits concédés à l'Etat pour la contribution de l'impôt de succession :

« Les droits des déclarations des mutations par décès seront payés par les héritiers, donataires ou légataires. — Les cohéritiers seront solidaires. — L'Etat aura action sur les revenus des biens à déclarer, en quelques mains qu'ils se trouvent, pour le payement des droits dont il faudrait poursuivre le recouvrement. »

10. Manière d'évaluer les biens. — Aux termes des art. 14 et 15 de la même loi, la valeur de la propriété, de l'usufruit et de la jouissance des biens transmis par décès est déterminée pour la liquidation et le payement des droits, savoir:

... 1. MEUBLES. — Pour les meubles, « par la déclaration estimative des parties, *sans distraction des charges.* » (Art. 14, n° 8.)

« La valeur pour les créances et autres actes obligatoires est déterminée par le prix exprimé dans l'acte et qui en fait l'objet. » (Art. 14, n° 11.)

« L'usufruit s'évalue à la moitié de la valeur entière de l'objet. » (Art. 14, n° 11.)

... 2. IMMEUBLES. — Pour les immeubles, « par l'évaluation qui sera faite et portée à vingt fois le produit des biens, ou le prix des baux courants, *sans distraction des charges.* »

« Il ne sera rien dû pour la réunion de l'usufruit à la propriété, lorsque le droit d'enregistrement aura été acquitté sur la valeur entière de la propriété. » (Art. 15, n° 7.)

Pour l'usufruit, « par l'évaluation qui en sera portée à dix fois le produit des biens, ou le prix des baux courants, aussi *sans distraction des charges.* »

« Lorsque l'usufruitier qui aura acquitté le droit d'enregistrement pour son usufruit acquerra la nue propriété, il payera le droit d'enregistrement sur sa valeur, sans qu'il y ait lieu de joindre celle de l'usufruit. » Art. 15, n° 8.) Garnier, 13080.

11. Déclaration négative. — Les héritiers *sont-ils tenus* de faire une déclaration négative, lorsque la succession est absolument nulle? Le tribunal d'Orange s'est prononcé, le 13 avril 1853, pour la négative, dans une espèce où la succession se composait uniquement de droits litigieux dont aucun titre ne constatait l'existence : « Attendu qu'aucune disposition de la loi du 22 frimaire an 7 n'oblige un héritier à faire une déclaration négative ou pour mémoire, à raison de droits incorporels purement éventuels et litigieux, dont aucun titre ne constate l'existence; que, d'une part, en effet, la fiction : *qui habet actionem, rem ipsam habere videtur,* ne saurait être appliquée en matière d'impôts; et que, d'autre part, suivant l'art. 27 de la loi du 22 frimaire an 7, l'enregistrement des mutations par décès doit avoir lieu sur la déclaration détaillée des héritiers, donataires ou légataires, et suivant l'art. 28 de la même loi, être précédée du payement des droits, ce qui suppose qu'il n'existe aucune incertitude sur l'existence des biens ou des créances dont se compose la succession qui fait l'objet de la déclaration. »

Cette décision parait fondée. Vainement on opposerait que, d'après l'art. 27 de la loi du 22 frimaire an 7, les héritiers *sont tenus* de passer déclaration, sans distinction entre les successions qui possèdent un actif et celles qui n'en ont pas. Cet article oblige les héritiers à passer déclaration des *mutations de propriété ou d'usufruit par décès.* Or, il est clair qu'il n'y a point de mutation de propriété ou d'usufruit, lorsqu'il n'existe aucun bien dans la succession. Dans ce cas, la déclaration n'est donc pas obligatoire. Elle manquerait d'ailleurs de sanction pénale; car l'art. 39 de la loi précitée ne prononce contre les héritiers, qui n'auront point fait dans les délais prescrits les déclarations *des biens à eux transmis par décès*, que la peine *d'un demi-droit en sus qui sera dû pour la mutation*.

Cependant, pour interrompre la prescription à l'égard des biens qui pourraient ultérieurement rentrer dans l'hérédité, la Régie a prescrit à ses préposés de diriger des poursuites contre les héritiers qui refuseraient de faire une déclaration dans le cas où il n'existerait aucune valeur héréditaire au moment de l'ouverture de la succession. (Inst. Rég. 16 juin 1826, n° 1189, § 5 (Art. 5689 J. N.). V. Dict. Not., v° *Succession,* n°ˢ 702 et suiv., 4° édit. ; Garnier 12607.)

D'après cela, on doit tenir pour constant que l'exigibilité des droits, sur les biens dont la succession n'est pas saisie lors du décès, ne se trouve conservée qu'autant que, dans les années qui ont suivi le décès, il a été fait, pour quelques biens dépendant de la succession, une déclaration par les héritiers, ou qu'une demande a été dirigée contre eux, au nom de l'administration pour qu'ils satisfassent à l'art. 27 de la loi du 22 frimaire an 7.

C'est pour ces motifs que la Régie prescrit à MM. les receveurs de l'enregistrement d'exiger une déclaration, lors même que le défunt paraîtrait n'avoir laissé aucuns biens, déclaration qui serait alors négative.

Mais la Régie admet à la place de la déclaration un certificat du maire de la commune constatant l'indigence des décédés, ou l'impossibilité absolue des héritiers de payer aucun droit par suite d'insolvabilité notoire. Elle s'abstient, dans ce cas, de diriger des poursuites dont les frais retomberaient soit à la charge du trésor, soit à la charge des préposés qui auraient agi à la légère et sans informations préalables.

Il est certain, au reste, que l'héritier peut faire une déclaration négative et attester qu'il n'a recueilli aucun bien dans la succession : dans ce cas, il n'est passible d'aucun droit de mutation, sauf à la Régie à vérifier l'exactitude de la déclaration.

12. Adoption. — L'enfant adoptif étant civilement et par fiction un enfant légitime, les droits de mutation sur les biens que lui ou ses enfants recueillent par le décès de l'adoptant, sont perçus au taux établi pour la ligne directe (Dict. Not., v° *Adoption,* n° 31, 4° édit.; Jurisp. Not., *eod verbo,* n° 41 ; Garnier 12444 ; Dalloz, 4,084.)

13. Lors même que l'adoption a eu lieu par testament, et que l'adoptant décède avant la majorité de l'adopté, les droits de succession ne sont exigibles que d'après la quotité fixée pour la ligne directe, si d'ailleurs la disposition testamentaire est exécutée, et quoique l'adoption ait eu lieu avant le Code Nap. Délibération Régie, 19 août 1834 (Dict. Not., *loc. cit.*, n° 67.)

14. Lorsque, au jour du décès du tuteur officieux, le pupille a atteint sa majorité, l'adoption testamentaire faite pendant la minorité de ce dernier étant sans effet, le pupille, institué en même temps légataire universel, doit acquitter les droits de mutation par décès au taux déterminé par son degré de parenté avec le défunt. Tribunal de Saint-Marcelin, 26 avril 1849. (Jurisp. Not. art. 8683; Dalloz, 4085). Délib. rég. 2 octobre 1848 (Art. 13532 et 13823 J. N.)

15. Le legs d'immeubles fait par l'adoptant au fils de l'adopté est censé fait en ligne directe, et n'est pas passible du droit proportionnel auquel sont soumises les mutations par décès entre collatéraux ou entre personnes non parentes. Cass. 2 décembre 1822 (Art. 4325 J. N. V. aussi art. 4079 et 4030; J. N.; Garnier 1283; Dalloz 4084).

Cet arrêt est très-important en ce qu'il a fait cesser une controverse sérieuse sur des principes qui font en quelque sorte la base de la législation relative aux adoptions.

16. Curateur au ventre. — Le curateur au ventre, qui est celui qui est donné à l'enfant conçu au moment de l'ouverture de la succession, est tenu, comme le tuteur, à la déclaration de succession, et il se trouve dans les mêmes conditions que lui au regard du trésor. (Garnier, 12611; Dict. Not., v° *Curateur au ventre*, n° 72, 4° édit.; Dalloz, 1022 et 5152; Jurisp. Not., v° *Curateur au ventre*, n° 47.)

17. Curateur aux successions vacantes. — Le droit de mutation par décès ne cesse pas d'être dû malgré la renonciation de l'héritier; c'est alors au successible appelé à son défaut à faire la déclaration, et si tous les successibles renoncent successivement, les droits sont dus par la succession vacante. Cass. 18 nivôse an 12, 3 nivôse, 17 pluviôse et 19 thermidor an 13, 15 juillet 1806; Inst. gén., 3 fruct. an 13, n° 290, § 70 (Dalloz, 4029; Garnier, 12484; Dict. Not., v° *Succession vacante*, n° 13; Jurisp. Not., v° *Curateur à succession vacante*, n° 27.)

18. Lorsque la succession est en déshérence, c'est-à-dire qu'il n'y a point d'héritiers connus, et qu'elle est dévolue à l'État; ou bien lorsque, par suite de la renonciation de tous les successibles, la succession n'est point déclarée vacante, parce que l'État la revendique en vertu de l'art. 768 du Code Nap., aucune déclaration ne doit être faite, attendu que l'État ne peut se payer un impôt à lui-même. (Garnier, 12326; Dalloz, 4025.)

19. Mais si, après que l'État s'est emparé de la succession à défaut d'héritier connu, il se présente dans les trente ans, un successible du défunt, auquel il est obligé de la remettre, le droit de mutation doit être acquitté par cet héritier. (Jurisp. Not. *loc. cit.*, n° 44; Garnier, 12535.)

20. Les *curateurs aux successions vacantes* doivent faire leur déclaration dans les six mois de leur nomination, sous peine de supporter personnellement le demi-droit en sus (Instr. 290) dont toutefois la remise peut leur être accordée par le ministre des finances, en égard aux circonstances (Instr. 386, § 33). Dict. Not., v° *Succession vacante*, n° 13, 4e édition; Garnier, 12564.

21. La loi du 22 frimaire an 7 paraît avoir voulu faire exception, pour ce cas, aux principes généraux, en déclarant d'une manière générale que les *tuteurs* et *curateurs* supporteraient personnellement les peines déterminées par d'autres articles, lorsqu'ils auraient négligé de passer les déclarations dans les délais. Par là le législateur fait clairement entendre que la déclaration et l'acquittement du droit sont dus du chef d'une succession vacante, et que les dispositions des art. 4, 27, 32 de la loi de l'an 7 doivent, dans leur généralité, être considérées comme ayant fait passer dans le droit actuel le principe qui avait prévalu sous la législation du centième denier; c'est en ce sens que la loi a été interprétée par la jurisprudence. (Dalloz, 4028; Garnier, 12564.)

22. Décidé, en effet, qu'il est dû un droit de mutation par décès sur les biens dépendant d'une succession vacante, et que ce droit doit être acquitté sans déduction des dettes. Cass. 3 nivôse an 13. — Conf. Cass. 18 nivôse an 12, 9 prairial an 12, 17 pluviôse an 13, 4 floréal an 13, 15 juillet 1806 (Dalloz, 4029; Garnier, *ibid.* Dict. Not., *loc. cit.*, n° 13.)

23. La Cour de cassation généralisant plus encore, a décidé, le 5 juin 1806, dont le texte est reproduit par la notice, « qu'aux termes de l'art. 4 de la loi du 22 frimaire an 7, le décès étant placé au nombre des cas de mutation, toutes successions indistinctement y sont assujetties comme à une dette inhérente aux biens; et, en conséquence, que le curateur à une succession vacante ne peut s'y soustraire, tellement qu'un tribunal violerait l'article précité en refusant à la Régie l'exercice de son droit, sur le motif qu'aucun héritier ne s'étant encore présenté, la transmission réelle de la succession est encore en suspens. » (Dalloz, 4030.)

24. Le tribunal de la Seine a jugé, le 11 mai 1861, que lorsque la nomination du curateur à une succession vacante est postérieure de plus de six mois à l'ouverture de la succession, et qu'à défaut de fonds disponibles, il a fait signifier à la Régie, par acte extrajudiciaire, la déclaration estimative des biens du défunt, le demi-droit en sus de mutation ne peut être mis à la charge ni du curateur personnellement, à qui aucune négligence peut être reprochée, ni de la succession vacante, qui, dépourvue d'un curateur, n'a pu agir elle-même (Art. 17205, J. N.)

25. Cette solution est conforme à l'opinion exprimée dans le Dict. du Not., V° *Succession vacante*, n° 20 (4ᵉ édit.) en combattant une décision du ministre des finances du 1ᵉʳ complémentaire, an 12, et un jugement du même Tribunal de la Seine, du 7 juillet 1841. « Cette décision, y est-il dit, n'est point fondée. De deux choses l'une : ou le demi droit est maintenu par le curateur, où il ne l'est par personne. Cette peine est prononcée contre le curateur *lorsqu'il a négligé de passer la déclaration dans le délai*; s'il n'y a pas négligence de sa part, il n'est point passible de la peine. Elle ne peut être appliquée aux héritiers qui ont renoncé à la succession, ou qui ne se présentent pas. Il est clair qu'on ne peut l'appliquer à la succession, qui n'a d'existence morale que par les héritiers ou par le curateur qui la représentent. » V. aussi conforme, Garnier, 12564.

26. Un arrêt de la Cour de cassation du 4 avril 1807 a formellement reconnu que le curateur à une succession vacante, qui n'a entre les mains aucuns fonds appartenant à cette succession, peut être condamné au payement du droit de mutation, sauf le compte de son administration. « Il s'ensuivrait, dit M. Garnier, 12517, que, dans ce cas, le curateur n'aurait d'autre moyen pour se préserver de la peine du demi-droit en sus et satisfaire à la loi, que d'acquitter les droits dus dans les six mois du décès. D'une part, en effet, un arrêt de la Cour de cassation du 17 pluviôse an 13, déclare que ni la qualité des héritiers ni l'état de la succession ne peuvent suspendre la perception, et d'autre part, aux termes d'une décision du ministre des finances du 1er jour complémentaire an 12, si le curateur à une succession vacante n'a été nommé que plus de six mois après le décès, le demi-droit en sus est encouru et doit être payé sur les produits de la succession. » (Dict. Not., *loc. cit.*, n° 23.)

27. Le curateur à succession vacante n'est point fondé, pour se dispenser de payer au trésor les droits de mutation par décès, à alléguer qu'il n'a pas de fonds disponibles ; saisi de la succession, il doit faire toutes les diligences pour se procurer les deniers nécessaires à l'acquit des droits ; spécialement, si les fonds de la succession sont déposés à la caisse des consignations, il peut se faire autoriser à prélever la somme suffisante pour se libérer envers la Régie. Tribunal de la Seine, 12 mai 1852 (Art. 14981, J. N.; Garnier, 12564.)

28. Toutefois, si la nomination du curateur n'avait lieu qu'après l'expiration du délai accordé pour faire une déclaration, et si la déclaration était fournie dans les six mois de sa nomination, le demi-droit en sus ne serait pas exigible contre le curateur. Inst. Régie, 3 fructidor an 13, n° 290, § 70; 7 juin 1808, n° 386, § 34 ; Déc. min. fin. 19 juillet 1821 (Dict. Not. *loc. cit.*, n° 19.

29. Lorsqu'après le décès d'un failli, les syndics de sa faillite ont fait en temps utile la déclaration de sa succession, en se réservant de faire une déclaration supplémentaire après la levée des scellés, le curateur à cette succession n'encourt pas la peine du demi-droit en sus pour n'avoir pas fait cette déclaration dans les six mois de la levée des scellés. Cass. 26 nov. 1810 Dict. Not., *loc. cit.*, n° 21).

30. Il résultait d'un jugement du tribunal de Saint-Amand, du 26 février 1831, et d'une délibération de la Régie, du 2 mars 1833 Dict. Not. v° *Succession vacante*, n° 17, 4e édit.); que le curateur à une succession vacante, qui n'avait aucuns deniers entre les mains, n'était pas tenu d'acquitter les droits de mutation par décès.

31. M. Garnier se demande ce que peut faire un curateur lorsqu'il n'a pas de deniers à sa disposition pour acquitter les droits de mutation par décès. Doit-il payer les droits quand même, comme le veulent les décisions rapportées au n° 12517 (Cass. 4 avril 1807 et 17 pluviôse an 13) ? Cela lui paraît d'une exigence exorbitante et en opposition avec un arrêt de la Cour de cassation du 3 décembre 1839 qui porte : « Attendu qu'un curateur à une succession vacante n'est pas tenu personnellement des droits de mutation, et qu'il n'en peut être tenu que comme administrateur des biens sur lesquels ces droits doivent être acquittés; — Attendu que, s'il n'existe pas dans la succession des biens et valeurs suffisants pour le payement de ces droits, ils ne peuvent être exigés sur la fortune personnelle du curateur. »

» Si donc il était matériellement impossible à un curateur, soit en faisant un prélèvement sur les deniers disponibles de la succession, soit en se faisant autoriser en justice à retirer des valeurs de la caisse des dépôts et consignations, de trouver des deniers pour le payement des droits de mutation par décès, nous pensons qu'il ne devrait pas être passible du demi-droit en sus. Il pourrait sauvegarder sa responsabilité en faisant notifier sa position à l'administration. Jugé, en effet, par la Cour de Bruxelles, le 4 novembre 1815, que le curateur à une hoirie vacante ne peut être tenu de la déclaration des biens héréditaires, s'il prouve n'avoir jamais été nanti de deniers provenant de cette succession, tout au moins ne peut-il être condamné au payement du demi-droit en sus, à défaut d'avoir fait cette déclaration dans les six mois. (Garnier, 12564.)

32. Le demi-droit en sus pour défaut d'une déclaration d'une succession n'est point à la charge de l'hérédité; c'est une peine prononcée contre les personnes, et l'on ne saurait l'exiger du curateur d'une succession vacante, lorsqu'il a été dans l'impossibilité de déclarer cette succession dans le délai.

La délivrance faite à l'administration, par un tel curateur, de l'état estimatif du mobilier, ne saurait être considérée comme une déclaration, lorsqu'elle n'est accompagnée d'aucun versement de fonds. — Par suite, l'administration ne peut calculer les droits de mutation par décès d'après les évaluations portées dans cet état. Elle doit les liquider conformément à l'inventaire qui a été dressé depuis par un officier public.

Il convient de déduire des droits échus à l'auteur de l'hérédité, dans une succession antérieurement ouverte : 1° le montant de ses dettes envers la succession; 2° les arrérages de loyers acquis après son décès à la même succession.

L'expertise est la seule voie ouverte à l'administration pour contester l'évaluation des immeubles successoraux.

Ainsi décidé par un jugement du tribunal de Tours, du 14 mars 1862. (Garnier, *Rép. pér.*, art. 1590; et les observations qui accompagnent ce jugement. V. aussi *Rép. gén.*, 6008, 12564, 12625 et 13082.)

33. Qualité pour faire la déclaration. — Dans tous les cas, les héritiers, les légataires, le tuteur, le curateur dont nous venons de parler ne sont pas les seuls qui soient aptes à faire la déclaration de succession. Cet office peut incomber à une foule de personnes de positions diverses. Remarquez néanmoins que, comme la déclaration de succession est un acte qui oblige et qui peut entraîner des peines, il faut de rigueur que les personnes qui se soumettent à cet acte aient qualité pour le faire, autrement elles n'engageraient pas les héritiers envers l'administration.

34. C'est en ce sens que l'instruction générale 443, n° 5, du 26 juillet 1809, veut que toute personne qui n'aurait pas qualité suffisante pour passer une déclaration, ne puisse être admise à la faire. (Garnier, 12612; Dalloz, 4469; Jurisp. not., *loc. cit.*, n° 193.)

35. Commissaire-priseur. — Pourrait-on trouver qu'il y a qualité suffisante pour faire la déclaration, dans cette cette circonstance qu'un commissaire-priseur aurait été chargé par jugement de faire la vente des meubles et de payer, sur le produit, les dettes privilégiées et les droits de mutation par décès? Évidemment non. Il y a dans une pareille stipulation pouvoir de payer, mais non pouvoir de déclarer, ce qui est bien différent. La déclaration d'un commissaire-priseur, passée dans ces circonstances, n'engagerait nullement les héritiers à l'égard de l'administration, qui n'aurait aucun recours contre eux pour le recouvrement des peines pécuniaires qui pourraient résulter d'une déclaration irrégulière. (Garnier, 12618.)

36. Exécuteur testamentaire. — En doctrine,

on se refuse à comprendre les exécuteurs testamentaires parmi les personnes auxquelles est imposée l'obligation de faire la déclaration. « Les héritiers, etc., disent les auteurs du Dictionnaire de l'enregistrement, v° *Exécuteur testamentaire*, n° 5, sont seuls obligés de faire la déclaration et d'acquitter les droits de mutation par décès. Cette obligation n'est point imposée aux exécuteurs testamentaires; la loi ne les oblige qu'au payement des droits de *testament*. S'ils sont chargés par le testateur d'acquitter les droits de succession, ils ne peuvent le faire que sur la déclaration des héritiers et légataires, et ils n'ont point qualité pour faire les déclarations sans pouvoirs. »

37. Mais le legs fait à un exécuteur testamentaire, pour l'indemniser de ses peines et soins, est passible du droit de mutation par décès. Aucune rétribution personnelle n'est accordée aux exécuteurs testamentaires pour le fait de leurs fonctions, et l'on doit considérer comme une pure libéralité le legs qui leur est fait, soit d'une somme d'argent, soit de toute autre valeur mobilière ou immobilière, pour les indemniser de leurs peines et soins. Délib. 24 décembre 1830 (Garnier, 13036; Art. 7327 J. N.; Jurisp. Not., *loc. cit.*, art. 106.)

38. Héritier. — C'est de la situation des biens et non de la qualité des personnes que dépend l'application des droits de mutation par décès : ainsi ces droits ne sont dus que sur les biens, rentes et créances situés ou payables en France. Il n'y a pas de distinction à faire entre les héritiers français et les étrangers. Il suffit que les droits soient dus en France pour que les héritiers soient tenus du payement.

39. Peu importe d'ailleurs que les héritiers aient pris ou non qualité ou qu'ils n'aient accepté la succession que sous bénéfice d'inventaire. Le défaut d'acceptation d'une succession ou de demande en délivrance d'un legs ne peut être un motif de dispenser l'héritier ou le légataire de faire la déclaration de succession et d'acquitter les droits dus en conséquence dans le délai fixé par loi. Cass. 10 mars 1829; Instr. gén. 27 mars 1830, n° 1307 (Jurisp. Not. v° *Mutation par décès*, n° 28).

40. La solidarité qui unit tous les héritiers fait qu'un seul peut fournir la déclaration pour les autres et les obliger. (Garnier, 13333).

41. Héritier bénéficiaire. — L'héritier bénéficiaire

est personnellement obligé, comme l'héritier pur et simple, au payement des droits de mutation par décès. Cass. 7 avril 1835; 12 juillet 1836 et 28 août 1837; Instr. gén. 31 octobre 1835, n° 1498, § 7; 24 décembre 1836, n° 1528, § 10, et 18 juin 1837, n° 1562, § 19. (Jurisp. Not., art. 2879, 3369 et 3896), Dict. Not. v° *Succession*, n° 917.

41. L'héritier bénéficiaire ne peut se dispenser de faire la déclaration des biens de la succession, ni de payer les droits, sous le prétexte que ces biens ne suffiront pas au payement des dettes. Cass. 28 octobre 1806 et 3 février 1829 (Jurisp. Not., art. 524; Dict. not., *loc. cit.*, n° 919 et suiv.)

42. Peu importe même que l'héritier bénéficiaire n'ait pu recouvrer sur ces biens le montant des droits acquittés ; il ne peut en réclamer la restitution. Cass. 1er février 1830 (Jurisp. Not., art. 799.)

43. Légataires —La loi met à leur charge personnelle le payement des droits de mutation par décès sur l'objet de leurs legs. En effet, les légataires sont de véritables héritiers institués pour les biens qui leur sont légués ; et comme c'est la mutation de ces biens ou la transmission qui s'opère à leur profit qui est passible d'un droit, il s'ensuit que cet impôt doit être supporté par eux en leur qualité de nouveaux possesseurs, à moins qu'ils n'en aient été expressément dispensés par le testateur. Cette dispense, au reste, n'existe que vis-à-vis de la succession, et non vis-à-vis de la Régie, qui peut toujours poursuivre le légataire en payement des droits dus pour son legs. Garnier, 12609; Jurisp. Not., *loc. cit.*, n° 267 ; Dict. Not., v° *Legs*, n° 450, 4e édit.

44. Lorsque l'héritier ou légataire universel n'a pas compris dans la déclaration de la succession une créance déterminée, léguée à un tiers à titre particulier, le légataire particulier, débiteur personnel des droits de mutation par décès sur cette créance, n'est pas fondé à opposer à la demande de ces droits la prescription de trois ans, à partir de la déclaration fournie par le légataire universel. Tribunal de Saint-Etienne, 12 novembre 1851 (Jurisp. not., art. 9379, art. 14562, J. N.; Garnier, 9965).

45. Mandataire.— L'obligation de déclarer est imposée par l'art. 27 de la loi du 22 frimaire an 7 « aux héritiers, aux légataires, à leurs tuteurs ou curateurs. » Il va de soi que, même celles des parties intéressées qui ne sont pas représentées par ce mandataire *légal* que l'art. 27 mentionne sous la dénomination de tuteur et de curateur, peuvent se faire représenter par un mandataire de leur choix. Une instruction de la Régie, prévoyant le cas où les parties useraient de cette faculté, dispose que « si les déclarations sont passées par des fondés de pouvoirs, les procurations doivent être annexées aux enregistrements. » Instr. gén. du 26 juillet 1809, n° 443 (Dalloz, 4168 ; Garnier, 12612 ; Dict. Not., v° *Succession*, n° 698, 4° édit.).

46. Si la procuration est sous seing privé, elle doit être sur papier timbré (une feuille de cinquante centimes) ; mais l'enregistrement n'en est pas exigé. Ordres généraux de la Régie, art. 38 ; Instr. gén., 5 juin 1830, n° 1318, art. 20 (Garnier, 12612).

47. On trouvera un modèle de cette procuration à la fin de l'ouvrage, n° 964.

48. La procuration donnée pour déclarer les biens sujets au droit de mutation par décès, et n'indiquant pas un mode particulier de déclaration doit être censée autoriser une déclaration dans les termes et formes de droit. En conséquence, le légataire ou l'héritier ne peut revenir sur la déclaration faite par son mandataire et soutenir, sans alléguer ni preuves ni titres, que quelques-uns des biens déclarés par ce dernier n'appartenaient pas à la succession. Cass. 18 août 1829 (Dict. Not., v° *Succession*, n° 699, 4° édition).

49. La procuration peut être mise à la suite de l'état estimatif du mobilier et sur la même feuille de papier timbré, sans contravention à l'art. 23 de la loi du 13 brumaire an 7 et sans faire un acte séparé. C'est une petite économie que l'on ne doit pas négliger quand il y a lieu. C'est toujours autant de gagné. *Cinquante centimes* de moins à payer sont quelque chose pour des héritiers peu fortunés et surtout en ligne directe. Nous aurons bientôt à parler d'une autre économie de procuration, quand c'est un mandataire qui fait à Paris une déclaration dans plusieurs bureaux, à cause de la situation des biens.

50. Mari et femme. — Le mari a seul qualité pour faire la déclaration des biens échus à sa femme, lorsqu'ils sont mariés sous le régime de la communauté, de la non-communauté, ou lorsque le régime dotal s'applique à tous les biens, parce que lui seul a l'administration de ces biens. La femme seule a qualité lorsqu'il y a séparation de biens conventionnelle ou judiciaire, ou pour les biens paraphernaux. (Garnier, 12613.)

51. Mineur émancipé. — L'effet de l'émancipation étant de donner au mineur à qui elle est conférée la faculté de faire tous les actes qui restent dans les bornes d'une simple administration, nul doute que le mineur émancipé n'ait le droit de passer la déclaration des biens qui lui sont échus par succession.

52. Tuteur. — Le tuteur a certainement qualité pour faire la déclaration au nom de son pupille. C'est là un des attributs de son administration. Il y est même *tenu*, d'après l'art. 27 de la loi du 22 frimaire, sous l'obligation personnelle du demi-droit en sus, en cas de négligence.

53. En ce sens il a été jugé par le tribunal de Bordeaux, qu'un tuteur ne peut différer le payement des droits de succession ou s'affranchir du droit en sus qu'il a personnellement encouru en prétextant qu'il n'a perçu aucune des valeurs appartenant au mineur. Bordeaux, 10 février 1857 (art. 16127 J. N.; Garnier, 12610, et *Rép.* Pér. 865); Dict. Not., v° *Succession*, n 923.

54. Un jugement du tribunal de Toulouse du 5 mars 1863 a jugé que lorsque la nue propriété d'une rente sur l'Etat a été léguée à un mineur, le tuteur du légataire ne pouvait différer le payement des droits de mutation par décès en alléguant que le mineur n'a pas d'autres biens que la nue propriété de cette rente. (Art. 17719 J. N.)

55. Le même jugement a décidé que la disposition de l'art. 39 de la loi du 22 frimaire an 7, d'après laquelle le tuteur doit supporter personnellement la peine du demi-droit en sus pour défaut de déclaration, dans le délai de six mois, de la succession échue à son pupille, s'applique au père, administrateur légal des biens de son enfant mineur. (Art. 17719 J. N.; Jurisp. not., art. 12386.)

56. Usufruitier. —En principe, l'usufruitier percevant les revenus de la succession, et ces revenus étant la seule chose qui soit affectée au payement des droits de mutation par décès ainsi que l'a reconnu la Cour de cassation par de nombreux arrêts, notamment par quatre arrêts du 23 juin 1857, on pourrait penser, par application de la règle généralement adoptée, que l'usufruit ne constitue qu'un legs à titre particulier (Demolombe, t. 10, p. 227 ; Proudhon, t. 2, n° 476 ; Duvergier *sur Toullier*, t. 2, n° 432, note 2 ; Marcadé, *sur l'art.* 610 ; Garnier, 12405) ; que si le légataire d'un usufruit universel se présentait pour payer les droits de mutation par décès au nom du nu-propriétaire, son offre devrait être acceptée. Ce qui semblerait même donner tout à fait crédit à cette opinion, c'est que l'art. 612 du C. N. dit que si l'usufruitier veut avancer la somme pour laquelle le fonds doit contribuer, le capital lui sera remboursé à la fin de l'usufruit, sans intérêt.

Quoi qu'il en soit, il y a dans l'obligation de l'héritier à la déclaration de succession quelque chose de trop personnel, pour qu'il ne nous semble pas prudent d'exiger que l'usufruitier qui voudrait acquitter les droits de succession au nom du nu-propriétaire, soit pourvu d'une autorisation ; c'est au surplus ce qui résulte d'une délibération de l'administration du 27 janvier 1829. (Garnier, 12619 ; Dict. Not., v° *Succession*, n° 700, 4e édition.)

57. Usufruitier légal. — Aux termes de l'art. 834 du C. N., le père, durant le mariage, et, après la dissolution du mariage, le survivant des père et mère, ont la jouissance des biens de leurs enfants jusqu'à l'âge de 18 ans accomplis, ou jusqu'à l'émancipation qui pourrait avoir lieu avant l'âge de 18 ans. Cette jouissance est appelée *usufruit légal*. Elle n'est pas assujettie au droit de mutation par décès.

ART. 2. — *Mutation par décès des biens des absents.*

1. Envoi en possession judiciaire.

58. Les héritiers, légataires et tous autres appelés à exercer des droits subordonnés au décès d'un individu dont l'absence est déclarée, doivent faire, dans les six mois du jour de l'envoi en possession provisoire, la déclaration à laquelle ils seraient tenus s'ils étaient appelés par l'effet de la mort, et acquitter les droits sur la valeur entière des biens ou droits qu'ils recueillent (loi 28 avril 1816, art. 40), sous peine du demi-droit en sus. Loi 22 frim. an 7, art. 39.

59. Cette disposition a son principe dans les art. 123, 465 C. N. Elle abroge la jurisprudence contraire qui s'était établie par application de l'art. 24 de la loi du 22 frimaire an 7, pour le cas où l'envoi en possession provisoire avait été prononcé en justice. Cass. 16 janvier et 14 février 1811 (art. 1394, § 10, J. N.; Dict. Not. v° *Absence*, n° 464.)

60. C'est le jugement d'envoi en possession des biens de l'absent qui est le point de départ de l'ouverture des droits de mutation à payer par les héritiers présomptifs. En conséquence, ces droits sont dus d'après le tarif en vigueur à la date de ce jugement, et non d'après celui qui existait à l'époque de la disparition ou des dernières nouvelles de l'absent. Cassation 8 décembre 1856 : « Attendu, en droit, que, suivant la loi du 28 avril 1816, c'est le jugement d'envoi en possession des biens de l'absent qui est considéré comme le point de départ de l'ouverture des droits de mutation à payer ; — d'où il suit que c'est le tarif en vigueur à la date de ce jugement qui doit régler le payement des droits. » (Art. 15945 J. N.)

61. Le délai court à compter du jugement, et non à compter du jour seulement où les envoyés en possession ont fourni caution. Délib. de la Régie, 20 mai 1818; Cass. 9 novembre 1819 et 2 avril 1823 (art. 2565, 3230 et 4449 J. N.)

62. Cependant, s'il a été interjeté appel du jugement d'envoi en possession, le délai de six mois pour la déclaration des héritiers et le payement des droits de mutation ne court que du jour de l'arrêt confirmatif. Déc. min. fin., 6 juin 1823 (Dict. Not., v° *Absence*, n° 467.)

63. Les héritiers présomptifs de l'absent pourraient-ils éviter le payement des droits de mutation, en déclarant au receveur de l'enregistrement qu'ils renoncent au bénéfice du jugement d'envoi en possession? Nous ne le pensons pas : l'annulation légale du jugement ou le retour de l'absent pourraient seuls les dispenser du payement des droits acquis au trésor par le fait de l'envoi en possession.

64. Mais si, sur la demande en déclaration d'absence, le tribunal se borne à nommer les héritiers présomptifs de l'absent administrateurs provisoires de ses biens, le droit de mutation est-il dû dans les six mois à partir de ce jugement? — L'affirmative a été décidée par le ministre des finances le 26 septembre 1817.

Le Dictionnaire du Notariat, *loc. cit.*, n° 469, critique avec raison cette décision qui n'est pas fondée. L'art. 40 de la loi du 28 avril 1816 ne rend le droit de mutation exigible que dans le cas d'envoi en possession provisoire prononcé après la déclaration d'absence. En nommant seulement des administrateurs provisoires, le tribunal a usé du pouvoir qui lui appartient, d'après l'art. 112 C. N., dans le cas d'absence présumée. Cette administration provisoire ne confère aux héritiers présomptifs de l'absent aucun des droits attachés à l'envoi en possession provisoire.

65. La déclaration des héritiers présomptifs doit comprendre tous les biens composant l'actif de l'absent au jour du jugement d'envoi en possession provisoire, et spécialement les fruits, arrérages de rentes et intérêts de capitaux échus avant cette époque et dont ils sont tenus de faire emploi (C. N. 126). Ils ne profitent en effet des revenus, en tout ou partie, qu'à partir de l'envoi en possession. Favard-Langlade, v° *Absent*; Toullier, t. 1er, n° 428; Duranton, t. 1er, n° 496; Dict. Not., *loc. cit.*, n° 470.

66. L'héritier de partie des biens d'un absent qui n'a été envoyé en possession provisoire que longtemps après un autre cohéritier, a-t-il droit à la restitution de la moitié des fruits perçus par le premier envoyé en possession, et cette moitié doit-elle être comprise dans la déclaration de la succession du second héritier, lorsqu'il n'a pas exercé ses droits à l'époque de son décès?

L'un des héritiers d'un absent s'est fait envoyer en possession provisoire des biens et en a recueilli, depuis, les fruits, même le résultat du compte du fondé de pouvoirs de l'absent.

Douze ans plus tard s'est présenté un second héritier ayant des droits égaux à ceux du premier; il a été aussi envoyé en possession provisoire pour jouir des biens concurremment avec le premier, sauf à se faire rendre compte des fruits perçus depuis la première mise en possession; le compte a été établi, mais le second héritier est décédé avant de l'avoir débattu et de s'être réglé avec son cohéritier sur la quotité de ses droits dans les revenus perçus depuis le premier envoi en possession.

Il a été demandé si l'on devait comprendre dans l'actif de sa succession la moitié du résultat du compte, ou seulement la moitié du cinquième du revenu que l'absent aurait pu réclamer, s'il s'était représenté après dix ans.

D'un côté, l'on a dit que la disposition de l'art. 127

C. N. qui porte que si l'absent se représente après dix ans, il n'aura droit qu'au cinquième du revenu de ses biens, n'est applicable qu'à *l'absent personnellement,* tandis que ses héritiers ont des droits égaux à exercer et que le dernier envoyé en possession peut, par conséquent, exiger un compte de clerc à maître des recettes et dépenses faites par le premier héritier, et non la remise seulement du cinquième accordé à l'absent qui se représente.

D'un autre côté, on a prétendu que le droit du second héritier ne pouvait pas être plus étendu que celui de l'absent même aux droits duquel il se trouve pour moitié, et qu'il n'avait droit qu'à la moitié du cinquième du revenu, le premier envoyé en possession, confondant l'autre moitié dans sa personne, et qu'il s'ensuit que c'était seulement cette moitié du cinquième du revenu qui devait être comprise dans l'actif de la succession du second héritier envoyé en possession provisoire.

Cette opinion n'est point partagée par le *Journal des Notaires et des Avocats* qui donne à la question posée la solution suivante :

« Les droits des héritiers de l'absent entre eux doivent se régler autrement que ceux de l'absent qui se représente, contre ses héritiers envoyés en possession.

» Le premier héritier doit nécessairement compte au second de tous les fruits perçus depuis sa mise en possession provisoire; ainsi, si les dépenses admissibles égalaient le montant des fruits perçus, nous estimons que le second héritier n'aurait rien à réclamer, mais que, si ces dépenses ne s'élevaient par exemple qu'au tiers des produits, il aurait droit de se faire rendre de moitié de la somme restante, par conséquent d'un tiers du résultat actif du compte, et que ce serait la somme à laquelle ce tiers s'élèverait qui devrait être comprise dans l'actif de la succession du second héritier. » (Art. 3591, J. N.)

67. Les héritiers de l'envoyé en possession provisoire doivent-ils comprendre dans la déclaration de succession les biens provenant de l'absent et acquitter le droit de mutation sur ces biens? L'art. 40 de la loi du 28 avril 1816 porte que l'héritier d'un individu dont l'absence est déclarée, doit acquitter les droits auxquels il serait tenu *s'il était appelé par l'effet de la mort.* Il résulte clairement de ces termes que la présomption de décès établie par la déclaration d'absence et l'envoi en possession provisoire, est assimilée, quant au droit de mutation, à la mort même; la succession est censée ouverte; la loi fiscale considère l'envoyé en possession comme saisi de la propriété des biens de l'absent. Les héritiers doivent donc payer le droit de mutation sur les biens provenant de l'absent, comme sur les autres objets de la succession de l'envoyé en possession. (Dict. Not., *loc. cit.*, n° 472.)

68. L'héritier présomptif de deux frères absents, envoyé en possession de leurs biens par le même jugement, n'est tenu d'acquitter le droit de mutation que sur la succession de chacun d'eux. On ne pourrait exiger ce droit, d'abord sur la succession de celui des deux frères qui s'est absenté avant l'autre; ensuite sur les biens des deux successions réunies, sous le prétexte que le dernier absent aurait recueilli celle du premier. En effet, l'héritier envoyé en possession des biens des deux frères est présumé avoir succédé directement à l'un et à l'autre; celui des deux frères qui s'est absenté le dernier n'est point censé avoir succédé à son frère, puisque cette présomption ne pourrait résulter que de l'envoi en possession prononcé à son profit. (*Ibid.*, n° 473.)

2°   Prise de possession de fait. — Militaires absents,

69. Lorsque, sans envoi en possession judiciaire, les héritiers présomptifs de l'absent se mettent en jouissance de ses biens, le droit de mutation est-il exigible ? — Il faut distinguer : si les héritiers se bornent à *administrer* les biens de l'absent, ils peuvent être considérés comme n'agissant que pour son compte; dans ce cas il n'y a pas lieu à la demande du droit de mutation. Mais si les héritiers sont *de fait* en pleine possession, et si la transmission est établie conformément à l'art. 12 de la loi du 22 frimaire an 7, soit par la substitution de leurs noms à celui de l'absent sur le rôle de la contribution foncière, et par des payements faits pour leur compte personnel, d'après ce rôle, soit par des baux par eux passés en leur nom privé, soit par des partages, ventes ou autres actes de même nature, le droit d'enregistrement est dû, et le délai pour l'acquitter court, en exécution de l'art. 24 de la même loi, à compter de la mise en possession. Inst. Régie, 7 juin 1808, n° 386, § 32 (Dict. Not., v° *Absence*, n° 476).

70. La prise de possession des biens d'un *absent* avant la déclaration d'absence suffit pour autoriser la perception du droit de mutation. Trib. de la Seine, 8 mars 1848 (D. P. 48: 5, 151.)

71. Partage. — Il a été décidé que la prise de possession de fait constatée par le partage des biens de l'absent entre ses héritiers présomptifs donne ouverture au droit de mutation : « Attendu que les héritiers ne se sont pas bornés à prendre une possession provisoire et à faire un simple acte d'administration ; que, au contraire, ils ont fait évidemment un acte de propriété en partageant entre eux les biens appartenant à l'absent. » Délib. 15 prairial an 9; Déc. min. fin. 17 floréal an 13 ; Inst. 3 fructidor, an 13, n° 290, § 72 ; Cass. 27 avril 1807 ; 22 juin 1808 et 16 juillet 1814 (Art. 1418 et 3695 J. N.)

72. Depuis la loi du 28 avril 1816 , on avait prétendu que la prise de possession de fait établie par un partage ne suffisait plus pour justifier la demande du droit de mutation : cette prétention a été rejetée : « Attendu que l'art. 40 de cette loi a eu seulement pour objet de rendre le droit de mutation par décès exigible après l'envoi en possession provisoire des biens d'un absent, lorsque jusqu'alors il n'était exigible qu'après l'envoi en possession définitive ; que cet article n'a dès lors rien innové pour le cas où il y a eu prise de possession *de fait* des biens d'un absent, sans envoi en possession judiciaire, provisoire ou définitive. » Délib. 22 novembre 1816; Déc. min. fin. 27 décembre 1816 ; Cass. 2 juillet 1823 et 12 mai 1834 (Art. 1955, 2627, 3695, 4432 et 8560 J. N.).

73. Peu importerait que les héritiers de l'absent qui se seraient mis en possession de fait de ses biens et les auraient partagés eussent stipulé qu'ils rendraient ces biens à l'absent lorsqu'il reparaîtrait. Cette stipulation n'ajoute rien à ce qui est de droit, et ne détruit pas non plus le fait de la prise de possession. Les droits de mutation sont dus. Cass. 26 juillet 1814 (Art. 1448 J. N.)

74. Il en est de même de la clause par laquelle les héritiers de l'absent prennent l'engagement de lui payer chacun une somme d'argent s'il reparaît. Dict. Not., *loc. cit.*, n° 479.

75. La prise de possession de fait des biens d'un absent constatée par un acte de partage suffit pour rendre exigibles

les droits de mutation par décès, nonobstant la clause suivante insérée dans le partage :

« Quoiqu'il n'ait été formé que quatre lots pour la commodité et l'intérêt général, il devient utile et indispensable de former un cinquième lot d'objets pris dans chaque lot et par égale portion. Ce lot est destiné à Jacques Desrochers, leur frère et beau-frère, absent, pour raison duquel ils n'entendent en rien se préjudicier. Ce lot et les revenus lui seront remis à son retour, de sorte que le surplus resterait en l'état où il se trouve par le partage, qui, au respect des comparants, est définitif ; mais les comparants n'entendent donner à aucun tiers le droit d'invoquer contre eux le présent acte. » Cass. 12 mai 1834 (Art. 8560 J. N.).

76. Les décisions ci-après ont déclaré le droit de mutation exigible par suite de la prise de possession de fait des héritiers présomptifs de l'absent, constatée par d'autres actes qu'un partage, savoir : (V. Dict. Not., v° *Absence*, n° 481).

77. Transaction authentique. — 1° Lorsque, dans une transaction authentique, des frères et sœurs ont agi comme héritiers et représentants légitimes d'un autre frère absent et présumé décédé, et ont hypothéqué, pour sûreté des obligations contractées dans cet acte, des immeubles qui leur appartenaient en commun avec ce dernier. L'irrégularité de prise de possession, telle que le défaut d'autorisation de la part du mari de l'héritière, n'est pas un obstacle à l'exigibilité des droits. Cass. 30 avril 1821 :

« Attendu qu'aux termes des art. 12 et 24 de la loi du 22 frimaire an 7, la prise de possession des biens d'un absent par ses présomptifs héritiers forme, aux yeux de la loi, la présomption légale et suffisante du décès de cet absent, quant à l'exigibilité du droit de succession, sans qu'il soit nécessaire de rapporter l'acte constatant ce décès... » (Art. 3848 J. N.)

78. Aliénation des biens. — 2° Lorsque les héritiers présomptifs de l'absent ont consenti l'aliénation de ses biens. Déc. min. fin. 12 janvier 1808 ; Inst. 7 juin 1808, n° 386, § 32. Même dans le cas où ils s'obligent à rembourser le prix de la vente à l'absent, s'il vient à reparaître. Cass. 2 novembre 1813.

79. Bail. — 3° Lorsque les héritiers présomptifs de

l'absent passent en leur nom privé le bail de ses biens. Déc. min. fin. 14 avril 1818.

80. Contribution foncière. — 4° Lorsque le nom des héritiers présomptifs a été inscrit au rôle de la contribution foncière à la place de celui de l'absent, et qu'ils ont acquitté, en vertu de cette inscription, l'impôt foncier. Cass. 8 mai 1826 ; Inst. 30 sept. 1826, n° 1200, § 13 (Dict. Not., *loc. cit.*, n°ˢ 481 et suiv.).

81. Cession de droits successifs. — L'absence d'un individu n'a pas été déclarée. Un des deux héritiers présomptifs de l'absent cède à l'autre héritier ses droits dans la succession de celui-ci, moyennant 3,000 fr. *aux risques et périls du cessionnaire.* On demande si on peut valablement réclamer les droits d'enregistrement de la succession.

Le *Journal des Notaires et des Avocats* donne à la question posée la solution suivante :

« On soutient que le droit n'est pas dû par le motif que c'est un contrat aléatoire et non un acte d'héritier, et qu'aux termes de la loi du 28 avril 1816, il faut qu'il y ait prise de possession des biens d'un absent, pour autoriser la demande des droits d'enregistrement.

» Mais il n'est pas vraisemblable qu'un tel acte soit fait entre deux héritiers, sans qu'ils aient la certitude ou du moins une forte présomption de la mort de l'absent.

» Qu'importe que le contrat soit ou non aléatoire, dès qu'il ne renferme aucune condition suspensive ou même résolutoire : il contient donc une transmission actuelle ; et, quels que soient les événements ultérieurs, le sort du cédant ne peut éprouver le plus léger changement. Ainsi la clause dont il s'agit a pour but simplement de régler que la cession est faite sans aucune garantie, même dans le cas d'éviction, si l'absent reparaissait. Le défaut de garantie, de la part du cédant, n'empêche nullement que la vente ne soit parfaite et irrévocable entre les contractants, attendu que le consentement, la chose et le prix s'y rencontrent. Le cédant ayant régulièrement cédé ses droits (incertains si l'on veut) dans les biens de l'absent, en a, par ce seul fait, pris possession. En les achetant, le cessionnaire a manifesté bien clairement l'intention de prendre aussi possession de la portion qui lui revient en sa qualité de cohéritier. D'où il suit que la loi du 28 avril 1816 qu'on invoque, loin de s'opposer à la perception du droit de succession, l'autorise au contraire. Nous pensons, en conséquence, que dans l'espèce proposée, cette perception ne peut souffrir de difficulté. » (Art. 2803 J. N.)

82. Mais, dans ce cas, le cédant n'est tenu de payer les droits de mutation par décès que sur la portion qu'il a cédée, et non sur la totalité de la succession de l'absent. Délib. Rég. 21 février 1821, approuvée par le min. fin.

83. Affectation hypothécaire. — L'affectation hypothécaire des biens de l'absent est un acte de possession qui rend exigibles les droits de mutation par décès. Dict. Not., *loc. cit.*, n° 484.)

84. Nomination d'experts.—La nomination d'experts pour procéder au partage des biens d'un absent n'équivaut pas à une prise de possession de la part de ses héritiers, pour la demande des droits de mutation par décès. Tribunal de Florac, 19 mars 1847, et par suite délibération de la Régie du 24 septembre suivant basée sur ce motif qu'un compromis ne paraît pas suffire pour établir la prise de possession. Par ce compromis, les héritiers ont bien manifesté l'intention de partager les biens de leur frère absent , mais ils peuvent avoir reconnu, depuis, que cette mesure était prématurée et y avoir renoncé. (Art. 2396 J. N.)

85. Succession dévolue. — Dans le partage des successions de leurs père et mère, cinq frères et sœurs, ayant tout lieu de croire qu'un sixième frère, absent, est mort avant l'ouverture de ces successions, stipulent que chacun des copartageants ne pourra disposer du dernier sixième de son lot qu'en donnant des sûretés. — Sur la demande des droits de la succession de l'absent, décidé que cette clause purement de prévoyance n'établit pas qu'il ait survécu à ses père et mère ; que son existence n'étant point reconnue, les successions étaient dévolues exclusivement à ses frères et sœurs, et que ce serait à la Régie à prouver, conformément aux art. 135 et 136 C. N., l'existence de l'absent à l'époque où elles se sont ouvertes. Cass., 18 avril 1809 ; Délib. Rég. , 29 juin suivant (Art. 3695 J. N.)

86. A défaut de déclaration dans les six mois du jour de la mise en possession de fait, le demi-droit en sus est exigible

en vertu de l'art. 39 de la loi du 22 frimaire au 7. Inst.
7 juin 1808, n° 386, § 32.

87. Militaires absents. — La loi du 11 ventôse an 2,
rendue en faveur des militaires absents, a été abrogée par la
loi du 13 janvier 1817, et l'art. 136 C. N., qui autorise les
héritiers présents à recueillir la succession, à l'exclusion de
ceux dont l'existence n'est pas reconnue, est devenu applicable
au cas où les absents sont des militaires. Paris, 27 août 1821 :

« Attendu que, par les lois des 21 décembre 1814 et
13 janvier 1817, les militaires absents dont on n'avait pas de
nouvelles ont été replacés dans la classe des citoyens ordinaires, et que dès lors les art. 135 et 136 C. N. leur sont·
applicables. » (Art. 3944 J. N.)

La Régie persistait à prétendre que, d'après la présomption
légale établie par la loi du 11 ventôse an 2, le militaire absent
étant réputé vivant, même depuis qu'il avait cessé de donner
de ses nouvelles, était saisi pendant son absence. En conséquence, lorsque ceux avec lesquels l'absent aurait eu le droit
de concourir dans les successions, ou qui les auraient recueillies à son défaut, vendaient à des tiers les biens héréditaires ou les partageaient entre eux, sans reconnaître d'ailleurs
l'existence du militaire absent à l'époque de l'ouverture des
successions, la Régie réclamait les droits de mutation sur la
portion qui aurait appartenu à l'absent. Instr. Rég. 31 mars 1826,
n° 1187, § 8. (Art. 5619, J. N.).

88. Mais, contrairement à ces prétentions, il a été décidé
que lorsque la Régie prétend qu'un militaire absent a dû
recueillir des successions, c'est à elle à prouver que ce militaire
existait à l'époque de l'ouverture de ces successions. Cass. 17
février 1829 (Art. 6846 J. N.).

89. La Régie a donné connaissance de cet arrêt à ses
préposés par le § 5 de son instruction du 26 septembre 1829,
n° 1293. On doit en conclure qu'elle adopte cette décision, et
qu'elle renonce à l'opinion contraire qui se trouve § 8 de son
instruction du 31 mars 1826, n° 1187 ci-dessus, rappelée.
(Art. 6990 J. N.)

90. La circonstance que le militaire absent a été compris au nombre des héritiers dans la déclaration d'une succession ne dispense point l'administration de prouver son existence à l'époque où la succession s'est ouverte, lorsque d'ail-

leurs, par un partage postérieur à la déclaration, les héritiers se sont mis en possession de la totalité des biens héréditaires à l'exclusion de l'absent. Trib. Gray, 29 août 1839 (Art. 7041, J. N.)

Suivant une délibération du 15 décembre 1829, la Régie a acquiescé à ce jugement par les motifs exprimés dans l'arrêt de la Cour de cassation du 17 février 1829.

91. Ainsi on peut tenir pour constant que la présomption légale d'existence, spécialement établie par la loi du 11 ventôse an 2 pour la conservation des droits des militaires absents, ne peut être invoquée pour la demande des droits de mutation à raison du décès présumé de ces militaires, sur des biens qui leur seraient échus par succession, depuis l'époque où leur existence a cessé d'être positivement connue ; et que, pour obtenir le payement de ces droits, la Régie est tenue, en vertu de la disposition générale de l'art. 135 C. N., de prouver que les militaires absents existaient quand les successions auxquelles ils auraient été appelés se sont ouvertes. (Art. 7041 J. N.)

92. Le certificat du ministre de la guerre constatant qu'un militaire, dans une campagne désignée, est resté en arrière de son corps et a été rayé du contrôle du régiment auquel il appartenait, ne peut faire considérer sa succession comme ouverte au profit de ses héritiers. Cass. 9 mars 1809. Par conséquent, ce certificat n'autoriserait pas la Régie à réclamer le droit de mutation à raison du décès du militaire. (Dict. Not., *loc. cit.*, n° 491.)

§ III. — De la forme des déclarations.

93. Absence de forme légale. — La partie conserve toute liberté sur la forme à donner à sa déclaration, la loi n'en ayant consacré aucune d'une manière sacramentelle. Aussi, les receveurs de l'enregistrement doivent se contenter des déclarations des parties quant à la quotité des créances à déclarer, sauf à eux à en vérifier l'exactitude et à exiger la peine prononcée par la loi, si les déclarations se trouvent fausses (Déc. min. fin. 16 novembre 1812 (Art. 983 J. N.) Amiens, 12 juin 1856 (16375 J. E.) Mais ce principe n'est pas exclusif de certaines règles qui ont été tracées par les dispositions législatives, les règlements administratifs et la jurisprudence. (Dict. Not., v° *Succession*, n° 706).

94. Les instructions générales de la Régie des 26 juillet 1809, n° 443, et 5 juin 1830, n° 1318, art. 10, indiquent sommairement les renseignements indispensables que doivent contenir les déclarations de succession.

Ainsi, aux termes de l'Inst. 443, chaque déclaration doit énoncer, 1° les noms et prénoms des héritiers, donataires et légataires; 2° ceux du décédé; 3° la date du décès; 4° si la ligne dans laquelle la succession est ouverte est directe ou collatérale; 5° le détail, *article par article*, des biens par nature, consistance et situation; 6° s'ils sont affermés ou non; 7° leur produit ou le prix des baux courants sans distraction des charges à l'époque du décès; 8° le capital de ce revenu; 9° enfin la quotité et le montant du droit perçu.

D'autre part, l'Instruction générale n° 1318 prescrit aux employés supérieurs, lorsqu'ils sont en opération dans un bureau, de s'assurer si, dans les déclarations de succession, on a soin de désigner tous les héritiers, donataires ou légataires, ainsi que leur profession et demeure; d'énoncer la date du décès; de donner le détail des biens, article par article, leur consistance, la date et le prix des baux, lorsqu'il en existe; si, à défaut de baux, on exige l'évaluation du produit sans distraction des charges; s'il n'est jamais admis d'estimation en capital, si les états estimatifs du mobilier, produits à défaut d'inventaire, sont sur papier timbré et conservés avec soin; si les déclarations sont signées, et si, lorsqu'elles sont passées par des fondés de pouvoirs, les procurations sont sur papier timbré, certifiées par les déclarants, et annexées au registre. (Garnier, 12621; Dict. Not., *loc. cit.*, n° 712; Jurisp. Not., *loc. cit.*, n° 195).

95. Titres justificatifs. — Les héritiers sont-ils tenus de produire à l'appui de leur déclaration de succession, en outre de l'inventaire ou de l'état estimatif des biens meubles, les titres justificatifs des créances ou rentes dépendant de la succession?

A défaut de cette justification, le receveur de l'enregistrement qui reçoit les déclarations est-il fondé à exiger un salaire pour la recherche, dans ses registres, des actes énoncés dans cette déclaration?

Ces deux questions ont été proposées par un notaire au *Journal des Notaires et des Avocats*, qui n'hésite pas à donner la solution suivante :

« D'après l'art. 27 de la loi du 22 frimaire an 7, les héritiers n'ont à produire à l'appui de leur déclaration de la succession, que l'inventaire ou l'état estimatif, article par article, des biens meubles. S'il a été fait un inventaire par acte notarié, il suffit même d'indiquer au receveur de l'enregistrement le nom et la résidence du notaire qui a fait l'inventaire. (Dict. Not., v° *Succession*, n° 443, 3e édit.) La prétention de certains receveurs, d'exiger en outre la production des titres des créances énoncées, est tellement nouvelle et insolite, que nous ne pourrions croire qu'elle a sérieusement été élevée, si le fait ne nous était positivement affirmé.

» Mais cette prétention dégénère évidemment en abus, si, sous le prétexte de rechercher dans ses registres les titres des créances comprises dans les déclarations, le receveur veut se faire payer un salaire particulier pour cette recherche. L'art. 58 de la loi du 22 frimaire an 7 n'alloue aux receveurs de l'enregistrement un droit d'un franc pour recherche dans leurs registres, que lorsqu'elle a lieu à la réquisition des parties. Or ici les héritiers ne requièrent nullement et n'ont aucun intérêt à requérir la recherche des titres des créances pour l'acquit des droits de mutation. Si le receveur croit utile de se livrer à cette recherche, c'est uniquement dans l'intérêt de la Régie, pour contrôler l'exactitude de la déclaration, et les héritiers ne peuvent être tenus de lui payer un salaire personnel pour cette opération, purement volontaire de sa part. Il suffirait sans doute d'informer l'administration supérieure de cette prétention, évidemment abusive, pour la faire cesser. » (Art. 16487, J. N.); V. aussi Jurisp. Not., *loc. cit.*, n° 205 (Dict. Not., *loc. cit.*, n° 720).

96. Date de l'ouverture de la succession. — Il est indispensable que la date de l'ouverture de la succession soit exactement rappelée, puisque c'est cette date qui sert à fixer le point de départ du délai. Mais on ne peut exiger des héritiers la justification de la date du décès. Les lois sur l'enregistrement ne font nulle part mention de cette justification. Comme on ne peut exiger des redevables plus que la loi ne prescrit, nous ne pensons pas que les receveurs aient le droit de demander la représentation d'un acte de décès. Ils doivent se contenter de faire affirmer, dans la déclaration, la date du décès sous les peines de droit, sauf à s'assurer, soit à la vue de leur table de décès, soit par tout autre document, qu'il y a eu pleine sincérité dans la déclaration du redevable (Garnier, 12622; Art. 983 J. N.).

97. Noms des héritiers et du décédé. — Ainsi que pour tous les autres enregistrements, la déclaration doit contenir les noms des héritiers, donataires et légataires et celui du décédé. Dans le cas où la déclaration est faite par un seul des appelés au nom de ses cohéritiers, on ne doit pas moins les désigner tous avec la plus grande exactitude, afin de pouvoir, au besoin, s'adresser à chacun d'eux, pour les réclamations qu'il deviendrait nécessaire de former, à raison des insuffisances de perception, omissions ou fausses évaluations que pourrait contenir la déclaration (Garnier, 12623: Jurisp. Not., *loc. cit.*, n° 195.)

98. Détail des biens. — **Etat estimatif.** — La loi du 22 frimaire an 7 porte que la *déclaration sera détaillée* et qu'à l'appui du détail des biens meubles, les déclarants seront tenus de rapporter un inventaire ou *état estimatif*, article par article, par eux certifié, s'il n'a pas été fait par un officier public. Cet inventaire doit rester déposé au bureau et être annexé à la déclaration (Dict. Not., *loc. cit.*, n° 716, 4e édit.).

Cet état estimatif doit être sur une feuille de papier timbré de *cinquante centimes* ou d'*un franc*, selon que la longueur du détail des articles l'exige.

99. Lorsqu'il existe un inventaire authentique, il n'est pas nécessaire qu'il soit déposé et annexé à la déclaration. M. le ministre des finances a décidé, le 22 prairial an 7, que, dans ce cas. les héritiers sont seulement tenus d'en faire mention dans leur déclaration, et d'en indiquer la date, ainsi que le nom et la résidence de l'officier public devant lequel il a été passé (Jurisp., Not., *loc. cit.*, n° 206).

100. Il a été d'ailleurs statué que les héritiers, légataires ou donataires, ne sachant pas écrire, pourront se dispenser de rapporter, à l'appui des déclarations de mutation par décès, l'état estimatif des biens meubles appartenant à la succession; mais que, dans ce cas et lorsqu'il n'existera point d'inventaire fait devant notaire, la déclaration devra contenir le détail des objets mobiliers, avec l'estimation pour chaque article, et que le receveur attestera, par sa signature, la déclaration de la partie portant qu'elle ne sait pas écrire. Inst. gén., n° 1400, du 22 mai 1832 (Garnier, 6008 et 12633; Dict. Not., *loc. cit.*, n° 716; Jurisp. Not., *loc. cit.*, n° 199).

101. De même le receveur peut refuser une déclaration dans laquelle on ne fait figurer qu'en bloc, en capital et intérêts, toutes les créances laissées par le défunt, et les héritiers qui ont refusé le détail de ces créances sont passibles du demi-droit en sus après le délai de six mois. Tribunal de Guingamp, 14 fév. 1849 (Garnier, 12625; Dict. Not., *loc. cit.*, n° 719).

102. Le receveur peut aussi refuser une déclaration à l'appui de laquelle les héritiers prétendent ne fournir aucun état estimatif relativement aux créances et valeurs mobilières qu'ils offrent néanmoins de détailler dans les déclarations. Tribunal Sarlat, 19 juin 1848 (Dict. Not., *loc. cit.*, n° 719).

103. Détail des immeubles. — Chacun des immeubles dépendant de la succession doit être détaillé dans la déclaration, article par article, avec l'énonciation du nom particulier ou *lieu-dit* sous lequel il peut être connu, de la commune sur le territoire de laquelle il est situé, de sa nature, de sa consistance et contenance, et enfin de son évaluation en revenu ou valeur locative. Toute déclaration qui ne contiendrait pas à cet égard tous les éléments nécessaires pour en vérifier l'exactitude doit être refusée par le receveur. Cass. 16 janvier 1811 (Garnier, 12625).

104. Jugé que la déclaration contient un détail suffisant des biens composant une ferme, si l'on a indiqué le nom sous lequel elle est connue, la commune où elle est située et son évaluation en revenu. Cass. 14 mars 1814 (Jurisp. Not., *loc. cit.*, n° 197).

Voici une espèce qui met le principe tout à fait en saillie :

Le sieur Jean-Jacques-François Vieu est décédé à Castres, le 27 décembre 1852, laissant pour héritiers ses quatre enfants. Le 27 juin 1853, ces derniers ont fait offrir, par acte extrajudiciaire, au receveur de Saint-Pons une somme de 8 fr. 80 c. pour les droits de mutation de la succession de leur père, indivis à raison de droits, dans les mines de Courgnon, dont le revenu est évalué à 40 fr. Ces offres ont été refusées par le receveur de Saint-Pons, parce que, suivant lui, la déclaration ne serait pas conforme aux prescriptions de l'art. 27 de la loi du 22 frimaire an 7, qui exige que les déclarations soient détaillées de manière à mettre à même les préposés de vérifier l'exactitude des évaluations des biens déclarés.

Le 4 juillet 1853, le receveur a décerné une contrainte contre les héritiers du sieur Vieu en payement de la somme de 99 fr. pour les droits simples et en sus résultant des biens délaissés par ce dernier, sauf à augmenter ou diminuer suivant la déclaration qu'ils seront tenus de faire, conformément à l'art. 27 de la loi de frimaire an 7. Les héritiers ont formé opposition à cette contrainte, et le tribunal de Saint-Pons, saisi de l'instance, a rendu, le 29 novembre 1853, un jugement ainsi conçu :

« Attendu, quant à la nullité prise de ce que la déclaration faite par l'huissier Rouanet, au nom des héritiers Vieu, n'est pas détaillée, que l'énonciation vague des *mines de Courgnon* ne permet pas à l'administration de reconnaître les biens déclarés et d'en apprécier la valeur; qu'il eût fallu dire quelle était la nature de ces mines, s'il y avait des bâtiments et des objets mobiliers pour leur exploitation; que, de plus, il est seulement dit que Vieu, décédé, avait un *droit indivis* dans les mines de Courgnon, tandis qu'il eût fallu déterminer la quotité de ce droit, pour que l'administration pût en reconnaître l'importance; — Attendu qu'en l'état et sous ce dernier rapport, la contrainte du 7 juillet 1853 doit être maintenue, et qu'il y a lieu d'accueillir les conclusions de l'administration de l'enregistrement tendant à ce que, dans la huitaine du jugement, les héritiers Vieu soient tenus de faire une déclaration détaillée, suivant le vœu de l'art. 27 de la loi précitée. — Par ces motifs, etc. » (Garnier, 12625; Dict. Not., *loc. cit.*, n° 724).

105. Biens affermés. — Toutes les fois que les biens immeubles à déclarer sont affermés par un bail enregistré, le détail article par article n'est pas nécessaire. Il suffit, dans ce cas, de l'énonciation complète de ce bail avec indication de la date, du nom de l'officier public devant lequel il a été passé, ou du bureau dans lequel il a été enregistré, s'il a été rédigé sous signature privée. Garnier, 12625. — S'il n'existe pas de bail, il faut l'affirmer dans la déclaration. Circulaire, 19 vendémiaire an 6, n° 1109 (Jurisp. Not., *loc. cit.*, n° 207.

106. Transcription de la déclaration. — La question de la rédaction de la déclaration de succession est controversée. Quant à nous, nous estimons que cette rédaction est l'œuvre exclusive des parties et que les receveurs doivent se borner à transcrire les déclarations sur leurs registres telles qu'elles leur sont présentées.

107. Offres réelles. — Acte extrajudiciaire. — Cette condition de rédiger ainsi la déclaration et de la consigner sur ses registres est impérieuse pour le receveur de l'enregistrement, et il est obligatoire pour les héritiers de s'y soumettre. Ainsi une déclaration ne pourrait être faite par acte extrajudiciaire. Les offres réelles du montant des droits que pourraient faire les parties doivent être refusées par le receveur, à défaut de déclaration détaillée et estimative des biens composant la succession (Cass. 14 mars 1814), lors même que l'on payerait les droits demandés par suite d'une contrainte (Cass. 2 décembre 1806 et 27 mars 1811. Dict. Not., v° *Contrainte* (finances), n° 30; *Succession*, n° 707, 4ᵉ édition).

108. En ce sens, le tribunal de la Seine a jugé, le 2 décembre 1840, qu'on ne peut suppléer à la déclaration par des offres réelles, notamment si l'acte d'offres ne contient pas la déclaration détaillée prescrite par la loi, telle que les parties entendent la faire.

« Il en serait autrement, dit M. Garnier, si une déclaration régulière était offerte et consignée dans l'acte d'offres réelles : le receveur ne pourrait refuser de la recevoir, lors même qu'elle contiendrait des omissions ou insuffisance d'évaluation ; mais si l'on ne rapportait pas l'état détaillé et estimatif des biens meubles, la désignation, la consistance, la situation des immeubles ; si, pour les créances, on se refusait à désigner les débiteurs, ou le montant de ces créances qu'on se bornerait à évaluer ; si l'on se refusait à acquitter les droits établis par ce receveur sur les bases qu'il croirait justes et légales, la déclaration devrait être refusée et les offres repoussées » (12625 et 12629.)

109. Un arrêt de la Cour de cassation du 29 décembre 1811 a décidé que dans la matière spéciale de l'enregistrement et d'après l'art. 27 de la loi du 22 frimaire an 7, la base fondamentale de la perception du droit proportionnel sur la valeur des immeubles transmis par décès est la déclaration détaillée que sont tenus de faire les héritiers, laquelle doit être enregistrée au bureau de la situation des biens et signée sur les registres par les déclarants ; que, sans l'existence de la déclaration sur les registres, où elle doit être consignée avec les détails nécessaires pour en rendre la vérification possible, les préposés de la Régie, appelés successivement à faire des vérifications, seraient dans l'impuissance de s'assurer de son exactitude ; qu'un exploit extrajudiciaire ne peut, à aucun égard, tenir lieu de cette déclaration, enregistrée et transcrite sur le registre (Dict. Not. *loc.*, *cit.*, n° 707 ; Dalloz, 4459).

110. C'est d'après les mêmes principes que la même Cour suprême a décidé, le 7 juillet 1863, que la déclaration qui doit être faite et signée par les héritiers sur le registre du receveur, étant la base de la perception des droits de mutation par décès, ne peut être remplacée par une déclaration contenue dans un acte extrajudiciaire signifié au receveur et contenant des offres réelles pour les droits de mutation (Art. 17769 J. N. ; Jurisp. Not., art. 12417).

111. Le même arrêt a décidé que la contrainte que décerne la Régie en l'absence de cette déclaration, n'a qu'un caractère provisoire, et que les héritiers ne peuvent y former opposition qu'à condition de mettre la Régie en état, par leur déclaration, de rectifier elle-même ou de modifier la liquidation des droits établie dans la contrainte.

112. Refus de signature. — Si l'héritier, après avoir fait sa déclaration, refuse de la signer, sous prétexte qu'il n'a pas de fonds, la déclaration doit être considérée comme nulle et non avenue ; et si le délai légal s'écoule sans nouvelle déclaration, le demi-droit en sus est encouru. Tribunal de Marseille, 13 avril 1849 (Garnier, 12628)

113. Inventaire. — Vente de meubles. — L'art. 27 de la loi du 22 frimaire an 7 indique que lorsqu'il existe un inventaire dressé par un officier public, cet inventaire doit servir de base pour la déclaration des héritiers à l'exclusion de tout état estimatif.

114. *Quid* lorsque les meubles dépendant d'un succession, et estimés dans un inventaire notarié, ont été vendus aux enchères, le droit de mutation par décès, dû par les héritiers, doit-il être acquitté sur le montant de l'estimation de l'inventaire, ou sur le prix de la vente aux enchères ?

C'est là une question que l'on doit étudier avec beaucoup d'attention. Diversement interprétée par la doctrine et la jurisprudence, elle a donné lieu à d'assez nombreuses décisions et à une controverse qui a duré plus de vingt-cinq ans.

115. Par une délibération du 5 novembre 1833, l'administration avait reconnu que si la déclaration d'objets mobiliers, transmis par décès, n'a lieu qu'après leur vente aux enchères, les employés peuvent opposer le prix de la vente pour contrôler le montant de l'estimation portée en l'inventaire et percevoir le droit sur le prix de la vente. — Plus tard, par un retour inopiné, elle a décidé, le 24 novembre 1844, que le droit de mutation par décès sur les meubles et effets mobiliers doit être assis sur les estimations de l'inventaire, et non sur le prix de la vente qui en a été faite.

Chacune de ces deux manières d'envisager la question a trouvé des adhérents.

La délibération de 1833, défendue par M. Dalloz, n° 4452, et par M. Garnier, art. 6190, a été consacrée par divers jugements. Alençon, 13 septembre 1852 ; Compiègne, 18 mai 1848 ; Laon, 12 mai 1855 ; Versailles, 15 février 1855 ; Vendôme, 25 novembre 1854 ; le Havre, 12 mars 1856.

MM. les rédacteurs du *Journal des Notaires*, Art. 8679, 11806, 15571, 15765, 15872, 16253, 16314, 16356, 16390, 16681 et 17688, et M. Rolland de Villargues, *Jurisprudence du Notariat*, art. 2250, 10059, 10533, 10715 et 10893, ont, au contraire, embrassé la doctrine de la décision de 1844, doctrine que le tribunal de la Seine avait inaugurée par un jugement du 15 janvier 1835.

Cette dernière opinion se fonde sur ce que la loi du 22 frimaire an 7, qui a tracé, dans les art. 17 et 19, les règles de la preuve à fournir des insuffisances en matière immobilière, a gardé le silence le plus absolu lorsqu'il s'est agi de déterminer par quelle voie on réprimerait les fausses estimations des valeurs mobilières.

D'un côté, l'art. 14 de la même loi porte : « La valeur de la propriété, de l'usufruit.... des biens meubles est déterminée, pour la liquidation et le payement du droit proportionnel, savoir :... 8° pour la transmission entre-vifs à titre gratuit et celles qui s'opèrent par décès, par la déclaration estimative des parties, sans distraction de charges. » D'un autre côté, l'art. 27

de la même loi oblige les héritiers, légataires ou donataires à rapporter à l'appui de leur déclaration des biens meubles un inventaire ou état estimatif, article par article, s'il n'a pas déjà été fait par un officier public.

De ces principes découle la conséquence que la déclaration estimative des parties ou l'évaluation faite dans un inventaire authentique est la seule base à adopter pour le payement des droits de succession.

Nous adoptons entièrement ce système, et nous croyons, avec les rédacteurs du *Journal des Notaires et de la Jurisprudence du Notariat*, qu'il n'est pas possible d'interpréter autrement la disposition de l'art. 27 de la loi du 22 frimaire an 7.

Si la prisée résultant d'un inventaire notarié était supérieure au prix de la vente, la Régie voudrait, sans aucun doute, établir la perception d'après la prisée ; mais le législateur n'a pas mis dans ses mains une arme à deux tranchants ; il a déterminé l'élément qui doit servir de base, et n'a pas voulu que le prix de la vente pût devenir, au choix de la Régie, la base de l'impôt, d'autant que, pour les ventes de meubles à l'encan, le résultat dépend, en général, des circonstances de temps et de lieu, du nombre des enchérisseurs, de la rivalité qui s'établit quelquefois entre eux, enfin du caprice et de l'entraînement produit par la chaleur des enchères.

Nous le répétons, nous adoptons sans restriction cette doctrine qui a été constamment soutenue par M. Rolland de Villargues, *Répert. de la Jurisprudence du Notariat*, v° *Mutation par décès*, n° 351, et dans les nombreux articles que nous avons cités plus haut, et par le *Journal des Notaires*, Dict. Not., v° *Succession*, n°ˢ 730 et suiv., 4ᵉ édit., et aux articles que nous avons également ci-dessus rappelés.

116. Le jugement rendu par le trib. de la Seine le 15 janvier 1835 est ainsi conçu :

« Attendu qu'aux termes de l'art. 27 de la loi du 22 frimaire an 7, les héritiers, légataires ou donataires sont tenus de rapporter, à l'appui de leur déclaration de biens meubles, un inventaire ou état estimatif, article par article, à défaut d'inventaire, pour demeurer annexé à leur déclaration ;

» Attendu que c'est d'après cet inventaire ou état estimatif que sont établis et perçus les droits dus par les héritiers, légataires ou donataires ;

» Attendu qu'il est constant, en fait, qu'Erard s'est conformé à cette disposition de la loi prédatée ; que sa déclaration du 30 août 1832 était appuyée d'un inventaire régulier, et d'ailleurs non contesté par la Régie, et que les droits dus, d'après les bases de cet inventaire, ont été acquittés ;

»Attendu que la vente des tableaux dont s'agit n'a pu apporter aucune modification, aucun changement à l'estimation portée dans l'inventaire, à moins que la Régie ne prouvât ou ne demandât à prouver que cette estimation a été frauduleusement faite, preuves ou allégations qui ne sont pas présentées ; qu'en effet, la différence de valeur qui peut exister entre l'estimation de l'inventaire et le produit de la vente desdits tableaux, peut tenir à des causes d'affection, de goût, de position et autres motifs tout à fait accidentels. » La Régie a acquiescé à ce jugement par une délibération du 12 mai 1835 (Art. 8863 J. N.).

117. La Cour suprême a décidé que le droit de mutation par décès doit être acquitté d'après l'évaluation de l'inventaire et non d'après le produit de la vente (Cass. 23 février et 10 mai 1858) :

« Attendu que, suivant l'art. 14, n° 8, de la loi du 22 frimaire an 7, la valeur des biens immeubles, quant à la liquidation et au payement du droit proportionnel pour la transmission par décès, est déterminée par la déclaration estimative des parties sans distraction des charges, et que, d'après l'art. 27, l'état estimatif, article par article, certifié par les parties, qui doit être rapporté par elles à l'appui de leur déclaration, est remplacé, lorsqu'il y a inventaire dressé par un notaire, par cet inventaire contenant l'estimation du commissaire-priseur dans les lieux où il en existe ; que cette estimation, émanée d'un officier public assermenté, doit servir de base à la perception. » (Art. 16253 et 16314 J. N., et Jurisp. Not., art. 11204.)

118. La même doctrine a été de nouveau adoptée par deux jugements du tribunal de la Seine des 23 juillet et 27 août 1858. (Art. 16357 et 16398 J. N. ; Jurisp. Not., art. 11260.)

119. Le tribunal de la Seine, par jugement du 6 février 1863, a décidé que lorsque les meubles dépendant d'une succession et estimés dans un inventaire authentique, ont été vendus aux enchères pour un prix supérieur à cette estimation, le droit de mutation par décès doit être perçu sur la déclaration faite par les héritiers postérieurement à la vente, d'après le produit de la vente et non d'après l'évaluation de l'inventaire.

Le *Journal des Notaires,* dans l'art. 17688, en rapportant ce jugement, fait les observations suivantes que nous croyons devoir mettre sous les yeux de nos lecteurs :

« Cette décision a d'autant plus lieu de surprendre, qu'elle est contraire non-seulement à des arrêts de la Cour de cassation, des 23 février et 10 mai 1858 (Art. 16253 et 16314 J. N.), mais encore à la jurisprudence du tribunal de la Seine lui-même, antérieure et postérieure à ces arrêts (Dict. Not., v° *Succession,* n° 730, 4e édit.).

» Les arrêts des 23 février et 10 mai 1858, conformes à l'opinion que nous avons constamment soutenue (Art. 8679 et 14806 J. N.), ont consacré en principe que, « d'après l'art. 27 » de la loi du 22 frimaire an 7, l'état estimatif, article par » article, certifié par les parties, qui doit être rapporté par » elles à l'appui de leur déclaration, est remplacé, lorsqu'il y » a inventaire dressé par un notaire, par cet inventaire conte- » nant l'estimation du commissaire-priseur dans les lieux où » il en existe; que *cette estimation, émanée d'un officier public* » *assermenté, doit servir de base à la perception.* » — Dans les espèces des deux arrêts, la déclaration des héritiers était postérieure à la vente publique du mobilier; dans celle du premier arrêt, le produit de la vente était *de plus de trois fois* l'estimation de l'inventaire (l'estimation, de 280,976 fr.; le produit de la vente, de 912,137 fr. 50 c.); dans l'espèce du second, la vente avait donné plus du double de l'estimation (estimation, 31,459 fr.; vente, 71,136 fr. 50 c.).

« Depuis ces arrêts, le tribunal de la Seine a rendu, les 24 juillet et 27 août 1858, deux jugements sur la même question (Art. 16356 et 16390 J. N.). Dans l'une et l'autre affaire, la déclaration des héritiers était postérieure à la vente du mobilier, et le produit de cette vente était de beaucoup supérieur à l'estimation de l'inventaire. Le tribunal a décidé, conformément à la jurisprudence de la Cour de cassation, que la perception des droits de mutation par décès d'après l'évaluation de l'inventaire devait être maintenue. »

Voici le nouveau jugement du tribunal de la Seine :

« Le tribunal...; — Attendu qu'aux termes de l'art. 4 de la loi du 22 frimaire an 7, l'impôt proportionnel pour la transmission de propriété des biens meubles ou immeubles est assis sur la valeur des biens transmis;

» Attendu que s'il est vrai qu'en cas de mutation, par suite de décès, de biens meubles, la perception doit être faite, aux termes des art. 14 et 27, sur une déclaration de l'héritier, appuyée d'un inventaire ou état estimatif, il ne s'ensuit pas que l'administration n'ait pas le droit de contrôler l'estimation de l'héritier et qu'elle soit obligée d'accepter aveuglément sa déclaration; — Que, s'il en était ainsi, le fisc n'aurait aucun moyen de se soustraire aux fraudes dont il serait journellement victime; — Qu'il en est autrement, puisque l'art. 39 de la susdite loi de frimaire an 7 frappe du double droit toute omission ou toute insuffisance dans la déclaration des valeurs, sans distinction des meubles ou des immeubles; — Que si le moyen de contrôle résultant d'une expertise n'est pas autorisé pour les premiers comme pour les derniers, il ne s'ensuit pas que la loi refuse à l'administration le droit de recourir aux preuves résultant de la nature des choses, telles que des indications contenues dans les actes et une fixation de valeur résultant d'une vente authentique, lorsque surtout il n'est justifié d'aucune circonstance de nature à faire croire que la vente n'a pas été faite d'après la valeur des objets au jour du décès;

» Attendu, en fait, qu'après le décès de la veuve Girault, survenu le 11 juillet 1858, il a été procédé : 1° le 17 août suivant, à l'inventaire du mobilier dépendant de sa succession, lequel a été estimé à 5,927 fr.; 2° et les 24 et 25 du même mois, à la vente de ce mobilier, laquelle a produit 10,163 fr., ce qui a donné un excédant de 5,136 fr.;

» Attendu que, lors de la déclaration du 23 décembre 1858, c'est-à-dire plus de quatre mois après cette vente, les héritiers de la veuve Girault n'ont porté la valeur dudit mobilier qu'à la somme de 5,927 fr.;

» Mais attendu qu'il est constaté d'abord par le résultat de la vente aux enchères dont il s'agit, laquelle n'a été influencée par aucune circonstance de nature à altérer la vérité des prix et à faire supposer qu'elle a été faite moyennant un chiffre supérieur à la valeur véritable des objets au moment du décès, et ensuite par les documents représentés au tribunal, que la valeur réelle du mobilier dont il s'agit est bien de 10,173 fr., et portant après la vente cette valeur à 5,927 fr., les héritiers

Girault ont sciemment fait une déclaration inexacte et insuffisante;

» Attendu, par suite, que c'est avec raison que l'administration de l'enregistrement a délivré contre lesdits héritiers une contrainte pour droits sur un excédant de valeur ;

» Par ces motifs, déboute Foucher de son opposition à la contrainte dont il s'agit. » (Art. 17688 J. N.)

120. Journal à souches. — Une nouvelle formalité jusqu'alors inusitée a été récemment prescrite par S. Ex. le ministre des finances pour le payement des droits de mutation par décès. L'instruction de la Régie du 24 novembre 1863, n° 2266, relative à la tenue d'un journal à souche pour la recette des droits de mutation par décès est ainsi conçue :

« Des détournements récents ont fait connaître la nécessité d'entourer de plus de garanties la recette des droits d'enregistrement, et notamment des droits de mutation par décès. S. Ex. le ministre des finances a décidé, le 8 septembre 1863, que les receveurs de l'enregistrement tiendront, indépendamment du registre des déclarations, un journal à souche sur lequel les contribuables inscriront le montant des sommes qu'ils versent, et duquel seront détachées les quittances pour droits de succession.

» En conséquence, les dispositions suivantes ont été arrêtées :

» Article 1er. — Après la liquidation des droits et avant que la déclaration de succession soit portée au registre, les héritiers, donataires ou légataires souscriront sur la souche du journal la déclaration des sommes qu'ils auront versées.

» Art. 2. — Cette déclaration est entièrement écrite par les héritiers, donataires ou légataires, ou, du moins, il est nécessaire que, outre leurs signatures, ils écrivent de leur main : *Bon pour versement de la somme de* (en toutes lettres).

» La déclaration de versement est obligatoire ; elle est souscrite par le receveur lorsque le comparant ne sait pas signer. Mention en est faite à la souche.

» Art. 3. — La formule de quittance est remplie par le receveur et détachée en coupant par moitié la vignette qui sépare cette formule de la souche.

» Art. 4. — Aucune quittance au-dessus de 40 fr. ne peut être délivrée avant l'apposition du timbre mobile dans le cadre réservé à cet effet à la marge de la formule.

» S'il y a refus d'acquitter le droit du timbre, la formule est coupée verticalement par moitié, en présence du déclarant. La moitié restant adhérente à la souche est émargée des mots : *Refus de quittance timbrée.*

» Art. 5. La recette des droits dus pour omission ou insuffisance de perception est faite dans la forme prescrite par l'art. 1er. Si la quittance est donnée à la suite de celle délivrée lors du premier payement des droits, ou s'il y a refus de quittance timbrée, on procède comme il est dit à l'art. 4.

»Art. 6. Les duplicata de quittance sont délivrés sur papier de la débite ordinaire. La date de la délivrance de chaque duplicata est mentionnée à la souche de la quittance primitive.

» Art. 7. Les droits simples et en sus sont tirés hors ligne dans les deux colonnes en regard de la souche, et additionnés jour par jour. Leur total est arrêté en toutes lettres à la fin de chaque mois et doit être conforme à celui du registre des déclarations de succession.

» Dans les quarante-huit heures de l'arrivée des nouvelles impressions, les directeurs en feront faire l'envoi dans les bureaux. Les receveurs constateront la réception du journal par une mention au registre des déclarations de mutation par décès; dès ce moment ils se conformeront aux dispositions qui précèdent, lesquelles seront d'ailleurs rappelées en tête de chaque journal à souche. Des peines disciplinaires seront prononcées contre les comptables qui auront été signalés par les employés supérieurs comme n'ayant pas exécuté ponctuellement ces dispositions. » (Art. 17889 J. N.).

121. Formules de déclaration. — Nous donnons ci-après deux formules de déclaration et d'état estimatif, que nous empruntons au Dictionnaire du Notariat, v° *Succession*, 4e édition, tom. 12, p. 381. Ces formules pourront servir de modèle aux héritiers qui ont des déclarations de succession à passer. V. *in fine* de l'ouvrage.

122. Direction d'un notaire. — On ne peut trop recommander aux héritiers, donataires ou légataires, de se faire diriger par un notaire pour les déclarations dont il s'agit. L'application des règles du droit civil et les prescriptions compliquées de la loi bursale font naitre bien souvent de graves difficultés pour la liquidation exacte des droits de succession, et lorsque les parties s'en rapportent aveuglément, pour la rédaction de leur déclaration, aux préposés de la Régie, ceux-ci ne manquent pas de la rédiger dans le seul intérêt du fisc. De là une exagération de l'impôt ou des contestations que les parties eussent évitées en se plaçant sous la direction du notaire investi de leur confiance (Jurisp. Not., *loc. lit.* n° 213 ; Dic. Not., v° *Succession*, n° 842, 4° edit.).

§ IV. — **Du délai pour faire la déclaration, et des peines en cas de retard.**

Art. 1er. — *Des délais.*

123. Les délais pour l'enregistrement des déclarations que les héritiers, donataires ou légataires ont à passer des biens à eux échus ou transmis par décès sont gradués en raison des difficultés présumées pour passer déclaration. Ces difficultés étaient, en effet, de nature à fixer l'attention du législateur. D'après l'art. 24 de la loi du 22 frimaire, ces délais sont ainsi fixés, savoir :

1° FRANCE. De *six mois*, à compter du jour du décès, lorsque celui dont on recueille la succession est décédé en France.

2° EUROPE. De *huit mois*, s'il est décédé dans toute partie de l'Europe autre que la France ;

3° AMÉRIQUE. *D'une année*, s'il est mort en Amérique ;

4° AFRIQUE OU ASIE. *De deux années*, s'il est décédé en Amérique ou en Asie.

124. Le délai de six mois ne court que du jour de la mise en possession d'un défenseur de la patrie, s'il est mort en activité de service hors de son département, ou pour celle qui serait recueillie par indivis avec l'État. — Si, avant les derniers six mois des délais fixés pour les déclarations de successions de personnes décédées hors de France, les héritiers prennent possession des biens, il ne reste d'autre délai à courir, pour passer déclaration, que celui de six mois à compter du jour de la prise de possession. — Pour la succession d'un individu dont l'absence est déclarée, le délai est de six mois à partir du jour de l'envoi en possession provisoire (L. 28 avril 1816, art. 40).

125. Dans ces délais fixés pour l'enregistrement des actes et des déclarations, le jour de la date ou celui de l'ouverture de la succession ne seront point comptés. — Si le dernier jour du délai se trouve être un dimanche ou un jour de fête nationale, ces jours-là ne sont point comptés non plus (Loi du 22 frimaire, art. 25). V. Dalloz, 4179 ; Dict. Not., v° *Succession*, n° 626 ; Jurisp. du Not., *eod. verbo*, n° 214, et Garnier, 12493 et suiv.

126. Ainsi une mutation *par décès* ouverte *en France* le 15 janvier doit être déclarée le 15 juillet suivant, avant l'heure fixée pour la *fermeture du bureau*. Et si le 15 juillet était un jour de fête, la même succession serait déclarée dans le délai si la déclaration en était faite le 16 juillet Déc. min. fin., 9 décembre 1816 et 19 juillet 1824 ; jug. Gien, 14 novembre 1840 ; Béthune, 5 mars 1844 (Garnier, 4403 ; Dict. Not., *loc. cit.*, n° 628 ; Dalloz, 5079).

127. Preuve du décès. — Du moment que le délai prend son point de départ à l'ouverture de la succession, il faut nécessairement que la date du décès soit connue, et comme c'est l'administration qui a charge de faire exécuter la loi qui prescrit une déclaration dans un délai déterminé, c'est à elle qu'incombe la preuve du décès. C'est pour mettre l'administration en mesure de remplir cette obligation à laquelle la soumet son rôle de demanderesse, que l'art. 55 de la loi du 22 frimaire an 7 exige des secrétaires des administrations municipales qu'ils remettent les relevés, par eux certifiés, des actes de décès aux receveurs de l'enregistrement du canton.

1° *Présomption.* — Au reste l'administration, pour réclamer un droit de mutation par décès, n'est pas obligée d'avoir des preuves matérielles de l'ouverture de la succession. Elle peut se prévaloir des preuves légales édictées par l'art. 12 de la loi du 22 frimaire an 7. En ce sens, la Cour de cassation a jugé, le 7 avril 1847, que la détention, par deux époux, des biens dépendant d'une succession à laquelle la femme était appelée, forme contre elle une présomption légale qu'elle les a recueillis à titre d'héritière, et la rend passible du droit de mutation par décès, quoiqu'elle prétende avoir répudié l'hérédité, et qu'elle allègue que c'est son mari seul qui possède les biens en provenant, en vertu de certains arrangements passés avec l'acquéreur, si cette allégation n'est justifiée par titres.

2° *Droit commun*. — En fin de cause, l'administration peut fournir du décès toutes les preuves du droit commun (Garnier, 12496).

128. Prorogation de délai. — En principe, on ne peut obtenir de prorogation de délai pour le payement des droits de mutation par décès.

1° *Droit des tribunaux*. — Jugé en ce sens que dans aucun cas les juges ne peuvent accorder de surséance pour la déclaration et le payement des droits. Cass. 4 février 1807, 16 janvier 1811, 4 février 1812, 10 mars 1829 (arrêt d'admission) ; Déc. min. fin. 21 octobre 1829 ; Inst. Rég. 27 mars 1839, n° 1307, § 9 ; Trib. Blois, 5 décembre 1848 ; Seine, 22 février 1849 :

« Attendu, à l'égard du délai de deux mois subsidiairement demandé par la veuve Beaufils pour pourvoir à l'acquittement des droits dont il s'agit, qu'il n'appartient pas au tribunal de statuer à cet égard, et que l'administration, seule a le droit d'examiner s'il y a lieu d'accorder la prorogation de délai sollicitée. » V. aussi Trib. Angoulême, 23 février 1850 (Art. 7132, 13664 et 13768 J. N. ; Dict. Not., v° *Legs*, n° 450, et v° *Succession*, n° 631, 4° édit. ; Garnier, 12495).

2° *Droit du gouvernement*. — Mais on ne peut s'empêcher de reconnaître qu'une pareille règle, si elle devait être appliquée dans tout ce qu'elle a d'absolu, serait quelquefois irrationnelle, car il arrive fréquemment, pour les successions importantes ou obérées, qu'il est matériellement impossible de les liquider dans le délai fixé par la loi pour faire la déclaration. Les héritiers se trouveraient alors dans l'alternative que voici : ou faire des déclarations exagérées, circonstance qui par suite du principe de non-restitution de tout droit régulièrement perçu, deviendrait très-fâcheuse pour eux, en ce qu'elle les exposerait à perdre tout ce qu'ils auraient payé en trop, par suite de l'exagération de leur déclaration ; ou commettre des omissions, ce qui les rendrait passibles des peines encourues en pareil cas. Aussi le gouvernement s'est-il départi du principe de non-sursis, en accordant des prorogations de délai toutes les fois que les circonstances de la cause lui paraissent de nature à justifier cette mesure exceptionnelle (Garnier, 12,595).

3° *Droit de l'administration*. — Il est bien entendu cependant que si les droits du trésor étaient exposés à péricliter pendant le cours de cette prorogation de délai, l'administration pourrait prendre toutes les mesures propres à en garantir la rentrée.

Jugé en ce sens par le tribunal de Reims, le 31 juillet 1851, que lorsque le délai légal pour la déclaration de succession a été prorogé par une décision ministérielle, sans préjudice des mesures conservatoires, l'administration peut, avant l'expiration du délai prorogé, décerner une contrainte pour le payement des droits simples et en sus de mutation par décès, et saisir les biens meubles à titre conservatoire (Art. 14679 et 14804 J. N. ; Jurisp. Not., art. 9601 ; Garnier, 12495).

129. Point de départ du délai. — En principe, le délai pour faire le payement des droits de mutation par décès, court à compter du jour du décès. C'est ce que porte formellement l'art. 24 de la loi du 22 frimaire an 7. Cependant on comprend qu'il y ait des cas où le principe ne pourrait recevoir son application. L'art. 24 nous en fournit des exemples en nous disant que « le délai de six mois ne courra que du jour de la mise en possession pour *la succession d'un absent* ; celle d'un condamné si ses biens sont séquestrés ; celle qui aurait été séquestrée pour toute autre cause ; celle d'un défenseur de la patrie, s'il est mort en activité de service, hors de son département, ou enfin serait recueillie par indivis avec la nation. »

130. Héritier de la nue propriété. — L'héritier ou le légataire de la nue propriété ne peut différer le payement du droit de mutation, sur la valeur entière des biens, jusqu'au moment de la réunion de l'usufruit à la propriété. Il doit l'acquitter dans les six mois du décès du testateur. La disposition de la loi n'est point facultative ; elle ne laisse pas à l'héritier le choix du moment où il doit acquitter les droits ; elle ne lui donne pas la faculté de payer immédiatement à raison de la propriété entière, sur vingt fois le produit des biens, ou à raison de la nue propriété seulement sur dix fois ce produit, et de ne payer pour l'usufruit réuni à la propriété qu'au moment où cette réunion s'opère. Cass. 13 floréal an 9, 20 frimaire an 14, 29 juin 1809, 11 septembre et 18 décembre 1812 (Art. 581 et 1626 J. N.).

131. Héritier déclaré indigne. — Le délai pour faire la déclaration d'une succession échue à un héritier que la loi déclare *indigne* de succéder ne court que du jour du jugement ou de l'arrêt définitif par suite duquel la succession est dévolue aux autres héritiers. Déc. min. fin. 7 juin 1808 ; Inst. gén. 29 juin 1808, n° 386, § 37 (Jurispr. Not., *loc. cit.*, n° 227 ; Garnier, 7245 et 12540 ; Dict. Not., *loc. cit.*, n° 672).

132. Succession appréhendée d'abord par l'État. — L'héritier qui se présente pour recueillir une succession appréhendée d'abord par l'État à titre de déshérence, doit acquitter les droits dans les six mois de son envoi en possession. Arg. LL. 22 frimaire an 7, art. 24, et 28 avril 1816, art. 40 (Jurisp. Not., *loc. cit.*, n° 230 ; Dict. Not., v° *Déshérence*, n° 43, 4e édit.).

133. Renonciation de la mère. — Les enfants qui recueillent la totalité de la communauté, par suite de la renonciation de leur mère à la moitié qu'elle y prétendrait, ne doivent faire la déclaration de cette moitié et payer les droits en résultant que dans les six mois de cette renonciation. Solut. 21 octobre 1814 (Jurispr. Not., *loc. cit.*, n° 229).

134. Conjoint survivant. — Lorsqu'il recueille la succession de son conjoint dans le cas prévu par la loi, les délais pour acquitter les droits d'enregistrement ne courent que de la date du jugement d'envoi en possession. Délib. Rég. 13 octobre 1829 (Art. 6997 J. N.; Garnier, 12529).

135. Minorité ou incapacité. — L'état de minorité ou d'incapacité des héritiers n'empêche pas que le délai ne coure à partir du décès. Cependant, si la nomination du tuteur ou du curateur n'était faite qu'après l'expiration du délai que la loi accorde pour faire la déclaration, celle-ci pourrait être faite utilement dans les six mois à compter de la nomination. Déc. min. fin. 7 juin 1808 (Jurispr. Not., n° 216 ; Garnier, 13398).

136. Enfant posthume. — Le délai pour déclarer une succession échue à un enfant posthume court du jour du décès, et non du jour de la naissance de l'enfant, sauf restitution si l'enfant n'est pas né viable. Déc. min. fin. 9 octobre 1810 Dalloz, 4180 ; Jurispr. Not.. 217 ; Art. 1153 J. N.).

137. Enfant non viable. — Si l'enfant ne naît pas viable, le délai pour les nouveaux héritiers court à partir de l'accouchement de la mère, qui a fait connaître la non-viabilité de l'enfant. Délib. Rég. 7 août 1822 (Garnier, 12538 ; Dict. Not., *loc. cit.*, n° 648.).

138. Légataire universel. — Legs payable à son décès. — Le legs particulier d'une somme d'argent payable au décès du légataire universel ne peut être considéré comme éventuel. En conséquence, les droits de mutation doivent être acquittés dans les six mois du décès du testateur, et ils sont prescrits à défaut de poursuites faites par la Régie dans les cinq ans (aujourd'hui dix ans) de ce décès. Trib. Confolens, 26 juillet 1833 ; Délib. Rég. 26 novembre 1833 (Art. 8416 J. N.).

139. Le légataire universel chargé de vendre les biens d'une succession pour en remettre le produit aux héritiers légitimes ou à des légataires particuliers, est personnellement tenu des droits de mutation, et il peut, en conséquence, si le testament est attaqué par les héritiers, se faire autoriser à emprunter sur les immeubles de la succession pour acquitter ces droits. Mais si les héritiers légitimes ont payé une partie des droits en leur qualité, ce payement sera déduit de ce que doit personnellement le légataire universel. Douai, 10 mars 1845 (Art. 12543 J. N.).

140. Le légataire universel qui, avant la délivrance du legs, y renonce par transaction avec l'héritier moyennant l'abandon des objets mobiliers de la succession, et le payement d'une somme d'argent, est tenu d'acquitter pour son legs les droits de mutation par décès. Trib. Melle, 26 mars 1852 (Art. 14676 J. N.).

141. Lorsque le légataire universel, saisi de plein droit, a abandonné par transaction une partie des biens de la succession aux héritiers, il n'en doit pas moins passer la déclaration et acquitter les droits de mutation sur la totalité des biens, au taux réglé par son degré de parenté avec le testateur ; c'est à lui à s'entendre avec les héritiers relativement aux portions qu'il eur a abandonnées. Inst. Rég. 15 décembre 1827, n° 1229, § 11 (Art. 6404 J. N.).

142. Legs d'un usufruit à un mineur et de la nue propriété à une autre personne. — Lorsque le testateur a légué l'usufruit à un mineur et la nue propriété à une autre personne, sous la condition que le même mineur réunira la propriété à l'usufruit, s'il atteint l'âge de vingt-un ans, cette condition, en ce qui concerne le légataire de la nue propriété est résolutoire et non suspensive. En conséquence, celui-ci doit, à l'ouverture de la succession, payer le droit de mutation par décès sur la nue propriété.

Ainsi décidé par les tribunaux du Havre, de Rouen et de Neufchâtel les 8 février, 1er et 11 mai 1849 (V. Art. 13799 J. N.). Les trois instances étaient engagées dans la même espèce à cause de la situation des biens.

143. Légataires particuliers. — Défaut de délivrance. — Le légataire particulier à qui la délivrance du legs est contestée est néanmoins tenu d'acquitter le droit de mutation par décès dans les six mois du décès du testateur, sous peine du demi-droit en sus. Trib. de Montpellier, 20 mai 1861 (Art. 17195 J. N.).

Ce jugement est conforme à la jurisprudence rapportée dans le Dict. Not., v° *Legs*, n° 450, et *Succession*, n° 674, 4e édit.

144. Légataires. — Les droits de mutation sont dus par les légataires pour les choses qui leur sont léguées, comme par les héritiers à raison des biens qu'ils recueillent. La Cour de cassation, se fondant sur les dispositions rigoureuses des art. 24 et 39 de la loi du 22 frimaire, a décidé, le 10 mars 1829, que les légataires sont tenus de faire leur déclaration et de payer les droits de mutation dans les six mois du décès, lorsqu'ils n'ont pas obtenu la délivrance de leur legs et qu'il y a contestation sur la validité du testament.

V. dans le même sens, jugement du tribunal de la Seine du 22 février 1849, et de Montpellier du 20 mai 1861 (Jurispr. Not. 8633 et 11974).

145. Les délais doivent être observés, soit que ceux qui sont habiles à succéder n'aient pas encore pris qualité ou que la succession ne soit acceptée que sous bénéfice d'inventaire, soit qu'elle soit répudiée et vacante, ou qu'elle soit administrée par un curateur. Cette règle est absolue. Cass. 16 janvier 1811, 4 février 1842, 10 mars 1829 (arrêt d'admission) ; Déc. min. fin. 24 octobre 1829 ; Inst. Rég. 27 mars 1830, n° 1307, § 9 ; Trib. Blois, 5 décembre 1848 ; Seine, 15 mars 1838, 22 février 1849 et 9 août 1850 (Art. 7132, 13664 et 13768 J. N. ; Garnier, 12500, 12504, 12518, 13287).

146 Le légataire n'a que six mois pour passer la déclaration, soit qu'il ait ou non accepté le legs et obtenu la délivrance. Cass. 16 janvier 1811. — Il en est de même de l'usufruitier. Cass. 4 février 1842. Il ne pourrait se refuser au payement des droits, sous prétexte qu'il n'a pas connaissance du testament reçu par un notaire ou déposé chez un notaire. Cass. 26 février 1323 (Art. 4349 J. N.).

147. Lorsque la validité du testament est contestée, le légataire universel est néanmoins tenu de faire sa déclaration et de payer les droits de mutation par décès dans les six mois, à partir du décès du testateur. Blois, 5 décembre 1848 (Art. 13768 J. N.). V. aussi art. 13664 et 17195 J. N.

148. Legs conditionnel. — Un legs conditionnel n'est sujet à la déclaration qu'après l'accomplissement de la condition. Délib. Rég. 11 octobre 1831 (7671 J. N.).

149. Le légataire particulier sous une condition éventuelle qui a renoncé à son legs moyennant différents avantages à lui assurés par le légataire universel, est-il tenu au payement des droits de mutation par décès, lorsque l'événement prévu vient à se réaliser?

L'affirmative a été décidée le 30 août 1859 par le tribunal de Nîmes (Art. 16759 J. N., et Jurispr. Not., art. 11540.)

150. Le délai pour la déclaration des droits et actions appartenant à une succession dans une autre succession, et non encore liquidés, ne court qu'à partir de la liquidation de cette dernière succession, si d'ailleurs une déclaration provisoire a été faite par les héritiers. Tribunal de la Seine, 14 juillet 1841 (Dict.Not., v° *Succession*, n° 676).

151. Lorsqu'un individu est décédé hors de France, le délai pour la déclaration court du jour de la procuration donnée par les héritiers, si elle est antérieure à l'envoi en possession. Déc. min. fin. 18 août 1814 (Garnier, 12523).

152. Lorsqu'un héritier n'est pas en possession des biens parce qu'ils lui sont contestés, il doit faire sa soumission d'en passer déclaration dans les six mois de l'acte ou du jugement qui fixe ses droits. Déc. min. fin. 22 avril 1806 et 3 octobre 1822. Cette règle a été appliquée à des biens incertains comme dépendant d'une succession non encore liquidée. Trib. de la Seine, 14 juillet 1841.

153. Lorsqu'après les six mois du décès, les héritiers déclarent qu'il dépend encore de la succession une somme qui a été découverte dans un endroit secret de la maison du défunt, il n'y a pas lieu à un droit en sus, puisqu'ils n'ont pu déclarer plus tôt la somme. Sol. 1er juillet 1843 (Dict. Not.. *loc. cit.*, n° 668).

154. Lorsque l'héritier a payé le droit sur la totalité de la succession, le légataire particulier est libéré jusqu'a concurrence pour les sommes à lui léguées, sauf à acquitter un droit supérieur à raison de son degré de parenté dans les six mois. Trib. Orléans, 23 décembre 1844.

155. Lorsqu'un individu se disant héritier a payé les droits de la succession, et qu'un jugement l'a ensuite dépouillé de la propriété pour en investir un légataire universel, le droit payé par le prétendu héritier libère le légataire. Cass. 13 décembre 1814 (Art. 1482 J. N.).

156. Dès qu'un legs a été accepté, le légataire ne peut en y renonçant s'affranchir du droit de mutation. Cass. 9 mars 1842 (Art. 11278 J. N.).

157. Donations éventuelles par contrat de mariage ou autres. — Les donations éventuelles faites soit aux futurs époux par leur contrat de mariage, soit entre époux par contrat de mariage ou durant le mariage, doivent être déclarées dans les six mois du décès du donateur. Dict. Not., v° *Succession*, n° 638. — Quant au legs fait sous une condition suspensive ou éventuelle, le délai pour la déclaration commence à courir du jour où la condition s'accomplit. Déc. min. fin. 22 avril 1806 ; trib. de Château-Gontier, 27 août 1842 ; Nîmes, 30 août 1859 (Art. 16759 J. N.).

I57 *bis*. Droits litigieux. — Les choses litigieuses une fois rentrées dans l'hérédité par l'effet de l'exercice de l'action, doivent être déclarées dans les six mois de la rentrée en possession des héritiers. Cass. 30 janvier 1809 (Dalloz, n° 4226); Cass. 30 mars 1813, 15 mars 1814, 20 août 1816, 24 août 1041 (Garnier, 1027). — Il en est de même de tous autres biens qui viendraient à rentrer dans l'hérédité.

I57 *ter*. Établissement public. — Le legs fait à un établissement public doit être déclaré dans les six mois de l'autorisation donné par le gouvernement.

I58. Héritier bénéficiaire. — Renonciation. — L'héritier qui a accepté sous bénéfice d'inventaire ne peut plus, en renonçant plus tard à la succession, s'affranchir du payement des droits de mutation par décès. Tribunal de la Seine, 18 janvier 1861 (Art. 17029 J. N.; Jurispr. Not., art. 11796). V. *infrà*, n° 771 et suiv.

158 *bis*. Lorsqu'un individu est décédé après avoir accepté une succession sous bénéfice d'inventaire, ses héritiers également bénéficiaires sont-ils tenus de comprendre, dans la déclaration de sa succession, la totalité de ses droits dans celle qu'il avait ainsi acceptée ?

L'affirmative résulte d'un jugement du trib. de la Seine, du 23 août 1850 (Art. 14177 J. N., et art. 9985 Jurispr. Not.) conforme à une délibération de la Régie, du 26 sept. 1834 (Art. 8655 J. N). — Ces solutions sont contraires au principe qu'un des effets du bénéfice d'inventaire est de ne pas confondre les biens personnels de l'héritier qui ne tombent point, par conséquent, dans sa propre succession, si elle vient à s'ouvrir avant l'apurement du compte de l'administration bénéficiaire.

159. Légataire universel. — Renonciation. — Le légataire universel en usufruit institué en même temps exécuteur testamentaire du défunt, qui a renoncé à la première qualité pour s'en tenir à la seconde, ne peut être poursuivi par la Régie en payement des droits de mutation pour le legs d'usufruit, comme ayant en réalité, nonobstant sa renonciation, accepté ce legs, que si cette acceptation résulte soit d'actes authentiques ou privés, émanés du légataire lui-même, et dans lesquels il aurait pris cette qualité, soit de circonstances où il n'aurait pu agir qu'en qualité d'usufruitier.

160. Spécialement, la Régie ne peut invoquer contre le renonçant, comme preuve de son acceptation, des actes judiciaires ou extrajudiciaires où la qualité de légataire universel en usufruit lui a été donnée par des tiers, lorsqu'il n'a pris dans tous ceux émanés de lui que la qualité d'exécuteur testamentaire, laquelle d'ailleurs justifiait et expliquait suffisamment son concours aux diverses affaires de la succession.

Ainsi décidé par deux arrêts de la Cour de cassation (ch. civ.) du 13 mars 1860 (Art. 16814 J. N.).

161. Il n'appartient pas à la Régie, sauf le cas de fraude ou de simulation, de rechercher la valeur obligatoire des actes, qui, en dehors des applications de la loi fiscale, ne sont pas soumis à son contrôle ; spécialement, elle ne peut invoquer la nullité d'un legs entaché de substitution prohibée, lorsque cette nullité, quoique absolue, n'a été ni prononcée ni reconnue par les parties.

En conséquence, lorsqu'un testament contient des legs particuliers au profit des collatéraux, à charge de restitution aux enfants des légataires, la Régie n'est point fondée : 1° à réclamer du légataire universel, ou de son héritier, les droits de mutation par décès sur les biens compris dans les legs particuliers grevés de la substitution ; 2° à percevoir le droit de donation entre-vifs sur l'acte par lequel le légataire universel ou son héritier, renonçant à se prévaloir de la nullité des legs particuliers, a fait délivrance pure et simple aux légataires particuliers des biens légués.

C'est ce qui résulte d'un arrêt de la Cour de cassation (ch. civ.), du 15 février 1854 (Art. 15189 J. N.).

162. Substitution. — Lorsqu'un testament a été annulé pour cause de substitution prohibée, le délai pour le payement des droits de mutation par les nouveaux héritiers court de la date du jugement qui a annulé le testament. Langres, 14 novembre 1855 (16165 J. E. ; Garnier, 12550).

163. Succession vacante. — La déclaration pour la perception des droits de mutation sur les successions devenues vacantes doit être faite, sous peine du demi-droit en sus, dans les délais déterminés par l'art. 24 de la loi du 22 frimaire an 7. Cass. 18 nivôse an 12, 3 nivôse, 17 pluviôse et 10 thermidor an 13, 15 juillet 1806 ; Inst. Rég. 3 fructidor an 13, n° 290, § 70, 29 juin 1808, n° 386, § 33 (Dict. Not., v° *Succession vacante*, n° 13 ; Jurispr. Not., v° *Mutation par décès*, n° 268 ; Garnier, 13330).

164. Le droit de mutation par décès est exigible à raison d'une *succession vacante*... Et il est perçu sur l'hérédité du chef du renonçant, sauf la faculté pour la Régie d'exiger un droit supplémentaire, si la succession se trouve dévolue à des héritiers d'un degré subséquent. Tribunal de la Seine, 7 juillet 1841 (D. P. 41, 3, 391 ; Garnier, 13330).

165. Usufruit. — Le délai pour faire déclarer un usufruit recueilli par suite du décès d'un premier usufruitier ne court que de la date de ce décès. Trib. de Rouen, 15 avril 1847 (D. P. 48, 5, 199).

ART. 2. — *Des peines en cas de retard.*

167. Les héritiers, donataires ou légataires qui n'ont pas fait dans les délais prescrits les déclarations des biens à eux transmis par décès ou absence, payent, à titre d'amende, un *demi-droit en sus* du droit qui est dû pour la mutation. Les tuteurs et curateurs supportent personnellement cette peine lorsqu'ils ont négligé de passer déclaration dans les délais. Loi 22 frimaire an 7, art. 39.

168. L'indication d'une fausse date de décès donnée, même sciemment, pour se soustraire au demi-droit en sus encouru, n'est cependant passible que de cette peine. Sol. 2 germinal an 8 (Jurispr. Not., *loc. cit.*, n° 240; Garnier, 12556).

169. Lorsqu'au lieu de faire la déclaration de succession, on verse au trésor une somme pour les droits qui lui seront dus, et que la déclaration n'est faite ensuite qu'après les délais, le demi-droit en sus n'est dû néanmoins que sur le complément à payer et non sur la totalité des droits. Délib. Rég. 23 septembre 1831 (Jurispr. Not., *loc. cit.*, n° 241).

170. Les héritiers ne sont pas tenus du demi-droit en sus encouru par leur auteur décédé *depuis* l'expiration du délai pour déclarer une succession qui lui était échue; ils en seraient tenus si leur auteur était mort dans le cours de ce délai. Déc. min. fin. 15 juillet 1806 (Jurispr. Not., *loc. cit.*, n° 242).

171. Lorsqu'il y a plusieurs débiteurs *solidaires* des droits de mutation par décès, la règle indiquée au numéro précédent ne peut recevoir d'application à cause du décès de l'un des débiteurs, puisque les autres sont personnellement et solidairement tenus du payement des droits simples et en sus. Arg. L. 22 frimaire an 7, art. 32 (*ibid.*, n° 243).

172. La déclaration d'un immeuble dans un bureau autre que celui où elle devait être passée est comme non avenue. Par conséquent si, lorsque l'héritier fait une seconde déclaration, le délai de six mois se trouve expiré, il ne peut arguer de cette première déclaration pour échapper au demi-droit en sus, qui est à la rigueur exigible; mais il peut se faire restituer le premier droit par le receveur du bureau où il a été indûment acquitté. Ajoutons, au reste, que c'est ici le droit strict et rigoureux, et que dans de telles circonstances le

ministre des finances accorderait nécessairement la remise de
ce demi-droit en sus encouru par suite d'une erreur commune
à la partie et au préposé de la Régie. (J. E., art. 7480 et 8712;
Jurispr. Not., *loc.cit.*, n° 244).

173. Le ministre des finances a qualité pour accorder
remise du demi-droit en sus encouru pour retard dans les déclarations de mutation par décès. Ce demi-droit est une peine,
et la modération ou la remise entière de cette peine rentre dans
la juridiction gracieuse du ministre (Jurispr. Not., v° *Enregistrement*, n°° 322 et suiv.).

174. Rectification des déclarations. — Faisons
remarquer, en terminant, que la peine du demi-droit en sus,
comme celle du double droit dont nous aurons occasion de
parler plus loin, n'est infligée qu'autant que le délai expiré ne
permet plus de satisfaire à la loi dans les conditions prévues
par elle. Ainsi, il faut reconnaître, en principe, que les héritiers peuvent toujours, et sans encourir aucune peine, rectifier
leur déclaration avant l'expiration des délais que la loi leur
accordait pour fournir cette déclaration; mais, après l'expiration de ces délais, aucune rectification ne peut être admise,
même lorsqu'elle est offerte volontairement, sans perception
des droits en sus, encourus conformément aux dispositions
pénales de la loi du 22 frimaire an 7 (Garnier, 12364 *bis*).

§ V. — Bureau où la déclaration doit être faite.

175. Les mutations de propriété ou d'usufruit qui s'effectuent par décès sont enregistrées sur les déclarations que
les héritiers, donataires ou légataires sont tenus de passer,
savoir : pour les immeubles, au bureau de la situation des
biens ; pour les biens meubles, au bureau dans l'arrondissement duquel ils existaient au décès de l'auteur de la succession ; et pour les rentes et autres biens meubles *sans assiette déterminée*, au bureau du domicile du décédé. L. 22 frim.
an 7, art. 27.

176. Biens dans plusieurs arrondissements.
— Il suit de là que si les biens sont situés dans plusieurs
arrondissements, il doit être passé à chaque bureau une
déclaration particulière à raison des biens compris dans

son ressort ; en sorte que, vis-à-vis de la **Régie**, dans le cas d'une succession comprenant des immeubles situés dans plusieurs arrondissements, il n'y a pas seulement une succession, mais autant de successions que de bureaux dans le ressort desquels il y a des biens.

177. De là cette conséquence que lorsque, dans la déclaration des biens composant une succession, les héritiers évitent de comprendre un immeuble qui, d'ailleurs, n'aurait pu faire partie de cette déclaration, n'étant pas situé dans l'arrondissement du même bureau, il n'y a pas seulement *omission*, mais *absence* totale de déclaration relativement à cet immeuble, tellement que l'action en répétition du droit de mutation n'est prescrite que par le délai de cinq ans (aujourd'hui dix ans) à partir du décès, et non par celui de trois ans (maintenant cinq ans, d'après l'art. 11 de la loi du 18 mai 1850) à compter du jour de la déclaration. Cass. 28 juin 1820 (Dalloz, 5517) ; tribunal de Corbeil, 23 août 1854 (Jurispr. Not., art. 13017).

178. **Déclaration à un bureau autre que celui où elle doit être faite.** — Il arrive quelquefois que des héritiers ou légataires font, par erreur, leur déclaration à un bureau d'enregistrement autre que celui qui est indiqué par la loi, ou qu'ils comprennent dans la déclaration passée à un bureau, des biens situés dans un autre bureau. M. le ministre des finances a décidé, le 23 novembre 1841, 1° que toute déclaration de mutation par décès faite à un bureau autre que celui qui est déterminé par l'art. 27 de la loi du 22 frimaire an 7, doit être considérée comme non avenue, sauf restitution aux parties des droits qu'elles auraient payés par erreur ; 2° que l'administration est fondée à exiger d'elles une déclaration régulière au bureau compétent, ainsi que le payement des droits (Garnier, 12568).

V. dans le même sens, Cass. 7 août 1807 et Inst. Rég. 1649 (Dalloz, 4140).

179. Le tribunal de Corbeil a jugé, le 23 août 1854 (15907 J. E.), que lorsqu'une déclaration de succession embrasse des biens qui, en raison de leur situation, n'ont pas dû être compris dans la déclaration, et que d'ailleurs ces biens ne sont pas déclarés dans le seul bureau où ils pourraient l'être, il y a, par rapport à ces biens, *absence totale de déclaration* (Art. 15337 J. N.).

180. Jugé encore que si les héritiers n'ont fait aucune déclaration au bureau de l'enregistrement du domicile du défunt, bien qu'il soit constaté que des valeurs mobilières dépendant de la succession existaient au lieu du domicile, ils ne peuvent se dispenser de passer la déclaration exigée par la loi, sous prétexte qu'en faisant au bureau de la situation des immeubles la déclaration de mutation par décès, ils ont acquitté la totalité des droits dont ils étaient redevables. Trib. de la Seine, 4 décembre 1850 (Garnier, 12568; art. 15091 J. E.).

181. C'est ainsi que la prescription quinquennale (aujourd'hui dix ans) a été seule reconnue admissible dans une espèce où des immeubles dépendant d'une succession ayant été déclarés dans un bureau, les héritiers opposaient la prescription triennale (cinq ans) comme omission, à la demande qui leur était faite des droits de mutation par décès pour des immeubles situés dans l'arrondissement d'un autre bureau. Trib. de Marseille, 19 novembre 1839 (12431 J. E.).

182. Jugé encore que la prescription de cinq ans (dix ans) à partir du jour du décès, est seule applicable lorsque des immeubles situés dans l'arrondissement d'un bureau n'ont pas été déclarés dans ce bureau après décès, encore que des immeubles dépendant de la même succession aient fait l'objet de déclarations inscrites dans d'autres bureaux. Trib. de la Seine, 24 mai 1843 (13273 J. E.; Garnier, 12568).

183. Il suit du même principe que la négligence de la Régie à se pourvoir en temps utile, à raison des biens situés dans l'arrondissement d'un bureau, ne peut nuire à ses actions, à raison des biens situés dans un autre arrondissement. Cass. 7 août 1807 et 1er août 1808 (Dalloz, 5468 et 5518).

184. Toute déclaration faite dans un bureau autre que celui déterminé par la loi doit être considérée comme nulle et non avenue, et les droits sont restituables. Cass. 7 août 1807; Inst. Rég. 1649 (Garnier, 12568).

185. On n'a nul égard à ce que des immeubles, situés

dans plusieurs communes, appartiennent à la même exploitation ou sont affermés par un seul bail (Journal de l'Enregistrement, art. 3514; Dalloz, 4140).

186. La déclaration faite dans un bureau autre que celui où l'on devait la faire, n'influe en rien sur la nécessité de passer dans ce dernier bureau la déclaration prescrite par la loi, ni sur les conséquences du défaut de déclaration dans le lieu où elle devait être faite. Cass. 7 avril 1807 et 28 juin 1820; Trib. de la Seine, 28 décembre 1831; Déc. min. fin 23 septembre 1841; Inst. gén. 4 novembre suivant, n° 1649 (Jurispr. Not., *loc. cit.*, n° 187; Dict. Not., *ibid.*, n° 625; Garnier 12568).

187. Biens meubles sans assiette déterminée. — Les rentes et les autres biens sans assiette déterminée lors du décès sont déclarés au bureau du domicile du décédé. L. 22 frim. an 7, art. 27.

Par les termes *biens meubles sans assiette déterminée*, il faut entendre les rentes foncières ou constituées, les obligations de sommes et créances, les actions tendant à revendiquer des sommes exigibles ou des effets mobiliers, les actions dans les sociétés anonymes ou en commandite et les intérêts dans les autres sociétés; les arrérages d'intérêts de capitaux, de fermages ou de rentes. Et depuis la loi du 18 mai 1850, les fonds publics et actions des compagnies ou sociétés d'industrie et de finances étrangères, dépendant d'une succession régie par la loi française (Garnier, 12567).

188. Il n'y a pas d'exception à faire pour les créances qui seraient assises par privilége spécial ou par hypothèque, sur des immeubles, parce que c'est là un accessoire qui ne peut modifier le caractère de la chose principale.

Ce dernier point a été consacré en principe, par la Cour de cassation, qui, par suite, a décidé spécialement que lorsqu'un individu a fait donation de ses biens, meubles et immeubles, sous réserve d'une somme, pour en disposer en faveur de qui bon lui semblerait, le légataire qui est appelé à la recueillir doit en faire la déclaration au bureau du domicile du décédé, sans pouvoir prétendre que cette somme forme une portion réelle des immeubles dont elle est une distraction, ou que, par la garantie hypothécaire, elle a une assiette déterminée au lieu même de la situation des biens, en sorte que si les immeubles sont situés hors de France, il ne soit dû aucun droit de mutation par décès, à raison de ce capital mobilier. Cass. 21 décembre 1813 (Dalloz, 4142).

189. Intérêt dans une coupe de bois. — L'intérêt qui appartient à l'auteur d'une succession dans une coupe de bois doit être déclaré au bureau dans l'arrondissement duquel les bois sont situés (Solut. Rég. 6 septembre 1810). Il nous semble toutefois que ce n'est là qu'une simple faculté; car l'intérêt dans une coupe de bois étant une créance toute mobilière, peut toujours être déclaré au lieu de l'ouverture de la succession. (Dalloz, 4144; Garnier, 12566).

190. Actions immobilières. — A l'égard des actions immobilières, la déclaration ne peut en être faite convenablement qu'au bureau de la situation des immeubles qu'elles concernent, puisque c'est sur ces immeubles que sera perçu le droit de mutation, si le cas y échet, et que le receveur seul, qui réside sur les lieux, peut en surveiller la mutation (Dalloz, 4145).

191. Statut réel. — La loi de l'impôt est un statut réel, qui n'a de force que sur le territoire soumis à sa juridiction, à la différence du statut personnel, qui s'attache à la personne et la suit, même en pays étranger. La conséquence, par rapport aux mutations par décès, est que les biens situés hors de France, ou dans nos possessions d'outre-mer, où le droit d'enregistrement n'est pas établi, ne sont soumis à aucun droit de mutation par décès, lors même qu'ils sont recueillis par un Français habitant le continent. — D'où la conséquence ultérieure que la règle établie par l'art. 27 de la loi du 22 frimaire an 7 n'est pas susceptible d'application dans ce cas (Dalloz, 4146).

192. Décès à l'étranger. — **Rentes.** — **Créances.** — **Actions.** — Mais si le statut *réel* expire aux frontières, par un principe inverse, il exerce sa puissance à l'intérieur sur tous les biens indistinctement, quelle que soit la qualité des possesseurs. Ainsi, nonobstant qu'une succession se soit ouverte dans une colonie ou à l'étranger, si elle a dans son actif des créances hypothéquées sur des biens français, ou seulement payables en France, soit que ces créances appartiennent à des Français ou à des étrangers, les droits de mutation seront dus, dès qu'on voudra en poursuivre en France le remboursement, et ceci est une conséquence du principe : qu'on ne peut faire aucun usage en France d'un acte quelconque sans en acquitter les droits, sauf toutefois certaines distinctions. Voilà pourquoi l'art. 1000 C. N. veut que « le testament fait en pays étranger ne puisse être exécuté sur les biens situés en France qu'après avoir été enregistré au bureau du domicile du testateur, » ou à tout autre bureau si le testateur est étranger (Dalloz, 4147; Garnier, 12567).

193. Il a été jugé dans le sens de cette décision : 1° que les créances sur des particuliers français dépendant de la succession d'un étranger, ouverte dans sa patrie et recueillie par un étranger, sont assujetties au droit de mutation : l'abolition du droit d'aubaine ne peut être un prétexte de les y soustraire. Cass. 27 juillet 1819 (Dalloz, 4148).

194. 2° Que la même décision s'applique au legs mobilier fait par un étranger à un étranger, si le payement de ce legs a été effectué en France. Cass. 16 juillet 1823; Délib. Rég. 24 janvier 1834 (Dalloz, 4149).

195. 3° Que des créances hypothécaires sont des biens meubles sans assiette déterminée, dans le sens de l'art. 2*, § 3, de la loi du 22 frimaire an 7; que de l'impossibilité de faire, ainsi que le prescrit le § 3 de l'art. 27 de la loi du 22 frimaire an 7, pour les biens meubles n'ayant point une assiette déterminée, et existant en France, la déclaration au bureau du domicile du décédé, en ce que, par exemple, ce domicile est à l'étranger, il n'en résulte pas dispense du droit de mutation sur ces meubles; par suite, que l'étranger qui succède à un étranger décédé dans sa patrie, doit, en France, le droit de mutation pour les créances dues à celui-ci par un Français, en vertu d'obligations passées en France, alors surtout qu'elles sont hypothéquées sur des immeubles situés en France, et que pour ces créances le droit doit être acquitté au bureau du domicile du débiteur. Cass. 28 août 1837 (Dalloz, 4150).

196. 4° Que les valeurs mobilières françaises dépendant de la succession d'un étranger domicilié en France, et, par exemple, le fonds de commerce, les marchandises, les créances et l'argent comptant qui faisaient partie de cette succession, sont passibles du droit de mutation par décès. Trib. Saint-Étienne, 7 mars 1849 (Dalloz, 4451).

197. 5° Qu'une rente dépendant d'une succession ouverte dans une colonie française, où les lois sur le timbre et l'enregistrement n'ont jamais été promulguées, n'en est pas moins soumise au droit de mutation, si cette rente est payable en France, et surtout si elle est hypothéquée sur un immeuble situé en France. Cass. 10 novembre 1823 (Dalloz, 4452 ; Garnier, 12567).

198. Il résulte de ces principes que les rentes dues en France et dépendant d'une succession ouverte en pays étranger doivent être déclarées au bureau dans l'arrondissement duquel elles sont exigibles — Il en est de même des créances qui doivent être déclarées au bureau du domicile des débiteurs ; des actions dans les compagnies financières et industrielles qui doivent être déclarées au bureau dans l'arrondissement duquel se trouve le siége des compagnies (Garnier, 12567).

199. Les actions dans les compagnies d'industrie ou de commerce étant réputées *meubles* entre les associés, par l'art. 529 C. N., elles doivent être déclarées au domicile du défunt. Solut. 5 mai 1811 (Dalloz, 4142).

200. Les actions de la banque de France immobilisées, acquises en remploi de biens dotaux aliénés, ayant leur situation au siége de la banque, doivent être déclarées au bureau de Paris.

201. Les rentes sur l'État, les actions de la banque de France, les actions sur les canaux immobilisées pour faire partie d'un majorat, doivent être déclarées au bureau dans l'arrondissement duquel se trouve le siége de l'administration, c'est-à-dire à Paris.

202. A l'égard des successions ouvertes à l'étranger ou dans les colonies, les créances dépendant de ces successions qui sont payables en France, et qui, pour cette raison, sont assujetties au droit de mutation par décès, doivent être déclarées *au bureau du domicile des débiteurs*. Cass. 29 août 1837 ; Inst. gén. 3 fructidor an 13, n° 290, § 36 (Dict. Not., v° *Succession*, n° 617 ; Garnier, 12567).

203. Legs de sommes d'argent n'existant pas en nature dans la succession. — Les legs d'argent n'existant pas en nature dans la succession doivent être déclarés au bureau dans l'arrondissement duquel le décédé avait son domicile, et non dans le bureau de la situation des immeubles de la succession. Solut. 17 septembre 1828 (9181 J. E.; Garnier 12567, et *Rép. pér.*, art. 1597).

204. Mineur. — Rentes et créances. — C'est au domicile du curateur que doivent être déclarées les rentes et créances dépendant de la succession d'un mineur. Déc. min. fin. 4 septembre 1810 (3978 J. E. ; Garnier, 12567).

205. Intérêt. — Un coupon d'intérêt dans une entreprise, trouvé dans les papiers du défunt, doit être déclaré au bureau du domicile du décédé. Solut. 5 mars 1811.

206 Domicile temporaire. — Il faut admettre comme principe certain que les valeurs mobilières sans assiette déterminée ne doivent pas être déclarées au bureau du lieu où est décédée une personne qui s'y trouvait temporairement, mais au bureau de son domicile (Garnier, *ibid.*).

207. C'est le domicile et non le lieu de la résidence ou du décès qui doit servir de règle : ainsi la déclaration des créances sans assiette déterminée, délaissées par un étudiant décédé à Paris, dont les père et mère étaient domiciliés à Nantes et dont le tuteur est également domicilié dans cette dernière ville, doit être faite à Nantes et non à Paris. Déc. min. fin. 4 septembre 1810; Délib. Rég., 7 mars 1828 (Art. 6540 J. N. ; Jurispr. Not., *loc cit.*, n° 185).

208. Billets de banque. — Numéraire. — Le numéraire dépendant d'une succession doit être déclaré au bureau du lieu où il s'est trouvé au moment du décès, mais les billets de banque doivent, comme les titres au porteur, être déclarés au bureau du domicile. Solution de la Régie du 3 avril 1864.

« Les 7,800 fr. trouvés en numéraire au lieu où est décédé le sieur X... auraient dû être compris dans la déclaration souscrite au bureau de cette ville, encore bien que le défunt eût son domicile dans le ressort d'un autre bureau. C'est donc à tort que ces 7,800 fr. ont été déclarés à ce dernier bureau. Mais c'est avec raison que les héritiers ont compris dans la déclaration souscrite au bureau du domicile le montant des billets de banque trouvés avec le numéraire au lieu du décès. En effet, les billets de cette nature représentent bien du numéraire ; mais, comme ils n'ont pas cours forcé (Inst. 1869), ils ne peuvent, en définitive, être assimilés d'une manière absolue à de l'argent comptant, et ne constituent en réalité que des titres de créances au porteur, susceptibles, par suite, d'être déclarés au bureau du domicile du défunt. » (Garnier, *Rép. pér.*, art. 1947 ; Art. 18114 J. N.)

209. Domicile. — Renvoi. — Comme c'est au domicile du défunt que doivent être déclarés les objets sans assiette déterminée, il s'ensuit que les règles qui régissent le domicile sont très-essentielles à connaître. Pour faciliter l'application particulière que les héritiers, donataires ou légataires sont appelés à en faire, il est nécessaire de consulter les diverses solutions que la doctrine et la jurisprudence ont fait découler de ces règles. M. Garnier, sous les n⁰ˢ 4751 à 4759, a exposé les principes généraux qui régissent la matière, et sous les n⁰ˢ 12570 à 12586, a fait un résumé fort complet que nous recommandons à nos lecteurs. V. aussi Dict. Not., v⁰ *Domicile*, n⁰ˢ 1 à 6, 4ᵉ édit., et Jurisp. du Not., v⁰ *Domicile*, n⁰ˢ 1 à 18.

210. Inscriptions départementales de rentes sur l'Etat. — Les inscriptions départementales de rentes sur l'Etat dépendant de successions d'étrangers, ouvertes hors du territoire français, doivent être déclarées, pour le payement des droits de mutation par décès, au bureau de l'arrondissement de Paris, où se trouve placé le trésor public, et non au bureau de l'enregistrement du chef-lieu du département où la rente est inscrite. Instr. Rég. 14 avril 1859, n⁰ 2148, § 3 (Art. 16564 J. N. ; Jurispr. Not. art., 11261 et 11397 ; Garnier, 12567, 12749, 12899, et *Rép pér.*, art. 1071).

211. Suivant une autre instruction aussi de la Régie du 13 juin 1854, n⁰ 2003, § 3, Art. 15306 J. N. ; Dict. Not., v⁰ *Inscription sur le grand-livre de la dette publique*, n⁰ 88, 4ᵉ édit., les inscriptions de rentes sur l'Etat dépendant de successions ouvertes hors de France doivent être déc'arées pour l'acquit des droits de mutation par décès, en vertu de l'art. 7 de la loi du 18 mai 1850, au bureau de l'enregistrement du

1er arrondissement de Paris, où se trouve placé le trésor public. Cette instruction ne fait point de distinction entre les rentes inscrites sur les livres auxiliaires ouverts dans les recettes générales des départements en exécution de la loi du 14 avril 1819 (Dict. Not., *loc. cit.*, n°s 4 et 12; Garnier, 8278 et 12567-2).

212. Un jugement du tribunal de la Seine du 14 août 1858 a décidé que la déclaration de ces dernières rentes doit être faite au bureau de l'enregistrement du chef-lieu du département où la rente est inscrite (Art. 16395 J. N.; Jurispr. Not., art. 11264 et 11397. V. aussi art. 10288 et 10821; Garnier, Rép. pér., art. 1071).

213. Bureaux des receveurs des successions à Paris. — La circonscription actuelle de la capitale a divisé le *nouveau-Paris* en vingt arrondissements. La Régie de l'enregistrement a conféré à neuf bureaux distincts réunis au local de la rue de la Banque, n° 13, la répartition de ces vingts arrondissement pour la perception de l'impôt du droit de mutation. Aujourd'hui, à Paris, chacun doit connaître la composition de ces vingt arrondissements de la capitale ; il suffit donc, pour les déclarations à faire à Paris, d'indiquer l'attribution actuelle de chacun de ces neuf bureaux de succession, c'est-à-dire d'indiquer les arrondissements qui sont désignés pour la perception de l'impôt par tel ou tel bureau.

Dans la composition des vingt arrondissements de la capitale, il y a certaines rues qui font partie de plusieurs arrondissements. A cet égard, il existe des documents faciles à se procurer et à consulter dans de petits livres dits *Indicateurs des rues de Paris*, qui se vendent chaque jour sur la voie publique. Le nom des rues est classé par ordre alphabétique et, en regard de chaque nom de rue, il y a une annotation par un chiffre qui fait connaître de quel arrondissement dépend la rue en question. Quand il y a en regard du nom d'une rue deux ou trois chiffres indiquant autant d'arrondissements distincts auxquels sont attribuées ces rues, il faut se reporter à la fin du livre. Il existe un petit supplément qui explique quelle partie de rue appartient à tel ou tel arrondissement.

Voici la composition actuelle des neuf bureaux chargés de recevoir l'impôt des successions pour les vingt arrondissements de Paris :

BUREAUX :	MM.	ARRONDISSEMENTS.
1er —	Miquel.	1er et 14e
2e —	Brachet	2e — 18e
3e —	Domingon	3e — 15e
4e —	Pommey	4e — 5e
5e —	Barrié	6e — 13e
6e —	Chauliaguet . . . . 7e, 12e — 17e
7e —	Leverdier	8e — 11e
8e —	Voidel	9e — 20e
9e —	Saugé . . . . 10e, 16e — 19e

214. Procuration pour les bureaux de succession à Paris. — Nous avons dit que la déclaration peut se faire par l'entremise d'un mandataire. Quand la déclaration concernant la même succession doit se faire dans plusieurs bureaux à Paris à cause de la situation des immeubles, la même procuration peut servir pour ces déclarations en s'entendant à cet égard avec MM. les receveurs qui font une mention particulière sur leur registre du bureau où la procuration est déposée et annexée à la déclaration.

215. Ouverture et fermeture des bureaux. — On sait que le jour légal n'est pas le même en matière d'enregistrement qu'en matière civile (Garnier, 4398). Ce sont les heures indiquées pour l'ouverture et la fermeture du bureau qui constituent le jour légal pour l'enregistrement des actes et des déclarations. Les bureaux doivent être ouverts tous les jours, quatre heures le matin et quatre heures le soir, à l'exception des dimanches et autres jours fériés. Les heures de séance doivent être affichées à la porte extérieure. L. 27 mai 1791, titre 2, art. 11.

Donc l'héritier qui se présente le dernier jour du délai après la fermeture du bureau pour passer la déclaration d'une mutation par décès, ne peut obliger le receveur à la recevoir, et a encouru la peine du demi-droit en sus (12634 J. E.).

216. Aucune formalité ne peut être donnée par le receveur après l'heure fixée pour la clôture du bureau. Cass. 28 février 1838 ; Gien, 11 novembre 1840 (Garnier, 12561 ; Dalloz, 5078 ; D. P. 41.3.94).

Les heures de séance des bureaux de l'enregistrement sont fixées de huit heures du matin à quatre heures de l'après-midi, sans interruption. Déc. min. fin. 9 mars 1839 ; Instr. gén. du 16 du même mois, n° 1386 (Rolland de Villargues, v° *Bureau d'enregistrement*, n° 5 ; Dict. Not., *eodem verbo*, n° 3 ; Art. 10315 J. N).

Les bureaux de l'enregistrement, dans les cantons ruraux, ne peuvent être fermés au public les jours où les receveurs sont tenus de faire le versement de leurs recettes.

Le *Journal de l'enregistrement* s'exprime ainsi, à ce sujet, dans son n° du 11 mars 1849 :

« Les receveurs doivent concilier leurs obligations relatives au service de la comptabilité avec celles qui leur sont imposées envers le public. Lorsqu'ils quittent accidentellement et momentanément leurs bureaux aux heures pendant lesquelles ces bureaux doivent être ouverts, les receveurs, quelle que soit la cause de leur absence, fût-ce même pour faire un versement obligatoire à leur égard, sont tenus de prendre les mesures nécessaires, sinon pour se faire suppléer, du moins pour que, à l'exception des dimanches et des jours légalement fériés, les bureaux restent ouverts huit heures par jour ; et pour que les enregistrements requis, les déclarations à recevoir, les recettes à opérer, soient faits ou régularisés sans retard, comme s'il n'y eût pas eu d'absence, le public ne devant pas souffrir d'une absence qui, sous ce rapport, n'est pas prévue par la loi. » (Jurisp. Not., art. 8636.)

§ VI. — Des biens susceptibles ou exempts de la déclaration.

217. Les biens à déclarer sont, en général, tous les *biens meubles, créances, actions et immeubles* dont la *propriété* ou *l'usufruit* ont été transmis par l'effet de la mort naturelle ou civile, ou de l'absence déclarée des précédents propriétaires, soit en vertu de la volonté de ceux-ci, soit par la seule vocation de la loi. Lois 22 frimaire an 7, art. 4, 15 et 27 ; 28 avril 1816, art. 40 (Dict. Not., v° *Succession*, n° 307 ; Jurispr. Not., v° *Mutation par décès*, n° 54 ; Garnier, 12635 ; Dalloz, 4139 et suiv.).

218. D'après la loi du 18 mai 1850, toutes les *créances, rentes sur l'Etat, actions ou obligations de chemins de fer*, en un mot toutes les *valeurs industrielles* dépendant d'une succession, sont assujetties au nouveau droit de mutation.

219. Quant *à la propriété*, il faut savoir si, au moment du décès, elle reposait sur la tête du décédé. Dans le cas de l'affirmative, celui qui la recueille doit la déclarer.

220. Quant à *l'usufruit*, il doit être déclaré s'il est constitué par l'effet du décès, soit qu'il ait été donné en cas de survie, soit qu'il ait été légué par le décédé; mais on ne doit pas le déclarer s'il s'est *éteint* par cet événement, ni si, constitué par un acte sur deux têtes conjointement, il passe d'une tête sur l'autre.

221. Ces règles générales ont donné lieu à un grand nombre de décisions que nous ferons connaître ci-après dans le résumé de la jurisprudence.

222. La déclaration à faire par ceux auxquels la loi fiscale en impose la charge doit contenir, sans omission ni insuffisance, tous les biens ou toutes les valeurs dont la succession est composée, c'est-à-dire tout ce qui est transmis *héréditairement*. Mais qu'est-ce qui doit être considéré comme ayant été transmis *héréditairement?* Quoique fort simple en apparence, cette question, dont la solution varie d'ailleurs suivant que les héritiers sont en concours entre eux ou avec des légataires, ou qu'ils se trouvent en présence de l'époux survivant de leur auteur, n'est pas sans quelques difficultés dans l'application. Le moyen d'appréciation qui nous a paru offrir le plus de garantie est le résumé des principales décisions rendues jusqu'à ce jour sur cette matière de la déclaration de succession. Nous nous sommes donc attaché à compulser et à réunir les éléments que nous fournissent les tribunaux et la Régie de l'enregistrement.

COMMUNAUTÉ QUELCONQUE ENTRE LE MARI ET LA FEMME.

223. Comme ce sont les biens personnels du défunt qui doivent être déclarés lorsqu'il s'agit de la succession d'un époux marié sous le régime de la communauté, il faut d'abord, pour faire une déclaration exacte, déterminer la part du défunt dans cette communauté (Jurispr. Not., *loc. cit.*, nᵒˢ 70 et 109).

A quoi nous ajouterons, avec M. Dalloz (4250), que les principes suivis en matière de communauté légale ou communauté conventionnelle de biens, pour la déclaration de succession et la perception de l'impôt de mutation, s'appliquent à tous les régimes où il existe entre le mari et la femme une communauté quelconque et à quelque titre que ce soit. Dans le cas où le régime dotal a été stipulé, la déclaration de succession est gouvernée par les mêmes règles que par la communauté de biens, en tout ce qui, accessoirement à ce régime qui établit la séparation des fortunes, constitue entre les époux une communauté partielle d'intérêts. Relativement à cette communauté, les héritiers de l'époux prédécédé, à la dissolution, ne doivent pas comprendre dans leur déclaration de succession la moitié qui est attribuée par le partage à l'époux survivant. Réciproquement ils doivent déclarer la moitié attribuée à leur auteur; en ce sens la Régie a très-justement décidé que les héritiers d'une femme mariée sous le régime dotal doivent comprendre, dans leur déclaration, la moitié d'un immeuble acheté par elle conjointement avec son mari. Délibération du conseil de la Régie, 26 novembre 1830 (Dalloz, 4250; Art. 7301 J. N).

224. Mais ces principes, dans tous les régimes d'association conjugale, sont applicables seulement aux biens qui sont à l'état d'indivision entre l'époux survivant et les héritiers de l'époux prédécédé, c'est-à-dire aux biens qui ont composé la communauté. En ce qui concerne les biens propres à chacun des époux, c'est dans la succession de celui à qui ils appartiennent qu'ils doivent être déclarés, et l'attribution qui en serait faite à l'autre époux n'affranchirait pas les héritiers du propriétaire de l'obligation de déclarer et d'acquitter le droit de mutation par décès, indépendamment du droit de mutation entre-vifs que cette attribution pourrait rendre exigible.

225. Ainsi, relativement aux acquisitions faites avant le mariage, il a été décidé que l'office acquis par un officier ministériel, bien que la nomination n'ait eu lieu que depuis le mariage, reste propre au mari, et, par suite, que la moitié de la valeur de cet office ne doit pas être comprise dans la déclaration de succession faite après le décès de la femme. Tribunal de Versailles, 17 juillet 1845 (Dalloz, 4252; Art 12496 J. N.).

226. De même dans le cas d'acquisition faite en commun par le mari et la femme, il a été décidé que l'art. 1407 du C. N., portant que l'immeuble acquis pendant le mariage, à titre d'échange contre un immeuble appartenant à l'un des époux, n'entre point en communauté et est subrogé au lieu et place de celui qui a été aliéné, sauf récompense s'il y a lieu, n'est pas tellement absolu que la femme, dont l'immeuble a été échangé, ne puisse, soit au moment du contrat, soit lors de la dissolution de la communauté, limiter l'effet du remploi à une partie de l'immeuble, laissant l'autre partie dans la communauté. Req. 31 juillet 1832 (Dalloz, 4252 ; Art. 7805 J. N.).

227. Pareillement, dans le cas où l'acquisition a porté sur un bien appartenant indivisément à l'un des deux époux (C. N., 1408), il a été décidé que lorsque deux époux mariés sous le régime de la communauté ont conjointement acquis un immeuble dont la femme était copropriétaire par indivis, les héritiers de cette dernière peuvent, à sa mort, se dispenser de le comprendre dans la déclaration de succession, s'ils l'ont fait entrer comme conquêt de communauté dans les valeurs abandonnées au mari. Délib. 27 septembre 1833 ; Conf. instr. gén., 30 décembre 1833 (Dalloz, 4254 ; Art. 8308 J. N.).

228. Dans la même hypothèse, et l'acquisition ayant été faite par le mari seul et en son nom de portion d'un immeuble appartenant par indivis à sa femme, il a été décidé que lorsque la femme, soit avant, soit depuis la mort de son mari, n'a point fait l'option dont parle ledit art. 1408, toutes les portions acquises font partie de la succession de ce dernier, et les héritiers ne peuvent, en se fondant sur l'option qui peut être faite par la veuve, se soustraire à l'obligation de les déclarer au bureau de l'enregistrement et d'acquitter les droits qui, à défaut d'actes peut être estimée par des experts nommés par le tribunal ... *A fortiori*, doit-il en être ainsi lorsque, dans la déclaration spontanée des héritiers, les biens dont il s'agit se trouvent compris au nombre des immeubles de la succession, et le jugement qui décide le contraire doit être cassé. Cass. 31 mars 1855 (Dalloz, 4255).

229. De même, dans le cas de biens donnés en remploi, il a été décidé que l'immeuble acquis pendant la communauté, qui a été payé avec déclaration de remploi de deniers provenant du prix d'un immeuble possédé indivisément par la femme et vendu sur licitation, est propre à la femme et ne doit pas être considéré comme acquêt de communauté; par suite, on n'est pas tenu de le déclarer lors de l'ouverture de la succession du mari. Délib. 27 janvier 1832 (Dalloz, 4256 ; Art. 7708 J. N.).

230. Pareillement, dans le cas de renonciation par la femme à la communauté, il a été jugé que lorsque, par leur contrat de mariage, passé sous le régime de la communauté, les futurs acquièrent chacun une portion déterminée d'un même immeuble, à titre onéreux, les héritiers du mari, en cas de renonciation de la part de la femme, ne sont tenus de déclarer que la portion acquise par leur auteur. Trib. de Strasbourg, 29 août 1836; Délib. 29 novembre 1836 (Dalloz, 4257; Art. 9448 J. N.).

231. Sous le régime dotal, avec société d'acquêts, l'acquisition d'un immeuble, faite par la femme à titre de remploi du prix d'immeubles dotaux qu'elle se propose de vendre, constitue un acquêt de communauté, si la femme est décédée sans avoir opéré les ventes projetées; lors même que, dans l'acte d'acquisition, il a été stipulé que, dans le cas où, à la dissolution de la communauté, l'immeuble acquis n'aurait pas été intégralement payé avec les deniers provenant de l'aliénation des propres de la femme, il n'en appartiendrait pas moins à celle-ci ou à ses héritiers.

En conséquence, aucun droit de succession n'est dû au décès de la femme sur l'immeuble ainsi acheté, si ses héritiers ont renoncé à la société d'acquêts. Cass. 24 novembre 1862 (Art. 14821 J. N.; *Jurispr. Not.*, art. 9774).

232. Un domaine dont une moitié indivise appartenait à la femme, et dont l'autre moitié a été acquise par les deux époux, durant la communauté, doit être considéré en totalité comme un propre de la femme pour le payement des droits de mutation par décès, spécialement lorsqu'aucune déclaration n'a été faite pour laisser à la communauté la moitié acquise pendant le mariage. Tribunal des Sables-d'Olonne du 17 août 1852. (Art. 14816 J. N. ; *Jurispr. Not.*, art. 9721).

233. Lorsqu'une somme provenant du prix de l'adjudication d'un immeuble de la communauté faite à la veuve, a été laissée entre les mains de celle-ci, qui en avait l'usufruit comme donataire de son mari, lors de son décès, ses héritiers ne sont pas fondés à distraire cette somme de l'actif de la succession pour le payement des droits de mutation. Tribunal de la Seine du 22 juillet 1852 (Art. 14853 J. N.).

234. Lorsque, dans l'acte d'une vente faite, conjointement par deux époux, d'immeubles propres à l'un et à l'autre, l'usufruit en a été réservé jusqu'au décès du dernier mourant des vendeurs, cette clause de réversibilité de l'usufruit est distincte et indépendante de la vente, et donne ouverture au droit de mutation au décès de l'un des époux. Cass. 8 août 1853 (Art. 15046 J. N.).

235. Lorsque, dans l'acte d'acquisition d'un immeuble, le mari a déclaré que cette acquisition a lieu pour servir de remploi des deniers provenant ou à provenir de l'aliénation des biens propres de la femme, et que celle-ci a formellement accepté le remploi, il n'est pas nécessaire pour la consommation du remploi que le prix de l'immeuble soit réellement payé ; il suffit, que, pendant le mariage et au cours de la communauté, le mari ait eu en sa possession les deniers provenant des propres de la femme, et destinés à ce payement. En conséquence, lors de la dissolution de la communauté arrivée par le décès de la femme, l'immeuble acquis en remploi fait partie de sa succession, et doit être déclaré pour l'acquit des droits de mutation, ouverts par son décès. Cass. 6 janvier 1858 (Art. 16235 J. N. ; *Jurisp. Not.*, art. 11126).

236. Reprises matrimoniales. — Ce sont les biens et valeurs restés propres aux époux, et qui doivent leur être rendus lors de la dissolution du mariage.

Dans ces dernieres années, une controverse très-grave s'était élevée sur la nature des reprises de la femme, soit qu'elle accepte, soit qu'elle répudie la communauté. On se demandait si ces reprises constituent une *propriété* ou simplement une *créance* dépourvue de tout privilége sur le mobilier et garantie seulement sur les immeubles par l'hypothèque légale. Dans la pratique, cette question avait toujours été résolue dans ce dernier sens (Art. 9295 J. N.).

237. — Un arrêt solennel de la Cour de cassation, rendu, chambres réunies, le 16 janvier 1858 (Art. 16223 J. N.), a fait rentrer la jurisprudence dans ses anciens errements sur les droits de la femme en fixant désormais cette jurisprudence. Cet arrêt avait spécialement pour objet le pourvoi dirigé contre un précédent arrêt rendu après cassation et chambres réunies par la Cour imp. de Paris dans l'affaire Moinet, le 4 août 1855 et rapporté Art. 15566 J. N.

Cet arrêt de la Cour suprême a consacré le principe suivant qui avait toujours été vivement soutenu par le *Journal des notaires* contre de nombreuses décisions rendues dans un sens contraire :

« Après la dissolution de la communauté, soit légale, soit conventionnelle, la femme n'exerce à titre de propriétaire que les prélévements et reprises de ses biens propres existant en nature, et des remplois dûment effectués, c'est-à-dire les prélèvements spécifiés dans le n° 1er de l'art. 1470 C. N.

Pour ses autres reprises matrimoniales ayant pour objet le prix de ses propres aliénés sans remploi et les indemnités à elle dues par la communauté, aux termes des n°s 2 et 3 du même article, la femme n'agit que comme simple créancière de la communauté, sans autre droit de préférence que son hypothèque légale, et vient par conséquent à contribution avec les autres créanciers sur les valeurs qui ne sont pas soumises à cette hypothèque.

Cette double décision doit être appliquée, soit au cas où la femme accepte, soit au cas où elle renonce à la communauté.

Mais pour que les créanciers viennent en concours avec la femme, ils doivent avoir formé opposition avant le payement de ses reprises.

Après le partage consommé sans fraude, sans intervention de leur part, la femme a le droit, sous les conditions de l'art. 1483 C. N., de porter en dépense le montant de ses récompenses et indemnités dans le compte qu'elle doit aux créanciers survenants ; elle ne retient alors que ce qu'elle a reçu à juste titre. »

Cette décision, rendue sur les conclusions conformes et savamment développées de M. le procureur général Dupin, est ainsi conçue :

LA COUR ; — Sur le moyen unique de cassation pris de la violation des art. 1581, 1498, 1493 et 1494 C. N., et des principes généraux du même Code sur le prélèvement des reprises de la femme à la dissolution de la communauté :

» Attendu qu'à la dissolution de la communauté, dans le cas d'acceptation par la femme ou ses héritiers, les prélèvements respectifs des époux, lorsqu'ils ont pour objet soit les biens propres de chacun d'eux existant en nature, soit leurs remplois dûment effectués, ne peuvent être exercés qu'à la charge de justifier, conformément à l'art. 1402 C. N., de la propriété ou de la possession légale des biens à prélever ;

« Que, dans le cas du n° 1 de l'art. 1470 C. N., les prélèvements s'exercent donc à titre de propriétaire et constituent une véritable revendication ;

» Attendu, au contraire, que c'est à titre de créancier que chaque époux prélève soit le prix de ses propres aliénés, soit les indemnités qui lui sont dues par la communauté conformément aux n₀ 2 et 3 dudit article ;

» Qu'en effet, l'action n'a alors pour cause qu'une diminution du patrimoine de l'un des époux et un profit corrélatif fait par la communauté ;

» Que cette cause ne produit pas un droit de propriété sur des objets déterminés, et qu'il n'en résulte qu'une créance et une action mobilière ;

» Attendu que l'actif de la communauté, composé de tout ce qui reste, distraction faite des objets reconnus propres à chacun des époux, après justification, est le gage commun des créanciers ;

» Attendu que la femme, pour sa dot et ses conventions matrimoniales, n'obtient certains droits de préférence que sur les immeubles de son mari, conformément aux art. 2121 et 2135 C. N. ; mais qu'aucun privilége, soit général, soit spécial, n'est inscrit en sa faveur sur les meubles de la communauté dans les art. 2101 et suivants du même Code ;

» Attendu qu'on ne saurait faire résulter des art. 1470 et 1471 C. N., un droit quelconque d'exclusion à l'égard des créanciers, au profit de la femme, pour ses prélèvements sur les biens de la communauté ;

» Que ces articles ne s'occupent que du partage dé l'actif entre les époux et des droits respectifs de ces derniers, en impliquant toutefois la charge des dettes aux termes des art. 1468, 1482 et 1483 C. N. ;

» Attendu qu'un droit quelconque d'exclusion ou de préférence ne saurait résulter plus spécialement de l'art. 1483 ;

» Que cet article, étranger aux droits de la femme considérés comme affectant l'actif, a uniquement pour objet de limiter, par une sorte de bénéfice d'inventaire, les effets de l'obligation personnelle de la femme tenue, par le fait de son acceptation, de contribuer au payement des dettes de la communauté contractées par le mari seul ;

» Attendu que les créanciers vigilants peuvent faire tous actes conservatoires et toutes poursuites légales pour s'assurer de leur gage et afin d'être payés, notamment en se conformant aux art. 1475 et 882 C. N. ;

» Attendu que si, *après le partage consommé sans fraude*, la femme a le droit, sous les conditions exprimées audit article, de porter en dépense le montant de ses récompenses et indemnités dans le compte qu'elle doit aux créanciers survenants, ce droit, qui ne consiste qu'à retenir ce qu'elle a reçu à juste titre, n'implique nullement un droit de préférence ou d'exclusion attaché à la créance ainsi payée ;

» Attendu que des droits reconnus à la femme renonçante par l'art. 1493 naissent pour elle des actions qu'elle exerce, à raison de leur nature, comme dans le cas d'acceptation, soit par voie de revendication, soit à titre de créancière ;

» Attendu, d'ailleurs, que l'art. 1493, pour le cas de renonciation, n'est relatif, comme les art. 1470 et 1471 C. N., pour le cas d'acceptation, qu'aux rapports des époux entre eux, et ne porte aucune atteinte aux droits des créanciers vigilants sur les biens qui sont leur gage ;

» Attendu que les principes ci-dessus sont applicables au cas de communauté conventionnelle ;

» Attendu, en fait, que la veuve Moinet, mariée sous le régime dotal, avec stipulation d'une société d'acquêts, a renoncé à cette société ; que les créanciers ont formé opposition avant qu'elle n'ait été légitimement payée du montant de ses reprises par l'héritier bénéficiaire de son mari ; qu'elle a toutefois repris sans contestation tous ses propres existant en nature ;

» Attendu que la veuve Moinet, ne pouvant, sous les principes du régime de la communauté, comme sous le régime dotal, prétendre aucun droit exclusif à raison de ses autres reprises sur les biens meubles appartenant ou dévolus à la succession de son mari, ou n'ayant, le cas échéant, qu'une hypothèque légale sur les immeubles, l'arrêt attaqué, en la déclarant mal fondée dans sa demande à fin de prélèvement préalable, à titre de propriétaire, sur l'actif mobilier et immobilier provenant de la communauté, du montant desdites reprises, par préférence aux créanciers opposants, et en la renvoyant, quant aux biens meubles, à la distribution par contribution, pour y faire valoir ses droits ainsi qu'elle avisera, n'a, dans son dispositif, violé ni les articles invoqués du C. N., ni les principes généraux de la matière, et n'a fait qu'une juste application des art. 1493 et 2093 du même Code ; »

Par ces motifs, rejette, etc. (Art. 16223 J. N.).

238. Les reprises matrimoniales de la femme, tant pour ses propres réalisés que pour le prix de ses biens aliénés, constituent une créance essentiellement mobilière, qui ne change pas de nature parce qu'elle est payée en immeubles au moyen des prélèvements prescrits par les art. 1471 et suiv. C. N.

Ces prélèvements sont exercés par la femme qui a accepté la communauté, non pas à titre de propriétaire, mais à titre de créancière, et par voie de dation en payement. — En conséquence, ils sont compris dans la donation mobilière faite par la femme. Cass. 1er juin 1862 (Art. 17481 J. N.).

239. Ces importantes décisions renversent la doctrine consacrée par un précédent arrêt du 28 mars 1849, qui avait commencé d'inaugurer le système, aujourd'hui abandonné, d'une prétendue propriété de la femme quant à ses reprises, et qui avait jugé que ces reprises étaient mobilières ou immobilières, selon la nature des prélèvements exercés par la femme.

240. Mais, ainsi que l'avait prévu le Dictionnaire du Notariat, v° *Reprises matrimoniales*, n°s 91 et suiv., 4e édition, il n'était pas possible de concilier une semblable doctrine avec l'arrêt solennel du 16 janvier 1858 (Art. 16223 J. N.), qui repose sur cette base essentielle, à savoir que la *femme exerce ses reprises, non à titre de propriétaire, mais à titre de créancière.* La logique devait nécessairement conduire, dès lors, à cette conséquence que la créance étant mobilière, la nature dès prélèvements ne la modifie pas, la dation en payement ne pouvant changer le caractère originaire du titre qui appartient au créancier (*ibid.*, n° 94). C'est précisément ce que la Cour de cass. a jugé par son arrêt du 1er juin 1862.

Cette solution avait été consacrée par la C. de Caen, dans deux arrêts rendus, l'un le 27 juin 1861, et l'autre le 19 juillet suivant.

241. Les reprises de la veuve peuvent être établies par les papiers domestiques et livres de compte tenus par le mari, et, par suite, si ces reprises absorbent tous les biens de la communauté, les héritiers du mari peuvent être affranchis de tout droit de mutation par décès sur ces biens. Tribunal de Périgueux, le 29 décembre 1849 (Art. 14066 J. N.).

242. Lorsqu'au décès de la femme commune en biens, ses reprises, au lieu d'être prélevées en biens de la communauté, ont été simplement liquidées et stipulées payables au décès du mari, donataire en usufruit des biens propres de sa femme, l'effet de cette liquidation a été de transformer le droit de copropriété et de prélèvement de la succession de celle-ci sur les biens de la communauté en une créance à la charge de la succession du mari. En conséquence, lors du décès de ce dernier, il n'y a pas lieu de déduire de l'actif de la succession le montant des reprises de la femme décédée. Cass. 22 décembre 1856 (Art. 15959 J. N.).

243. Lorsque les reprises d'une femme dont la succession est échue en usufruit à son mari, et en nue propriété à ses enfants, excèdent l'actif de la communauté, ces derniers ne peuvent pas, en renonçant à leur créance sur leur père, s'affranchir du payement du droit de mutation sur cette créance sans rapporter la preuve qu'elle est irrécouvrable.

244. Le mari, donataire en usufruit, ne peut pas, en cas d'insolvabilité, être dispensé du payement du droit de mutation, en renonçant à la créance sur lui-même. Tribunal de la Seine, 13 février 1857 (Art. 16032 J. N.).

Ce journal fait, à l'occasion de ce jugement les observations suivantes, que nous reproduisons en entier, parce qu'elles nous semblent parfaitement fondées :

« Aux termes d'une décision du ministre des finances, du 12 août 1806, les héritiers peuvent se dispenser de payer le droit de mutation par décès sur les créances devenues caduques par la prescription ou l'insolvabilité des débiteurs, en affirmant, dans la déclaration de succession, qu'ils renoncent à en opérer le recouvrement (Dict. Not., v° *Succession*, n° 375, 3° édit.). Cette décision, quoiqu'elle n'ait été insérée dans aucune instruction générale de la Régie, a été constamment exécutée. Par une solution du 4 octobre 1845 (Art. 13648 J. N.), la Régie a même reconnu que les héritiers mineurs et les héritiers bénéficiaires doivent être admis à profiter du bénéfice de la décision ministérielle.

D'un autre côté, il a été décidé par le tribunal de Nantes, les 31 août et 20 novembre 1847, et 29 novembre 1850 (Art. 13253, 13549 et 14291 J. N.), que lorsque, dans une déclaration de succession, les héritiers ont estimé une créance au-dessous de sa valeur nominale, attendu la faillite ou la déconfiture du débiteur, le droit de mutation ne peut être perçu sur la valeur nominale de la créance, qu'il est exigible seulement sur l'évaluation qui en a été faite par les héritiers :

» Attendu, dit le tribunal de Nantes, que l'art. 4 de la loi du 22 frimaire an 7 porte que le droit proportionnel est établi sur toute transmission de biens meubles et est assis sur les valeurs réelles ; qu'une créance sur un débiteur *entièrement insolvable n'est ni un bien ni une valeur* ; que le défunt possesseur d'une telle créance ne transmet rien à cet égard à son héritier ; qu'une créance sur un débiteur *en partie insolvable n'est un bien ou une valeur que pour la portion qui pourra être recouvrée* ; que cette portion seule est susceptible de transmission, le surplus étant un pur néant ; qu'il résulte du rapport fait au Conseil des anciens sur la loi du 22 frimaire qu'il était convenu que les créances mauvaises ou douteuses qui se trouvent dans les successions n'étaient pas soumises au droit ; qu'une décision ministérielle du 12 août 1806 porte qu'à l'égard des créances plus ou moins certaines, c'est aux parties à faire leur déclaration comme elles le jugent convenable, sauf à l'administration à en faire vérifier l'exactitude ; que sans doute la valeur des bonnes créances est déterminée par leur chiffre ; mais pour les créances *douteuses*, leur chiffre nominal n'exprimant plus leur valeur réelle, il est juste et nécessaire d'établir le droit sur une déclaration estimative, conformément au n° 8 de l'art. 14 de la loi de frimaire, sauf, en cas *d'inexactitude, le recours de l'administration* (Art. 1429 J. N.). »

« La Régie ne s'étant pas pourvue en cassation contre aucun des jugements précités, on doit penser qu'elle en admet la doctrine parfaitement justifiée d'ailleurs en droit et en équité. Ainsi, il est établi d'une part que, pour les créances entièrement caduques, les héritiers peuvent s'affranchir du payement du droit de mutation par décès, en déclarant expressément qu'ils y renoncent ; d'autre part que, pour les créances douteuses et en partie irrécouvrables, le droit de mutation doit être perçu d'après une déclaration estimative des héritiers, sauf le droit de vérification et de contrôle de la Régie.

» Mais quelle est la valeur de la renonciation au recouvrement des créances caduques, qui est exigée par la décision ministérielle de 1806? Elle n'en a d'abord aucune relativement aux tiers débiteurs, qui ne pourraient évidemment se prévaloir d'une renonciation faite sans leur concours, dans l'intérêt seul du créancier, pour se libérer d'une charge fiscale. Si, d'un autre côté, cette renonciation n'exclut pas le droit de contrôle de la Régie sur l'insolvabilité du débiteur, si, comme le dit le jugement ci-dessus du tribunal de la Seine, elle ne dispense pas l'héritier du créancier de rapporter la preuve de cette insolvabilité, alors à quoi sert-elle ? Ce n'est plus qu'une vaine formalité qui, sans utilité pour personne, gêne la liberté des particuliers.

» En admettant même que la renonciation des héritiers doive être appuyée de la preuve de l'insolvabilité des débiteurs, il nous semble que le tribunal de la Seine va beaucoup trop loin lorsqu'il déclare qu'il appartient à la Régie d'user ou de ne pas user de la faculté de ne pas percevoir le droit de mutation selon les cas ou les justifications à elle produites, *sans qu'il en résulte pour les redevables le fondement d'une action judiciaire en restitution.* C'est accorder une marge bien large à l'arbitraire des préposés de l'enregistrement qui pourraient bien ne jamais juger les justifications suffisantes. Il s'agit de savoir si telle valeur existe dans la succession ou n'y existe pas par suite de l'insolvabilité du débiteur. Il est clair qu'en cas de conflit sur ce point, c'est l'autorité judiciaire qui doit prononcer.

« Dans l'espèce soumise au tribunal de la Seine, il est possible que le débiteur ne fût pas complétement insolvable, puisqu'il était donataire de l'usufruit des biens de sa femme. Mais cet usufruit, si le débiteur ne possédait pas d'autres ressources, était évidemment insuffisant pour l'acquit d'une dette de plus de 300,000 fr. C'était donc le cas d'admettre, conformément aux jugements ci-dessus énoncés des tribunaux de Pontoise, de Grenoble, de Nantes, les héritiers à faire une déclaration estimative de la créance, suivant le degré de solvabilité du débiteur, et sauf le contrôle de la Régie.

» La même faculté devait, à notre avis, être accordée au mari donataire en usufruit des biens de sa femme, et débiteur des reprises. Sans doute, comme le dit le tribunal, il ne pouvait renoncer à une créance sur lui-même ; mais, d'un autre côté, est-il juste de lui faire payer un droit de mutation pour l'usufruit d'une chose qui n'existe que   faible partie, par suite de sa propre insolvabilité ? Nous disons, avec le jugement précité du tribunal de Nantes, qu'en pareil cas *il est juste et nécessaire d'établir le droit sur une déclaration estimative.* »

245. Contrairement au jugement du tribunal de la Seine du 13 février 1857, le tribunal de Pontoise, par jugement du 17 avril 1856, a décidé que lorsque les reprises d'une femme qui a légué à son mari l'usufruit de ses biens, et la nue propriété aux enfants mineurs d'un premier lit de ce dernier, excèdent l'actif de la communauté et la valeur des biens du père, les enfants mineurs peuvent renoncer à une portion des reprises jusqu'à concurrence d'une somme déterminée, pour n'acquitter le droit de mutation par décès que sur le surplus des reprises et sur les biens propres de la défunte (Art. 16060 J. N.).

246. C'est à titre de créancière et non comme copropriétaire que la femme qui a renoncé à la communauté exerce ses reprises sur les biens qui en dépendent. En conséquence, dans le cas de renonciation, les héritiers du mari doivent acquitter les droits de mutation par décès sur la totalité des biens de la communauté, sans distraction du montant des reprises de la femme (Cass. 24 décembre 1860). Voir art. 17008 J. N. — Cette décision est conforme à de précédents arrêts. Cass. 10 août 1830, 3 et 14 avril 1858 (Art. 7282, 16353 et 16421 J. N.).

247. Lorsque, en instituant un légataire universel, le testateur a légué à une autre personne la jouissance durant sa vie des biens de la succession, ce legs de jouissance doit être considéré comme constitutif d'un usufruit. En conséquence, quoique après le décès du testateur la jouissance léguée ait été abandonnée au légataire universel moyennant une rente viagère, le droit de mutation par décès doit être acquitté sur la valeur de l'usufruit indépendamment du droit dû par le légataire universel, sur la propriété entière, et non pas seulement sur le capital de la rente viagère, prélevé sur l'actif de la succession.

Lorsque les héritiers de la femme ont renoncé à la communauté qui avait existé entre elle et son mari, instituée par leur contrat de mariage donataire en usufruit de tous ses biens, et que, par l'acte de liquidation des droits de la femme, le mari est resté débiteur envers la succession de cette dernière du montant de ses reprises, les héritiers de la femme n'ont, au décès du mari, qu'un titre de créance et non un droit de propriété sur ses biens héréditaires. En conséquence, les reprises de la femme, formant une *charge* de la succession du mari, ne doivent pas être distraites de l'actif pour l'acquit des droits de mutation ouverts par son décès. Cass. 21 août 1861 (Jurisp. Not., art. 11994; Art. 17225 J. N.) — V., pour la première solution, Dict. Not., v° *Legs*, n°ˢ 489 et suiv. ; *Succession*, n°ˢ 583 et 600, 4ᵉ édit. Sur le second point, l'arrêt est conforme à la doctrine de celui du 22 décembre 1856. Art. 15959 J. N. ; Dict. Not., v° *Reprises matrimoniales*, n° 146, 4ᵉ édit.).

PORTION DISPONIBLE. — ÉVALUATION. — RÉUNION FICTIVE.

248. Pour le calcul de la portion disponible dont l'époux survivant est donataire par contrat de mariage, il y a lieu de faire rapporter *fictivement* à la masse les biens donnés en avancement d'hoirie par l'époux prédécédé, et c'est d'après cette base que les droits de mutation par décès dus pour la donation doivent être perçus.

249. Ainsi jugé, le 18 décembre 1856, par le tribunal d'Argentan (Jurisp. Not., art. 11084). Cette décision est conforme à une instruction de la Régie du 31 décembre 1838, n° 1577, § 12, et à des jugements des tribunaux de la Seine et d'Orléans des 17 avril 1842 et 24 mars 1843. Elle se justifie par la jurisprudence établie en droit civil, notamment par les arrêts de la C. cass. des 8 juillet 1826 et 19 janvier 1834 (Art. 5679 et 8353 J. N.), et dont ce journal a présenté le résumé à l'Art. 14541 que nous reproduisons ici.

REVUE DE LA JURISPRUDENCE SUR LA RÉUNION FICTIVE A LA MASSE HÉRÉDITAIRE DES BIENS DONNÉS PAR LE DÉFUNT POUR LE CALCUL DE LA PORTION DISPONIBLE. EN QUELS CAS Y A-T-IL LIEU A CETTE RÉUNION FICTIVE ? C. N. 922.

250. « Nous sommes si souvent consultés par nos abonnés, en matière de liquidation et partage et relativement aux droits de mutation par décès, sur le cas où la réunion fictive des biens donnés par le défunt doit servir à calculer les droits du légataire ou du donataire de la portion disponible, que nous croyons utile de résumer les principes consacrés par la jurisprudence à cet égard.

» Ces principes, que l'arrêt solennel rendu par la C. cass. le 8 juillet 1826 a fixés (Dict. Not., v° *Portion disponible*, n° 353), et qui avaient été jusqu'alors l'objet de doutes assez sérieux parmi les jurisconsultes, nous paraissent n'avoir pas encore pénétré complétement dans le notariat.

» Et, d'abord, il est une distinction capitale dont on ne se rend pas toujours un compte exact ; ce qui occasionne le plus souvent des confusions regrettables et des erreurs d'appréciation fondamentales ; nous voulons parler des caractères et des effets si différents du *rapport* et de la *réunion fictive* (C. N., 843,922).

» Le *rapport* à succession a pour objet de faire rentrer matériellement dans la masse héréditaire les donations en avancement d'hoirie faites par le défunt aux héritiers qui ont accepté sa succession, et de faire porter le partage tant sur les biens existants au décès que sur les biens rapportés.

» Au contraire, la *réunion fictive* n'est qu'une opération purement intellectuelle et mathématique, qui n'a pour objet que de composer fictivement la masse héréditaire, tant des biens existants au décès que de ceux donnés ou légués par le défunt, soit par préciput, soit à charge de rapport, afin de savoir de quelle valeur il a pu disposer, et d'exécuter ses dernières volontés jusqu'à concurrence de cette valeur, *mais seulement sur les biens existants au décès*, et sans qu'en aucun cas le légataire de la portion disponible puisse venir au partage des objets déjà sortis des mains du défunt par des libéralités antérieures.

» D'où il suit que les héritiers seuls ont droit au rapport qui ne peut être demandé par les légataires, parce que ceux-ci n'ont aucun droit à réclamer une part des objets donnés par le défunt antérieurement à leur titre (C. N. 857) ; tandis que les légataires de la portion disponible ont le droit de demander la réunion fictive, et ont le plus souvent grand intérêt à la demander pour savoir jusqu'à quelle somme doit s'étendre le montant de leur legs.

» L'exemple le plus simple suffit pour démontrer cet intérêt. Le testateur a laissé deux enfants, la quotité disponible est alors du tiers (913). Il a donné entre-vifs à l'un de ses enfants 12,000 fr. par avancement d'hoirie et légué à un étranger *le tiers de ses biens;* ce qui reste dans ses mains, à son décès, s'élève à 36,000 fr. Les deux enfants acceptent, et dès lors la donation faite à l'un deux se trouve résolue pour effectuer le partage sur la masse composée des biens existants au décès et des biens rapportés, c'est-à-dire sur les 48,000 fr. Quel sera maintenant le droit du légataire du tiers des biens? Si la réunion fictive n'a pas lieu par rapport à lui, il ne prendra que le tiers des biens existants au décès, c'est-à-dire 12,000 fr. ; si, au contraire, il obtient la réunion fictive, il prendra sur les biens existants au décès le tiers de la masse totale, composée fictivement tant de ces biens que de ceux donnés, c'est-à-dire le tiers de 48,000 fr., soit 16,000 fr. Voilà, dans l'une des suppositions les plus simples, le mécanisme de l'opération. Nous n'avons pas besoin d'ajouter que les faits varient à l'infini ; il peut se rencontrer des espèces où le légataire, en opérant la réunion fictive, ne trouve pas dans les biens héréditaires le montant total de la quotité disponible ainsi calculée, et, dans ce cas, il ne peut jamais faire porter son legs sur les valeurs réunies fictivement, ce qui, encore une fois, constitue la distinction fondamentale entre la réunion fictive et le rapport réel. Ces vérités légales ont été mises en lumière dans le rapport qui a précédé le célèbre arrêt du 8 juillet 1826.

» Voici comment s'exprimait le conseiller rapporteur :

« Supposons une fortune de 80,000 fr. ; 70,000 fr. ont été donnés en avancement d'hoirie ; il y a trois enfants. Le légataire de la portion disponible, c'est-à-dire du quart, devrait avoir 20,000 fr., eu égard à la fortune totale. Cependant, quoique son legs ait été liquidé à cette somme, d'après l'art. 922, il ne pourra réclamer que les 10,000 fr. qui étaient encore à la disposition du testateur au moment de son décès. C'est uniquement en ce sens que l'art. 857 déclare que le rapport n'est pas dû au légataire ; mais si, malgré les dons faits en avancement d'hoirie, il reste encore dans la succession des biens suffisants pour acquitter en totalité la portion disponible, le légataire recevra l'intégralité de son legs précipuaire ; ce legs, qui aura été référé sur la totalité des biens existants au décès et sur ceux fictivement réunis, sera, dans ce cas, payé en entier au légataire, parce que les forces de la succession permettront ce

paye ment ; *il ne sera, néanmoins, porté aucune atteinte aux dona-*
tions en avancement d'hoirie. »

» Écoutons maintenant l'arrêt du 8 juillet 1826 :

« Attendu qu'il ne faut pas confondre le droit d'exiger ou de refuser le rapport proprement dit, dans les partages, et le droit d'exiger la réunion fictive des biens donnés en avancement d'hoirie, pour former la masse générale de la succession ; que la règle établie par l'art. 857 n'est relative qu'aux rapports et ne prescrit rien pour la formation de la masse ; que si cet article dispense le donataire en avancement d'hoirie du rapport réel envers les légataires, c'est uniquement dans son intérêt personnel et pour soustraire à leur action les libéralités qui lui ont été faites ; que, néanmoins, le donataire de la portion disponible a le droit de demander la réunion fictive, afin de connaître la consistance générale de l'hérédité, et afin de fixer la valeur de la quotité disponible ; qu'il a enfin le droit de prélever cette quotité *sur les biens possédés par le testateur lors de son décès,* soit en totalité si elle n'a pas été entamée par des libéralités antérieures, soit en partie si ces libéralités excèdent la légitime du donataire qui les a reçues. » (Art. 5679 J. N.)

» Les principes ainsi fixés, on se demande dans quels cas le légataire a le droit de demander la réunion fictive.

» C'est, avant tout, une question d'intention ; et lorsque le testateur a manifesté la volonté de refuser ou d'accorder ce droit au légataire, cette volonté doit être la première règle.

» Mais, en l'absence d'une énonciation précise à ce sujet, qu'il est rare de trouver dans les testaments, il faut interpréter les termes. Ce qui fait dire d'abord à M. Duranton que, lorsque le testateur a légué une quotité, un quart par exemple des biens *qu'il laissera à son décès,* sans autre déclaration, ceux qu'il avait donnés entre-vifs ne doivent pas être pris en considération pour déterminer la valeur de la quotité léguée ; ils étaient sortis du patrimoine du testateur qui ne les a pas laissés à son décès (t. 7, n° 293).

» C'est dans cet ordre d'idées qu'un arrêt de C. Paris, du 7 mars 1840, a jugé que la donation du quart des biens qui appartiendront au donateur lors de son décès *et composeront sa succession,* faite à son conjoint par un époux ayant des enfants d'un premier lit, doit se calculer exclusivement sur la masse des biens existants au décès.

» Mais, dans une espèce où il s'agissait d'une donation faite à un premier époux, des biens *composant la succession* du donateur, la C. cass. a décidé, le 19 janvier 1824, que la réunion fictive devait avoir lieu. Les termes de cet arêt sont très-remarquables :

« Considérant que la C. royale a délaré, *en interprétant la volonté et les dispositions du sieur de Veulles,* exprimées dans son testament, qu'il avait voulu assurer à son épouse la quotité disponible déterminée par l'art. 1094 C. N. ; — qu'aux termes de l'art. 922 du même Code, le donataire ou légataire de la portion disponible a le droit de demander la réunion fictive des biens dont il a été disposé par donation entre-vifs, afin de connaître la consistance générale de l'hérédité, et afin de fixer la valeur de la quotité disponible ; que l'art. 857 du même Code ne contrarie nullement cette réunion fictive ; qu'en effet, la règle établie par cet article ne s'applique qu'aux rapports réels, différents de la réunion fictive prescrite par l'art. 922 ; que, par conséquent, quoique l'art. 857 dispense le donataire en avancement d'hoirie, dans son intérêt, du rapport réel de l'objet donné, le donataire de la portion disponible n'en a pas moins le droit de demander la réunion fictive afin de connaître la quotité de l'hérédité, et de faire fixer la portion disponible. » (Art. 8364 J. N.) V. *ibid.* ses observations.

De là il résulte que toutes les fois que le testateur aura légué soit *la portion disponible,* soit *la généralité de ses biens,* soit *tout ce dont la loi lui permet de disposer,* il y aura toujours lieu à la réunion fictive ; et tel est le système de l'arrêt du 8 juillet 1826, et de ceux qui l'ont suivi les 13 mai 1828, 19 août 1829, 2 mai 1838 (Dict. Not., v° *Portion disponible,* n° 355, Art. 10031 J. N.). Ce dernier arrêt, que nous ne transcrivons pas à cause de ses longs développements, mérite d'être consulté.

» Il en serait de même si le testateur avait légué une portion de la quotité disponible (Duranton, t. 8, n° 294), ou s'il avait légué une somme supérieure ou égale à cette quotité (Duranton, n° 300), ou un immeuble déterminé dont la valeur serait égale ou supérieure à cette quotité (Toulouse, 27 juillet 1819).

» En terminant cette revue, que nous avons voulu borner aux arrêts principes, nous croyons pouvoir poser en thèse

générale que la réunion fictive peut toujours être réclamée
par le légataire, qu'elle est son droit, à moins qu'elle ne soit
par exception incompatible avec la nature du legs, ou à
moins qu'elle n'ait été interdite par le testateur ou donateur. Quelques décisions judiciaires qui se rencontrent dans
les recueils peuvent paraître, sous ce dernier rapport, offrir
des contradictions ; mais ces contradictions n'ont aucune
importance, puisqu'elles ne portent que sur des apprécia-
tions de volonté.

» Ajoutons que les biens donnés dans un partage d'ascendants sont soumis à la réunion fictive, comme dans
toutes les autres donations. Lyon, 23 juin 1849. (Art. 13850
J. N.). Le contraire avait été jugé par la C. cass. le 13 février
1845 ; mais cet arrêt a provoqué de notre part des observations destinées à combattre la doctrine, et sur lesquelles
nous appelons l'attention de nos lecteurs. Ils y trouveront
l'état de la jurisprudence. » (Art. 12415 J. N.)

251. Lorsqu'une veuve légataire de la portion disponible en propriété et en usufruit des biens de la succession de son mari a renoncé purement et simplement à ce
legs, et que, par autre acte du même jour, elle a fait entre
ses enfants le partage anticipé de ses biens, sous la réserve de l'usufruit, tant des biens donnés que de ceux de
la succession de son mari, la Régie ne peut prétendre que
la renonciation n'est point sérieuse, et réclamer en conséquence de la veuve le payement des droits de mutation par
décès pour le legs fait en sa faveur. Tribunal de Nancy,
17 février 1862. (Art. 17368 J. N.).

Avantages de communauté entre époux, ou de mariage.

252. La clause d'un contrat de mariage, qui assigne
au survivant des époux la totalité des biens de la communauté ou une partie plus forte que la moitié ou une
somme à titre de forfait a-t-elle le caractère d'une *libéralité*, ou bien n'est-ce qu'une *convention de mariage* et entre
associés ? Par suite, une pareille clause donne-t-elle ouverture
à un droit de mutation au décès du prémourant des époux ?

La loi dit expressément que les clauses de l'espèce ne
sont point réputées un avantage sujet aux règles relatives
aux donations, soit quant au fond, soit quant à la forme,

mais que ces clauses contiennent de simples conventions de mariage entre associés (C. N. 1525). La question, en droit fiscal, est par là même résolue; on doit conclure que les dispositions prévues par les art. 1520 et suiv. C. N. ne rendent exigible ni un droit particulier sur le contrat de mariage, ni un droit proportionel au moment de la réalisation. (Voir Revue de Jurisprudence, art. 12619 J. N.)

253. Toutefois, cette conséquence a été d'abord contestée. La Cour de cassation, notamment, avait décidé, par plusieurs arrêts, que les stipulations de l'espèce constituent de véritables avantages, lesquels seulement sont éventuels et ne s'ouvrent au profit du survivant qu'au décès de l'autre époux; en conséquence, elle avait considéré de tels avantages comme donnant ouverture à un droit particulier, avec cette modification seulement que l'exigibilité en était suspendue. Cass. 26 mai 1807; conf. Cass. 19 août 1806, 5 novembre 1806, 4 mars 1807 (Dalloz. 3429).

254. Mais supposer l'exigibilité du droit, même en en suspendant l'ouverture, sur les conventions de l'espèce, c'était séparer la loi fiscale de la loi civile qui dit expressément que de telles conventions ne sont réputées donations ni quant au fond, ni quant à la forme; c'était supposer, par conséquent, que l'exigibilité du droit d'enregistrement peut être déterminée autrement que par les effets des contrats d'après la loi civile. Aussi la Cour de cassation n'a pas tardé à reconnaître que les époux formant, dans le cas prévu par les art. 1520 et suiv., une espèce de contrat aléatoire ayant pour objet de déterminer lequel sera propriétaire définitif de la totalité des biens de la communauté ou d'une part supérieure à celle de son conjoint, la convention ne présente pas le caractère de libéralité vis-à-vis de la Régie.

L'administration elle-même s'est conformée à cette jurisprudence. Elle en a consigné le principe dans l'instruction générale du 8 janvier 1824, n° 1113, § 1; puis elle en a fait l'application en acquiesçant à un jugement duquel il résulte que la clause d'un contrat de mariage portant que le survivant des deux époux recueillera, à titre de gain de survie, l'universalité des biens de la communauté, est une convention de mariage, et non une donation, et en conséquence, que le survivant, au décès de l'un des époux, n'est pas tenu d'acquitter le droit de mutation sur la moitié des biens de la communauté. Trib. de la Seine, 18 décembre 1833 ; Délib. Reg. 19 avril 1834 (Dalloz, 3431).

255. Toutefois, ces décisions diverses contiennent la réserve expresse du cas où les époux disposeraient entre eux de biens qui ne feraient pas partie de leur communauté ou ne résulteraient pas de leur travail commun. Il est clair, en effet, que si la convention avait pour objet cette classe de biens, le survivant n'en pourrait devenir propriétaire que par l'effet d'une libéralité, ce qui donnerait ouverture, à l'événement, à un droit proportionnel de mutation par décès. Jugé, en effet, qu'on ne peut voir une convention entre associés, dans le sens de l'art. 1525 C. N., dans la clause contractuelle par laquelle les époux se font don mutuel et réciproque de l'usufruit de tous les biens immeubles dont le prémourant sera propriétaire au jour de son décès, de quelque manière qu'ils lui soient venus et échus, et sauf réduction en cas de survenance d'enfants. Une telle disposition constitue une donation soumise au droit proportionnel, en ce qu'elle comprend à la fois les propres et les immeubles de la communauté, que le prémourant se dit propriétaire des uns et des autres, et que la condition de réductibilité en faveur des enfants est incompatible avec le gain de société réglé par l'art. 1525 C. N. Cass. 15 février 1841 (Dalloz, 3432, art. 12619 J. N.).

256. Bien plus, l'intention des contractants, même en disposant des biens de la communauté, peut être de gratifier le survivant et non pas de faire une convention entre associés. Il importe de bien distinguer quel est le caractère de la convention. En droit civil, la disposition est essentiellement différente suivant qu'elle constitue une libéralité ou une convention entre associés. Cette différence se reproduit, on le conçoit bien, dans l'application de la loi fiscale et modifie les règles de la perception ; en effet, tandis que les conventions de la dernière espèce sont affranchies de tout droit autre que le droit fixe auquel le contrat de mariage est soumis, celles de la première espèce doivent rendre exigible un droit fixe sur le contrat de mariage, droit indépendant de celui du contrat, et, en outre, à l'événement un droit proportionnel de mutation par décès. Délib. Rég. 1er mars 1834 (Dalloz, 3433).

257. La jurisprudence présente, sur ce point, des décisions très-nombreuses. Pour la solution des questions qui nous occupent, il nous parait utile de donner avec quelques détails un résumé approfondi de la jurisprudence.

258. Voici d'abord une circulaire de M. le ministre des finances du gouvernement belge du 20 octobre 1836, n° 547, qui nous semble assez bien résumer la matière :

Les biens que les futurs époux peuvent attribuer, dans leur contrat de mariage, au survivant ou à l'un d'eux, au delà de la moitié dans la communauté, par voie de dérogation au partage égal, ils peuvent les lui transmettre aussi par une disposition de libéralité ayant les caractères et les effets de la donation.

Toute difficulté d'interprétation d'une clause de cette nature, dans l'un ou l'autre sens, se résume donc en une question d'intention ; mais la difficulté peut être d'autant plus grande que, suivant la jurisprudence, l'emploi même des mots *donner*, *donation*, n'exclut pas nécessairement la pensée d'une simple convention de communauté à l'égard des catégories de biens auxquelles pareille convention peut se rapporter.

C'est ainsi qu'il résulte de deux arrêts de rejet, l'un de la Cour de Bruxelles, du 11 juillet 1829, l'autre de la Cour de cassation du 11 décembre 1846, que quand, dans un contrat anténuptial, les futurs époux se font donation mutuelle, au profit du survivant, de tous les biens du prémourant, cette convention, quoique qualifiée de donation par les parties, n'est pas une donation pure, mais présente un double caractère, savoir : le caractère de convention de mariage, en ce qu'elle règle le sort des bénéfices à résulter de la collaboration des époux et de leurs économies, et celui de donation soumise à l'événement du décès, en ce qu'elle attribue au conjoint survivant les propres du prémourant et les apports et capitaux entrés de son chef dans la communauté.

D'après cette doctrine, une pareille clause qui formerait l'unique objet du contrat devrait être considérée comme renfermant deux dispositions. C'est ce que l'administration a soutenu à l'occasion ; mais le tribunal saisi

de la contestation a voulu ne voir qu'une donation pure
dans la clause qui lui était soumise, et son jugement,
comme n'étant rendu qu'en fait, échappait à la censure
de la Cour de cassation.

Cette situation pouvant se reproduire à chaque difficulté de cette nature, j'ai cru devoir, pour l'éviter autant
que possible, établir la distinction suivante, au moyen de
laquelle l'application des bases d'appréciation des arrêts
cités se trouvera restreinte aux espèces les plus complétement
analogues à celles qui y ont donné lieu.

Dans les cas auxquels ils se rapportent, la disposition
mutuelle entre les futurs époux était accompagnée de
clauses relatives à la communauté. Dans notre hypothèse,
au contraire, elle forme l'unique objet du contrat. Or si,
dans le premier cas, on doit considérer les contractants
comme ayant eu, en faisant leur disposition mutuelle, l'attention fixée sur la communauté dont ils réglaient à l'instant les conditions, et présumer en conséquence la convention de communauté dans les limites que comporte la
matière, on peut, dans le second cas, alors que tout se
borne entre eux à stipuler des avantages au profit du survivant, admettre que c'est la donation pure qui est entrée
dans leurs intentions.

En conséquence, dans l'hypothèse prévue, c'est-à-dire
lorsque le contrat ne contiendra qu'une seule clause portant
que les futurs se font donation mutuelle, au profit du survivant d'eux, d'une quotité ou de la totalité des biens que
délaissera le prémourant, ou quelque autre disposition semblable, il ne sera perçu qu'un seul droit fixe par application
de l'art. 68, § 3, n° 5, de la loi du 22 frimaire an 7.

On retomberait sous l'empire de la doctrine des arrêts
cités, et l'apréciation devrait être différente, si la clause dont
il s'agit se trouvait dans un contrat de mariage renfermant
en outre quelque convention relative au règlement de communauté. Dans ce cas, à moins que les termes de l'acte
ne fussent l'expression non équivoque de l'intention des parties de ne faire qu'une donation pure, la disposition devrait
être réputée convention de communauté, au moins quant au
produit de la collaboration et des économies des époux, et
donation au moins quant aux propres. » (Garnier, 12851.)

259. La disposition d'un contrat de mariage portant que « les futurs époux se sont fait, A TITRE DE CONTRAT DE MARIAGE, donation entre-vifs-mutuelle et irrévocable, au profit du survivant, de tous les biens meubles, immeubles, créances, droits et actions de toute nature qui, au jour du décès du prémourant, composeront la position dudit prémourant dans les bénéfices de la communauté, à quelque somme que puisse s'élever la valeur des biens; qu'en conséquence, le survivant n'aura aucun compte à rendre aux héritiers du prédécédé, pour raison de ces mêmes bénéfices, » doit être considérée comme une simple convention de mariage autorisée par l'art. 1525 C. N., et non comme une donation par contrat de mariage. En conséquence, elle ne donne pas lieu au droit de mutation au décès du prémourant des époux. Cass. 8 mai 1854 (Art. 15237 J. N., Garnier, 12852 ; Jurisp. Not., art 10264).

Cette importante décision confirme pleinement les observations présentées aux Art. 12619 et 14244 J. N.

260. Des nombreux arrêts rendus en cette matière, il résulte (V. Art: 15237 J. N.) :

1° Que la disposition d'un contrat du mariage qui attribue au survivant des époux, à titre de convention entre associés, autorisée par l'art. 1525 C. N., la totalité des conquêts ou bénéfices de la communaté ou une part plus forte que la moitié, en réservant explicitement ou implicitement aux héritiers de l'époux prédécédé la reprise des apports ou capitaux tombés dans la communauté du chef de leur auteur, n'a point le caractère d'une donation sujette au droit de mutation lors du décès. C'est ce qui résultait déjà des arrêts de la Cour de cassation des 6 mars 1822, 30 juillet 1823 et 24 novembre 1834 (Art. 4097, 4503 et 8750 J. N.), et ce que consacre de nouveau celui du 8 mai 1854 (V. Dalloz, 3434).

2° Que les dénominations accessoires de *donation* ou de *donataire* n'altèrent point la nature de la convention de mariage, n'impliquent point un sens contraire à cette qualification expressément donnée à la stipulation dont il s'agit (ainsi décidé spécialement par l'arrêt du 24 novembre 1834 et celui du 8 mai 1854.)

3° Que lorsque, par une seule et même disposition, les époux disposent, au profit du survivant, cumulativement des biens de la communauté et de leurs biens propres, cette clause du contrat de mariage prend le caractère d'une donation éventuelle passible du droit de mutation, au décès du prémourant, tant sur les biens de communauté que sur les biens propres de l'époux prédécédé. Arrêts des 15 février 1822 et 15 février 1841 (Art. 7660 et 10897 J. N.; Dalloz, 3434).

— 4° Qu'on doit également considérer, non comme une convention de mariage, mais comme une donation sujette au droit de mutation, la disposition portant que le survivant aura l'usufruit ou la propriété de tous les biens provenant de la communauté, sans aucune réserve pour la reprise des apports et capitaux du chef du prémourant. Arrêt du 24 décembre 1850 (Art. 14244 J. N.; Jurispr. Not., art. 9149).

5° Que la convention de mariage autorisée par l'article 1525 C. N. a pour effet d'attribuer au survivant des époux la totalité des conquêts de communauté, *à compter du jour du contrat*, en telle sorte que le prémourant *est censé n'y avoir jamais eu droit ;* qu'en conséquence lorsque, après avoir stipulé que la communauté sera partagée par moitié, les époux disposent que le survivant aura la propriété de la part *qui se trouvera appartenir à la succession du prémourant*, il y a donation et non simplement convention de mariage ; que, dans ce cas, l'une des parts de la communauté est tombée dans la succession du prémourant, d'où elle n'a pu sortir pour entrer dans le patrimoine du survivant que par la force d'une donation. Arrêts des 15 février 1832 et 23 avril 1849 (Art. 7660 et 13721 J. N.). — V. Art. 15237 J. N. pour ces observations.

261. Par suite des mêmes principes, le tribunal de Bazas a décidé, le 29 avril 1863, que la clause d'un contrat de mariage portant : « Les futurs époux s'associent par moitié aux acquêts qu'ils feront pendant leur société conjugale, de la jouissance de la totalité desquels ils se font mutuellement donation, le prémourant au survivant, » doit être considérée comme une simple convention de mariage, nonobstant le mot *donation* improprement employé dans la rédaction du contrat ; qu'en conséquence, cette clause ne donne pas lieu au droit de mutation par décès (Jurisp. Not., 12468 ; Art. 17793, J. N.).

Ce jugement est conforme à la doctrine des arrêts de la Cour de cassation, des 6 mars 1822, 30 juillet 1823, 24 novembre 1834, 8 mai 1854 et 1er août 1855 (Art. 4097, 4503, 8750, 15237 et 15607 J. N., et Dict. Not., v° *Succession*, n°ˢ 326, 327, 329, 333 et 334, 4e édit.).

262. D'après cette jurisprudence, la disposition d'un contrat de mariage qui attribue au survivant des époux, en propriété ou en usufruit, la totalité des conquêts ou bénéfices de la communauté, ou une part plus forte que la moitié, en réservant explicitement ou implicitement aux héritiers de l'époux prédécédé la reprise des apports et capitaux tombés dans la société du chef de leur auteur, n'a pas le caractère d'une donation sujette au droit de mutation par décès. Les trois derniers arrêts précités ont spécialement reconnu que les dénominations accessoires de *donation* ou de *donataire* n'altèrent point la nature de la convention de mariage, et n'impliquent point un sens contraire (Art. 17793 J. N.).

263. La disposition d'un contrat de mariage portant que le survivant des époux aura l'usufruit de la portion du prédécédé dans un immeuble ameubli, ne constitue pas une donation éventuelle au profit de l'époux qui n'a pas fait l'ameublissement. C'est une simple convention de mariage dans le sens de l'art. 1525 C. N. En conséquence, il n'est dû ni le droit fixe de 5 fr. lors de l'enregistrement du contrat de mariage, ni le droit proportionnel de mutation au décès de l'époux qui avait ameubli. Cass. 26 décembre 1831 (Jurisp. Not., v° *Ameublissement*, n° 79; Dict. Not., *eod. verbo*, n° 104; Art. 7622 J. N.)

264. Au décès de l'époux qui a ameubli, ses héritiers n'ont droit qu'à la moitié des immeubles ameublis, comme à celle de tous les autres biens composant la communauté; ils ne doivent donc comprendre que cette moitié dans la déclaration de la succession. Même arrêt. Arg. C. N. 1507 1525 (Jurisp. Not., *loc. cit.*, n° 80).

265. Si, par le partage de la communauté, les immeubles ameublis par l'un des époux sont attribués au lot de l'autre époux ou de ses héritiers, ce n'est là qu'une simple opération de partage qui ne peut donner lieu au droit proportionnel de mutation, à moins qu'il ne soit stipulé une soulte applicable à ces immeubles (*ibid.*).

266. Il résulte du même principe qu'il n'est point dû de droit de mutation par l'époux qui recueille l'immeuble ameubli par l'autre époux, et affecté par le contrat de mariage au préciput de communauté.

267. Il n'est dû non plus aucun droit de mutation dans le cas où l'époux qui a fait l'ameublissement déclare retenir l'immeuble en le précomptant sur sa part dans la communauté, aux termes de l'art. 1509 C. N. Décision min. fin. 6 décembre 1820 (Jurisp. Not., *loc. cit.*, no 83).

268. Lors de la dissolution de la communauté, la fiction de l'ameublissement cesse, et les biens ameublis, s'il n'en a pas été disposé durant la communauté, sont censés retourner à celui des époux qui a fait l'ameublissement; ce retour ne donne lieu à aucun droit d'enregistrement. Déc. min. fin. 3 octobre 1828; Instr. Rég. 24 mars 1829, no 1273, § 3 (Art. 6830 J. N.).

269. Si la dissolution s'opère par le décès de celui qui a fait l'ameublissement, et si les biens sont encore en nature dans la communauté, les héritiers doivent les comprendre en totalité dans leur déclaration de la succession (Dict. Not., *loc. cit.*, no 106.).

270. Si la dissolution arrive par le décès de l'époux qui n'a pas fait l'ameublissement, ses héritiers n'ont à déclarer aucune portion des biens ameublis, mais seulement l'indemnité mobilière due à la communauté pour le retour des immeubles dans les mains de l'époux qui a fait l'ameublissement (*ibid.*).

271. Si l'époux qui a fait l'ameublissement (ou ses héritiers) n'use pas du droit que la loi lui accorde de retenir l'immeuble ameubli en en précomptant la valeur, et que cet immeuble passe en tout ou en partie dans la main de l'autre époux, à un titre quelconque et même comme lotissement dans le partage de liquidation de la communauté, il est dû un droit de mutation entre-vifs, dont la quotité se règle d'après la nature de la disposition et selon qu'elle peut être considérée comme vente, échange ou donation. Déc. min. fin. 3 octobre 1823; Instr. Rég. 24 mars 1829, no 1272, § 3.; Trib. Amiens, 23 août 1828 (Art. 6830, 13678 J. N.).— *Contrà*, Trib. Laon, 5 janvier 1833.

272. Si l'époux qui n'a pas fait l'ameublissement recueille les biens ameublis par le décès de l'autre époux, en vertu d'une transmission éventuelle renfermée dans leur contrat de mariage, ou d'une disposition à cause de mort, postérieure à ce contrat, le droit est dû comme mutation par décès d'immeuble. Cass. 4 mars 1807; Déc. min. fin. 3 octobre 1828; Inst. Rég. 24 mars 1829, no 1273, § 3 (Art. 6830 J. N.). *Contrà*, Avis comité fin. 14 juin 1826 approuvé par le min. fin. 7 juillet 1826 (Art. 6073 J. N.).

273. « Les dernières décisions ci-dessus rapportées, dit le Dict. Not., *loc. cit.*, no 110, sont très-contestables. En effet, si, comme la Cour de cassation l'a déclaré par l'arrêt du 26 décembre 1831, la stipulation d'un avantage de communauté portant sur des immeubles ameublis n'est qu'une simple convention de mariage, il s'ensuit que la clause d'ameublissement n'apporte aucune modification aux règles établies en matière de partage de communauté, qu'à la dissolution de la communauté, les immeubles ameublis ne forment avec les autres biens qu'un tout et une seule masse, divisible en deux parties, et que chacun des conjoints ou leurs héritiers ont un droit égal de copropriété sur les uns et sur les autres. Ainsi, 1o il n'est pas dû de droit de mutation par l'époux qui recueille l'immeuble ameubli par l'autre époux, et affecté par le contrat de mariage au préciput de communauté ; 2o au décès de l'époux qui a ameubli, ses héritiers n'ont droit qu'à la *moitié* des immeubles ameublis comme à celle de tous les autres biens composant la communauté, et ne doivent comprendre que cette *moitié* dans la déclaration de la succession ; 3o si, par le partage de la communauté, les immeubles ameublis par un époux sont attribués au lot de l'autre époux ou de ses héritiers, ce n'est là qu'une simple opération de partage, qui ne peut donner lieu au droit proportionnel de mutation immobilière, lorsque toutefois il n'est stipulé ni soulte ni retour applicable à ces immeubles (Art. 7622 et 7885 J. N.). Ces conséquences de l'arrêt du 26 décembre 1831 ont été admises par un jugement, fortement motivé, du tribunal de Saverne, du 12 mars 1852, qui décide spécialement que lorsque, par contrat de mariage, il a été stipulé que le survivant des époux aurait la faculté de conserver les immeubles ameublis en faisant état à la communauté du prix d'estimation, il n'est pas dû un droit de mutation si, au décès de celui qui a fait l'ameublissement, l'autre époux déclare conserver les immeubles. » (Art. 14673 J. N.)

Cette jurisprudence a fini par triompher. Elle a été admise par une décision du ministre des finances du 23 décembre 1863, conforme à une délibération de la Régie du 13 octobre précédent. Cette décision abroge en même temps expressément une précédente décision du 3 octobre 1828, insérée dans une instruction de la Régie du 24 mars 1829, n° 1273, § 3 (Art. 6830 J. N.), rappelée *suprà*, n° 276.

Ainsi, l'opinion émise par le *Journal des Notaires*, notamment dans deux dissertations insérées aux Art. 7622 et 7885, se trouve confirmée sur tous les points (V. Art. 18063 J. N.).

274. Lorsque, par leur contrat de mariage, sous le régime de la communauté à titre universel, les époux, après avoir. ameubli tous les biens présents et à venir, sous la réserve toutefois que le mari ne pourra disposer des immeubles apportés par sa femme sans le consentement de celle-ci, ont stipulé que le survivant sans enfants sera propriétaire de tous les biens de la communauté, cette stipulation doit être considérée, non comme une convention de mariage, mais comme une donation éventuelle, passible, lors du décès de la femme sans enfants, du droit de mutation. Tribunal de Cambrai, du 1er août 1856 (Jurisp. Not., art. 10891; Art. 15885 J. N.). D'après ce que nous avons dit au numéro précédent, cette solution est contraire à la jurisprudence admise aujourd'hui par la Régie.

275. Lorsque, dans un contrat de mariage portant que les futurs époux seront communs en tous biens meubles et conquêts immeubles, et que la communauté sera partagée par moitié et régie conformément à la loi, les futurs se font donation mutuelle, au profit du survivant, de la part qui appartiendra à la succession du prémourant dans les biens de la communauté, cette stipulation ne peut être considérée comme une simple convention matrimoniale dans le sens de l'art. 1525 C. N., mais comme une donation sujette au droit de mutation lors du décès du prémourant. Cass. 23 avr. 1849 (Art. 13724 J. N.; Dall., 3434).

276. Cette décision, qui repose sur l'interprétation des dispositions particulières du contrat de mariage, ne porte aucune atteinte à la jurisprudence antérieure dont le J. N. présente le résumé à l'Art. 12619 que nous reproduirons ci-après, parce que ce résumé mérite l'attention de nos lecteurs et fait connaître l'état de la jurisprudence au moment où l'article a été publié, c'est-à-dire jusqu'en 1846.

« D'après l'art. 1525 C. civ., il est permis aux époux de stipuler que la totalité de la communauté appartiendra au survivant ou à l'un d'eux seulement, sauf aux héritiers de l'autre à faire la reprise des apports et capitaux tombés dans la communauté du chef de leur auteur. — Cette stipulation n'est point réputée un avantage sujet aux règles relatives aux donations, soit quant au fond, soit quant à la forme, *mais simplement une convention de mariage entre associés.*

» Les dispositions de cette nature n'étant point des donations, mais de simples conventions de mariage entre associés, ne donnent ouverture à aucun droit d'enregistrement sur le contrat de mariage, ni au droit de mutation par décès, lors de la dissolution de la communauté. Il importe peu, au surplus, que la clause assure à l'époux survivant la totalité de la communauté, ou seulement une part plus forte que la moitié, et que cet avantage soit stipulé en usufruit ou en toute propriété. Dans tous les cas, c'est une simple convention de mariage exempte de tous droits d'enregistrement.

» Ces principes ne sont pas contestés par la Régie; les difficultés d'application proviennent uniquement de ce que dans la rédaction on fait entrer des expressions ou des clauses qui pourraient se rapporter à une donation, ce qui rend incertain le caractère des stipulations. Ainsi, dans l'espèce ci-dessus, après avoir stipulé, à l'art. 3 du contrat, un simple avantage de communauté et de mariage, on a ajouté, à l'art. 4, que les futurs se faisaient *donation mutuelle* de cet avantage. Il est évident que, sans cette dernière clause, la Régie elle-même n'aurait point élevé la prétention de percevoir le droit de mutation par décès.

» Plusieurs arrêts ont été rendus par la C. cass. sur des questions de cette nature. Nous allons en présenter le résumé; nous en tirerons ensuite des conséquences qui pourront servir pour la rédaction et l'appréciation du caractère des stipulations d'avantages entre époux dans les contrats de mariage.

» *Arrêt du 6 mars 1822.* — Un contrat de mariage passé en 1771 portait que les futurs seraient communs en tous biens meubles et tous conquêts d'immeubles, et que l'époux *survivant à la future épouse sans enfants,* il ne serait tenu de rendre aux héritiers de la future *que ce qu'il aurait reçu d'elle ou à cause d'elle.* Au décès de la femme sans enfants, la Régie réclama du mari le droit de mutation par décès sur la moitié des biens de la communauté. Cette demande fut condamnée par la C. cass. :

» Attendu que la clause du contrat de mariage n'est qu'une

modification de la stipulation de communauté portée audit contrat, *modification formellement autorisée par l'article 1525 C. civ.*; que l'effet d'une telle clause est que la femme n'a jamais eu un droit acquis aux bénéfices de communauté; d'où il suit que lorsque, par l'événement de son décès, le mari recueille seul, à l'exclusion des héritiers de sa femme, les acquêts de cette communauté, cette circonstance n'opère pas, au profit de ce dernier, une mutation de propriété qui donne ouverture à un droit proportionnel d'enregistrement. » (Art. 4097 J. N.; Dalloz, 3430.)

« Il résulte de cet arrêt : 1° que la disposition de l'art. 1525 C. civ. existait dans l'ancien droit (dans l'espèce, le contrat de mariage était de 1771); 2° que la convention de mariage autorisée par cet article peut n'être stipulée qu'au profit de l'un des époux; 3° qu'elle peut être restreinte au cas où il n'existerait pas d'enfants du mariage.

« *Arrêt du 30 juillet 1823.* — Il avait été stipulé dans un contrat de mariage que le survivant des époux, communs en biens, après le prélèvement des reprises respectives, jouirait sur les biens de la communauté d'un préciput et d'un augment de préciput, *ainsi que de l'usufruit de la part du prémourant dans la communauté.* La cour décide que :

« Ces clauses ne doivent être considérées, aux termes de l'art. 1525 C. civ., *que comme des conventions de mariage et entre associés;* que l'effet de telles conventions entre associés est que l'associé prémourant est censé n'avoir jamais eu de droits acquis au préciput, *ni à l'usufruit des biens à lui afférents dans le partage de la communauté;* d'où il suit que, lorsque, par l'événement du décès, l'époux survivant a recueilli seul ces mêmes avantages, cette circonstance n'a pas opéré, au profit de ce dernier, une mutation passible du droit proportionnel d'enregistrement. » (Art. 4503 J. N.; Dalloz, 3424).

« Cet arrêt est conforme au précédent. Il consacre spécialement que l'avantage résultant de la convention de mariage peut être limité à l'usufruit de la part du prémourant dans les biens de la communauté.

« *Arrêt du 15 février 1832.* — Un contrat de mariage du 2 juillet 1819 portait stipulation d'un préciput de 3,000 fr. au profit du survivant des époux. Un article distinct du contrat était ainsi conçu :

« Les futurs époux, voulant se donner une preuve de l'attachement qui les porte à s'unir, se font, par ces présentes, savoir : *donation mutuelle*, au profit du survivant, de l'universalité des biens *qui appartiendront au prémourant* à son décès, savoir : les conquêts de la communauté, en pleine et libre propriété et de tous les autres biens en usufruit seulement, sauf la réduction, en cas d'existence d'enfants, au choix du survivant.

» Il était dit, enfin, que le préciput ne se confondrait pas avec la donation.

» Le tribunal de la Seine avait considéré la stipulation ci-dessus comme une simple convention de mariage et entre associés, et ordonné la restitution du droit de mutation perçu par la Régie, lors du décès du mari sans enfants, sur la totalité des biens compris dans la disposition, Mais ce jugement fut annulé par la Cour de cassation :

« Attendu que le contrat de mariage règle l'apport de chacun des époux et les autorise à reprendre dans la communauté tant le préciput stipulé que leurs biens personnels ; — que c'est en suite de ces dispositions, dont il résulte une égalité de droits en faveur de chacun des époux à la copropriété des conquêts de la communauté, que, dans l'art. 9, ils se font *donation mutuelle* de l'universalité des biens meubles et immeubles qui, est-il dit dans l'acte, *appartiendront au prémourant au jour de son décès*, et que dans la même clause cette universalité des biens du prémourant est divisée en deux parties *données toutes les deux au même titre :* la première, composée des conquêts de la communauté, qui sont donnés au survivant en toute propriété, la deuxième de tous les autres biens en usufruit seulement ; — attendu d'ailleurs que, par l'art. 10, il est accordé au survivant sur les conquêts de la communauté un préciput qui, y est-il dit, *ne doit pas se confondre avec la donation ;* — enfin que la totalité des biens des époux, sans distinction entre leurs biens personnels et les conquêts de communauté, est soumise à la réduction pour cause d'existence d'enfants ; — Attendu que de la réunion de ces circonstances il résulte que les époux n'ont pas entendu faire entre eux une convention dont l'effet eût été, suivant l'art. 1525 C. civ., d'attribuer la totalité des conquêts au survivant, *à compter du jour du contrat*, en telle sorte que le prémourant *fût censé n'y avoir jamais eu droit;*

mais qu'ils ont voulu seulement se faire une donation de la part des conquêts qui leur *appartiendraient au jour de leur décès*, pour en jouir avec les charges ordinaires des donations. » (Dalloz, 3434.)

« De toutes les circonstances rappelées dans cet arrêt, la principale et la seule décisive, suivant nous, était que la stipulation comprenait cumulativement les conquêts de communauté et les *biens propres* du prémourant ; que celui-ci disposait des uns et des autres *au même titre de donation mutuelle*. Or, la convention de mariage, autorisée par l'art. 1525 C. civ., ne peut évidemment porter que sur les biens de communauté.

« *Arrêt du 24 novembre 1834.* — Dans leur contrat de mariage, en date du 20 frimaire an 6, les futurs époux avaient déclaré vouloir que « leur fortune respective, de quelque nature qu'elle fût, tant mobilière qu'immobilière, apportée en mariage ou déjà héritée réciproquement, ou qui pourrait être héritée ou acquise dans la suite, *formât une seule masse qui appartiendroit au survivant en pleine propriété sans aucun empêchement.* »

» Il était stipulé que cet avantage serait réduit *à l'usufruit de moitié*, en cas d'existence d'enfants. « Telles sont, disait le contrat, les conventions matrimoniales des parties, acceptées par elles avec reconnaissance, *à titre de donation mutuelle entre-vifs.* » — L'arrêt décide :

« Que la nature et le caractère de la stipulation n'ont été altérés par la clause portant *réduction éventuelle de cet avantage à l'usufruit* de la masse dans le cas non réalisé de survenance d'enfants, ni par le mot *donation mutuelle* qu'on lit dans le même contrat ; et qu'en décidant que cette stipulation n'est pas un avantage sujet aux règles relatives aux donations, soit quant au fond, soit quant à la forme, mais simplement une convention de mariage et entre associés, de la nature de celles que définit l'art. 1525 C. civ., le tribunal de Wissembourg n'a violé aucune loi (Art. 8750 J. N. ; Dalloz, 3464).

« On remarquera que, dans cette espèce, le contrat de mariage avait été passé sous l'empire de la loi du 17 nivôse an 2.

« *Arrêt du 15 février 1841.* — Le contrat de mariage portait que le survivant des époux serait *seul et unique propriétaire et donataire* de l'universalité des biens *meubles de la communauté*, à la charge de payer les dettes : — que le survivant aurait l'usufruit de tous les biens *immeubles dont le prémourant serait propriétaire au jour de son décès*, de quelque manière qu'ils fussent échus; les époux se faisant, en cette conformité, *don mutuel et réciproque, sauf la réduction voulue par la loi en faveur des enfants* existants lors de la dissolution du mariage.

« La Régie admettait que la première disposition qui attribuait au survivant *la totalité des meubles de la communauté* était une simple convention de mariage dans les termes de l'art. 1525 C. civ.; mais elle soutenait que la seconde, d'après laquelle le survivant recueillait l'usufruit de *tous les immeubles tant propres que communs* de l'époux prémourant, était une donation à cause de mort, passible du droit de mutation.

« Attendu que la clause comprend les immeubles *propres comme ceux de la communauté; que le prémourant s'en dit propriétaire;* que d'ailleurs cette disposition d'usufruit est faite *sauf réduction en cas de survivance d'enfants;* qu'il résulte de toutes ces circonstances que les époux se sont fait donation mutuelle de l'usufruit de leurs immeubles en faveur du survivant, aux charges ordinaires de ces sortes de dispositions, et que cette stipulation ne peut être considérée comme contenant un gain de société attribuant l'usufruit des biens de la communauté au survivant, permise aux termes de l'art. 1525 C. civ. » (Art. 10897 J. N.; Dalloz, 3432).

« De cinq arrêts, trois sont contre, et deux pour la perception du droit de mutation par décès. Dans les espèces des premiers, la disposition avait exclusivement pour objet les biens de la communauté; dans les seconds, elle comprenait cumulativement les biens propres de l'époux prémourant et sa part dans ceux de la communauté. Comme nous l'avons dit, cette circonstance paraît avoir principalement déterminé les décisions de la Cour de cassation; dans un cas, il y a donation entre époux; dans l'autre, il y a simplement convention de mariage et entre associés.

« Quant aux stipulations accessoires, il faut distinguer: si la disposition porte seulement sur les biens de la communauté, soit en propriété, soit en usufruit, la condition de réduction en cas d'existence d'enfants, et même le mot *donation mutuelle, n'altèrent point la nature* de la convention de mariage. C'est ce que déclare, en termes exprès, l'arrêt du 15 février 1832. Mais ces mêmes circonstances, si l'avantage comprend les biens propres du survivant et ceux de la communauté, achèvent de catactériser la donation. On comprend au surplus que le terme *donation* est faux et illogique, quand il s'agit seulement de stipuler une convention de mariage. Comme on l'a vu ci-dessus, dans l'espèce jugée par le tribunal de Lille, c'est ce mot *donation,* improprement ajouté par le notaire à la convention de mariage, qui avait déterminé la demande des droits de mutation de la part de la Régie.

« Nous ferons une dernière remarque : l'effet de la convention de mariage, autorisée pat l'art. 1525 du C. civ., est de saisir l'époux survivant, au jour même du mariage, de la part du prémourant dans les biens de la communauté; celui-ci est censé n'avoir jamais eu aucun droit à la propriété de ces biens. Dans le cas, au contraire, de la donation permise par l'art. 1091 C. civ., l'époux prémourant est propriétaire de sa part dans les biens de la communauté, et le survivant n'est saisi de cette part que par le décès de son conjoint. Il faut donc, dans la rédaction de la simple convention de mariage, éviter de dire que le survivant recueillera la part qui *appartiendra au prémourant,* ou dont ce dernier sera *propriétaire* dans les biens de la communauté. Ces termes, en effet, indiquant que le dessaisissement ne s'opérera qu'au jour du décès, ne conviennent qu'à une disposition à titre de donation. On a vu, dans les arrêts des 15 février 1832 et 15 février 1841, que la Cour de cassation s'est particulièrement attachée à ces expressions de la clause du contrat de mariage, pour déclarer que le décès du prémourant des époux donnait ouverture au droit de mutation.

« Une autre question a été soulevée par la Régie, celle de savoir si, lorsque le contrat de mariage a été passé avant le Code civil et sous l'empire de la loi du 17 nivôse an 2 la clause même rédigée dans la forme d'une simple convention de mariage rend exigible le droit de mutation au décès du prémourant des époux. Cette question a été décidée en sens opposé par les tribunaux de Douai et de Lille. » (V. l'Art. 12619 J. N.)

Tel était l'état de la jurisprudence jusqu'au moment de la revue que nous venons de reproduire, c'est-à-dire jusqu'en 1846,

277. Lorsque, dans un contrat de mariage portant que les époux seront communs en tous biens meubles et conquêts immeubles, il est stipulé que le survivant aura l'usufruit de tous les biens provenant de la communauté, les futurs se faisant donation mutuelle de cet avantage, sans la restriction de la reprise des apports et capitaux du chef du prémourant, cette stipulation doit être considérée, non comme une simple convention entre associés (C. N. 1525), mais comme une donation d'usufruit sujette au droit de mutation lors du décès du prémourant. Cass. 24 décembre 1850 (Art. 14244 J. N., avec les observations suivantes) :

« Dans la revue de jurisprudence présentée à l'art. 12619 J. N., nous avons établi que la disposition du contrat devait être considérée comme une simple convention entre associés, conformément à l'art. 1525 C. N., et n'engendrait point, par conséquent, de droit de mutation lorsqu'elle avait exclusivement pour objet les biens de la communauté; mais qu'elle avait le caractère d'une donation entre époux, quand elle comprenait cumulativement les biens propres de l'époux prémourant et sa part dans ceux de sa communauté. L'arrêt ci-dessus confirme cette distinction : en effet, dès que la clause du contrat de mariage ne réserve pas aux héritiers de l'époux prémourant le droit de faire la reprise des apports tombés dans la communauté du chef de leur auteur, il en résulte que l'époux survivant recueille non pas seulement la part de l'autre dans la communauté, mais encore une partie des biens propres qui comprenaient nécessairement les apports et capitaux du chef de l'époux prédécédé.

« Il a été décidé spécialement, par un arrêt de la Cour de cass. du 30 juillet 1823 (Art. 4503 J. N.), que la stipulation d'un contrat de mariage portant que le survivant des époux communs en biens jouira, *après le prélèvement des reprises respectives*, de l'usufruit de la part du prémourant dans la communauté, n'opère point une mutation passible du droit proportionnel d'enregistrement. Il y a tout lieu de penser que si, dans l'espèce ci-dessus, la réserve du prélèvement des reprises avait été insérée dans la clause du contrat de mariage, la décision de la Cour de cassation aurait été conforme à l'arrêt de 1823; car celui du 24 décembre 1850 est uniquement fondé sur le défaut de stipulation de cette réserve. Il résulte

d'ailleurs d'un autre arrêt du 24 novembre 1834 (Art. 8750 J.
N.) que les mots *donation mutuelle n'altèrent point la nature
de la convention de mariage* et entre associés. Mais nous avons
fait souvent remarquer que l'emploi de cette expression im-
propre et illogique ne pouvait que créer des difficultés d'interprétation et amener des contestations soit avec la Régie, soit
entre les parties. » (V. ledit Art. 14244. J. N.; V. aussi Dalloz,
3434.)

278. La clause du contrat de mariage portant que : « en cas
d'existence d'enfants, le survivant des époux sera maître et
propriétaire de ses biens propres et de la moitié des biens de
la communauté; que dans l'autre moitié il aura un quart en
propriété et un quart en usufruit, et que les contractants se
font réciproquement donation de ces avantages, » doit être
considérée comme une simple convention et non comme une
donation. En conséquence, elle ne donne pas lieu au droit
de mutation au décès du prémourant des époux. Cass.
1er août 1855 (Art. 15607 J. N.; Jurisp. Not., art. 10353).
Conforme à la jurisprudence établie par les arrêts des
6 mars 1822, 30 juillet 1823, 24 novembre 1834 et 2 mai 1854
(Art. 4097, 4503, 8750 et 15237 J. N.).

279. La disposition d'un contrat de mariage portant que la
femme ou ses héritiers auront pour tout droit de communauté
une somme fixe, ne constitue pour la femme qu'un droit de
créance, et à la dissolution de la communauté, arrivée par le
décès du mari, les héritiers de ce dernier recueillent la propriété de tous les biens qui la composaient. En conséquence,
ils doivent acquitter le droit de mutation par décès sur l'actif
total de la communauté, sans aucune distraction pour le forfait de communauté appartenant à la femme. Cass. 17 janvier 1854 (Art. 15157 J. N.).

280. La clause d'un contrat de mariage portant qu'à la
dissolution de la communauté, sans enfants, le survivant des
époux sera propriétaire de tous les biens composant la communauté, et usufruitier de l'autre moitié, desquels avantages
ils déclarent se faire mutuellement donation, a le caractère
non d'une donation, mais d'une simple convention de mariage,
ne donnant lieu par conséquent à aucun droit de mutation au
décès du prémourant des époux. Tribunal de Lille, 20 novembre
1856 Art. 15995 J. N.; Jurisp. Not., art. 10.980).

281. Cette décision est conforme à la doctrine consacrée par la Cour de cassation les 6 mars 1822, 30 juillet 1823, 24 novembre 1834, 8 mai 1854, et 1ᵉʳ août 1855 (Art. 4097, 4503, 8750, 15237 et 15607 J. N.).

282. Lorsque, dans un contrat de mariage contenant adoption du régime dotal, il est stipulé qu'en cas de survie la femme aura, par *convention de mariage, et au besoin à titre de donation*, la totalité, en propriété, des biens meubles et objets mobiliers qui appartiendront aux époux, et la moitié, en propriété des immeubles acquis par le mari pendant le mariage, cette clause doit être considérée, non comme une convention de mariage, mais comme une donation passible du droit de mutation lors du décès du mari. Cass. 28 mars 1854 (Art. 15209 J. N. Jurisp.; Not., art. 10221).

283. Lorsque, par leur contrat de mariage, les époux ont acquis conjointement un immeuble, et qu'il a été stipulé que cet immeuble resterait la propriété du survivant des époux, à charge de restituer aux héritiers du prédécédé sa part du prix et de la valeur des améliorations, l'époux survivant n'est passible, au décès du conjoint, d'aucun droit de mutation sur la moitié de l'immeuble. Délib. Régie, 27 août 1844 (Jurisp. Not., art. 6843).

284. Lorsqu'une femme a fait, par contrat de mariage, donation en cas de survie, à son mari, de sa part dans les biens de la communauté, la renonciation de ses héritiers à la communauté et celle du mari à la donation ne dispensent pas ce dernier du payement des droits de mutation par décès à raison de cette donation. Tribunal de la Seine, du 17 juin 1852 (Art. 14702 J. N.; Jurisp. Not., art. 9608).

285. Lorsque, dans un contrat de mariage, une somme d'argent à prendre sur les plus clairs biens de la succession du donateur, a été donnée au futur époux, sous réserve, en cas de survie, de l'usufruit en faveur de la femme du donateur, instituée sa donataire universelle, cette somme, à l'extinction de l'usufruit, ne peut être considérée comme une charge de la succession de l'usufruitière, dans le sens de la loi fiscale. En conséquence, elle doit être distraite de l'actif de cette succession, pour l'acquit des droits de mutation par décès. Cass. 6 décembre 1858 (Art. 16470 J. N.; Jurisp. Not., art. 11330).

286. Lorsque, par contrat de mariage, pour l'aider à supporter les charges du mariage, il a été fait donation à la future par ses père et mère d'une pension annuelle exigible sans réduction jusqu'au partage des biens des donateurs, le droit de mutation n'est pas dû sur le capital de la rente, soit au décès de la donataire, soit au décès de ses enfants survivants, arrivés du vivant des donateurs. Trib. de Lons-le-Saulnier, 6 juillet 1857 (Art. 16134 J. N.; Jurisp. N., art. 1105).

287. La stipulation d'un contrat de mariage par laquelle les époux ont stipulé que le survivant sera propriétaire de la moitié des biens de la communauté et *usufruitier* de l'autre moitié, n'a pas le caractère d'une donation d'usufruit et n'est point sujette au droit de mutation, au décès du prémourant des époux, quoiqu'il ait été exprimé surabondamment dans le contrat de mariage que les époux se font donation mutuelle de cet avantage. Trib. de Lille, 1er septembre 1846 (Jurisp. Not., art. 7557; V. conf. autre jugement du même tribunal de Lille, du 20 décembre 1845, art. 7329.

288. Lorsqu'en vertu d'une clause du contrat de mariage rédigé dans les termes d'une simple convention matrimoniale, sous l'empire de la loi du 17 nivôse an 2, la totalité ou une portion supérieure à la moitié des biens de la communauté appartient au survivant des époux, la Régie ne peut prétendre que l'excédant est recueilli à titre de libéralité ou de donation, et que le droit de mutation par décès est exigible. Trib. de Douai, 1er février 1845, et d'Arras, 9 juin 1846 (Jurisp. Not., art. 7414).

289. Lorsque, par leur contrat de mariage les futurs sont convenus que les biens de la communauté appartiendraient au survivant des époux, sans stipuler la reprise des apports du prémourant, et ont composé la communauté de valeurs mobilières prises sur leurs biens personnels, cette disposition doit-elle être considérée comme une simple convention de mariage, ne donnant ouverture à aucun droit au décès du prémourant?

290. Si, pendant le mariage, il a été constitué en dot à l'un des enfants par les père et mère un immeuble propre à celle-ci, avec stipulation que la dot sera imputable sur la succession du prémourant des donateurs, y a-t-il lieu, si la femme survit au mari, de distraire de l'actif de la succession de ce dernier, pour le payement des droits de mutation, le montant de l'in-

demnité due par cette succession, à cause de la constitution
de la dot ?

L'affirmative de la première question et la négative de la seconde résultent d'un jugement du tribunal de la Seine du 26
juillet 1856 (Jurisp. Not., art. 10852 ; Art. 15589I et 15892 J. N.).

La solution donnée à la première question peut paraître
douteuse d'après l'arrêt de la Cour de cassation du 24 décembre 1850. Sous le n° 277 nous avons rappelé cet arrêt et les
observations présentées par le *Journal des Notaires* dans l'art.
14244 J. N. Sur ce point, le jugement du tribunal de la Seine
nous semble en contradiction avec la jurisprudence.

291. La stipulation d'un contrat de mariage sous le régime
de la communauté, ainsi formulée : « Les futurs époux voulant
se donner des preuves de l'attachement qu'ils ont l'un pour
l'autre se font donation l'un à l'autre, et au survivant d'eux,
ce qui est accepté par chacun d'eux, de l'usufruit de tous les
biens meubles et immeubles qui dépendront de la communauté
qui aura existé entre eux, et ils se dispensent réciproquement
de donner caution pour cet usufruit, » présente au fond comme
en la forme les caractères d'une libéralité, en ce qu'elle embrasse tous les biens qui dépendront de la communauté sans
distinction entre les acquêts et les capitaux apportés dans la
communauté du chef de l'époux prédécédé ; elle ne peut être
considérée comme une simple convention de mariage, dans les
termes des art. 1520 et 1525 C. N. En conséquence, au décès
du prémourant des époux, le survivant doit acquitter le droit
de mutation sur lusufruit par lui recueilli. Cass. 21 mars 1860
(Art. 16810 J. N.).

292. Il existe dans le même sens un arrêt du 24 décembre 1850 (Art. 14244 J. N.). La raison déterminante de cette
décision, c'est que, contrairement à la disposition de l'art. 1525
C. N., la clause du contrat de mariage ne réserve point aux
héritiers de l'époux prédécédé *la reprise des apports et capitaux
tombés dans la communauté du chef de leur auteur.* Il résulte, en
effet, de trois arrêts de la Cour de cassation du 24 nov. 1834,
8 mai 1854 et 1er août 1855 (Art. 8750, 15237 et 15607 J. N.),
que les mots *donation, donataire,* n'altèrent point la nature des
avantages qui réunissent au fond les conditions d'une simple
convention de mariage, exempte à ce titre du droit de mutation par décès.

293. Lorsqu'une veuve, donataire en usufruit par son contrat de mariage de la moitié des biens de son mari, a conjointement avec ses enfants majeurs, affermé, par acte notarié, des immeubles de la succession sans faire aucune réserve, sa renonciation par acte postérieur à la donation ne la dispense pas du payement du droit de mutation pour l'usufruit. Tribunal de Péronne, 28 juin 1854 (Art. 15324 J. N.).

Cette décision est conforme à la doctrine des arrêts de la Cour de cassation des 24 juin 1837 et 4 avril 1849 (Art. 7703 et 13763 J. N.), qui consacre cette décision. Le pourvoi formé contre ledit jugement de Péronne a été rejeté, le 17 mars 1855, par la Cour de cassation : « Attendu, en droit, que l'héritier qui a accepté une succession, soit expressément, soit tacitement. n'est plus recevable à y renoncer ; — Attendu, en fait, que la demanderesse en cassation a figuré volontairement à l'acte du 14 juin 1853, sans expliquer sa présence et *sans stipuler aucune réserve* ; — Attendu que son concours à ce bail à ferme de l'une des propriétés dépendantes de la succession de son mari, a clairement manifesté son intention d'accepter cette succession, puisque ses enfants étant majeurs et présents, sa présence était inutile ; que dès lors sa renonciation du 30 octobre 1853 a été déclarée avec raison tardive et non recevable.» (Art. 155287 J. N.)

AVANTAGES ENTRE ÉPOUX RÉSULTANT DE DONATIONS OU DE LEGS.

294. L'époux survivant doit déclarer les biens qu'il recueille par le décès de l'autre conjoint, à titre soit de donation, soit de legs, et acquitter les droits de mutation sur leur valeur.

295. Les gains de survie accordés par le statut local ou par les stipulations du contrat de mariage au survivant des deux époux, n'opèrent de mutation qu'au décès du prémourant, et ce n'est qu'à cette époque que le droit proportionnel d'enregistrement peut être exigé. Cass. 23 floréal an 13, 19 août et 5 novembre 1806, 26 mai 1807, 3 août 1808; Déc. min. fin. 22 août 1809; Instr. Rég. 25 sept. 1809, n° 454 (Dict. Not., *loc. cit.* 357).

296. Le legs par un mari à sa femme de tout ce dont la loi lui permet de disposer embrasse la quotité la plus étendue, et les droits de mutation sont exigibles d'après cette base, c'est-à-dire dans le cas prévu par l'art. 1094 C. N., sur un quart en propriété et un quart en usufruit, à moins que la veuve ne produise un acte authentique de renonciation au legs ou un acte d'option pour la moitié en usufruit seulement. Cass. (arrêt d'admission) 4 décembre 1832 ; Inst. Rég. 30 sept. 1833, n 1437, § 10.

297. Lorsqu'un époux, ayant deux enfants d'un premier lit, a disposé au profit de son conjoint *en usufruit de tout ce que les lois lui permettaient de donner*, l'époux survivant ne doit le droit de mutation par décès que sur l'usufruit du quart ; on ne peut l'exiger sur l'usufruit de moitié, sous le prétexte que l'usufruit de moitié équivaudrait au quart en propriété dont l'époux donateur avait la libre disposition. Délib, Rég. 23 mars 1825 (Art. 5094 J. N.).

298. Lorsque, après avoir fait donation par contrat de mariage à son mari de la totalité des biens composant sa succession, sauf réduction en cas d'existence d'enfants, une femme est décédée sans postérité, mais laissant ses père et mère, le droit de mutation par décès est dû par l'époux survivant, tant sur l'usufruit de la moitié formant la réserve légale des ascendants, que sur la propriété entière de l'autre moitié. Trib. Corbeil, 31 décembre 1846 (Art. 13052 J. N.).

299. Lorsque l'époux survivant, donataire ou légataire universel en usufruit des biens du conjoint décédé et laissant des héritiers à réserve, déclare réduire cet usufruit à moitié conformément à l'art. 1094 C. N., la perception du droit de mutation par décès doit être établie sur cette moitié, et non sur l'usufruit (Dict. Not., v° *Renonciation*, nos 106 et 107).

300. Lorsqu'en vertu d'une convention matrimoniale, l'époux survivant recueille l'usufruit de la part du prédécédé dans les biens de leur communauté, et qu'en outre il a été institué par testament de ce dernier légataire de tout ce dont la loi lui permet de disposer, c'est-à-dire d'un quart en propriété et d'un autre quart en usufruit, le survivant ne doit aucun droit de mutation pour l'usufruit des biens de la communauté ; et quant au quart en propriété de la part du prédécédé dans les mêmes biens, il n'est tenu de l'acquitter que sur la valeur de la nue propriété, qui se règle sur dix fois le revenu des immeubles. Délib. Rég. 23 août 1831 (Art. 7586 J. N.).

PARTAGE D'ASCENDANTS. — RÉSERVE PAR LES DONATEURS DE L'USUFRUIT DES BIENS DONNÉS AU PROFIT DU SURVIVANT.

301. Lorsque dans un partage d'ascendants les père et mère donateurs ont réservé au profit du survivant l'usufruit des biens donnés, cette disposition doit être considérée, en ce qui concerne les biens de communauté, de même qu'à l'égard des biens propres du prémourant, comme une transmission d'usufruit sujette au droit proportionnel d'enregistrement lors du décès du prémourant des ascendants. Cass. 6 mai 1857 (Art. 16368 J. N., qui accompagne cette décision des observations suivantes) :

« Il a été décidé par de précédents arrêts, des 31 août 1853, 15 juin 1846 et 30 janvier 1856 (Art. 12707, 15233 et 15756 J. N.; V. aussi Jurisp. Not., art. 10716), qu'un droit de mutation est dû au décès du prémourant des ascendants donateurs ; mais les termes mêmes de ces arrêts semblaient limiter la perception à l'usufruit des biens *propres*. La Régie avait elle-même admis, par une délibération du 21 octobre 1831 (Dict. Not., v° *Succession*, no 306, 3e édit.), que le droit de mutaton, dû pour les biens propres, ne pouvait être exigé pour l'usufruit de la part de l'ascendant prédécédé dans les biens de communauté compris dans le partage d'ascendants. L'arrêt du 6 mai 1857 rejette cette distinction, et la Régie s'est empressée d'adhérer à cette décision. Quant à nous, nous persistons à penser que, comme nous l'avons établi dans les dissertations insérées aux Art. 7595, 12707 et 14147 J. N., la réserve d'usufruit au profit de l'ascendant survivant n'est qu'une condition du partage anticipé, et ne donne ouverture à aucun droit d'enregistrement pour les biens soit propres, soit de communauté. » Nous sommes entièrement de cette opinion : il n'y a dans cette réserve d'usufruit qu'une simple condition de partage anticipé.

302. Lorsque, dans le partage entre-vifs fait par des ascendants en conformité des art. 1075 et 1076 C. N. des biens de leur communauté, ils ont stipulé, comme condition expresse de la donation faite aux enfants, que ceux-ci n'entreront en jouissance des biens donnés qu'au décès de leurs père et mère, cette clause contient, à titre de donation directe et mutuelle, une transmission d'usufruit du prémourant au survivant des ascendants, donation passible du droit proportionnel de mutation au décès du prémourant. Cass. 24 janvier 1860 (Art. 16764 J. N.). Cette décision est conforme aux arrêts des 15 juin 1846, 31 août 1853, 30 janvier 1856, et spécialement à celui du 6 mai 1857 (Art. 12707, 15233, 15756 et 16368 J. N.), et Trib. de Sedan du 6 mai 1857, et Instr. de la Régie du 31 décembre suivant, n° 2114, § 10 (Art. 16368 et 16417 J. N.). Ces précédents arrêts laissaient des doutes sur la nature du droit de mutation, soit à titre gratuit, soit à titre onéreux, exigible au décès du prémourant des ascendants donateurs. Il résulte expressément du nouvel arrêt que ce droit est celui de mutation par décès entre époux, c'est-à-dire de 3 p. 100.

303. Lorsque, dans le partage entre-vifs fait par ascendants, en conformité des art. 1075 et 1076 C. N., il est stipulé que les donateurs font réserve, « chacun pour soi et pendant sa vie, de l'usufruit de ce qui lui appartient dans les biens donnés, et de plus que celui qui survivra fait et consent la donation et partage, sous la condition expresse que ses enfants, qui y consentent, lui laisseront, pendant sa vie jusqu'à son décès, l'usufruit de la part du prémourant dans les biens donnés et partagés, » cette clause ne contient pas, à titre de donation directe et mutuelle, une transmission d'usufruit de prémourant au survivant des ascendants, passible du droit de mutation au décès du prémourant. Tribunal de Mortagne, 29 août 1864 (Art. 17246 J. N.). Ce jugement a été rendu sur un mémoire rédigé par le *Journal des Notaires* et dans lequel il a soutenu la jurisprudence consacrée par la Cour de cass. du 24 janvier 1860 (Art. 16764 J. N.), laquelle n'était pas applicable à l'espèce. V. aussi Jurisp. Not., art. 11554 et 11971.

304. Lorsque, dans un partage d'ascendants, les père et mère donateurs ont réservé au profit du survivant l'usufruit des biens donnés, cette disposition peut être considérée, en ce qui concerne les biens propres du prémourant, comme une transmission d'usufruit, passible du droit de mutation au décès de ce dernier. Cass. 15 juin 1846 (Art. 14137 J. N.).

305. Le tribunal d'Argentan s'est prononcé pour la négative le 27 juin 1850 (Art. 13157 J. N.; Jurisp. Not., art. 8905 et 11971). V. aussi jugement du tribunal de Montluçon, du 6 avril 1852 (Art. 14866 J. N.).

306. Lorsque, dans un partage d'ascendants, les père et mère donateurs ont réservé au profit du survivant l'usufruit des biens donnés, cette disposition peut être considérée, en ce qui concerne les biens propres du prémourant, comme une transmission d'usufruit, passible du droit de mutation au décès de ce dernier. Tribunal de Montluçon, 6 avril 1852 (Art. 14866 J. N.).

Ce jugement est conforme à un arrêt de la Cour de cassation du 15 juin 1846 (Art. 12707 J. N.), et contraire à un jugement du tribunal d'Argentan du 27 juin 1850 (Art. 14147 J. N.). V. ausi les observations présentées sur cette question aux Art. 7495, 12707 et 14147 J. N.

307. Lorsque deux conjoints, mariés sous le régime dotal, ont fait donation à leurs enfants, le mari de tous ses biens, et la femme de ses reprises, montant à 2,000 fr., moyennant une rente viagère de 6,000 fr. réversibles pour 4,000 fr. sur la tête de la femme, cette disposition peut être considérée comme libéralité indirecte au profit de la femme, et passible du droit de mutation en cas de prédécès du mari. Tribunal de la Seine 20 avril 1852. (Art. 14790 J. N.) Cette décision est contraire à un arrêt de la Cour] de cassation du 29 janvier 1850 (Art. 13938 J. N.), mais conforme à un jugement du tribunal d'Angers du 21 juin 1851 (Art. 14590 J. N.).

308. Lorsque le mari survivant, donataire en usufruit de la totalité des biens de sa femme, fait le partage anticipé de ses propres biens entre ses enfants en stipulant réserve à son profit de l'usufruit tant des biens par lui donnés que de ceux de sa femme, et dispense de tout compte, restitution, partage et liquidation relatifs à la communauté et à la succession de cette dernière, et que, par un acte subséquent, il renonce purement et simplement à la donation en usufruit, la Régie n'est pas fondée à exiger le droit de mutation par décès pour cette donation. Tribunal de Saumur, 9 avril 1859 (Art. 16473 J. N.). — Décisions conformes, Cass. 2 mai 1849, 21 avril 1854 et 27 mars 1855 (Art. 13732, 15238 et 15525 J. N.; Jurisp. Not., art. 10985).

309. Lorsque l'époux survivant, donataire en usufruit de la moitié des biens de son conjoint, fait le partage anticipé de tous ses biens entre ses enfants, en stipulant à son profit une rente viagère de beaucoup supérieure au revenu de ces biens, et le même [j]our, par un autre acte, renonce purement et simplement à l'usufruit qui lui avait été donné, la Régie est fondée à prétendre qu'une partie de la rente viagère est le prix de la 'renonciation, et à exiger en conséquence le droit de mutation par décès pour la donation en usufruit, et celui de transcription hypothécaire sur l'acte de renonciation. Tribunal de Coutances, 4 avril 1857 (Art. 16327 J. N.; Jurisp. Not., art. 11190).

310. Lorsque, dans un partage d'ascendants fait entre-vifs, il est stipulé que chacun des donateurs se réserve pendant sa vie la jouissance de la portion lui appartenant dans une chambre dépendant de l'un des immeubles donnés et conquêts de la communauté, et que, à titre de charge de la donation, le propriétaire du lot dans lequel cet immeuble se trouvera compris sera tenu de laisser le survivant des donateurs jouir, sa vie durant, de la portion qui pourra lui revenir par suite du prédécès de l'autre des époux dans la chambre désignée, cette dernière clause ne contient pas une donation mutuelle d'usufruit du prémourant au survivant des ascendants, passible du droit fixe lors de l'enregistrement de l'acte de partage et du droit de mutation au décès du prémourant. Trib. Rambouillet, 23 décembre 1863 (Art. 17969 J. N.; Jurisp. Not., art. 12595). Il existe dans le même sens un jugement du tribunal de Mortagne du 29 août 1861. V. *supra*, n° 303.

311. Lorsque, dans une donation contenant partage de biens de communauté et de biens propres aux ascendants, il est stipulé que les enfants donataires serviront à leurs père et mère, donateurs, et jusqu'au jour du décès du survivant d'eux, une rente viagère, non réductible au décès du prémourant, est-il dû par le survivant un droit de mutation par décès sur la moitié de cette rente?

La négative a été jugée par le tribunal de Vitry-le-François, le 15 avril 1864. (Art. 18123 J. N.)

Cette décision est conforme à la doctrine des jugements des tribunaux de Rennes, du 26 août 1863. Art. 17918 J. N.); d'Yvetot, du 18 août 1863 (Art. 19985 J. N.) et de Château-Thierry, du 12 mars 1864. (Art. 18025 J. N.).

312. Lorsqu'il résulte positivement des circonstances de l'affaire que la renonciation par l'époux survivant à l'usufruit de tous les biens de son conjoint qui lui avait été donné par son contrat de mariage, a été l'objet d'un traité dont il a reçu le prix en une rente constituée à son profit par un acte du même jour et équivalente à ses droits comme donataire, la Régie est fondée à exiger le droit de mutation par décès sur l'usufruit, nonobsant la renonciation, parce qu'elle n'est pas pure et simple. Trib. de Sens 24 juillet 1863 (Jurisp. Not., art. 12657). — C'est ce qui résultait déjà d'un arrêt de la Cour de cass. du 27 mars 1855 (*ibid.*, art. 10985, et Art. 15525 J. N.), et de deux autres arrêts de la même Cour des 2 mai 1859 et 24 avril 1854. (Art. 13732 et 15238 J. N.).

RÉSUMÉ DE LA JURISPRUDENCE POUR LES BIENS A DÉCLARER.

313. Achalandage. — La clientèle d'une maison de commerce est une valeur mobilière qui, faisant partie de la succession du commerçant, doit être comprise dans la déclaration à faire de cette succession. On avait soutenu que le délai pour la déclaration d'un achalandage ne devait pas courir du jour du décès, mais de celui de la vente, parce que la valeur en était incertaine et que l'achalandage n'était véritablement un actif que du moment où il était vendu. C'est là une erreur condamnée par la jurisprudence, et la déclaration doit en être faite comme de toute autre valeur de la succession dans les six mois du décès (Garnier, 12505 ; 4350 J. E.).

314. Si la clientèle d'une maison de commerce peut être transmise à titre onéreux, elle peut aussi être donnée à titre gratuit, léguée par testament : c'est une valeur, un bien meuble qui fait partie de la succession du commerçant et qui doit, par conséquent, être comprise dans la déclaration à passer à ses héritiers pour le payement des droits de mutation par décès. — Aussi le trib. de la Seine a-t-il jugé, le 28 mai 1851, que la clientèle d'un commerçant doit être comprise, pour sa valeur, dans la déclaration de sa succession, comme étant un objet susceptible d'être vendu ou acheté (15214 J. E. ; Art. 14556 J. N. ; Jurisp. Not., art. 9184 ; Garnier, 13012 ; Dict. Not., v^{is} *Achalandage*, n° 6 ; *Succession*, n° 312, 4° édit.).

Ce principe avait déjà été consacré par un jugement du même tribunal du 7 mai 1840, et il a été confirmé depuis par un jugement du tribunal de Rouen, du 17 mars 1859 (12540 J. E. ; Art. 10755 J. N. ; Garnier, 13012.).

315. Lorsqu'un fonds de commerce dépendant d'une succession a été vendu peu de temps après le décès, le prix de vente peut être pris pour règle d'évaluation par les héritiers pour le payement des droits de mutation par décès, Trib. de Compiègne. 18 mai 1848 (Art. 13,431 J. N.).

316. Actions. — Les actions soit de nature mobilière ou immobilière, qui dépendent d'une succession, doivent être déclarées et payer le droit de mutation par décès (Dict. Not., v^{is} *Action, actionnaire*, n° 56, et *Succession*, n° 311, 4e édit.).

317. Actions dans les compagnies ou sociétés d'industrie, de commerce ou de finances. — Elles doivent être comprises dans la déclaration des biens de la succession dont elles dépendent, pour le payement des droits de mutation par décès. Quant au mode d'évaluation de ces actions, V. *infra*, n° 758.

318. Les actions dans une société anonyme dont le fonds social se compose d'immeubles ne sont exemptées du droit de mutation par décès, ni par l'art. 15 de la loi du 5 juin 1850 sur le timbre, qui ne s'applique qu'aux transferts et cessions à titre onéreux, ni par la loi du 20 février 1849, qui établit une taxe spéciale, dite de mainmorte, sur les immeubles possédés par les compagnies anonymes. Trib. de Carcassonne, 10 janvier 1860 (Art. 16824 J. N.).

319. Actions de la banque de France. — Elles doivent être comprises dans les déclarations des héritiers pour leur valeur, réglée d'après le cours moyen de la Bourse de Paris au jour du décès, ou d'après celui de la veille, lorsqu'il n'y aura pas eu de Bourse ce jour-là. Déc. min. fin. 27 août 1816; Instr. Rég. 4 octobre 1816, n° 747. *Contra*, Déc. min. fin. 21 septembre 1810 ; Instr. Rég. 15 mai 1811, n° 520, § 1er (Dict. Not., v° *Succession*, n° 740, 4e édit.).

320. Actions dans les salines de l'Est. — Elles sont assujetties au droit de mutation par décès, quoique les cessions et transferts soient exempts de l'enregistrement. Déc. min. fin. 8 juin 1813.

321. Ambassadeur. — Les objets mobiliers qui se trouvent dans l'hôtel d'un ambassadeur ou agent diplomatique étranger, décédé en France, ne sont pas sujets au droit de mutation par décès, attendu que, par une fiction du droit international, l'hôtel d'un ambassadeur est réputé terre étrangère. Déc. min. fin. 11 juillet 1811 ; 12 septembre 1829 ; Délib. Rég.

1er septembre 1829; Instr. Rég. 29 décembre 1829, n° 1303, § 9 (Art. 6994 J. N.).

322. Mais les héritiers d'un ambassadeur sont tenus de payer les droits de mutation par décès sur les rentes et créances dues par des Français et payables en France, ainsi que sur les immeubles situés en France. Déc. min. fin. 27 mars 1822; Instr. Rég. 29 décembre 1829, n° 1303, § 9 (Art. 6994 J. N.; Garnier, 13015.).

323. Annuités de l'emprunt d'Haïti. — Étant officiellement cotées à la Bourse, le droit de mutation par décès ne doit être perçu sur ces valeurs que d'après le dernier cours antérieur au décès. Solut. Rég. 7 février 1849 (Art. 13624 J. N.).

324. Arrérages de rentes, pensions, et secours. — Les arrérages de pensions et de rentes viagères, échus au jour du décès, doivent être compris dans la déclararation de succession. Ce sont des fruits civils qui s'acquièrent jour pour jour (Art. 586 C. N.); ils doivent être déclarés au *prorata* des jours écoulés depuis l'échéance du dernier terme.

325. Les arérrages de rentes perpétuelles sur l'État échus au jour du décès étaient sujets au droit de mutation par décès, même à l'époque où ces rentes étaient exemptes de ce droit (Délib. Rég. 23 février 1820). Il doit à plus forte raison en être de même depuis que les rentes sur l'État ont été assujetties par la loi du 18 mais 1850 au droit de mutation par décès.

326. Au décès d'un ancien militaire, auquel un secours viager avait été accordé en vertu du décès du 14 déc. 1851, les termes échus et non acquittés de ce secours, lorsqu'ils sont payés à son héritier, d'après une décision spéciale du grand chancelier de la Légion d'honneur, ne sont point passibles du droit de mutation par décès.

C'est ce qui résulte d'une décision du ministre des finances, du 5 avr. 1859, transmise aux préposés de la Régie par une instruction du 14 avr. 1859, n° 2148, § 4 (Art. 16577 J. N.; Jurisp. Not., art. 11385; Garnier, *Rép. pér.*, n° 1164).

327. Biens abandonnés par un débiteur à ses créanciers. — Les héritiers de celui qui a fait cession de ses biens à ses créanciers doivent comprendre dans leur déclaration les biens abandonnés par le défunt à ses créanciers, lorsque ces biens ne sont pas vendus au jour du décès. Cass. ventôse an 11, 27 juin 1807 et 27 juin 1809 (Dict. Not., v° *Abandonnement* (*contrat d'*), n° 13, 4° édit.).

328. Biens acquis au nom d'une personne pour laquelle on s'est porté fort. — Ils ne doivent pas être compris dans la déclaration de succession, si la personne n'a pas ratifié l'acquisition (C. N. 1121); Cass. 15 mai 1827 (Art. 6148 J. N.).

329. Biens acquis secrètement par l'auteur de la succession. — Lorsqu'il est établi, conformément à l'art. 12 de la loi du 22 frim. an 7, qu'un immeuble a été acquis par le défunt sans acte enregistré, cet immeuble doit être compris dans la déclaration de succession. Cass. 18 novembre 1825 (Dict. Not., v° *Succession*, n 390).

330. Biens ameublis par l'un des époux. — Lorsque, par contrat de mariage, l'un des époux a ameubli des immeubles qui lui étaient donnés et vendus par le même contrat avec stipulation que le survivant aurait la faculté de conserver ces immeubles en faisant état à la communauté du prix d'estimation, est-il dû un droit de mutation si, au décès de celui qui a fait l'ameublissement, l'autre époux déclare conserver les immeubles?

La négative résulte des principes exposés Rép. de la Jurisp. not., v° *Ameublissement*, n° 81 et suiv., et Dict. Not. *eod verbo*, n°ˢ 99 et suiv., 4° édit. Le tribunal de Saverne a rendu un jugement conforme le 12 mars 1852 (Jurisp. Not., art. 9647; Art. 14673 J. N.).

331. Biens dont le défunt avait la jouissance à titre de bail. — Il n'est pas dû un droit de succession lorsqu'un preneur à bail, a en vertu de l'acte, le droit de jouir, au décès du bailleur, de l'objet loué, sans rien payer aux héritiers.

Un particulier avait loué pour 50 ans une maison, moyennant 3,000 fr. par année, avec clause qu'à son décès le locataire ou ses héritiers n'auraient rien à payer jusqu'à l'expiration du bail. — Le propriétaire est décédé dix ans après. Le locataire avait le droit de jouir pendant 40 ans de la maison louée, sans payer aucun loyer. Il n'est pas parent du décédé.

Le receveur a considéré le bail comme contenant une donation éventuelle et a perçu un droit fixe sur cette disposition, et, par une conséquence de cette perception, il a demandé le droit proportionnel sur le prix des 40 années du bail pendant lesquelles le locataire peut jouir sans payer de loyer.

Cette question, soumise au *Journal des Notaires*, les rédacteurs ont pensé qu'il n'est rien dû. Nous partageons cette opinion.

» Le bail était un contrat aléatoire entre le preneur et le bailleur, par lequel celui-ci s'était engagé à payer 3,000 fr. par an pendant la vie du bailleur, pour avoir le droit de jouir 50 ans de l'objet loué.

» Il a pu faire un marché avantageux, mais il pouvait y perdre si le bailleur eût vécu pendant 30 ou 40 ans. La transmission de jouissance pour 50 années a eu lieu au moment de l'acte et non au décès. En un mot cette convention est de même nature que celle qui a lieu dans le contrat à rente viagère. Le preneur cesse, comme ici, au décès du bailleur, de payer la rente promise, et jamais on n'a prétendu que celui qui s'était obligé au payement de la rente fût tenu d'acquitter des droits de mutation sur la totalité ou partie de la somme qui lui avait été comptée. » (Art. 2511 J. N.)

332. Biens adjugés au défunt. Les biens que le défunt a acquis par un jugement d'adjudication contre lequel il y a appel au moment du décès, doivent être compris dans la déclaration faite par ses héritiers dans les six mois du décès, sauf restitution, s'il y a lieu. Déc. min. just. et fin. 13 juin 1809; Inst. Rég. 4 juillet 1809, n° 436, § 7 (Dict. Not., v° *Succession*, n° 392).

333. Biens concédés à titre d'emphytéose. — Est-il dû par les héritiers de l'emphytéote, au décès de celui-ci, un droit de mutation sur les immeubles qui font l'objet du bail emphytéotique?

La négative avait toujours été reconnue par la Régie; mais, depuis nombre d'années, elle a changé d'avis, et un arrêt de la Cour de cassation, du 1er avril 1840, a statué que les immeubles possédés en vertu d'un bail emphytéotique sont passibles du droit de mutation lors du décès de l'emphytéote. Cette jurisprudence a été, avec juste raison, fortement critiquée. Voir notamment Rolland de Villargues, v° *Mutation par décès*, n° 147; Garnier, 12667, 12771 et 13195; Journal des Notaires, Art. 7958, 9613, 10412, 10619, 10888, 11690; Dalloz, 3030, 4443, 4618, 4639 et 4640.

334. Par arrêt du 6 mars 1850, la Cour de cassation a décidé que le bail d'un terrain consenti pour quarante ans, moyennant une redevance annuelle et à la charge par le preneur d'acquitter toutes les contributions foncières qui sont ou pourront être établies, sous quelque dénomination que ce soit, avec faculté pour le preneur d'élever des constructions qu'il lui est interdit de démolir et qui, à la fin du bail, resteront au bailleur sans indemnité, peut être considéré comme un bail emphytéotique, spécialement à l'égard du tiers qui, après s'être rendu adjudicataire de la jouissance à ce titre, l'a lui-même légué au même titre, et que cette jouissance transmise par décès est passible du droit de mutation immobilière. (Jurisp. Not., art. 9093).

335. De même décidé que le droit de mutation exigible par suite du décès du bailleur emphytéotique, pour le domaine direct, ne doit pas être établi seulement sur le capital de la redevance annuelle et qu'il faut ajouter à ce capital la valeur de l'expectative du domaine utile dans les mains du bailleur. Cet arrêt a décidé en conséquence que si les héritiers du bailleur n'ont, dans leur déclaration, évalué le domaine direct que d'après le capital au denier vingt de la redevance, la Régie est autorisée à requérir l'expertise pour établir la valeur du domaine direct, en défalquant de la valeur totale de l'immeuble donné à emphytéose celle du domaine utile eu égard au temps pendant lequel il doit encore subsister. Nous appelons d'une manière toute particulière l'attention de nos lecteurs sur les observations qui accompagnent cette décision au *Journal des Notaires*. Cass. 17 novembre 1852 (Art. 14829 J. N.).

336. Biens provenant de plusieurs successions recueillies par le défunt, bien qu'un héritier y eût des droits. — Les héritiers d'un oncle dans la succession duquel se trouvent des biens provenant de plusieurs successions qu'il a recueillies seul, quoique la mère de ces héritiers y eût des droits, ne sont pas fondés à demander, du chef de leur mère, une distraction de biens pour n'acquitter le droit de mutation par décès que sur les biens de leur oncle, dès qu'il est jugé en fait, notamment d'après la stipulation de dot insérée au contrat de mariage de leur mère, qu'elle avait été précédemment désintéressée de tout ce qui pouvait lui venir dans chaque succession ; il suffit que l'auteur de la succession actuelle ait joui des biens et en ait payé les contributions jusqu'à son décès, pour qu'il ait été présumé propriétaire exclusif de la totalité des successions confondues dans la sienne. Cass. 11 avril 1815.

337. Biens expropriés pour cause d'utilité publique. — Quand l'exproprié meurt dans l'intervalle du jugement au payement de l'indemnité, le droit de mutation est dû, non pas pour l'immeuble exproprié, mais pour la créance qui constitue le droit à l'indemnité.

Ainsi jugé par le tribunal civil de Marseille, le 27 août 1863 :

« Attendu qu'il est de principe reconnu par la doctrine et consacré par la jurisprudence que l'effet du jugement d'expropriation pour cause d'utilité publique est d'opérer un déplacement dans la propriété des immeubles auxquels il s'applique, d'anéantir tous les droits du propriétaire de l'immeuble au profit de l'État ou de la commune, en faveur de qui il a été prononcé, et de les convertir en un droit à une indemnité ou soit en une créance;

» Que, seulement, le propriétaire garde la possession de l'immeuble exproprié comme garantie et jusqu'au payement de l'indemnité qui lui est due ;

» Que l'effet attribué au jugement d'expropriation se puise tout à la fois dans le sens même de la signification naturelle du mot employé par le législateur, comme aussi dans les observations qui furent faites aux deux chambres, en 1841, lors de la discussion de la loi ;

» Qu'on peut l'induire en outre de cette disposition de la loi sur la matière qui, par l'art. 15, ordonne la transcription du jugement d'expropriation, conformément à l'art. 2183 du C. N. ; ce qui indique manifestement que, dans la pensée du législateur, ce jugement est un acte translatif de propriété ;

» Que la conséquence des effets du jugement d'expropriation tels qu'ils viennent d'être déterminés, c'est que de celui qui a subi l'expropriation à celui qui l'a obtenue, la chose périt pour le compte de ce dernier, d'après la maxime : *res perit domino* ; de telle sorte que si un bâtiment frappé d'expropriation venait à périr par incendie ou autrement, l'exproprié n'en aurait pas moins droit à l'indemnité, comme si les choses étaient restées entières ;

» Que cette conséquence, quant aux tiers, est que l'immeuble

ne peut plus être enlevé à l'expropriant par l'action en reven-
dicationou l'action en résolution, enfin par aucune action réelle.
L'immeuble est purgé de tous les droits réels qui le grevaient
en ce sens que le droit sur la chose est converti en un droit sur
le prix. »

La question jugée par le tribunal de Marseille est sans précédent judiciaire. Cette décision nous paraît à l'abri de toute
critique. D'après cela, pour asseoir la base des droits successifs dus par les héritiers, il faut, dans de pareilles circonstances
mentionner dans la déclaration de succession l'indemnité due
par suite de l'expropriation, c'est-à-dire la créance qui constitue le droit à l'indemnité.

338. Biens légués au défunt. — Les biens légués au
défunt doivent être déclarés dans les six mois de son décès,
même lorsqu'il n'y aurait pas eu de délivrance à son profit, ni
d'acceptation par son héritier mineur. Cass. 10 mars 1829;
Instr. gén. 27 mars 1830, n° 1307 § 9 (Art. 7132 J. N.).

**339. Biens appartenant indivisément au dé-
funt lors de son décès.** — Ce sont les biens, tels qu'ils
existent à l'ouverture de la succession qui doivent en général
être déclarés. Par conséquent les biens indivis doivent être déclarés comme ils existaient au moment du décès, Cass. 18 décembre 1839 (Garnier, 13298; Dalloz, 4208).

340. Lorsqu'une succession se compose de droits indivis
dans des biens meubles et immeubles situés dans divers bureaux d'enregistrement et que les héritiers du défunt étaient
ses copropriétaires, ils peuvent prendre pour base de leur déclaration un partage régulier, passé entre eux, antérieurement
à cette déclaration, et qui a déterminé le lot revenant à la succession à déclarer. Trib. Lille, 7 décembre 1849 (Jurisp. Not.,
v° *Mutation par décès*, n° 134, et art. 8787).

**341. Biens concédés à titre de locaterie per-
pétuelle.** — Le bail à locaterie perpétuelle étant translatif de
la propriété du fonds baillé, il doit être compris dans la déclaration de succession du preneur pour la perception du droit de
mutation par décès. Cass. 5 octobre 1808 (Dict. Not., *loc. cit.*,
n° 425, 4° édit.).

342. Biens communaux. — Lorsqu'une délibération
du conseil communal, dûment approuvée, a attribué à un habitant d'une manière irrévocable un lot non désigné de biens

communaux, et que cet habitant est décédé avant que le partage de ces biens ait été effectué, ce lot qui, plus tard, est attribué à ses héritiers, de son chef, doit être compris dans la déclaration de succession. Trib. Bayeux, 25 août 1843 (Dict. Not., *loc.*, *cit.*, n° 426).

343. Biens dont le défunt était le propriétaire apparent. — L'immeuble dont le défunt était propriétaire apparent comme l'ayant acquis en son nom, l'ayant fait porter au rôle des contributions sur sa tête, et en ayant payé l'impôt foncier, doit être compris dans la déclaration de sa succession, quoiqu'un jugement postérieur à son décès ait déclaré qu'il avait acquis cet immeuble pour le compte d'un tiers. Trib. Seine, 26 janvier 1842 (Dict Not., *loc. cit.*, n° 418; Garnier, 13051.)

344. Biens qui sortent d'une hérédité par suite de folle enchère. — Ils ne sont point sujets au droit de mutation, le défunt n'ayant pas été propriétaire. Cass. 2 février 1819 (Art. 6731 J. N.); Trib. Seine, 10 mars 1836; Délib. Rég. 21 juillet 1837 (Art. 3227 et 9765 J. N.).

345. Mais il en est autrement au cas de surenchère sur laquelle il n'a point été statué avant le décès. Cass. 12 février 1828 (Art. 6587 J. N.). C'est une conséquence de ce principe que dans l'intervalle de temps qui s'écoule entre la surenchère formée en vertu de l'art. 2185 C. N., et l'adjudication qui a lieu ensuite de la mise aux enchères, la propriété de l'immeuble continue de résider sur la tête de l'acquéreur et non du créancier surenchérisseur.

346. Biens aliénés le jour du décès du vendeur par son mandataire. — Lorsque, dans un acte de vente d'immeubles passé par le mandataire du vendeur le jour même du décès, mais avant le décès de ce dernier, il a été déclaré que le prix en a été payé comptant, la Régie ne peut pas prétendre que ce prix doit être compris dans la déclaration de la succession du vendeur, si elle ne prouve pas, contrairement aux allégations des héritiers, qu'il n'a point été, à l'instant même de la vente, employé par le mandataire à l'extinction de dettes chirographaires à la charge du vendeur. Tribunal de Châlon-sur-Saône, 21 janvier 1860 (Art. 16799 J. N.).

347. Biens acquis par plusieurs personnes pour en jouir en commun. — Lorsque, dans des actes d'acquisition d'immeubles faits indivisément par plusieurs personnes pour en jouir en commun, il a été stipulé que la propriété des immeubles appartiendra en totalité à la survivante, c'est là une clause aléatoire qui constitue, pour chacun des acquéreurs, relativement à tous les autres, un contrat commutatif. En conséquence, lors du décès de chacun des acquéreurs, le droit d'enregistrement à percevoir est celui de mutation à titre onéreux et non de mutation à titre gratuit. Cass. 15 décembre 1852 (Art. 14860 J. N.) ; 12 juillet 1853 (Art. 15020 J. N.), et 25 août 1853 (Art. 15073 J. N), 26 avril 1854 (Art. 15248 J. N.), 9 avril 1856 et 14 juin 1858 (Art. 15782 et 16333 J. N.).

348. Lorsque, dans le contrat d'une société civile et universelle de tous biens présents et de gains, il est stipulé que la société ne sera pas dissoute par la mort d'un ou de plusieurs des associés, qu'elle continuera de subsister au profit des survivants, qui resteront seuls propriétaires de tous les biens et produits de l'association, le droit de mutation est exigible au décès de chacun des associés ; mais ce droit est celui de mutation à titre onéreux et non de mutation par décès (Cass. 10 août 1853), par suite du renvoi ordonné par l'arrêt du 8 mai 1848 (Art. 13482 J. N.). Cette décision est conforme aux arrêts des 15 décembre 1852 et 12 juillet 1853 (Art. 14860 et 15020 J. N.).

349. Lorsque des acquisitions d'immeubles ont été faites par plusieurs personnes conjointement, sous la condition qu'elles jouiront en commun, et que les droits des prédécédés seront réversibles par égales parts sur la tête des survivants, de sorte que le dernier survivant demeurera seul propriétaire de tous les biens acquis, le décès de chaque copropriétaire opère au profit des survivants une transmission sujette au droit de mutation par décès. Cass. 19 novembre 1851 (Art. 14523 J. N.).

350. Biens acquis par plusieurs pour appartenir au survivant. — Lorsque des immeubles ont été acquis par plusieurs personnes conjointement avec stipulation que le dernier vivant sera seul propriétaire et que les parts des prémourants accroîtront successivement aux survivants, la convention étant purement aléatoire, il ne s'opère au décès des prémourants aucune mutation passible du droit proportionnel d'enregistrement. Délibération de la Régie du 29 décembre 1848 (Art. 14603 J. N.). Conforme à une précédente du 23 décembre 1825 (Art. 5566 J. N.).

351. Biens aliénés sous faculté de réméré. — L'héritier de l'acquéreur sous faculté de réméré est tenu d'acquitter les droits de mutation sur la valeur des biens acquis à réméré, quoique le délai pour exercer le retrait ne soit pas expiré au décès de l'acquéreur, et lors même que le rachat a été exercé dans l'intervalle du décès à la déclaration de la succession.

352. Mais l'héritier du vendeur sous faculté de réméré ne doit pas les droits de mutation par décès sur les biens vendus, lors même qu'il exercerait le retrait après le décès de son auteur.

353. Si l'héritier du vendeur cède le droit de rachat à un tiers, ou y renonce au profit de l'acquéreur moyennant un prix quelconque, ce prix doit être compris dans la déclaration de la succession du vendeur, et supporter le droit de mutation. Déc. min. fin. 29 août 1834 ; Délib. Rég. 15 juillet 1834 ; Instr. gén. 3 fructidor an 13, n° 290, § 34 ; Trib. de Bernay, 30 septembre 1844 (Jurisp. Not., *loc. cit.*, n° 108, et art. 6864 ; D. P. 45. 4. 243 ; Art. 8593, 12157 J. N.).

354. Biens recueillis par les ascendants ou leurs héritiers par droit de retour légal. — Ils sont passibles du droit de succesion, même au cas d'adoption (Cass. 20 décembre 1829). Mais on ne doit exiger aucun droit de mutation pour les mutations par décès qui ont lieu par suite du *retour conventionnel* expressément réservé dans l'acte de donation. Déc. min. fin. 9 décembre 1807 (Dict. Not., v° *Retour*, n° 3, 4e édit.; Art. 5690 J. N.).

355. — Biens propres du mari aliénés. — Rente viagère réversible sur la tête de sa femme. — Lorsque, dans l'acte de vente d'immeubles à lui propres, un mari a stipulé qu'une partie de la rente viagère qui en forme le prix sera réversible sur la tête de sa femme, aucun droit de mutation n'est dû par cette dernière lors du décès du mari pour l'avantage résultant à son profit de cette disposition. Cassation, 29 janvier 1850. (Art. 13958 J. N.); Trib. de Villefranche (Haute-Garonne), 7 mars 1860 (Art. 16891 J. N.; D. P. 50. 1. 85).

356. Cette décision est contraire à une instruction de la Régie du 31 mars 1826, n° 1187, § 7, et conforme en principe à un arrêt de la Cour de cassation du 21 juin 1847 (Art. 13064 J. N.).

357. Lorsque, dans l'acte de vente d'immeubles propres au mari, consenti solidairement par les deux époux, il a été stipulé que la rente viagère qui en forme le prix sera réversible pour partie sur la tête de la femme en cas de survie, aucun droit de mutation n'est dû par cette dernière, lors du décès du mari, pour l'avantage résultant de la réversion de la rente. Cass., 10 mai 1854 (Art. 15245 J. N.).

358. Cet arrêt est conforme à ceux des 21 juin 1847, 29 janvier 1850, et 11 avril 1854 (Art. 13064, 13958 et 15201 J. N.). Cependant, par un arrêt du 8 août 1853 (Art. 15046 J. N), la même Cour a décidé que, lorsque la clause de réversibilité porte non sur une rente viagère formant le prix de la vente, mais sur l'usufruit des biens propres du mari vendus conjointement par les deux époux, la veuve doit, au décès du mari, acquitter le droit de mutation pour la réversion de l'usufruit (Art. 15046 J. N.; D. P. 53. 1. 25?).

359. De même un jugement du tribunal d'Angers, du 21 juin 1851, a décidé que lorsqu'un bien propre à la femme a été vendu sous réserve d'usufruit et moyennant une rente viagère, réversible l'un et l'autre sur la tête du mari, il est dû au décès de la femme un droit de mutation par le mari sur l'usufruit et la rente viagère (Art. 14590 J. N.).

360. Lorsqu'une vente d'immeubles (propres au mari) a été consentie par le mari et la femme, moyennant une rente viagère réversible sur la tête du survivant, est-il dû un droit de mutation au décès du prémourant (le mari) *dans le cas spécial où les époux sont mariés sans communauté?*

Lorsqu'une femme intervient dans le contrat de vente d'immeubles propres au mari pour se porter covenderesse, s'obliger solidairement à garantir l'acquéreur de tous troubles et évictions ou même simplement pour renoncer à son hypothèque légale, on peut soutenir, comme dans le cas de vente de biens communs, que la clause de réversion de la rente à son profit, si elle survit à son mari, est une condition du contrat passé entre elle et l'acquéreur.

L'arrêt de la C. de cass. du 23 décembre 1862 (Art. 17598 J. N.) a seulement décidé qu'un droit de mutation par décès est exigible, quand une rente viagère, créée pour prix d'une vente d'immeubles, a été stipulée réversible sur la tête d'un tiers qui *était sans qualité pour intervenir au contrat,* parce que la clause de réversion *est alors complétement étrangère à l'acquéreur*, et provient d'une libéralité pure faite par le vendeur en faveur de ce tiers.

Il résulte, au contraire, de jugements des tribunaux d'Yvetot, de Rennes, de Château-Thierry et de Vitry-le-Fran çis, des 18, 26 août 1863, 12 mars et 15 avril 1864 (Art. 17918, 17985, 18025 et 18123 J. N.) qu'aucun droit de mutation par décès n'est exigible, dans le cas de réversion opérée par suite d'une vente de biens communs, quand il a été stipulé dans le contrat que la rente serait servie en entier au survivant des vendeurs jusqu'au jour de son décès, parce que le survivant tient alors son droit du contrat passé entre lui et l'acquéreur.

Nous pensons qu'il en doit être de même toutes les fois que la réversion s'opère au profit d'une personne *qui est intervenue au contrat de vente et avait qualité pour y intervenir*, lorsque cette réversion a d'ailleurs pour cause des engagements personnels pris par elle vis-à-vis de l'acquéreur, parce que cette disposition *n'est plus alors étrangère à l'acquéreur*, et forme un des éléments essentiels du contrat de vente. On peut soutenir, en effet, spécialement dans le cas de vente d'immeubles propres à un mari, que l'acquéreur n'a consenti à les acheter qu'en raison de l'intervention de la femme au contrat, de son obligation comme covenderesse ou garante de son mari, et de sa renonciation à son hypothèque légale; que de son côté la femme n'a pris ces engagements et n'a fait renonciation qu'en exigeant la réversion stipulée à son profit; qu'en conséquence cette réversion est le prix de son intervention et qu'elle tient les droits qui en résultent de la convention passée entre elle et l'acquéreur et non d'une libéralité de son mari.

361. Biens immeubles de communauté aliénés. — Rente viagère réversible. — Lorsque, dans un acte de vente d'immeubles de communauté, la rente viagère qui en forme le prix a été créée et constituée sur la tête et au profit des deux époux, et du survivant d'eux, sans réduction au décès du prémourant, un droit de mutation par décès n'est pas dû par l'époux survivant, lors du décès de son conjoint, sur la valeur d'une portion quelconque de cette rente; spécialement lorsqu'elle a été spontanément comprise dans la déclaration de la sucession. Trib. de Rennes, 26 août 1863; d'Yvetot, 18 août 1863, et de Château-Thierry, 12 mars 1864 (Art. 17918,

17985 et 18025 J. N.; Jurisp. Not., art. 7803, 9034, 10220, 10257, 11052, 12533 et 12658).

Cette jurisprudence n'est pas affaiblie ou modifiée par l'arrêt des chambres réunies de la Cour de cass. du 23 décembre 1862, rendu dans une espèce réellement différente, ainsi que le fait remarquer le jugement du tribunal de Rennes, du 26 août 1863. « Considérant, dit ce jugement, que l'espèce de l'arrêt de la Cour de cassation du 23 décembre 1862, que l'administration de l'enregistrement invoque comme autorité à l'appui de sa thèse, est essentiellement différente de celle qui est soumise au tribunal ; qu'en effet, aucune assimilation juridique ne peut valablement être faite entre le tiers, entièrement étranger à la propriété d'immeubles, pour le prix de l'aliénation desquels est constituée une rente viagère extinguible au décès du vendeur, et sur la tête duquel tiers ce vendeur stipule néanmoins que la rente viagère sera réversible s'il lui survit, et l'époux, copropriétaire et revendeur de ces immeubles, lequel époux, comme condition de la cession de sa part de propriété, stipule que la rente viagère qui en forme le prix sera aléatoirement réversible pour le tout sur sa tête seule, s'il survit à son conjoint. »

362. Contrairement à cette jurisprudence le tribunal d'Angers a jugé, le 10 juin 1864, que lorsque, dans un acte de vente de biens de communauté entre époux, il a été stipulé que la rente viagère qui en forme le prix sera réduite en partie lors du décès du prémourant des époux vendeurs, et que le survivant aura seul droit aux arrérages à échoir de la rente ainsi réduite, le droit de mutation par décès est dû par l'époux survivant sur un capital formé de dix fois la somme dont la rente qui doit lui être servie excède la moitié de celle qui avait été constituée primitivement.

Cette décision est vivement critiquée par le *Journal des Notaires;* nous renvoyons aux observations qu'il présente sous l'art. 18430 J. N. Il paraît que la question sera soumise prochainement à la Cour de cassation, par suite du pourvoi de la Régie contre le jugement du tribunal de Rennes du 26 août 1863.

363. En principe, toute donation éventuelle donne ouverture au droit proportionnel lors de l'événement. Si donc des époux vendent un immeuble moyennant une rente viagère réversible sur la tête de l'époux auquel l'immeuble n'appartient pas, le droit de mutation est dû par ce dernier s'il vient à survivre. Cass. 2 juillet 1823 (Art. 4468 J. N.).

364. Mais lorsque, dans l'acte de constitution d'une rente viagère à titre onéreux, il a été stipulé que cette rente serait, après la mort du créancier, réversible sur la tête d'un tiers acceptant, il n'est pas dû de droit de mutation par décès lors de la réversion. Cass. 19 décembre 1822 (Art. 7181 J. N.).

365. Les biens acquis des deniers communs par mari et femme, avec clause que l'objet acquis appartiendra en totalité au survivant, ne doivent point, au décès du premier mourant, le droit de mutation sur la moitié que recueille le survivant. Cass. 11 germinal an 9. — Ce principe est applicable aux acquisitions à titre de réversions de toute espèce sur le survivant des acquéreurs, lorsque l'acquisition est faite des deniers communs. Délib. 9 décembre 1820.

366. Biens aliénés. — Prix payable après le décès du vendeur. — Une créance, spécialement le prix d'une vente d'immeuble stipulé payable à une époque postérieure au décès du vendeur, ne doit pas être comprise dans la déclaration de succession, lorsqu'il est justifié par des quittances sous seing privé que ce prix a été payé avant le décès. Châlon-sur-Saône, 21 janvier 1860 (Art. 16799 J. N.).

367. Biens aliénés sous réserve d'usufruit au profit du vendeur. — Prix payable à son décès sans intérêts jusque-là. — Décès de l'acquéreur avant le vendeur. — Dans de telles circonstances les héritiers de l'acquéreur ne sont tenus d'acquitter le droit de mutation que sur un capital formé de dix fois le revenu des biens. Cass. 30 mars 1841, 9 avril 1845 (cinq arrêts); 27 décembre 1847 (chambres réunies); trib. d'Argentan, 18 décembre 1851; (Jurisp. Not., v° *Mutation par décès*, n° 335, et art. 7984 et 9896; Art. 13237 et 14952 J. N.).

368. Biens aliénés. — Prix délégué, mais non accepté avant le décès du vendeur. — Lorsque le prix d'une vente d'immeubles a été délégué à un tiers créancier, et que le vendeur est décédé avant le payement de la somme déléguée ou l'acceptation du créancier délégataire, cette somme fait partie de la succession, et l'héritier est tenu de la comprendre dans sa déclaration pour l'acquit des droits de mutation par décès. Cass. 17 février 1857 (Art. 16004 J. N.; Jurispr. Not., 10931).

369. Contrairement à cet arrêt, le tribunal de Béziers a décidé (Jurisp. Not., art. 12007), le 9 janvier 1861, que lorsqu'une créance a été cédée à un tiers par acte sous seing privé, et que le cédant est décédé avant l'échéance de la créance, l'acceptation du débiteur ou la notification de la cession, cette créance ne fait point partie de la succession du cédant, et que ses héritiers ne sont pas tenus de la comprendre dans leur déclaration de succession pour l'acquit des droits (Art. 17191 J. N.).

370. Biens donnés en avancement d'hoirie. — Ces biens, dont le rapport est fait par le donataire venant à la succession, ne doivent pas être compris dans la déclaration des biens héréditaires, parce qu'une même mutation ne peut être assujettie à deux droits. Cass. 2 mai 1820; Délib. Rég. 18 thermidor an 9 (Jurisp. Not., *loc. cit.*, n° 54).

371. Biens possédés à titre de jouissance légale. — La jouissance légale ne donne pas ouverture au droit de mutation par décès. Si la loi du 22 frim. an 7 n'a point statué sur cette espèce d'usufruit, c'est que la jouissance légale ayant été abolie par la loi du 17 nivôse an 2, elle n'avait point à s'en occuper; mais le C. Nap. l'ayant rétablie, on doit appliquer la disposition de la loi du 9 octobre 1791, qui exemptait la jouissance légale de tout droit de mutation. Délib. Rég. 20 juin 1828 (Dict. Not., *loc. cit.*, n° 505.)

372. Sommes et valeurs mobilières dont était porteur un étranger décédé en France dans un hospice. — Elles sont dévolues à l'Etat à titre de déshérence, et ne peuvent être réclamées par le souverain de la patrie de cet étranger. Trib. de Bordeaux, 12 février 1852 (Garnier, 13043).

373. Biens délaissés par les enfants admis dans les hospices. — Les valeurs délaissées par les enfants admis dans les hospices et décédés sans héritiers, et dont la propriété est attribuée aux hospices par l'art. 8 de la loi du 15 pluviôse an 13, ne sont point sujettes au droit de mutation par décès.

C'est ce qui résulte d'une décision du ministre des finances, du 23 juin 1858, que la Régie a transmise à ses préposés par une instruction du 2 oct. 1858, n° 2132, § 4 (Art. 16424 J. N.; Jurisp. Not., art. 11282; Garnier, *Rép. pér.*, n° 1080).

374. Biens donnés à un établissement public. — Ces biens ne doivent pas être déclarés par les héritiers du donateur, quoique celui-ci soit décédé avant l'acceptation, si ces héritiers ont exécuté volontairement la donation. Délibération du 24 février 1852 (Art. 7820 J. N.).

375. Biens de la communauté aliénés par le mari peu de jours avant le décès de sa femme. — Lorsque, par un acte sous seing privé non signé de la femme, daté d'une époque antérieure de peu de jours au décès de celle-ci et enregistré après le décès, le mari a vendu un immeuble acquêt de communauté, cet acte fait foi de la date contre la Régie, et l'immeuble vendu doit être considéré comme sorti de la communauté, et par conséquent ne pas être compris dans la déclaration de succession de la femme. Jugement du tribunal des Andelys du 15 novembre 1853 (Art. 15365 J. N.; Jurisp. Not., art. 10338).

376. Cette décision paraît parfaitement fondée. Elle est conforme à l'opinion constamment soutenue par le *Journal des Notaires* (Art. 8768 et 8819 J. N.).

377. Biens aliénés. — Rente viagère réversible sur la tête d'un tiers. — Lorsque, dans l'acte de vente d'un immeuble, il a été stipulé que la rente viagère qui en forme le prix sera réversible sur la tête d'un tiers présent et acceptant, il n'est pas dû, lors du décès du vendeur, par le tiers survivant un droit de mutation pour la réversion de la rente viagère opérée à son profit. Cass. 21 juin 1847, 29 janvier 1850, 11 avril et 10 mai 1854 et 19 août 1857 Art. 13064, 13958, 15201, 15245 et 16129 J. N.). — L'un des derniers arrêts, celui du 19 août 1857, a cassé un jugement du tribunal civil de la Seine, du 30 avril 1856, combattu à l'art. 15331 J. N. L'affaire a été renvoyée devant le tribunal de Versailles, qui, par jugement du 20 juillet 1858, a décidé la question dans le même sens que le tribunal de la Seine. Sur le pourvoi formé par le sieur Goudard contre le jugement du tribunal de Versailles, la chambre civile de la Cour de cassation, par arrêt du 24 mars 1860, a renvoyé l'affaire *aux chambres réunies* (Art. 16311 J. N.; D. P. 50. 1. 85).

378. Par un arrêt des *chambres réunies* du 23 décembre

1862, la Cour de cassation a décidé que l'acte de vente d'immeubles portant qu'une rente viagère qui fait partie du prix sera réversible sur la tête d'un tiers, contient deux dispositions distinctes, savoir : une constitution de rente viagère à la charge de l'acquéreur, et une stipulation de libéralité et de réversibilité de la rente au jour du décès du vendeur; — Qu'en conséquence l'acte est passible, indépendamment du droit proportionnel de vente d'immeubles, du droit fixe de 5 fr. pour la donation éventuelle ; et qu'au décès du vendeur, le tiers qui a recueilli la rente viagère doit acquitter le droit de mutation pour la réversion faite à son profit (Art. 17598 J. N.).

379. Cette décision est contraire à cinq arrêts de la ch. civ., des 29 juin 1850, 11 avril et 10 mai 1854, 19 août 1857 (deux arrêts), conformes eux-mêmes à la doctrine d'un autre arrêt du 21 juin 1848 (Art. 13064, 13958, 15201, 15245 et 16129 J. N.; Dict. Not., v^{is} *Succession*, n° 602; *Donation*, n° 573 et 590 ; *Rente viagère*, n° 130 et suiv., 4e édit.).

380. Conformément à la doctrine de l'arrêt du 23 décembre 1862 des chambres réunies, la Cour de cassation (ch. civ.) a décidé, le 11 mars 1863, que l'acte de vente d'immeubles portant que la rente viagère qui en forme le prix est constituée pour une fraction sur la tête d'un tiers non propriétaire des immeubles vendus, contient deux dispositions distinctes : une transmission à titre onéreux, moyennant une rente viagère, et une transmission à titre gratuit d'une partie de cette rente, au profit du tiers qui n'en a point fourni le prix ; qu'en conséquence, cet acte est sujet, indépendamment du droit de vente d'immeubles, à celui de donation sur le capital de la fraction de la rente constituée au profit du tiers, étranger à la propriété des biens vendus (Art. 17708 J. N.).

381. Cette décision est contraire à un arrêt de la même Cour (ch. civ.), du 21 juin 1847, d'après lequel l'acte portant constitution au profit d'un tiers d'une rente viagère, dont le prix est fourni par une autre personne, contient deux dispositions dépendantes l'une de l'autre, et n'est pas sujet au droit de donation en outre du droit de constitution de rente viagère (Art. 13064 J. N.; Dict. Not., v^{is}. *Donation*, n° 673 ; *Rente viagère*, n° 602, 4e édit.).

382. Lorsque deux époux ont vendu conjointement et solidairement des immeubles propres à chacun d'eux, avec réserve d'usufruit et réversibilité stipulées au profit du dernier mourant, le droit de mutation est dû au moment du décès du prémourant, la clause de réversibilité opérant alors mutation au profit du survivant des vendeurs. Cass. 8 août 1853 (D. P. 53. 1. 252; Art. 15046 J. N.). V. les observations à la suite de cet arrêt au même article.

383. Biens aliénés sous réserve d'usufruit. — Lorsque le prix d'un immeuble vendu sous réserve d'usufruit a été stipulé payable après le décès du vendeur, avec intérêts à partir de ce décès, ses héritiers doivent comprendre la créance dans la déclaration de succession, à défaut de preuve que le prix a été payé pendant la vie du donateur. Tribunal de Colmar du 6 mai 1851 (Art, 14441 J. N. ; Jurispr. Not., art. 9438).

384. Biens d'une succession acceptée sous bénéfice d'inventaire par le défunt. — Lorsqu'un individu est décédé après avoir accepté une succession sous bénéfice d'inventaire, ses héritiers, également bénéficiaires, sont tenus de comprendre les biens qui en dépendent dans la déclaration de sa propre succession : « Attendu que la loi spéciale relative à l'enregistrement ne reconnaît que des héritiers, des légataires purs et simples et des donataires comme possesseurs et détenteurs des biens soumis à l'impôt ; que les biens transmis par décès arrivent, d'après elle, aux mains des nouveaux possesseurs pour leur valeur nominale ou intrinsèque, calculée d'après des bases particulières, sans distraction des charges ; que, dès lors, elle ne reconnaît pas et n'a pas à reconnaître d'héritiers ou légataires sous bénéfice d'inventaire. » Délib. Rég. 26 septembre 1834 ; Trib. Seine, 28 août 1850 (Art. 8655 et 14177 J. N.).

385. Biens donnés à antichrèse. — Les biens donnés à antichrèse ne cessent pas d'appartenir au bailleur : s'il décède avant sa rentrée en possession, ils doivent être compris dans la déclaration de sa succession, lors même qu'il se serait réservé la faculté de les abandonner pour se libérer de sa dette. Trib. Seine, 20 décembre 1825 (Dict. Not., *loc. cit.*, n° 898).

386. Biens appartenant à des étrangers. — Les biens meubles et immeubles possédés en France par des étrangers sont soumis aux mêmes droits de succession que les biens appartenant aux nationaux. Déc. min. fin. 5 prairial an 10; Instr. Rég. 3 fructidor an 12, n° 290, § 36 (Dict. Not., *loc. cit.*, n° 399).

387. Sont passibles du droit de mutation par décès les créances dépendant de la succession d'un étranger décédé dans son pays, et résultant d'obligations souscrites et payables en France par des Français, et hypothéquées sur des immeubles situés sur le territoire de l'Empire. Cass. 27 juillet 1819, 16 juin et 10 novembre 1823 et 29 août 1837 ; Trib. Altkirch, 5 août 1828; Déc. min. fin. 11 mars 1829; Instr. Rég. 15 décembre 1827, n° 1229, § 4; 28 juin 1829, n° 1282, § 6; 18 juin 1838, n° 1562, § 18; Délib. Rég. 24 novembre 1829 (Art. 4447, 4481, 6401, 6883, 7090, 9761 J. N.).

388. Décidé spécialement que le droit de mutation par décès d'une rente due par un Français, hypothéqué sur un immeuble situé en France, est exigible quoique la succession de laquelle elle dépend se soit ouverte au profit d'un colon, et dans les colonies où la loi sur l'enregistrement n'a pas été publiée. Cass. 10 novembre 1823 (Art. 4481 J. N.).

389. Décidé de même que le legs fait à des étrangers par un étranger décédé en pays étranger, de fonds en numéraire existant entre les mains d'un banquier en France, est sujet au droit de mutation par décès. Cass. 16 juin 1823 ; Trib. Oléron, 20 mai 1843 (Art. 4447 J. N.).

390. Mais il n'y a pas lieu au payement du droit de succession sur les créances délaissées par des étrangers, résultant d'actes passés en forme authentique en pays étranger, lorsque les prêts et placements ont été faits et les livraisons promises ou effectuées en objets de ces pays, et qu'elles ont été stipulées payables dans les mêmes pays et dans les monnaies qui y ont cours. Instr. Rég. 3 fructidor an 13, n° 290, § 36 ; Avis comité des fin. du cons. d'Etat ; Déc. min. fin. 11 mars 1829; Instr. Rég. 28 juin 1829, n° 128, § 6 (Art. 6883 J. N.). *Contrà*, Instr. Rég. 29 juin 1825, n° 1166, § 7 (Art. 5223 J. N.).

391. Le fonds de commerce exploité en France par un étranger qui est décédé, les créances et les marchandises qui en dépendent sont sujettes au droit de mutation par décès. Trib. de Saint-Etienne, 7 mars 1849 (Dict. Not., *loc. cit.*, n° 404).

392. Il en est de même pour le mobilier et les actions de la banque de France laissés en France par un étranger décédé en

France, où il résidait temporairement et sans domicile acquis, et légués à un étranger. Déc. min. fin. 7 février 1834; Instr. Rég. 19 juillet 1834, n° 1458, § 6 (*ibid.*, n° 405).

393. Biens rentrés dans la succession par suite d'une action en rescision. — Ces biens doivent être déclarés dans les six mois à partir du jugement. Instr. gén. 9 thermidor an 12, n° 245 (Jurisp. Not., n° 96).

Mais si une demande en revendication d'immeubles avait été formée par le défunt, et accueillie par jugement et qu'il y eût appel de ce jugement au moment du décès, les héritiers ne pourraient prétexter de cet appel pour différer leur déclaration ; le droit devrait être acquitté sur-le-champ, sauf restitution. Arg. avis du conseil d'État 22 octobre 1808 ; Déc. min. fin. 16 mai 1809 (Jurispr. Not., n° 97).

Cependant il n'est dû aucun droit de succession sur les biens donnés, rentrés dans la succession du donateur par suite de l'annulation, après son décès, de la donation entre-vifs qu'il en avait faite. Cass. 5 juillet 1820. (Jurisp. Not., n° 98).

394. Biens de successions dévolues à l'État à titre de successeur irrégulier. — Les biens recueillis par l'État à titre de successeur irrégulier ne doivent pas être déclarés ; mais s'il se présente des héritiers dans le délai de trente ans à partir de l'envoi en possession de la Régie des domaines, ces héritiers doivent faire déclaration des biens. Circ. Rég., 12 messidor an 7, n° 1306 (Dict. Not., *loc. cit.*, n° 523).

395. Biens vendus par le défunt ou en son nom. — La déclaration faite par les héritiers dans l'acte de vente d'un immeuble que cet acte n'est que la réalisation de la vente verbale du même immeuble, qui avait été consentie par le défunt, ne les dispense pas de comprendre cet immeuble dans la déclaration de la succession. Tribunal de Toul, 28 août 1848.

396. Biens appartenant à des Français en pays étranger. — Les immeubles situés dans les pays étrangers et dépendants de la succession d'un Français ne sont pas sujets au droit de mutation par décès, attendu que la loi de l'impôt n'atteint que les biens situés sur le territoire qu'il régit.

397. La même règle est applicable aux meubles, rentes et créances sur l'étranger, dépendants des successions ouvertes en France et échus à des Français. Inst. Rég., 3 fructidor an 13, n° 290, § 36 (Dict. Not. *loc. cit.*, 409.).

398. Cependant, il avait été décidé que les créances hypothéquées sur des immeubles situés à l'étranger étaient sujettes au droit de mutation par décès, lorsqu'elles étaient dues à des Français. Cass. 21 décembre 1813; Inst. Rég., 29 juin 1825, n° 1166, § 7 (Art. 5223 J. N.).

399. Mais depuis, il a été consacré en principe que c'est à raison de leur situation locale que les biens de toute nature sont soumis au droit de mutation par décès ou en sont exempts; qu'à défaut de situation matérielle, les créances et autres droits incorporels ont une situation fictive, qui est déterminée par le domicile du débiteur; que c'est, en effet, au lieu et sous l'autorité des magistrats de ce domicile que le créancier vient, en cas d'inexécution du contrat, réclamer la somme due, exercer des poursuites et recevoir son payement. Il suit de là que les créances dépendantes de la succession d'un Français, dues et hypothéquées en pays étranger, n'ayant point de situation fictive en France, et le recouvrement en étant placé hors de la protection des lois françaises, ne peuvent être assujetties au droit de mutation par décès. Avis comité fin. cons. d'État; Déc. min. fin., 11 mars 1829, n° 1282, § 6 (Art. 6883 et 7493 J. N.).

400. Est sujette au droit de mutation par décès une créance hypothéquée sur des immeubles situés en pays étranger, mais établie par un titre souscrit en France dont le débiteur est domicilié en France et cautionnée par des individus y ayant leur domicile, lorsque pour l'exécution de l'acte les parties ont attribué juridiction aux tribunaux du département de la Seine. Une pareille créance ne saurait être considérée comme une valeur étrangère. Cass. 20 janvier 1858 (Art. 16249 J. N.).

Le capital représenté par des lettres de change tirées de l'étranger par des étrangers sur une place française, et dépendantes de la succession d'un Français décédé en France, a son assiette en France, et par conséquent est sujet au droit de mutation par décès, lors même qu'il n'y aurait pas eu acceptation des lettres de change par les tirés avant l'ouverture de la succession. Cass. 20 novembre 1858 (Art. 16475 J. N.; Jurispr. Not., art. 11333).

401. Biens situés en Algérie. — Les créances résultant d'obligations souscrites par des individus domiciliés en

Algérie, payables au même lieu et hypothéquées sur des immeubles situés dans cette colonie, ne sont point passibles du droit de mutation par décès, lorsqu'elles dépendent d'une succession ouverte en France : « Attendu qu'aux termes de l'art. 4 de l'ordonnance du 19 octobre 1841 sur l'Algérie, les mutations des biens meubles ou immeubles, droits et créances, opérées par décès, ne sont assujetties à aucun droit ni soumises à aucune déclaration ; — Que les lois de l'impôt ne suivent pas le domicile et ne peuvent atteindre que les biens situés dans les limites du territoire qu'elles régissent ; — Que les valeurs des colonies exemptées de l'impôt par les lois spéciales sont assimilées aux valeurs étrangères dépendant de successions ouvertes en France ; — Que les valeurs ci-dessus désignées avaient leur assiette en Algérie, et que par conséquent elles n'étaient soumises à aucune déclaration ni à aucun droit. » Trib. Seine, 4 décembre 1858 (Art. 16505 J. N.).

402. Créances en pays étranger. — Les créances exigibles en pays étrangers, et les marchandises en consignation dans les villes étrangères et dépendant de la succession d'un Français, ne sont point sujettes au droit de mutation par décès. Tribunal de Reims, 17 janvier 1835 ; Instruction de la Régie, 31 octobre 1835, n° 1498, § 6 (Art. 8770 et 9063 J. N. — Opinion conforme, art. 8506 J. N.).

403. *Contra*, Instruction de la Régie, 29 juin 1825, n° 1166, § 7 ; Délibération de la Régie, 5 novembre 1833 (Art. 5223 et 8506, J. N.).

404. Il doit en être de même de l'argent comptant existant en pays étranger et dépendant de la succession d'un Français décédé dans ce pays. Ainsi, le droit de mutation par décès n'est pas exigible sur une somme en numéraire trouvée au domicile d'un Français résidant et décédé en pays étranger, remise ensuite au consul de France dans ce pays, et déposée en France par le ministre des affaires étrangères à la caisse des consignations (Art. 14307 J. N.).

405. Il avait été décidé que le droit de mutation par décès n'était point exigible sur les actions des compagnies et sociétés étrangères, de même que sur les rentes et effets publics dus par un gouvernement étranger et dépendant d'une succession ouverte en France. Cass. 31 mai 1848 ; 29 janvier et 2 juillet 1849 ; Trib. Bayonne, 23 mars et 14 décembre 1847 ; Seine,

29 mars 1848; Délib. Régie, 2 août 1831 et 22 août 1848 (Art.
7493, 13033, 13356, 13405, 13502, 13614 et 13750 J. N.).

406. Mais l'art. 7 de la loi du 18 mai 1850 a assujetti aux
droits établis pour les successions les mutations par décès d'actions des compagnies ou sociétés d'industrie et de finances étrangères dépendant d'une succession régie par la loi française. Inst.
Rég. 25 mai 1850, n° 1852. (Art. 14055 J. N.). — Les décisions
ci-dessus seraient encore applicables, si la succession de laquelle
dépendent ces valeurs n'étaient point régies par la loi française.

407. Lorsqu'une communauté entre époux comprend des
biens situés en France et des créances et valeurs mobilières
en pays étrangers, les reprises de la femme décédée doivent
être prélevées entièrement sur les biens sis en France pour la
liquidation des droits de mutation par décès. Tribunal de la
Seine, 4 mars 1852 (Art. 14646, J. N.).

408. Cette décision est l'application à la perception des
droits de mutation par décès des principes consacrés par de
nombreux arrêts de la Cour de cassation, dont le dernier, du
11 novembre 1844 (Art. 12140 J. N.), rendu par les chambres
réunies, en matière de partage, comprenant des biens situés
en France et d'autres pays étrangers.

409. Une créance dépendant de la succession d'un Français, en vertu d'un acte passé en pays étranger et hypothéquée
sur des biens situés dans ce pays, doit être comprise dans la
déclaration de la succession pour l'acquit des droits de mutation. Tribunal de Valenciennes, 9 août 1860 (Art. 16977 J. N.).

410. La circonstance qu'une rente sur un État étranger a
été immobilisée pour la donation d'un titre de noblesse, institué et fondé dans ce pays au profit d'un Français, ne lui im-
prime pas le caractère d'immeuble réel et territorial réputé faire
partie du sol étranger et devant être soustrait à l'application
de la loi française ; elle conserve sa nature nobiliaire dans la
succession du titulaire, ouverte en France, et relativement à
l'acquittement des droits de mutation établis par la loi française. En conséquence, cette rente est sujette au droit de mutation par décès, en vertu de l'art. 7 de la loi du 18 mai 1850.
Cass. 28 juillet 1862 (Art. 17492).

Cet arrêt ne fait que reproduire les motifs du jugement du
tribunal de la Seine du 12 janvier 1761 (Art. 17066 J. N.),
qui était l'objet du pourvoi en cassation.

411. Biens possédés en France par des étrangers. — La loi anglaise, en l'absence de conventions matrimoniales, attribue au mari seul la propriété des immeubles acquis par les époux anglais conjointement; c'est là un statut personnel qui régit les Anglais même en pays étranger.

En conséquence, le décès en France d'une femme anglaise, mariée sans contrat de mariage, ne donne point ouverture à un droit de mutation sur la moitié des immeubles par elle acquis en France avec son mari anglais, et qui, d'après les lois françaises, devraient être réputées appartenir aux deux époux par moitié, comme acquêts de communauté. Cass., 30 janvier 1854 (Art. 15192 J. N; Jurispr. Not., art. 10195; D. P. 54. 1. 61).

412. Lorsqu'il dépend d'une communauté entre époux des biens situés en France, et des créances et valeurs mobilières en pays étranger, les reprises de la femme décédée doivent être prélevées entièrement sur les biens sis en France, pour la liquidation des droits de mutation par décès dus par les héritiers. Cass. 14 novembre 1838, 8 décembre 1840, 12 décembre 1843 , 3 avril et 11 novembre 1844, et Trib. de la Seine du 4 mars 1852 (Jurispr. Not., v° *Partage*, n°ˢ 440 et suiv. et art. 6057, 6862 et 9545; Art. 10214, 10849, 11854, 12140 et 14616 J. N.).

413. D'après la loi sarde, il n'est pas permis aux époux de contracter une communauté autre que celle des acquêts, et cette convention doit être faite dans le contrat de mariage. En conséquence le décès en France d'un Piémontais, marié dans son pays sans contrat de mariage, donne ouverture au droit de mutation sur la valeur entière des biens meubles et immeubles qu'il possédait en France, la veuve n'ayant, dans ce cas, aucun droit à la propriété de moitié de ces biens. Trib. Saint-Etienne, 11 mars 1863 (Art. 17837 J. N.; Jurisp. Not., art. 12474).

Cette décison est conforme, en principe, à un arrêt de la Cour cass. du 30 janvier 1854 (Art. 15192 J. N. ; Dict. Not., v° *Succession*, n° 463, 4ᵉ édit.).

414. Les fonds en numéraire, appartenant à une succession ouverte en pays étranger au profit d'étrangers, et déposés en compte courant dans une maison de banque, sont sujets au droit de mutation par décès. Trib. de la Seine, 31 janvier 1863 (Art. 17743 J. N). Cette décision est conforme à un arrêt de la Cour de cass. du 26 juin 1853, rendu dans des circonstances semblables (Art. 14447 J. N.; Dict. Not., *loc. cit.*, n° 402, 4ᵉ édit.); Jurispr. Not., art 12392).

415. Les *obligations* des compagnies ou sociétés d'industrie et de finances étrangères sont passibles du droit de mutation par décès, lorsqu'elles dépendent d'une succession régie par la loi française. Loi de finances du 13 mai 1863, art. 11; Instruction de la Régie, 21 mai 1863, n° 1245; art. 17749 J. N.; Jurisp. Not., art. 22391). V. *infra*, n° 661.

416. Lorsque la succession d'un étranger, décédé en pays étranger, comprend des biens situés en France, spécialement des rentes inscrites sur le grand-livre de la dette française, la déclaration doit en être faite dans les délais prescrits par l'art. 24 de la loi du 22 frimaire an 7 (huit mois, si le décès est arrivé en Europe), sous peine du demi-droit en sus. Décision du ministre des finances du 26 mai 1853, et instruction de la Régie, du 13 juin 1854, n° 2002, § 2 (Art. 15303 J. N.).

417. Les biens possédés en France par des étrangers, spécialement par des Suisses, sont soumis aux mêmes droits de mutation par décès que les biens appartenant aux Français. Tribunal de la Seine, 13 décembre 1861 (Art. 17419 J. N.).

418. L'étranger qui se marie avec une Française, et qui fixe son domicile matrimonial en France, est réputé, à défaut de contrat, avoir adopté le régime de la communauté légale. En conséquence, c'est d'après les principes de notre droit commun que la liquidation de la communauté doit s'opérer. Paris, 29 avril 1862 (Art. 17413 J. N.).

419. Brevets d'invention. — Les brevets d'invention constituent, au profit de ceux qui les obtiennent, une propriété à laquelle succèdent leurs héritiers pour tout le temps qui reste à courir à compter du jour du décès. Ceux-ci doivent donc comprendre la valeur de ces brevets dans leur déclaration. (Jurispr. Not., *loc. cit.*, n° 92; Dict. Not., *ibid.*, n° 529).

420. Brevets de maîtres de poste. — Un brevet de maître de poste aux chevaux doit-il, comme propriété privée, être compris dans la déclaration de la succession du titulaire et être assujetti au droit de mutation par décès? Des dispositions de la loi du 24 juillet 1793 et de l'arrêté du gouvernement du 1ᵉʳ prairial an 7, il résulte que les fonctions de maître de poste sont révocables; c'est un emploi conféré par l'administration qui reste libre de le retirer à celui qu'elle en a investi.

Suivant plusieurs ordonnances du conseil d'Etat, notamment
en date des 30 août 1832 et 20 février 1833, l'administration
n'est pas tenue de déduire les motifs de la révocation. D'un autre côté la faculté de désigner un remplaçant est limitée au titulaire ou commissionné ; elle n'est point accordée à ses héritiers.
Sous ce double rapport, l'emploi de maître de poste diffère essentiellement des offices. Il a été décidé par des arrêts des Cours
d'Orléans et de Riom, des 28 novembre 1837 et 30 mai 1838, fondés
sur ces considérations (Art. 9993 et 1025 J. N.), que les brevets de
maîtres de poste ne sont point une chose qu'ils puissent céder
et transmettre à leur gré, comme, étant dans le commerce, *un
droit qui puisse faire partie de leur succession comme étant comprise dans leurs biens.* Par ses arrêts des 14 décembre 1841, 23
juin 1851 et 12 juin 1854 (Art. 1187, 14425 et 15352 J. N.), la
Cour de cassation s'est abstenue, il est vrai, de statuer sur la
question de savoir si le brevet de maître de poste confère une
propriété vénale et transmissible ; mais les principes sur lesquels repose la décision des deux Cours impériales n'en conser-
vent pas moins toute leur force. D'ailleurs, en admettant que la
faculté côncédée aux maîtres de poste par la loi du 24 juillet
1793, de désigner leurs remplaçants constitue un droit utile
qui puisse donner matière à des stipulations pécuniaires, il
resterait néanmoins certain que cette faculté est personnelle au
titulaire, qui ne la transmet point à ses héritiers ; que, par
conséquent, elle ne fait point partie des biens de la succession.
Elle ne peut donc, en règle générale, être assujettie au droit
de mutation par décès (Art. 11358 J. N. ; Dict. Not., vo *Succession,* no 530, 4e édition ; Garnier, 13023 *bis*).

421. Il doit en être à plus forte raison de même si c'est
non le titulaire du brevet de maître de poste qui est décédé,
mais sa femme, commune en biens ; celle-ci n'avait aucun
droit sur le brevet ; il appartient personnellement au mari au
même titre que la commission de tout emploi révocable dans
l'administration publique ; il n'a point fait partie de la communauté des époux. Il n'existe donc aucun motif pour que ce
brevet soit compris dans la déclaration de la succession de la
femme. Seulement, s'il était établi que le mari a payé au précédent titulaire une somme d'argent pour être présenté à sa
place, il devrait rapporter les deniers pris dans la liquidation
de la communauté pour le payement des droits de mutation

ouverts par le décès de la femme (Art. 11658 J. N.; Dict. Not., *loc. cit.*, n° 531).

422. Lorsque le titulaire d'un brevet de maître de poste en a légué l'usufruit à sa veuve et la nue propriété à son neveu, et qu'après son décès ce dernier (le neveu), qui a traité avec la veuve pour son usufruit, a été nommé maître de poste sous la condition de ne pouvoir céder le brevet à titre onéreux, est-il dû un droit de mutation par décès pour le legs du brevet? L'affirmative a été jugée le 25 janvier 1851 par le tribunal de Sisteron. — Dans l'espèce, ce jugement peut être fondé. Quel que fût le droit du titulaire relativement à la propriété privée du brevet de maître de poste, il en avait disposé par testament. Le double legs fait à la veuve et au neveu avait produit son effet. Le légataire avait été nommé maître de poste sous la condition de ne pouvoir disposer du brevet à titre onéreux. Non-obstant cette restriction, qui diminuait la valeur du brevet, les deux légataires avaient, de fait, retiré un avantage des dispositions faites en leur faveur; ce fait seul, indépendamment de la question du droit des maîtres de poste à la propriété privée de leurs brevets, rendait exigible le droit de mutation par décès (Art. 15804 J. N.; Dict. Not., *loc. cit.*, n° 532; Jurisp. Not., v° *Mutation par décès*, n° 54 et 10777; D. P. 54, 3. 83). M. Garnier (13023 *bis*) tire de cette décision la conséquence qu'un brevet de maître de poste constitue entre les mains du titulaire une propriété transmissible à ses héritiers qui doivent la comprendre dans leur déclaration de succession. V. aussi *Rép. pér.*, 171.

423. La question du droit de mutation reste ainsi dans le domaine des faits. La Régie ne peut prétendre d'une manière absolue que toutes les fois que le titulaire d'un brevet de maître de poste vient à décéder, il est dû un droit de mutation sur la valeur du brevet. Mais si le titulaire a disposé par testament du brevet ou si les héritiers ont traité avec un tiers ou avec l'un d'eux de la transmission du brevet, et si ces dispositions ont reçu l'approbation du gouvernement, un droit de mutation peut être exigé pour l'avantage que le légataire ou les héritiers ont recueilli (Art. 15804 J. N.; Dict. Not., *loc. cit.*, n° 533).

424. Arbres épars et de bordure. V. *infra*, chapitre des fausses évaluations dans les déclarations, n°ˢ 806 et suiv.

425. Bois de haute futaie. — Coupes réglées. —

Pour la perception des droits de mutation par décès, le produit des bois de haute futaie, non aménagés en coupes réglées, est déterminé par l'âge moyen des arbres ou la valeur de leur croissance annuelle, et non pas seulement par les revenus accessoires, tels que l'élagage, le pacage et la glandée. Cass. 18 juin 1855 (Art. 15548 J. N.; Jurisp. Not., art. 10527).

426. Lorsque les héritiers ont vendu la superficie d'une forêt, avant de passer la déclaration de la succession, la valeur des bois doit néanmoins être évaluée, non d'après le prix de la vente, mais sur le produit des bois calculé d'après les règles ci-dessus indiquées. Délib. Rég. 11 novembre 1834.

427. Caisse des dépôts et consignations. — La question de savoir à partir de quel moment le débiteur cesse d'être propriétaire de la somme par lui déposée à la caisse des dépôts et consignations, présente dans la pratique d'assez sérieuses difficultés. Toutefois, la doctrine et la jurisprudence paraissent d'accord sur ce point : 1° que la somme déposée appartient au créancier à partir *du jour de la consignation;* dès lors elle doit être comprise dans sa succession si elle s'ouvre postérieurement à cette époque ; 2° que, bien que des offres ont été faites, la somme offerte dépendrait de la succession du débiteur si le décès arrive avant le versement à la caisse des dépôts et consignations.

Il n'est pas nécessaire, pour que la consignation libère le débiteur, qu'elle ait été ordonnée par jugement ; il suffit, aux termes de l'art. 814 du Code de procédure civile, qu'elle ait été faite en observant les formes prescrites par l'art. 1259 C. N.

428. Un arrêt de la Cour de cassation a jugé, le 6 janvier 1840, que les intérêts des sommes déposées à la caisse des dépôts et consignations appartiennent aux créanciers opposants sur ces sommes, et dont les oppositions ont nécessité la consignation au prorata de leurs créances ; ils n'appartiennent pas au débiteur qui, par la consignation, s'est libéré, et a mis les sommes dues et consignées aux risques et périls des créanciers.

Il s'ensuit que les intérêts font partie de la succession des créanciers, et non de celle du débiteur lorsque cette succession s'est ouverte depuis la consignation.

429. La Cour de Rennes a jugé, le 10 mars 1821, que la consignation faite par le débiteur n'est pas libératoire, lorsque, d'une part, le créancier n'avait pas préalablement refusé la somme qui lui était offerte, et que, d'autre part, les offres ont été faites sous une condition impossible ou illusoire.

Cette décision fait l'application du troisième paragraphe de l'art. 1259 C. N. Si donc la consignation avait été faite nonobstant l'acceptation des offres par le créancier, la somme déposée ferait partie de la succession du débiteur, et non de celle du créancier.

430. De ce qu'une consignation est valable et libératoire entre le débiteur et le créancier, il ne s'ensuit pas qu'elle soit également libératoire entre le créancier et des tiers saisissants dont la saisie a occasionné la consignation, alors que ce créancier n'a pas fait procéder entre eux à la distribution de la somme consignée. En conséquence, la Cour de cassation a jugé, le 16 juin 1813, que si la somme consignée vient à périr, elle périt pour le compte du saisi.

Cette décision indique les règles à suivre en matière de mutation par décès. Si la succession du saisi s'ouvrait avant qu'il eût fait procéder entre les créanciers à la distribution de la somme consignée, ou avant qu'il les eût mis en demeure d'y procéder, la somme déposée ferait partie de sa succession. Il en serait autrement au cas où les formalités indiquées auraient été accomplies (V. Garnier, 12759 à 12764).

431. Cautionnements des fonctionnaires et officiers publics. — Les titulaires d'officiers ministériels, les fonctionnaires des administrations financières, différents agents comptables des divers ministères, les entrepreneurs pour le compte de l'Etat, etc., sont soumis au versement d'un cautionnement qui, en général, doit être fourni en numéraire et versé au trésor. Bien que ce cautionnement ait pour objet d'assurer un recours utile aux parties lésées ou à l'Etat, au cas d'abus ou de prévarications commis par ces fonctionnaires dans l'exercice de leurs fonctions, il n'en constitue pas moins une propriété sur la tête de l'officier ministériel et du fonctionnaire public qui l'a fourni. Dès lors, sans que le doute soit possible, les héritiers doivent le comprendre dans la déclaration de la succession (Garnier, 12724).

432. La circonstance que le titulaire du cautionnement serait décédé en débet ne changerait rien à cette obligation, alors même que le débet serait bien supérieur au montant du cautionnement. Le débet en effet, tant que sa compensation avec le cautionnement n'a pas été ordonnée, fait partie du passif de la succession, tandis que les fonds affectés au cautionnement figurent dans son actif. Or l'actif des successions doit toujours se déclarer sans avoir égard au passif (*ibid*).

433. *Quid* lorsque le cautionnement a été fourni par un bailleur de fonds avec privilége de second ordre? La solution dépend entièrement du parti à prendre sur la question de savoir à qui du bailleur de fonds ou du fonctionnaire appartenait la propriété du cautionnement.

Sur ce point il a été jugé par la Cour de cassation, 1° le 6 janvier 1840, que les intérêts produits par le cautionnement d'un entrepeneur de fournitures publiques, saisi par les créanciers de sa gestion et déposé à la caisse des consignations, sont affectés, comme le capital lui-même, au payement de ses créanciers, par préférence au tiers bailleur de fonds du cautionnement. Ce bailleur de fonds n'est qu'un prêteur et non pas une caution dans le sens des art. 2011 et suiv. C. N., il ne serait donc pas fondé à prétendre que l'attribution faite aux créanciers des intérêts en sus du capital, étend au delà de ses limites le cautionnement qu'il a fourni; — 2° le 6 juillet 1849, que les fonds versés au trésor pour le cautionnement d'un comptable cessent d'appartenir au bailleur qui les a fournis et qui en a fait faire la déclaration en son nom; que cette déclaration n'a pour effet que de lui conserver le privilége de second ordre, mais qu'elle n'empêche pas que le cautionnement puisse être saisi par les créanciers personnels du comptable.

434. Mais la Régie n'a pas embrassé cette doctrine. Par une déclaration du 9 juin 1835 (11219 J. E.), elle a décidé que le cautionnement inscrit au trésor, avec privilége de second ordre au profit d'un bailleur de fonds, n'appartient pas au titulaire et ne doit pas être compris dans sa succession.

435. C'est également ce qu'enseigne M. Dalloz, v° *Cautionnement*, n° 85, et cette doctrine trouve à s'appuyer sur deux arrêts, le premier de la Cour de Rouen, du 15 avril 1806, aux termes duquel le cautionnement d'un comptable, lors de la cessation de ses fonctions, doit être restitué à celui qui en avait fait les fonds, sans que les créanciers du comptable, pour toute autre cause que pour faits de charge, puissent exercer aucun recours sur ce cautionnement; le second, de la Cour de Paris du 24 avril 1834.

Ainsi, dans le système de ces deux derniers arrêts, toutes les fois qu'il y a un bailleur de fonds avec privilége de second ordre, le montant du cautionnement doit être considéré comme faisant partie de la succession du bailleur de fonds, et non de celle du titulaire (Garnier, 12726).

436. Le tribunal d'Aubusson a jugé, contrairement à cette doctrine et à la délibération de la Régie du 9 juin 1835, le 10 mai 1860, que le cautionnement en numéraire d'un comptable public, inscrit au trésor, appartient au titulaire et doit être compris dans la déclaration de succession, pour l'acquit des droits de mutation par décès (Art. 16887 J. N.; Dict. Not., v° *Cautionnement des notaires*, n° 137 et suiv., et v° *Succession*, n° 534, 4e édit.; Garnier, *Rép.*, *pér.* 1319).

Le Journal de la *Jurisprudence du Notariat* critique vivement cette décision du tribunal d'Aubusson. Selon lui, elle ne serait nullement fondée, et, en fait et en droit, reposerait sur de très-graves erreurs. Il ne comprend pas que la Régie ait soutenu l'opinion que ce tribunal a admise, quand cette administration avait pris, le 12 juin 1835, une délibération parfaitement raisonnable et légale et diamétralement opposée au jugement du tribunal d'Aubusson (Jurisp. Not., art. 11656).

Le *Journal des Notaires*, au contraire, approuve la doctrine de cette décision qui serait conforme en principe à la jurisprudence rapportée Dict. Not., v° *Cautionnement des notaires*, etc., n°s 137 et suiv.

437. Communauté religieuse. — Les actes d'acquisition ou de donation et les legs au profit des communautés religieuses *légalement autorisées*, sont sujets aux droits proportionnels d'enregistrement, comme ceux qui ont lieu au profit des particuliers. L. 18 avril 1831, art. 17 (Art. 7142 J. N.).

438. Lorsque la supérieure d'une communauté religieuse de femmes, après avoir obtenu la reconnaissance légale en vertu du décret du 31 janvier 1852, a déclaré par acte notarié, dans les six mois de cette reconnaissance, que les biens par elle recueillis comme légataire universelle de la supérieure qui l'a précédée, ont été acquis des deniers de la communauté et ont toujours été la propriété de cette dernière, la Régie est néanmoins fondée à exiger le droit de mutation à raison de ce legs.

Ainsi décidé par deux arrêts de la Cour de cassation (ch. req.) du 25 mars 1863 (Art. 17705 J. N.).

439. Constructions sur un terrain affermé. —
En principe, toutes constructions, plantations et ouvrages sur
un terrain sont *présumés* faits par le propriétaire *à ses frais*, e
lui appartenir, *si le contraire n'est prouvé* (553 C. N.).

Il résulte de là que les constructions existant sur un terrain
sont légalement présumées faire partie de la succession du propriétaire du terrain, nonobstant toute déclaration contraire des
parties, et que ce n'est pas à l'administration à prouver que
cette déclaration est fausse, mais aux parties à établir qu'elle
est vraie.

Lorsque le fermier a érigé des constructions sous la condition
qu'elles appartiendraient, à la fin de son bail, au propriétaire
du sol, sans indemnité de sa part, aucune valeur relative à ces
constructions ne peut être comprise dans sa succession.

En effet, de deux chose l'une : ou il décède avant l'expiration
de son bail, et s'il est vrai qu'alors ses héritiers recueillent un
droit quelconque dans les constructions qu'il a érigées, comme
ce droit n'est qu'un droit de jouissance, ils ne sont pas tenus
de la déclarer; ou le décès se trouve postérieur à l'expiration du
bail, et dans ce cas le doute ne peut naître, puisque tout droit
sur les constructions s'est évanoui par l'effet de conventions
antérieures.

440. Jugé, en ce sens, par le tribunal de la Seine, le 12 janvier 1848, que lorsque le bail d'un terrain a été consenti, sous
la condition que le preneur élèvera sur le terrain des constructions qui, à l'expiration du bail, appartiendront au bailleur
sans indemnité, le droit de mutation immobilière n'est pas exigible au décès du preneur sur la valeur des constructions :

Attendu qu'au fur et à mesure qu'elles ont été édifiées, ces
constructions sont devenues la propriété du bailleur; que, dès
lors, le preneur et ses ayants droit n'ont jamais eu sur ladite
construction qu'un droit de jouissance; que c'est donc ce
simple droit que le preneur a transmis à ses héritiers et représentants, et non un droit de propriété immobilière; que la transmission d'un semblable droit n'est tarifée par aucune disposition
de lois spéciales; qu'il est de principe qu'en pareille matière un
droit n'est dû à l'État qu'autant qu'il est spécialement tarifé
par la loi (Art. 13280 J. N.; Jurisp. Not., art. 8044; D.
P. 48. 5. 167).

441. Quant au propriétaire, il est incontestable que les constructions doivent faire partie de sa succession, quelle que soit l'époque de son décès, puisque, du jour où elles ont été élevées, elles ont été sa propriété exclusive (Garnier, 12771).

Il résulte de nombreux arrêts de la Cour de cassation que la cession de bâtiments élevés sur le terrain d'autrui loué à cet effet, est passible du droit proportionnel de mutation à titre onéreux. Dans les espèces de ces arrêts, le fait de ces constructions était volontaire ; les constructions ne devaient appartenir au propriétaire du sol que moyennant le payement de la valeur à titre d'indemnité. Mais il en est autrement dans l'espèce jugée par le tribunal de la Seine, le preneur était tenu de faire les constructions, et celles-ci, d'après les stipulations du bail, devaient appartenir sans indemnité au propriétaire du sol à la fin du bail. V. Dalloz, 2881 et suiv.

442. Cotisation ou contribution spéciale. — Charge. — La cotisation ou contribution spéciale perçue pour le remboursement des frais de desséchement des terrains inondés est une charge qui ne doit pas être distraite du revenu brut de ces terrains pour l'acquit des droits de mutation par décès. Spécialement, si le payement de cette contribution a été imposé au fermier des terrains en sus du prix du bail, elle doit être ajoutée à ce prix pour la liquidation de ces droits. Cass. 9 avril 1862 (Art. 17402 J. N.).

443. Créances. — Une créance, spécialement le prix d'une vente stipulé payable au décès du vendeur, doit être comprise dans la déclaration de la succession du créancier pour le payement des droits de mutation par décès, s'il n'est pas justifié que la créance ou le prix de vente n'a pas été remboursée avant le décès. Tribunal de Rhétel, 27 août 1852 (Art. 14914 J. N.) ; Reims, 28 décembre 1353 ; Bar-sur Aube, 12 février 1857 (Jurisp. Not., art. 9830).

444. Lorsque le prix d'un immeuble, vendu sous réserve d'usufruit, a été stipulé payable après le décès du vendeur, avec intérêts à partir de ce décès, ses héritiers doivent comprendre la créance dans la déclaration de succession, à défaut de preuve que le prix a été payé pendant la vie du vendeur. Tribunal de Colmar, 6 mai 1811 (Art. 14411 J. N.).

445. Le prix d'une vente d'immeubles, stipulé payable à une époque postérieure au décès du vendeur, ne doit pas être compris dans la déclaration de sa succession, lorsqu'il est justifié par des quittances sous seing privé que le prix a été payé après le décès du vendeur. Tribunal de Chalon-sur-Saône, 21 janvier 1860 (Art. 16799 J. N.; Jurisp. Not., art. 11572).

446. Si le prix d'une vente d'immeubles avait été délégué par le vendeur à ses créanciers, et s'il avait été touché par eux, il n'y aurait pas lieu de le comprendre dans la déclaration de la succession du vendeur. Ce prix ne fait point partie de la succession. Cass. 21 décembre 1842.

447. Lorsque le prix d'une vente d'immeubles a été délégué à un tiers créancier, et que le vendeur est décédé avant le payement de la somme déléguée ou l'acceptation du créancier délégataire, cette somme fait partie de la succession, et l'héritier est tenu de la comprendre dans sa déclaration pour l'acquit des droits de mutation par décès : « Attendu que le créancier, n'ayant point accepté la délégation, a conservé son droit contre le vendeur, son débiteur, et que si l'acquéreur délégué devenait insolvable, la perte de la créance serait supportée par le délégataire qui n'avait pas accepté. » Cass. 17 février 1857 ; Tribunal de Pontarlier, 1er mars 1856 (Art. 15926, 16001 J. N.).

448. *Contrà*, Tribunal d'Orange, 27 août 1856 (Art. 15908 J. N.).

449. L'acceptation de la délégation peut être établie par des lettres émanées du créancier délégataire, portant une date antérieure au décès du débiteur, et qui, revêtues du timbre de la poste, font suffisamment preuve de leur date. Tribunal de Pontarlier, 1er mars 1856 (Art. 15626 J. N. ; Jurisp. Not., art. 10886).

450. Lorsqu'il résulte de circonstances graves, précises et concordantes que l'auteur de la succession s'était dessaisi d'une créance par convention définitivement arrêtée avant son décès, ses héritiers sont dispensés du payement des droits de mutation par décès sur le montant de cette créance quoiqu'il n'existe pas d'acte spécial de cession ou de transport. Tribunal de Chaumont, 3 janvier 1849 (Jurisp. Not., art. 8463).

451. Le règlement provisoire dans un ordre ouvert pour la distribution du prix d'un immeuble vendu judiciairement par suite de saisie n'opère point la transmission aux créanciers colloqués de la propriété du prix de la vente ; cette propriété réside encore au contraire sur la tête du débiteur.

En conséquence, durant la procédure d'ordre, spécialement après le règlement provisoire, si le débiteur vient à décéder, ses héritiers doivent, sous peine d'omission, comprendre le prix de la vente dans leur déclaration pour l'acquit des droits de mutation par décès. Cass. 15 juillet 1856 (Art. 15845 J. N.); Délibération de la Régie, 5 février 1836; Instr. Rég., 24 décembre 1836, n° 1528, § 11 (Jurisp. Not., art. 10892).

452. Lorsque, par acte en forme, des créances ont été cédées avec stipulation que le prix du transport sera versé dans les mains de tiers créanciers du cédant, et que celui-ci est décédé avant l'acceptation de cette délégation par les créanciers délégataires, les créances cédées doivent être considérées comme appartenant à la succession du cédant, et être comprises dans la déclaration de ses héritiers pour l'acquit des droits de mutation par décès.

Les héritiers du cédant ne peuvent pas exercer une action en garantie des droits de mutation par décès contre les cessionnaires des créances; spécialement, à l'époque du décès du cédant le délai stipulé pour le payement du prix de la cession aux créanciers délégataires n'était point expiré. Tribunal de Nontron 21 décembre 1850 (Art. 15380 J. N.).

453. Lorsque, dans l'acte de vente d'un immeuble, le prix en a été délégué à un tiers créancier par acte en forme et que le vendeur est décédé avant le payement de la somme déléguée et l'acceptation du créancier délégataire, le droit de mutation ouvert par le décès du vendeur n'est pas exigible sur le montant du prix de vente. Tribunal d'Orange, 27 août 1856 (Art. 15908 J. N.). — *Contra*, jugement du tribunal de Nontron, 21 décembre 1850 (Art. 15380 J. N.).

454. La preuve de l'existence d'une créance au jour du décès du créancier est suffisamment établie pour la demande des droits de succession, par une reconnaissance de la dette faite par le débiteur dans un acte authentique postérieur à l'ouverture de la succession. Tribunal de Grenoble, 27 décembre 1847.

455. Les créances dépendant d'une succession doivent être détaillées dans la déclaration de succession avec état estimatif, quoiqu'elles soient énumérées dans un inventaire notarié. Délib. Rég. 16 avril 1850 (D. P. 51. 3. 48).

456. La déclaration de succession qui énonce seulement le total des créances héréditaires, sans les détailler, est insuffisante et peut être refusée par le receveur. Trib. de Guingamp, 14 février 1849 (D. P. 49. 5. 172).

457. Quoiqu'un inventaire fasse mention d'un écrit signé par l'auteur de la succession et portant qu'une créance dont il est titulaire ne lui appartient que pour partie, et qu'elle appartient pour le surplus à diverses personnes désignées qui en ont fourni les fonds, le droit de mutation par décès est exigible sur la totalité de la créance : « Attendu que la déclaration du défunt ne peut changer les stipulations de l'acte authentique qui lui attribue la totalité de la créance et qu'elle ne produit d'autre effet que de constituer ses créanciers personnels les tiers auxquels elle profite. » Tribunal de la Seine, 17 mars 1853.

458. Lorsque, dans un acte de vente d'immeubles, le vendeur s'est déclaré passible de l'hypothèque légale de sa femme pour ses reprises, et a stipulé que sur le prix les acquéreurs retiendront, sans pouvoir la consigner, une somme déterminée dont ils lui payeront l'intérêt, se réservant même de toucher cette somme moyennant garantie, il ne résulte de cette clause ni délégation ni dépôt pour le compte de la femme. En conséquence si le vendeur vient à décéder avant que cette créance ait été recouvrée, elle doit être comprise dans la déclaration de sa succession. Tribunal de Brives, 4 juin 1851.

459. L'héritier d'une personne dont il avait été nommé conseil judiciaire et au profit de laquelle il s'était reconnu débiteur d'une somme déterminée ne peut se dispenser de comprendre cette somme dans la déclaration de la succession, sous prétexte qu'il se serait libéré de cette créance par des payements successifs faits pour subvenir aux besoins du défunt. Tribunal d'Angoulême, 28 décembre 1855.

460. Lorsqu'une créance payable au décès du créancier a été conventionnellement déclarée compensable avec une dette dont sa succession serait tenue à cette époque envers le débiteur de la créance, et provenant d'un legs fait à ce dernier par un tiers, la confusion et la compensation ne peuvent être opposées à la Régie. La créance doit néanmoins être comprise dans la déclaration de la succession du créancier pour le payement des droits de mutation ouverts par décès. Cass. 20 janvier 1858 (Art. 16249 J. N.).

461. Confusion sur la tête de l'héritier. — Le même arrêt à décidé que lorsqu'il a été stipulé qu'une dette exigible au décès du créancier se compenserait avec un legs fait au débiteur, pour le cas où il survivrait au créancier, le droit de mutation par décès est exigible sur cette créance (Garnier, *Rép. pér.*, art. 981).

462. Jugé conformément à la doctrine de cet arrêt de la Cour de cass. du 20 janv. 1858, que la confusion qui s'opère sur la tête de l'héritier de la qualité de débiteur et de créancier ne le dispense pas de comprendre dans sa déclaration pour l'acquit des droits de mutation par décès les créances dont il était débiteur envers le défunt : « Attendu que la confusion qui éteint une créance ne l'a point empêchée d'exister ; que si, avant son extinction, elle a été frappée d'un droit, la confusion qui surviendra ne l'en affranchira pas ; que ce n'est pas la confusion, dans l'espèce, qui en empêche la transmission, c'est au contraire la transmission qui, en ajoutant à la qualité de débiteur celle d'héritier, a produit la confusion ; que c'est l'effet de la transmission en la personne de l'héritier qui l'a rendu *hic et nunc* redevable du droit de mutation ; — Attendu que le but de la loi fiscale est d'atteindre du droit de mutation par décès toute valeur active dépendant d'une succession ; qu'une créance contre l'héritier n'en fait pas moins partie de l'hérédité, et comme telle se trouve soumise au droit ; — Attendu que l'héritier, par l'extinction de sa dette, s'est enrichi tout autant que s'il eût gagné par toute autre voie une somme égale. » Tribunal de Chartres, 25 mars 1859 (Art. 16632 J. N. ; Jurisp. Not., art. 11434).

463 Lorsque des enfants ont reconnu que leur père leur a fait un prêt, cette reconnaissance, lorsqu'elle a eu lieu après le décès du père, ne peut donner ouverture au droit d'obligation, par suite de la confusion de la qualité de débiteur et de créancier.

Mais il y a lieu de comprendre la créance parmi les biens dépendant de la succession.

Tous les héritiers sont solidaires pour le payement des droits dus sur cette créance. Trib. de Pamiers, 30 décembre 1856 (Garnier, 3571, et *Rép. pér.*, n° 816).

464. La Régie ne peut obliger un héritier qui a été mandataire du défunt, à défaut de représentation des quittances des sommes qu'il a touchées, à les comprendre dans la déclaration de la succession et en acquitter les droits. Solut. Régie, 18 juin 1812 (Art. 1037 J. N.).

465. Les créances dues par l'État doivent être comprises dans la déclaration de la succession des créanciers. A cet effet, des relevés des sommes que l'État a payées aux héritiers sont adressés par les payeurs du trésor public et par les receveurs généraux des finances, en leur qualité de préposés de la caisse des dépôts et consignations, aux directeurs de l'enregistrement de chaque département. Déc. min. fin., 13 décembre 1837; Inst. Régie, 18 janvier 1838, nº 1555 (Dict. Not., vº *Succession*, nº 538 et suiv.).

466. Créances caduques. — Aux termes d'une décision du ministre des finances du 12 août 1806, les héritiers peuvent se dispenser de payer le droit de succession sur les créances devenues caduques par la prescription ou l'insolvabilité des débiteurs, en affirmant, dans leur déclaration, qu'ils y renoncent.

467. D'après cela, lors même que les créances ont été comprises dans un inventaire authentique, sans indication de leur caducité, les héritiers peuvent renoncer au recouvrement, pour se dispenser du payement du droit de mutation. Tribunal de Valenciennes, 25 juin 1845 (Art. 12439 J. N.; Jurisp. Not., art. 7159).

468. Mais la renonciation des héritiers au recouvrement des créances doit être expresse. Il ne suffit pas de déclarer que la créance est d'un recouvrement incertain ou même impossible; il faut y renoncer d'une manière formelle, soit que la renonciation soit motivée par la prescription, soit qu'elle ait pour cause l'insolvabilité du débiteur. Tribunal de Châteauneuf, 8 mars 1832; Seine, 12 avril 1849 et 3 juillet 1850.

469. Jugé de même que si les héritiers ne renoncent pas expressément à des créances litigieuses, ils ne peuvent se dispenser du payement des droits de mutation sur ces créances, en offrant de payer dès qu'elles seront devenues certaines. Tribunal de Château-Chinon, 2 janvier 1851.

470. Les héritiers mineurs et les héritiers bénéficiaires doivent, comme les héritiers purs et simples, profiter du bénéfice de la décision ministérielle du 12 août 1806, d'après laquelle ils sont dispensés de payer les droits de mutation par décès sur les créances irrévocables de la succession, en énonçant dans leur déclaration qu'ils y renoncent.

C'est ce que porte en ces termes une solution de la Régie du 4 octobre 1845, rendue au profit des héritiers du sieur Toulouze, décédé à Auteuil, près Paris, le 2 octobre 1842. (Art. 13648 J. N.).

471. Les créances dépendant d'une succession doivent, pour la perception du droit de mutation par décès, être déclarées pour leur capital nominal, et non d'après une évaluation faite par les héritiers ou légataires.

472. Quatre arrêts de la Cour de cassation (ch. civ.) du 24 avril 1861, l'un de cassation, les trois autres de rejet, ont décidé que la valeur des créances à terme est déterminée, pour la perception du droit proportionnel d'enregistrement, sur les transmissions soit entre-vifs à titre gratuit, soit par décès, comme sur les transmissions à titre onéreux, par le capital exprimé dans l'acte constitutif des créances et non par la déclaration estimative des parties; spécialement lorsque les reprises d'une femme liquidées par suite d'un jugement de séparation de biens, sont encore dues à l'époque de son décès, ses héritiers et son mari lui-même, institué légataire en usufruit, ne peuvent, nonobstant l'impossibilité prétendue où se trouve ce dernier d'acquitter la totalité des reprises, les évaluer au-dessous de leur valeur nominale, dans la déclaration de la succession de la femme, pour l'acquit des droits de mutation par décès. — Spécialement encore, lorsqu'une créance dépendant d'une succession est d'un recouvrement douteux, à cause de la déconfiture du débiteur, l'héritier ne peut, pour l'acquit des droits de mutation par décès, évaluer cette créance au-dessous de sa valeur nominale (Art. 17112 J. N.).

473. Continuera d'être exécutée la décision ministérielle du 12 août 1806, d'après laquelle les héritiers peuvent se dispenser de payer le droit de mutation par décès sur les créances auxquelles ils déclarent renoncer pour la totalité, à raison de l'insolvabilité absolue des débiteurs. Instr. de la Régie, 14 septembre 1861, n° 2201, § 5, conforme sur le premier point à quatre arrêts de la Cour de cass. du 24 avril 1861 (Art. 17112 J. N.). — Après avoir rapporté ces arrêts, l'instruction précitée continue en ces termes : « Il résulte des quatre arrêts du 24 avril 1861 que, d'après l'économie de la loi du 22 frimaire an 7, les créances dépendant d'une succession doivent être déclarées pour leur capital nominal. » Après avoir établi cette doctrine, la Cour a ajouté : « Qu'à l'administration seule appartient la faculté de modérer, selon les cas et dans la mesure de ses attributions, la rigueur des perceptions sur les créances reconnues absolument irrécouvrables. » La décision du 12 août 1806 continuera donc à être exécutée, et les receveurs s'abstiendront de percevoir le droit de mutation par décès sur les créances auxquelles les contribuables déclareront renoncer pour la totalité, à raison de l'insolvabilité absolue des débiteurs, sauf à réclamer ces droits ultérieurement en cas de recouvrement des créances en tout ou en partie (Art. 17261 J. N.).

474. Lorsque, dans une déclaration, les héritiers ont estimé une créance au-dessous de sa valeur nominale, attendu la déconfiture ou la faillite du débiteur, le droit de mutation ne peut être perçu sur le montant intégral de la créance, spécialement si la déclaration de la faillite du débiteur est postérieure au décès du créancier. Tribunal de Nantes, 20 novembre 1850 (Art. 14291 J. N.). — Ce jugement est conforme à ceux des tribunaux de Pontoise et de Grenoble des 31 août et 20 novembre 1847 (Art. 13253 et 13549 J. N.).

475. Lorsque, dans leur déclaration de succession, les héritiers ont estimé une créance au-dessous de sa valeur nominale, attendu la faillite ou la déconfiture du débiteur, le droit de mutation ne peut être perçu sur la valeur nominale de la créance ; il est exigible seulement sur l'évaluation qui en a été faite par les héritiers : « Attendu que l'art. 4 de la loi du 22 frimaire porte que le droit proportionnel est établi sur toute transmission de biens meubles, et qu'il est assis sur les valeurs ; que le droit ne peut être assis que sur des valeurs réelles ; qu'une créance sur un débiteur entièrement insolvable n'est ni un bien ni une valeur ; que le défunt possesseur d'une telle créance ne transmet rien à cet égard à son héritier ; qu'une créance sur un débiteur en partie insolvable n'est un bien ou une valeur que pour la portion qui pourra être recouvrée ; que cette portion seule est susceptible de transmission, le surplus étant un pur néant ; qu'il résulte du rapport fait au Conseil des anciens sur la loi du 22 frimaire qu'il était convenu que les créances mauvaises ou douteuses qui se trouvent dans les successions n'étaient pas soumises au droit ; qu'une décision ministérielle du 12 août 1806 porte qu'à l'égard des créances plus ou moins certaines, c'est aux parties à faire leur déclaration comme elles le jugent convenable, sauf à l'administration à en faire vérifier l'exactitude ; que, sans doute, la valeur des bonnes créances est déterminée par leur chiffre ; mais, pour les créances douteuses, leur chiffre nominal n'exprimant plus leur valeur réelle, il est juste et nécessaire d'établir le droit sur une déclaration estimative, conformément au n° 8 de l'art. 14 de la loi de frimaire, *sauf, en cas d'inexactitude, le recours de l'administration.* » Trib. Pontoise, 31 août 1847 ; Grenoble, 26 mai et 20 novembre 1847 ; Nantes, 29 novembre 1850 ; Seine, 30 juin 1860 (Jurisp. Not., art. 7159, 7985, 8826, 9064 et 11655 ; Art. 13253, 13549, 14291 et 16889 J. N.).

476. *Contrà*, Trib. Cambrai, 25 mars 1859 (Art. 16616 J. N. ; Jurisp. Not., art. 11433).

477. Lorsqu'une créance dépendant d'une succession est d'un recouvrement douteux, l'héritier ne peut pas, pour l'acquit des droits de mutation par décès, évaluer cette créance au-dessous de sa valeur nominale. Tribunal de Cambrai, 25 mars 1859 (Art. 16616 J. N.). Cette décision est contraire à des jugements des tribunaux de Pontoise, de Grenoble et de Nantes, des 31 août et 20 novembre 1847, 29 novembre 1850 et 17 avril 1856 (Art. 13253, 13549, 4291 et 16060 J. N.), et aux observations présentées à l'Art. 16032 J. N.

478. Lorsque les reprises d'une femme, qui a légué à son mari l'usufruit de ses biens et la nue propriété aux enfants mineurs d'un premier lit de ce dernier, excèdent l'actif de la communauté et la valeur des biens du père, les enfants mineurs peuvent renoncer à une portion des reprises jusqu'à concurrence d'une somme déterminée pour n'acquitter le droit de mutation par décès que sur le surplus des reprises et des biens propres de la défunte : « Attendu que la décision du 12 août 1806 ne pose point de distinction entre une renonciation à l'intégralité et une renonciation à une partie de la créance. Tribunal de Pontoise, 17 avril 1856 (Art. 16060 J. N.).

479. Lorsqu'une créance sur un débiteur en faillite a été fixée par l'ordonnance du juge-commissaire à une somme supérieure à celle qui a été réellement reçue par les héritiers du créancier, le droit n'est exigible que sur cette dernière somme. Tribunal de Montpellier, 14 juin 1852.

480. Ainsi que l'ont déclaré les jugements de Pontoise, Grenoble et Nantes (V. *suprà*, nº 474), la renonciation au recouvrement des créances n'exclut pas le droit de contrôle de la Régie. Mais le receveur de l'enregistrement peut-il, pour admettre la renonciation, exiger qu'on justifie de l'insolvabilité des débiteurs? — Jugé à cet égard que lorsque les reprises d'une femme dont la succession est échue en usufruit au mari et en nue propriété à ses enfants excèdent l'actif de la communauté, ces derniers ne peuvent, en renonçant à leur créance sur leur père, s'affranchir du payement du droit de mutation sur cette créance sans rapporter la preuve qu'elle est irrécouvrable. Tribunal de la Seine, 13 février 1857 (Art. 16032 J. N.).

481. Nous n'adoptons point cette solution ; nous partageons l'opinion émise par le J. N. (Art. 16032). La renonciation au recouvrement de la créance en implique la caducité : la décision ministérielle du 12 août 1806 ne prescrit aucune justification. La Régie conserve son droit de contrôle. Si elle acquiert plus tard la preuve que la créance a été recouvrée ou était recouvrable, elle serait fondée à réclamer non-seulement le droit simple de mutation, mais encore le double droit pour peine de l'omission dans la déclaration de la succession (Dict. Not., vº *Succession*, nº 562, 4ᵉ édit.).

482. Lorsque des créances prétendues douteuses ont été comprises dans un partage sans qu'il y ait été dit qu'elles étaient irrécouvrables, et qu'au contraire l'un des copartageants a été chargé d'en suivre le recouvrement, le droit de mutation est exigible, nonobstant l'offre faite par les héritiers d'y renoncer à raison de l'insolvabilité du débiteur. Tribunal de la Seine, 27 janvier 1846.

483. Dépôts. — Valeurs déposées chez le défunt. — Lorsque, dans l'inventaire fait après le décès d'un agent d'affaires, il est déclaré que les deniers comptants ne se trouvent dans la caisse du défunt qu'à titre de dépôt, le droit de mutation n'est pas dû sur ces sommes. Tribunal Rouen, 17 juillet 1855.

484. La même décision serait applicable aux officiers publics pour les sommes dont ils seraient dépositaires au jour de leur décès.

485. Mais les sommes déposées chez un banquier, qui en payait un intérêt aux déposants, ne doivent pas être distraites de l'actif de sa succession dans la déclaration faite par ses héritiers pour le payement des droits de mutation. Ces capitaux, produisant un intérêt, ne peuvent être considérés comme de simples dépôts. Tribunal de Dreux, 28 mai 1851 (Art. 14587 J. N. ; Jurisp. Not., art. 9480).

486. Quoiqu'après le décès d'une personne qui avait déposé des actions de la banque de France il soit déclaré dans un acte notarié, par sa veuve et sa fille, son unique héritière, que ces actions appartiennent au mari de cette dernière, qui les avait confiées à son beau-père pour lui faciliter le dépôt qu'il était tenu de faire, ces actions n'en doivent pas moins être considérées comme faisant partie de la succession du défunt, pour l'acquit des droits de mutation par décès. Trib. Seine, 28 juin 1840.

487. Don manuel. — La disposition d'un testament par laquelle le testateur, après avoir rappelé les dons manuels faits par lui à ses héritiers ou à d'autres personnes, déclare au besoin faire don et legs des mêmes valeurs aux mêmes donataires, et dispenser les héritiers de tout rapport à ce sujet, n'autorise pas la Régie à exiger sur les objets donnés manuellement, soit le droit de mutation par décès, soit celui de donation entre-vifs, lorsqu'aucun acte ne contient de la part des donataires la déclaration de ces dons. — Tribunal de Douai, 26 mai 1852 (Art. 14899 J. N.).

488 Établissement public. — Lorsque le gouvernement n'autorise l'acceptation d'un legs universel, fait en faveur d'un établissement public, que pour une partie, les héritiers naturels qui recueillent le surplus de la succession doivent acquitter les droits de mutation par décès. Délib. Rég. 7 juillet et 1er septembre 1826 (Dict. Not., v° *Legs*, n° 431, 4e édit.).

489. Faillite ou déconfiture. — Le droit de mutation par décès pour une créance dont le débiteur est en faillite ou en déconfiture est dû, non sur le capital de la créance, mais sur la somme ou dividende qui pourra être recouvré. Peu importe, en pareil cas, que la faillite n'ait été déclarée que depuis le décès de l'auteur de la succession, s'il est d'ailleurs probable qu'à cette époque du décès les affaires du débiteur étaient en mauvais état. Trib. de Grenoble et de Pontoise, 26 mai, 31 août et 20 novembre 1847 ; de Nantes, 29 novembre 1850 (Jurispr. Not., art. 7985, 8226 et 9064 ; Art. 14291 J. N.; Garnier, 12782).

490. Fonds de commerce. — Ils doivent être déclarés à leur valeur constatée par la vente que les héritiers en ont faite, et non à la valeur inférieure qu'ils avaient lors de l'acquisition qu'en avait faite le défunt. Trib. de Compiègne, 18 mai 1848. (D. P. 48. 5. 164).

491. Habitation (droit d'). — Le droit d'habitation doit être déclaré selon les règles déterminées pour l'usufruit, dont il participe par sa nature et ses effets : ainsi il donne ouverture au droit de mutation par décès sur le capital au denier dix de la valeur annuelle. Délib. Rég. 3 août 1831 ; Inst. Rég. 27 décembre 1831, n° 1388, § 6 (Art. 7499 J. N. ; Jurispr. Not., v° *Mutation par décès*, n° 339).

492. Immeubles vendus après le décès du testateur. — Lorsqu'un testateur a ordonné que ses immeubles soient vendus après son décès, pour le produit des ventes être employé à l'acquit des legs particuliers et le surplus du prix être donné aux pauvres et à la fabrique d'une église, les droits de succession doivent néanmoins être acquittées par les héritiers légitimes saisis de la succession. Inst. Rég. 27 décembre 1831, n° 1388, § 5 (Art. 3627 J. N.).

493. Immeubles par destination. — Le droit de mutation par décès étant perçu sur vingt fois le produit annuel des immeubles, et le produit d'un domaine rural se composant des fruits de la terre et des fruits des animaux et des autres immeubles par destination, attachés a son exploitation, on ne peut exiger un droit particulier pour ces objets indépendamment de celui qui est perçu sur le capital du revenu ; ils ne doivent pas être déclarés séparément. Déc. min. fin., 4 mai 1813 ; Délib. Rég. 22 mai 1818 et 12 août 1828 (Art. 2623 J. N.).

494. *Quid* quant aux bœufs destinés uniquement à l'engrais? On ne peut les assimiler aux bestiaux, immeubles par destination d'après l'art. 524 C. N. Ils ne sont pas placés dans la ferme pour la culture de la terre ; ils sont pour le propriétaire un objet de spéculation ; il les sépare quand il veut de la ferme et les met dans le commerce. Dès lors, dans une déclaration de succession, ces animaux doivent être compris parmi les meubles (Art. 1822 J. N.).

495. Indemnité de Saint-Domingue. — Il n'était dû aucun droit de succession sur l'indemnité accordée aux anciens colons de Saint-Domingue. L. 30 avril 1826, art. 10.

L'exemption du droit de mutation par décès s'appliquait à toute succession ouverte avant le payement effectif de l'indemnité de Saint-Domingue. En conséquence, était exempt de ce droit le legs fait par l'héritier ou le légataire d'un ancien colon de ses droits à l'indemnité liquidée, mais non encore acquittée. Délib. Rég. 13 novembre 1838 (Art. 10199 J. N.).

496. Inscription sur le grand-livre de la dette publique. — Les inscriptions sur le grand-livre de la dette publique, leurs transports et mutations, les quittances des intérêts qui en sont payés, et tous effets de la dette publique inscrits ou à inscrire définitivement étaient exempts de l'enregistrement. L. 22 frim. an 8, art. 70, § 3, n° 3.

497. Une modification fort importante de cette disposition résulte de l'art. 7 de la loi du 18 mai 1850, portant ce qui suit : « Les mutations par décès et les transmissions entre-vifs à titre gratuit, d'inscription sur le grand-livre de la dette publique seront soumises au droit établi pour les successions ou donations. Le capital servant à la liquidation du droit d'enregistrement sera déterminé par le cours moyen de la Bourse au jour de la transmission. » Inst. Rég. 25 mai 1850 (Art. 14050 et 14055 J. N.).

498. Le même article assujettit également aux droits établis pour les successions les mutations par décès de fonds publics ou d'actions des compagnies ou sociétés d'industrie et de finances *étrangères*, lorsque ces valeurs dépendant d'une succession régie par la loi française, et aux droits fixés pour les donations, les transmissions entre-vifs à titre gratuit de ces mêmes valeurs au profit d'un Français (Dict. Not., v° *Donation*, n°ˢ 471 et 572, 4ᵉ édition).

499. D'après l'art. 9 de la loi du 18 mai 1850, les actes et mutations qui ont acquis date certaine avant la promulgation de cette loi, sont régis par les lois antérieures.

500. Décidé en conséquence que l'acte par lequel le légataire de l'usufruit de rentes sur l'Etat, dont la transmission originaire s'est opérée antérieurement à la loi du 18 mai 1850, renonce à cet usufruit, n'est pas sujet au droit proportionnel d'enregistrement de donation. Trib. Seine, 19 juin 1854 (Art. 15259 J. N.). Conforme à l'opinion exprimée à l'art. 15186 J. N.

501. Lorsque, avant l'extinction de l'usufruit d'une rente sur l'Etat, dont la transmission originaire s'est opérée avant la loi du 18 mai 1850, l'héritier de la nue propriété vient à décéder, le droit de mutation ouvert par ce décès doit être liquidé, non sur la valeur entière de la rente, mais seulement sur la moitié de cette valeur, à raison de l'usufruit dont elle est grevée. Trib. Seine, 28 juillet 1853 ; Instr. Rég. 8 mars 1855, n° 2025, § 3 (Art. 15043 et 15481 J. N., Jurisp. Not. art. 9987).

502. La loi du 8 juillet 1852, portant fixation du budget des recettes de l'exercice 1853, insérée au 559e Bulletin, n° 4257, contient deux dispositions (art. 25 et 26) qui ont pour but d'assurer le payement des droits proportionnels dus en vertu de l'art. 7 de la loi du 18 mai 1850, pour les mutations par décès d'inscriptions de rentes sur le grand-livre de la dette publique.

Une instruction de la Régie du 7 août 1852, n° 1933, relative à l'exécution de ces art. 25 et 26, appelle l'attention de ses préposés sur la rédaction et la remise des certificats qu'ils auront à délivrer. Cette instruction est reproduite ; Art. 14738 J. N. art. 9652 de la *Jurisprudence du Notariat* et n° 13062 du *Rép. Gén.* de M. Garnier.

503. La diversité des formules adoptées pour le certificat dont il est question aux numéros précédents et l'insuffisance ou l'inexactitude des énonciations qu'elles contenaient ayant fait naître, lorsqu'on les rapprochait des certificats de propriété, des incertitudes nuisibles aux services des transferts, la Régie a prescrit un modèle de certificat réunissant les indications qu'il importe de fournir et dont les receveurs ne doivent pas s'écarter. (Art. 14908 J. N.). V. cette formule Dict. Not., v° *Inscription sur le grand-livre*, n° 104, 4e édit.

504. Afin d'accélérer la régularisation des certificats, les receveurs des droits de succession, autres que ceux résidant au chef-lieu du département, peuvent, si les parties le demandent, transmettre officieusement le certificat de payement du droit de mutation par décès à leur directeur, qui le vise et le fait légaliser par le préfet et le renvoie aux parties par l'intermédiaire du receveur. Déc. min. fin. 13 janvier 1852 ; Instr. Rég. 23 février 1853, n° 1955 (Art. 14908 J. N.).

505. Lorsque la mutation d'une inscription de rente sur l'Etat s'est opérée à titre onéreux, et non à titre successif ou de libéralité, les parties peuvent-elles, par voie d'assignation, intenter une action contre la Régie, pour se faire délivrer un certificat constatant qu'aucun droit d'enregistrement n'est dû pour cette mutation ?

L'affirmative résulte du jugement du trib. de Lure, du 14 fév. 1856 (Art. 16064. J. N.).

Le *Journal de l'enregistrement* fait à ce sujet l'observation suivante :

« C'est contrairement à la jurisprudence de la C. cass. que le tribunal de Lure décide que les parties ont pu, avant le payement des droits de mutation, se pourvoir devant lui pour faire statuer sur l'exigibilité de ces droits ; un mode d'instruction tout à fait spécial a été établi en matière d'enregistrement par les art. 28, 64 et 65 de la loi du 22 frim. an 7 : l'autorité judiciaire ne peut être saisie par voie d'assignation avant que les droits n'aient été acquittés. Ce principe a été consacré par un arrêt de la C. cass. du 7 mai 1806. »

Mais le *Journal des Notaires* réplique ainsi (Art. 16065.) :

Cette observation ne paraît pas fondée. L'arrêt du 7 mai 1806 décide que les parties ne peuvent, avant l'enregistrement d'un acte, saisir l'autorité judiciaire par voie d'assignation, des difficultés relatives à la quotité des droits dont cet acte est passible ; que ce n'est qu'après le payement de ces droits, et pour en obtenir la restitution, qu'elles peuvent intenter une action contre la Régie par voie d'assignation (Dict. Not., vo *Enregistrement*, no 409, 4e édit.). Mais, comme le dit-fort bien le trib. de Lure, il n'y avait dans l'espèce ni acte à enregistrer, ni déclaration à faire au sujet d'une succession par des personnes appelées à la recueillir en tout ou en partie, à titre d'héritiers, de donataires ou de légataires. La Régie, si elle prétendait qu'un droit de mutation était exigible, pouvait décerner une contrainte contre les parties ; mais celles-ci, dans la situation où les plaçait leur titre, n'avaient qu'une seule chose à faire : le produire au directeur de la dette inscrite, pour faire opérer l'inscription en leur nom.

L'art. 25 de la loi du 8 juill. 1852 porte : Le transfert ou la mutation au grand-livre de la dette publique, d'une inscription de rente provenant de titulaires décédés, ne peut être effectué que sur la présentation d'un certificat délivré sans frais par le receveur de l'enregistrement, et visé par le directeur de l'enregistrement, constatant *l'acquittement du droit de mutation par décès.* » Dans l'espèce, cette disposition n'était point applicable, puisque la mutation s'opérait *à titre onéreux*, et non à titre gratuit par décès. Les préposés de la Régie n'avaient à délivrer aucun certificat ; car la loi exige le certificat que les droits ont été acquittés, mais non le certificat qu'aucun droit n'est dû. Le refus du directeur de la dette inscrite d'opérer la mutation au grand-livre n'était donc pas fondé. A notre avis, c'était contre ce fonctionnaire et non contre la Régie que l'action aurait dû être dirigée (Art. 16065. J. N.).

506. Lorsqu'une rente sur l'État est inscrite sous le nom de plusieurs personnes qui l'ont acquise en commun, sans détermination de part, avec stipulation qu'elles en jouiront conjointement comme usufruitières, et que la nue propriété appartiendra à la survivante, la transmission résultant, au profit de celle-ci, du droit d'accroissement, s'opère à titre onéreux et commutatif, et non à titre successif ou de libéralité. En conséquence, il n'est dû aucun droit de mutation au décès du prémourant des titulaires de l'inscription.

Il en est de même lorsqu'une rente sur l'État est inscrite au nom de deux individus en ces termes : « Le premier, *usufruitier;* » *après lui*, le second, *aussi usufruitier, la nue propriété* au » dernier *survivant* des deux, avec les arrérages échus. »

507. Ces décisions, identiques au fond, résultent, la première, d'un jugement du tribunal de Lure, du 14 février 1856 ; la seconde, d'un jugement du tribunal de la Seine, du 27 février 1857. Elles sont parfaitement fondées (Art. 16064 J. N.). V. un autre jugement conforme du tribunal de la Seine, du 29 janvier 1859 (Art. 16525 J. N.).

508. D'après une décision de M. le ministre des finances, du 10 mars 1853, et une instruction de la régie, du 13 juin 1854, n° 2003, § 3, les inscriptions de rente sur le grand-livre de la dette publique, dépendant d'une succession ouverte dans les colonies françaises, seraient sujettes au droit de mutation par décès, et le transfert ne pourrait en être opéré sans qu'il fût justifié du payement de ces droits.

509. La déclaration de ces rentes devrait être faite au bureau de l'enregistrement dans l'arrondissement duquel se trouve placé le trésor public, débiteur des rentes (c'est-à-dire à Paris, 1er arrondissement) (Art. 1506 J. N.).

510. Contrairement à ces décisions et instructions, le tribunal de la Seine a décidé, le 23 juillet 1856, que les lois des 18 mai 1850 et 8 juillet 1852, n'ayant point été promulguées dans les colonies françaises d'Amérique, les inscriptions de rentes sur le grand-livre de la dette publique, dépendant de successions ouvertes dans ces colonies, ne sont pas sujettes aux droits de mutation par décès et que le transfert peut s'en opérer sans qu'il soit justifié du payement de ces droits (Art. 15865 J. N.).

511. La Régie s'est pourvue en cassation contre ce jugement; le pourvoi a été rejeté par arrêt du 12 août 1857 (Art. 16138 J. N.).

512. Location au mois. — Les locations au mois ou pour une saison, de maisons, appartements ou magasins, notamment dans les pays de bains et les ports de mer, ne doivent pas être prises pour base de produit annuel de ces habitations ou magasins, en matière de droits de mutation par décès. Tribunal du Havre, 12 juillet 1849 (Art. 13932 J. N.).

513. Majorat. — Les inscriptions de rentes sur le grand-livre de la dette publique, immobilières et affectées à un majorat, transmises par décès antérieurement à la loi du 18 mai 1850 ne sont pas passibles du droit proportionnel de succession. Trib. de la Seine, 9 avril 1851 (Jurispr. Not., art. 9325).

514. Le même tribunal a décidé par jugement du 12 janvier 1861, que les fonds publics étrangers, immobilisés dans le pays qui en est débiteur, pour la constitution d'un majorat, et dépendant de la succession d'un Français, sont sujets au droit de mutation par décès.

Le *Journal des Notaires* fait à l'occasion de cette décision les observations suivantes :

« L'art 7 de la loi du 18 mai 1850 soumet au droit de mutation par décès les fonds publics étrangers *dépendant d'une succession régie par la loi française*. La loi, dit le jugement ci-dessus, ne fait point de distinction ; mais il est une distinction qui résulte de la nature des choses. Lorsqu'une succession comprend des immeubles situés en pays étranger et des immeubles sis en France, il y a, non pas une succession unique, mais *deux successions distinctes*. L'une, comprenant les immeubles de France, est régie par la loi française ; l'autre, composée des immeubles sis en pays étranger, est soumise à la loi étrangère. C'est un principe du statut réel consacré par la jurisprudence et par l'opinion des auteurs V. Dict. Not., v° *Loi*, n°s 141, et suiv. 4ᵉ édit.). Or, dans l'espèce, la partie de la succession, qui se compose d'immeubles en pays étranger, n'est point *régie par la loi française*; l'article précité de la loi du 18 mai 1850 n'est donc point applicable. » V. Art. 17063 J. N.

515. Le droit de mutation par décès dû par la veuve, pour la pension de la moitié du produit des biens particuliers composant le majorat dont son mari était titulaire, est indépendant de celui que doit acquitter l'appelé à recueillir le majorat, sur la propriété de ses biens. Mais le droit sur la pension de la veuve n'est exigible qu'au taux établi pour les transmissions en ligne directe. Trib. de la Seine, 29 novembre 1862 (Art. 17634 J. N.).

516. Moulin à vent. — Un moulin à vent *posé* et non fixé sur piliers n'a point le caractère d'immeuble, et le légataire des immeubles ne doit, à raison d'un tel moulin, aucun droit de mutation par décès. Trib. de Douai, 27 juin 1850 (Jurispr. Not., art. 8911; Garnier, 3002).

517. Un arrêt de la Cour de cassation (ch. civ.) du 19 avril 1864 a décidé qu'un moulin à vent simplement posé, sans adhérence, sur des piliers en maçonnerie, par un fermier ayant la faculté de l'enlever à la fin de son bail, est de nature mobilière (Art. 18019 J. N.; Garnier, *Rép. pér.* n° 1947, § 5).

518. Navires. — Les navires ou intérêts dans les navires doivent-ils être compris dans la déclaration de la succession du propriétaire, lorsque les navires sont, au moment du décès de ce dernier, en mer ou dans des ports étrangers?

A quel bureau de l'enregistrement doivent être déclarés, pour l'acquit des droits de mutation par décès, les navires appartenant à des armateurs français?

Ces questions sont ainsi résolues par le *Journal des Notaires*:

« Les navires français ne peuvent appartenir qu'à des Français ou à des étrangers à qui les droits civils ont été accordés; et réciproquement les Français ne peuvent être propriétaires de navires étrangers (ordonnances 24 oct. 1681, 1ᵉʳ mars 1716, 18 janv. 1717; loi 13 mai 1791; décret 27 vendém. an 2. Pardessus, *Droit commercial*, n° 600; Dict. Notariat, v° *Navire*, n°s 4, 5 et 6, 4ᵉ édit.). Tout navire de commerce doit être enregistré au bureau maritime dans l'arrondissement duquel il a été construit, et quand le propriétaire du navire veut le faire porter sur l'état d'un autre port, il doit le déclarer au commissaire de marine du port auquel appartient le bâtiment (ordonnance 31 oct. 1784, — Dict. Not., *loc. cit.*, nos 9 et 10). Tous les navires enregistrés dans chaque arrondissement maritime portent, en outre du pavillon français, un pavillon spécial (ordonn. 3 déc. 1817; Dict. Not., *loc. cit.*, no 11). Enfin, l'acte de francisation, prescrit par les règlements maritimes, a pour objet d'assurer l'exécution des lois qui défendent aux étrangers de posséder des navires français (Pardessus, *ibid.*, no 604).

» De ces dispositions, il résulte évidemment que, pour un navire, le caractère de propriété française est indélébile; qu'il porte ce caractère, ainsi que les droits et privilèges de la nationalité, partout où il se trouve; et que, dans aucune circonstance et dans aucun lieu, il ne peut être considéré comme propriété étrangère ou ayant sa situation en pays étranger. Par une fiction de droit, les navires partout où ils se trouvent sont considérés comme territoire français; lors même qu'ils sont en mer ou dans des ports étrangers, ils sont exclusivement régis par la loi française; par conséquent, ils sont soumis, comme tous autres objets mobiliers situés en France, au droit de mutation, en cas de décès des propriétaires.

» Aux termes de l'art. 27 de la loi du 22 frim. an 7, les biens meubles qui ont une assiette déterminée, doivent être déclarés pour l'acquit des droits de mutation par décès, au bureau de l'enregistrement duquel ils se sont trouvés au décès de l'auteur de la succession. Comme nous venons de le dire, les navires sont immatriculés au bureau de l'administration maritime du port auquel ils appartiennent. C'est dans ce port qu'ils ont leur assiette déterminée; par conséquent, en cas de décès des armateurs ou propriétaires, la déclaration doit en être faite au bureau de l'enregistrement dans l'arrondissement duquel est situé le port auquel les navires appartiennent » (Art. 16511, J. N.).

519. Offices ou charges d'officiers ministériels. — Les offices ministériels sont depuis la loi de 1816 de véritables propriétés. Ainsi ils sont dans le patrimoine des titulaires, ils font partie de l'actif de leur succession.

L'office faisant partie de la succession du titulaire, la valeur doit en être comprise dans le compte rendu par l'héritier bénéficiaire. Duranton, 7415 (Dict. Not., v° *Office*, n° 546, 4° édit.).

Les droits de mutation par décès sur les offices de notaires, greffiers, etc., doivent être acquittés d'après la déclaration estimative de la valeur des offices, faite par les héritiers. En conséquence, les préposés de la Régie ne sont pas fondés à réclamer un supplément de droit lorsque le prix de la vente de l'office, consentie par les héritiers, est supérieur à l'estimation portée dans la déclaration de succession. Déc. min. fin. 13 août 1832 (Art. 7803 J. N.).

520. Le prix de vente de l'office d'un titulaire dont la succession a été acceptée sous bénéfice d'inventaire fait partie de l'actif de cette succession, et comme tel, il doit profiter aux créanciers du défunt, au préjudice de ses héritiers bénéficiaires. Cass. 22 mai 1823 (Art. 5332 J. N.).

521. L'impôt, en matière de mutations d'office, est déterminé aujourd'hui par quelques dispositions de la loi des finances du 25 juin 1841.

522. Lorsque l'office est transmis *par décès à l'un des héritiers* du titulaire, le droit est dû à raison de 2 p. 100 sur le prix exprimé dans l'acte de cession consentie par ses héritiers; s'il passe à l'héritier *unique* du titulaire, le même droit est perçu d'après une déclaration estimative de la valeur de l'office et des objets en dépendant. Cette déclaration doit être faite au bureau de l'enregistrement de la résidence du titulaire décédé. La quittance du receveur doit être jointe à l'appui de la demande de nomination du successeur; dans l'un et l'autre cas, le droit acquitté sur cette déclaration ou sur le traité fait entre les cohéritiers est imputé, jusqu'à due concurrence, sur celui que les héritiers ont à payer lors de la déclaration de succession, sur la valeur estimative de l'office. L. 25 juin 1841, art. 9 (Dict. Not., v° *Office*, n° 770, 4° édit.).

523. Lorsque la cession de l'office est faite à l'un des héritiers du titulaire par ses cohéritiers, le droit de 2 pour 100 doit-il être liquidé sur la valeur totale de l'office, ou seulement sur le prix des portions acquises par l'héritier, déduction faite de sa part héréditaire?

D'une part, l'art. 7 de la loi du 25 juin 1841 porte que le droit sera perçu sur le prix estimé dans l'acte de cession, et l'on pourrait soutenir que ce prix n'est que la somme à payer par l'acquéreur à ses cohéritiers pour leurs parts indivises ; mais d'autre part, l'art. 9 stipule que l'héritier payera le droit de 2 pour 100 sur la valeur de l'office, et dès lors la loi paraît interdire toute déduction de la part d'un héritier acquéreur des portions de ses cohéritiers, pour la liquidation du droit de 2 pour 100. La loi du 25 juin 1841 déroge, pour le cas où un office passe à un héritier, aux règles établies par la loi générale de l'enregistrement en matière de licitation de biens meubles et immeubles. Il semble donc que, dans tous les cas où l'office est transmis à un héritier, le droit doit frapper sur la valeur entière de l'office (Art. 12677 J. N.).

524. L'imputation du droit perçu pour le traité sur celui qui est dû pour la déclaration de succession, est autorisée seulement pour le cas où c'est un des héritiers ou l'héritier unique qui succède à l'office vacant par le décès du titulaire ; elle n'a pas lieu si l'office est cédé à un tiers par les héritiers ou l'héritier unique. Dans ce cas, ceux-ci payent le droit de mutation par décès sur la valeur estimative de l'office, à l'instant de la déclaration de succession ; le droit de transmission à titre onéreux, déterminé par l'art. 7 de la loi, est acquitté par le cessionnaire, sur le traité passé entre lui et les héritiers du titulaire. Instr. Rég. 15 juillet 1841, n° 1640 (Art. 11014 J. N..

525. L'office de notaire acquis pendant la communauté conjugale, et retenu par le mari survivant ne doit pas être compris, comme bien de communauté, dans la déclaration de la succession de la femme prédécédée, mais on doit faire entrer dans cette déclaration la moitié des sommes payées des deniers de la communauté pour l'acquisition de l'office. Délib. Rég. 22 juin 1830 (Art. 7250 J. N.).

526. L'office acquis avant, mais dont le cessionnaire n'a été nommé notaire qu'après le mariage, reste propre au mari, si dans leur contrat de mariage les époux ont stipulé qu'ils ne mettaient en communauté qu'une somme déterminée. En conséquence, lors du décès de la femme, l'office ne doit pas être compris dans la déclaration de succession, faite pour le payement des droits de mutation. Trib. Versailles, 17 juillet 1845 (Art. 12496. J. N.).

527. La déclaration faite par le cessionnaire d'un office, dans l'inventaire fait après le décès du cédant, que l'acte de cession renfermait une dissimulation de prix et qu'une somme avait été payée en sus de celle qui était stipulée au contrat, autorise la Régie à poursuivre le payement du droit et du double droit contre le cessionnaire et non contre les héritiers du cédant. Trib. d'Abbeville, 7 mai 1853 (Art. 15230 J. N.).

528. Un office ministériel constitue une propriété d'une nature particulière, dont la transmission ne peut s'opérer que sous les conditions déterminées par la loi, et sans qu'il y ait lieu de distinguer entre le titre de l'office et son prix ou la finance.

En conséquence, est nulle la donation contractuelle d'un office faite par le titulaire à son fils, avec condition qu'il le présentera pour son successeur dès que ce dernier aura atteint l'âge requis, lorsque cette condition suspensive ne s'est point accomplie et que le père est demeuré jusqu'à son décès dans l'exercice de ses fonctions.

Dans ce cas, le prix de l'office cédé à un tiers après le décès du père, même sur la présentation faite par le fils, dépend de la succession du père, et doit être attribué à ses créanciers personnels, et non aux créanciers de son fils. Cass. 11 novembre 1857 (Art. 16205. J. N.).

529. Lorsque le titulaire d'un office l'a cédé par un traité resté secret portant association entre le cessionnaire et le cédant qui devait conserver le titre de la charge pendant un certain nombre d'années, et que, dans cet intervalle, le cédant resté titulaire est décédé, après avoir touché une partie du prix, qui ne se trouve pas dans sa succession, la Régie n'est pas fondée à se prévaloir de la nullité d'ordre public dont le traité serait entaché, pour exiger des héritiers du titulaire le payement des droits de mutation par décès sur la valeur entière de l'office. Trib. de Marseille, 20 janvier 1863 (Art. 17783 J. N. *Jurisp. Not.*, art. 12469). — V. pour les questions se rattachant aux mutations d'office, Dict. Not., v° *Office*, n°ˢ 715 et suiv.; Dalloz, 1894 et suiv.; Garnier, 12741, 13050, 13127 et 13380.).

530. Propriété littéraire. — La loi du 15 avril 1854 sur le droit de propriété garanti aux veuves et aux enfants des auteurs, des compositeurs et des artistes, est ainsi conçue :

« Article unique : Les veuves des auteurs, des compositeurs et des artistes jouiront, *pendant leur vie*, des droits garantis par les lois des 13 janvier 1791 et 19 juillet 1793, le décret du

3 février 1810, la loi du 3 août 1844, et les autres lois ou décrets sur cette matière.

» La durée de la jouissance accordée aux enfants par ces mêmes lois et décrets est portée à *trente ans*, à partir du décès de l'auteur, compositeur ou artiste ; la veuve doit donner dans la déclaration de succession de son mari, une évaluation à la jouissance qui lui est concédée par cette loi. C'est sur le montant de la somme déclarée qu'il est perçu un droit de mutation au taux de 3 pour 100. »

531. D'après un arrêt de la Cour impériale de Paris du 12 juillet 1852, le bénéfice de la prorogation de jouissance ne doit profiter qu'à la veuve et aux enfants de l'auteur à l'exclusion du cessionnaire.

532. Prorata de fermages. Récoltes sur pied. — Il y a lieu de déclarer, indépendamment des immeubles, le prorata de fermages ou de loyer qui sont dus au moment du décès du propriétaire ; les sommes restant dues au même moment sur le prix des récoltes par lui vendues et provenant de ses biens-fonds non affermés.

533. Quant aux récoltes pendantes par racines, elles font partie de l'immeuble et ne sont pas susceptibles d'être déclarées dans la succession du propriétaire qui jouissait par lui-même de cet immeuble. Mais au décès d'un fermier d'un bien rural les récoltes pendantes par racines doivent être déclarées par son héritier, et acquitter le droit au taux fixé pour les mutations de meubles. Délib. Rég. 23 sept. 1828 ; Instr. Rég. 31 décembre 1829, n° 1263, § 5. (Art. 6665, 6756 J, N.). Tribunal de Napoléon-Vendée, 22 décembre 1858 (Art. 16950 J. N.; Jurisp. Not., Art. 11923).

RENONCIATION. — EFFET DE LA RENONCIATION A SUCCESSION, LEGS OU DONATION, EN CE QUI CONCERNE LES DROITS DE MUTATION PAR DÉCÈS.

534. L'héritier qui renonce à la succession, même après les six mois du décès, n'est pas tenu du payement des droits de mutation par décès. Cass. 23 frim. an 11 (Dict. Not. v° *Renonciation*, n° 101, 4e édit.).

535. La règle que l'héritier qui renonce est censé n'avoir jamais été héritier s'applique à l'héritier contractuel et à l'héritier testamentaire aussi bien qu'à l'héritier naturel. Toulouse, 15 aout 1842 (Garnier 12270).

536. Le légataire qui renonce à son legs, avant d'en avoir passé la déclaration, n'est tenu de payer aucun droit de mutation par décès. Délib. Rég. 4 mars 1825 (Art. 5648 J. N.).

537. Mais si la renonciation à la succession ou à un legs est postérieure au payement des droits de mutation, ils ne sont pas sujets à restitution. V. § X. *Restitution des droits d'enregistrement* n° 867.

538. Pour produire ses effets à l'égard des tiers, la renonciation à une succession doit être faite au greffe (Art. 781 C. Nap.). D'où il suit que si la renonciation était faite au tribunal d'un arrondissement autre que celui dans lequel la succession s'est ouverte, cette renonciation serait nulle et ne produirait aucun effet, soit à l'égard des tiers, soit à l'égard du renonçant lui-même. Toullier, t. 4, no 338 ; Poitiers, 28 juin 1839. (Garnier, 10720 et 12268.)

539. Une décision des ministres des finances et de la justice, des 20 avril et 7 mai 1808, insérée dans une instruction de la Régie du 7 juin suivant, n° 386, § 7, porte ce qui suit : « Le C. N. ayant déterminé une forme pour les renonciations aux successions *ab intestat*, elle doit également s'appliquer aux renonciations que l'on fait à toutes espèces de successions testamentaires ; mais il n'y a que les personnes intéressées qui puissent faire valoir les droits qui peuvent résulter pour elles d'une renonciation faite dans une autre forme. Les renonciations faites *chez les notaires* devant nécessairement être enregistrées et portées sur le répertoire, elles ne peuvent échapper à la surveillance des préposés. D'ailleurs, l'administration ayant incontestablement le droit de poursuivre soit l'héritier, soit le légataire, pour le payement de ce qui peut être dû pour la succession, jusqu'à ce que la renonciation soit représentée, il est indifférent pour elle que cette renonciation soit faite au greffe ou par-devant notaire. »

Ainsi d'après cette décision, la renonciation *par acte notarié* même à une succession *ab intestat*, et à plus forte raison à un legs ou à un gain de survie entre époux, suffit pour dispenser l'héritier, le légataire ou le donataire, du payement des droits de mutation par décès. (Dict. Not. *loc. cit.*, n° 110.)

540. Cependant la Régie, dans ces derniers temps, avait

prétendu que la renonciation à un gain de survie, faite devant notaire, ne pouvait être opposée à la demande des droits de mutation par décès. Mais il a été décidé qu'à défaut de preuves de simulation ou de fraude, elle n'est pas fondée à prétendre que la renonciation, par acte notarié, de l'époux survivant à une donation en usufruit, résultant de son contrat de mariage, est nulle, et que le droit de mutation par décès est dû pour cette donation, nonobstant la renonciation :

« Attendu que l'art. 784 C. N., portant que la renonciation ne peut être faite qu'au greffe du tribunal de première instance dans l'arrondissement duquel la succession s'est ouverte, sur un registre particulier tenu à cet effet, ne s'applique textuellement qu'à la renonciation à une succession ; et qu'ainsi la renonciation à une donation, surtout d'usufruit, dont l'unique résultat est d'opérer la réunion de cet usufruit à la nue propriété, n'est point, par cela seul qu'elle est faite par acte notarié, essentiellement et radicalement nulle, et qu'elle ne devrait être écartée qu'autant qu'il viendrait s'y joindre des preuves de simulation et de fraude. » Cass. 24 novembre 1857 (Art. 16206. J. N.)

541. La renonciation à une succession, à un legs, à une donation, ne se présume pas. En conséquence, la Régie est fondée à poursuivre contre l'héritier, le légataire ou le donataire, le payement des droits de mutation par décès, jusqu'à ce qu'il soit justifié de sa renonciation. Déc. min. just. et fin. 20 avril et 7 mai 1808 ; Instr. Rég. 29 juin 1808, n° 386, § 27 ; Cass. 23 frimaire an 11, 26 février 1823. (Art. 4349 J. N.).

542. La Régie qui a perçu un premier droit de mutation à l'enregistrement d'un testament portant institution d'un légataire universel, en perçoit valablement un second, sur l'abandon que ce légataire universel fait à un tiers des biens compris dans l'institution, et qu'il prétend n'avoir recueilli qu'à titre de fidéicommissaire. Trib. de Condom, 17 juillet 1811 (D. P. 41. 3. 515).

543. Lorsque la renonciation a lieu après le délai de six mois accordé pour payer les droits de mutation par décès, ceux qui profitent de la renonciation ont un nouveau délai de six mois pour acquitter les droits sur ce qui leur advient. Délib. Rég. 21 octobre 1814.

544. La renonciation à une partie d'un legs, faite par le légataire ou profit de l'un des héritiers, ne dispense pas le légataire du payement du droit de mutation par décès sur la totalité du legs. Cass. 10 novembre 1847 (Jurisp. Not., art. 7920).

545. L'époux survivant avantagé par son contrat de mariage peut renoncer à la donation, et sa renonciation le dispense du droit de mutation. Trib. de Saint-Quentin, 25 septembre 1832; Solut. 23 juillet 1833; Instr. gén. 30 décembre 1833, n° 1446, § 5 (Art. 8199 J. N.; Opinion conforme, Art. 2332 J. N.).

546. Mais l'échange entre le survivant et les héritiers du conjoint défunt, d'avantages réciproques, ne dispense pas d'en passer déclaration de la succession, attendu qu'on ne peut considérer cette transaction comme renonciation à ces avantages. Cass. 5 juillet 1815 (Jurisp. Not., v° *Mutation par décès*, n° 175).

547. La renonciation pure et simple faite en temps utile et en forme légale, à un avantage accordé, par un statut local, au survivant des époux, le dispense du payement des droits de mutation par décès, auxquels cet avantage pourrait donner ouverture. Déc. min. fin. 9 novembre 1823 (Art. 1241 J. N.).

548. Lorsque l'époux survivant, légataire ou donataire universel en usufruit, des biens de son conjoint décédé et laissant des héritiers à réserve, déclare réduire cet usufruit à moitié, conformément à l'art. 1094 C. N., la perception du droit de mutation par décès doit être établie sur cette moitié et non sur la totalité de l'usufruit. Trib. Laval, 14 mai 1832; Délib. Rég. 28 décembre 1832 et 18 octobre 1833; Instr. Rég. 2 avril 1834, n° 1451, § 5 (Art. 7975 et 8249 J. N.; Opinion conforme, Art. 3196 J. N.).

549. Il n'est pas nécessaire que la réduction de l'usufruit soit constatée par un acte exprès; il suffit qu'elle soit énoncée dans la déclaration faite au bureau de l'enregistrement par l'époux survivant. Mais l'époux survivant ne pourrait être admis à convertir, pour le payement du droit de mutation, l'usufruit de la totalité des biens en la quotité disponible d'un quart en propriété et d'un quart en usufruit, qu'en justifiant de l'acte d'option par lequel les héritiers à réserve auraient consenti à lui faire l'abandon de cette quotité, suivant l'art. 917 C. N. Délib. Rég. 28 décembre 1832 (Art. 7975 J. N.).

**550. Décès d'un fils sans avoir accepté la

succession de son père. — Lorsqu'un fils est décédé sans avoir accepté la succession de son père, sa sœur, qui est sa seule héritière, peut, même après avoir accepté sa succession sous bénéfice d'inventaire, renoncer du chef de son frère à la succession paternelle et, par là, se dispenser de comprendre dans la déclaration faite pour le payement des droits de mutation sur la succession du fils, la part qui revenait à ce dernier dans la succession de leur père.

Cette importante décision résulte d'un arrêt de la Cour de cassation du 2 mai 1849 (Art. 13732 J. N.). Elle est conforme à deux jugements des tribunaux de Villefranche (Rhône) et de Caen des 4 mars 1836 et 17 juin 1847 (Art. 9108 et 13103 J. N.). — V. aussi D. P. 49. 1. 132.

551. Lorsqu'un enfant mineur est décédé, sans que la succession de son père ait été acceptée en son nom, ses héritiers peuvent, en renonçant de son chef à la succession paternelle, se dispenser de comprendre dans la déclaration de sa succession pour l'acquit des droits de mutation, la part qui lui revenait dans la succession de son père. Trib. de Bergerac, 24 janvier 1855 (Art. 15516 J. N.). Cette décision est conforme à un jugement du tribunal de Valence, du 13 juillet 1853 (Art. 13732 et 15238 J. N.; Jurisp. Not., art. 10289 et 10481 ; D. P. 54. 3. 78).

552. Décès de l'époux survivant avant l'acceptation de la donation faite par sa femme. — Renonciation par ses enfants. — Lorsque l'époux survivant, donataire en usufruit par contrat de mariage des biens de son conjoint, est décédé sans avoir accepté expressément ou tacitement cette donation, ses enfants, en renonçant de son chef à la donation, sont dispensés du payement des droits de mutation par décès, à raison de l'usufruit qu'il aurait pu recueillir.

C'est ce qui résulte de deux jugements des tribunaux de Villefranche (Rhône) et de Caen, des 4 mars 1836 et 17 juin 1847, et d'un arrêt de la Cour de cassation du 2 mai 1849 (V. Jurisp. Not. ; Répertoire, v₀ *Mutation par décès*, n° 38, et art. 7843, 7848 et 8541). La Régie a adopté cette jurisprudence. Solution du 28 août 1849 (Jurisp. Not., art. 8680; Art. 13831 J. N.).

553. Lorsque des enfants mineurs de moins de dix-huit ans ont été institués légataires en nue propriété, et leur père légataire en usufruit des mêmes biens, celui-ci ne peut refuser d'acquitter le droit de mutation dans les six mois du décès du testateur, sous prétexte que l'usufruit légué se confondant avec l'usufruit légal (Art. 384 C. N.), le legs est conditionnel, et que le droit de mutation ne sera dû qu'au moment où la condition s'accomplira, c'est-à-dire à l'époque de la cessation de l'usufruit légal, et si, à cette époque, le légataire en usufruit existe encore. Cass. 30 décembre 1850 (Art. 14236 J. N.; *Jurisp. Not.*, art. 9443.).

554. La renonciation à une succession, à un legs ou à une donation, subordonnée au décès du donateur, affranchit l'héritier, le légataire ou le donataire du payement des droits de mutation par décès, même lorsqu'elle est faite après l'expiration du délai de six mois accordé pour faire la déclaration. Délib. Rég. 20 février 1827.

555. Le mari, légataire ou donataire universel de sa femme, ne peut en cette qualité, renoncer à la communauté qui a existé entre lui et la défunte. Une semblable renonciation, ne produisant aucun effet civil, ne dispense pas le mari du payement des droits de mutation par décès sur la moitié des biens de la communauté. Cass. 9 mars 1842 et 26 novembre 1849; Trib. Seine, 7 décembre 1848 (Art. 11278 et 13587 J. N.); Trib. Tours, 8 mars 1847; Seine, 22 février 1849. — *Contra*, Délib. Rég. 19 janvier 1835; Trib. Seine, 18 janvier 1840 (Art. 8737 et 9096 J. N.).

556. L'acceptation d'une succession sous bénéfice d'inventaire est irrévocable; toute renonciation postérieure est nulle. En conséquence, l'héritier qui a accepté sous bénéfice d'inventaire, est tenu de payer les droits de mutation par décès, quoique plus tard il ait renoncé à la succession. Cass. 1er février 1830, 24 avril 1833 (Art. 7080 et 8086 J. N.); Trib. Chartres, 5 août 1837; Uzès, 16 avril 1841; Roanne, 23 janvier 1839; Aubusson, 31 décembre 1849.

557. Toutefois, si après la renonciation de l'héritier bénéficiaire, les droits de mutation, par décès ont été acquittés en totalité ou en partie par l'héritier qui s'est porté pour acceptant, ce payement libère l'héritier bénéficiaire. Cass. 24 avril 1833 (Art. 8086, J. N.).

558 Lorsqu'un mari, donataire par contrat de mariage de l'usufruit des biens de la succession de sa femme, a renoncé devant notaire à cette donation, et que, par un autre acte du même jour, il a fait, entre ses enfants, le partage anticipé de ses biens à la charge de lui laisser la jouissance de ceux de la succession de leur mère, la Régie ne peut prétendre que la renonciation se trouve annulée, pour exiger le droit de mutation par décès sur l'usufruit.

C'est ce qui résulte d'un jugement du tribunal de Saint-Quentin du 1er juillet 1846, conçu en ces termes :

« Considérant que le sieur Macquaine, en renonçant à la donation usufruitière résultant de son contrat de mariage, ouverte par le décès de la dame Macquaine, n'a fait qu'user d'un droit incontestable; qu'au moyen de cette renonciation, le sieur Macquaine n'a recueilli aucun profit de la donation, qui n'a ainsi donné lieu à aucune mutation; qu'ainsi il n'y a pas lieu d'exiger un droit qui n'est attaché qu'au fait même de la mutation; — Le tribunal déclare la contrainte nulle. » (Jurispr. Not., art. 7506; art. 12760 J. N.)

559. Lorsque le survivant des époux renonce purement et simplement à son droit d'usufruit sur la succession du prédécédé, et que, par acte distinct, ses enfants lui constituent une pension viagère, à titre d'aliments, la Régie ne peut prétendre que cette pension forme le prix de la renonciation et que le droit proportionnel de mutation par décès et le droit de transcription hypothécaire à 1 fr. 50 c. par 100 fr. sont dus sur la valeur de l'usufruit.

C'est ce que décide avec raison, à notre avis, un jugement du tribunal de Dieppe, du 9 février 1848 (Jurispr. Not., art. 7829).

560. Lorsque les héritiers de la femme ont renoncé à la communauté, et que, par un acte postérieur, le mari a lui-même renoncé à la donation qui lui avait été faite pour le cas de survie, dans son contrat de mariage, de la part de sa femme dans les biens de la communauté, la Régie n'est point fondée à réclamer du mari les droits de mutation à raison de cette donation, sous prétexte que les deux renonciations ont été concertées pour éviter à ce dernier le payement des droits. Cass. 24 avril 1854 :

« LA COUR ; — Vu les art. 1453, 1466 et 1492 C. N. : — Attendu que la faculté de renoncer à la communauté n'étant, pour les héritiers de la femme comme pour la femme elle-même, subordonnée à aucune restriction, l'on ne saurait, en aucun cas, voir une fraude dans son exercice régulier;

« Attendu, dans l'espèce, que le mari, donataire des droits de sa femme dans la communauté, s'est trouvé en même temps, par la renonciation des héritiers de celle-ci, investi d'un titre légal qui, le constituant seul maître de toute la communauté, lui a permis de s'abstenir du bénéfice de la donation portée en son contrat de mariage et de s'affranchir ainsi des droits de mutation dont il aurait été tenu si la moitié de la communauté lui était dévolue, du chef de sa femme, à titre de libéralité seulement ; que ce résultat est la conséquence légitime de la situation qui lui a été faite par la renonciation des héritiers de sa femme ; — D'où il suit qu'en décidant le contraire, le jugement dénoncé a faussement appliqué les art. 24, 27 et 29 de la loi du 22 frim. an 7, et formellement violé les dispositions ci-dessus Casse. » (Art. 15238 J. N. ; D. P. 54. 1. 157.)

Cet arrêt confirme un principe important et d'une fréquente application, que consacrait déjà celui du 2 mai 1849 (Art. 13732 J. N.), savoir : qu'on ne saurait voir une fraude à l'impôt de l'enregistrement dans l'exercice régulier de la faculté légale de renonciation soit à une communauté entre époux, soit à une succession, à un legs ou à une donation.

561. A défaut de preuves de simulation et de fraude, la Régie est tenue d'admettre comme valable à son égard la renonciation, *par acte notarié*, de l'époux survivant, à une donation en usufruit résultant de son contrat de mariage. En conséquence, une telle renonciation dispense le survivant des époux du payement des droits de mutation par décès sur l'usufruit qui ferait l'objet de cette donation.

C'est ce que la Cour de cassation a décidé par un arrêt du 24 novembre 1857 ; et cette décision est parfaitement fondée Jurispr. Not., art 10103 .

562. Lorsque, par un testament olographe, un mari a légué à sa femme l'usufruit de son mobilier et de certains immeubles, et que, dans l'acte de partage de la succession, la veuve a fait donation entre-vifs à ses enfants de ses reprises matrimoniales, à charge de lui en payer l'intérêt, et d'avantages en usufruit identiques à ceux légués par le testament alors tenu secret, si ce testament est ultérieurement soumis à l'enregistrement, les juges peuvent, en considérant l'acte de donation comme n'étant pas sérieux et ne contenant que l'exécution du testament, condamner, sur la demande de la Régie, la veuve au payement des droits de mutation par décès à raison du legs d'usufruit, et nonobstant la renonciation de celle-ci à ce legs par acte fait au greffe du tribunal.

Il n'y a pas lieu en ce cas d'imputer sur le droit de mutation par décès dû par la veuve, le droit perçu sur l'acte de donation entre-vifs.

Ainsi décidé par la Cour de cassation (ch. requêtes), le 18 juillet 1860 (Art. 16904 J. N.; Jurispr. Not. art. 11712.).

563. Lorsque, avant la délivrance du legs, le légataire universel y renonce, par transaction avec l'héritier à réserve, moyennant des objets mobiliers de la succession et une somme d'argent, ce légataire est tenu d'acquitter pour son legs le droit de mutation pour décès. Trib. de Melle (Deux-Sèvres), 26 mars 1852 (Jurispr. Not., art. 9646).

564. Lorsqu'après la renonciation faite au greffe à un legs universel, il est révélé par un jugement que, suivant un traité passé entre le légataire universel et l'héritier universel, celui-ci s'est obligé de payer une somme d'argent, pour prix de la renonciation, la Régie est fondée à réclamer du légataire universel, non parent du testateur, le payement des droits de mutation par décès, sous l'imputation de ceux déjà acquittés par l'héritier naturel. Trib. de Lille, 15 mai 1858 (Art. 16410 J. N.). Il existe, dans le même sens, un jugement du tribunal des Andelys du 7 juillet 1851.

565. Lorsqu'une veuve, légataire de la portion disponible des biens de la succession de son mari, a renoncé purement et simplement à ce legs, et que, par un autre acte du même jour, elle a fait entre ses enfants le partage anticipé de ses biens, sous la réserve de l'usufruit tant des biens donnés que de ceux de la succession de son mari, la Régie ne peut prétendre que la renonciation n'est pas sérieuse et que la veuve est tenue du payement des droits de mutation par décès sur l'objet du legs qui lui avait été fait. Trib. de Nancy, 17 février 1862 (Jurispr. Not., art. 10438; Art. 17368 J. N.).

C'est ce qui résultait déjà de trois arrêts de la Cour de cassation des 2 mai 1849, 24 avril 1854 et 27 mars 1855 et d'un jugement du tribunal de Saumur, du 9 avril 1859 Jurisp. Not., art. 8544, 10245, 10475, 11383, 11396, et 12078; Art. 13732, 15248, 15528 et 16574 J. N.).

566. Lorsqu'il est établi par les circonstances que la renonciation, faite par l'époux survivant, à l'usufruit des biens de son conjoint qui lui avait été donné par contrat de mariage, a été l'objet d'un marché dont il a reçu le prix dans une rente constituée à son profit par un acte du même jour, et équivalente à ses droits comme donataire, la Régie est fondée à exiger le droit de mutation par décès sur l'usufruit, nonobstant la renonciation. Trib. de Sens, 24 juillet 1863 (Art. 18028 J. N.).

Cette décision est l'application du principe consacré par un arrêt de la Cour de cassation du 27 mars 1855 (Art. 15525 J. N.; Dict. Not., v° *Renonciation*, n° 130, 4ᵉ édit.), que si la renonciation de l'époux survivant à ses avantages matrimoniaux est l'exercice d'un droit légal, qui ne peut être critiqué par la Régie, même lorsque la renonciation est faite pour éviter le payement des droits de mutation, c'est à la condition que cette renonciation soit pure et simple et sans aucune stipulation simultanée de nature à en faire un acte à titre onéreux.

567. Lorsqu'après avoir renoncé à la donation en usufruit que son mari lui avait faite, une mère, dans le partage anticipé de ses biens entre ses enfants, leur impose la condition de la laisser jouir pendant sa vie, non-seulement des biens donnés, mais encore des biens dépendant de la succession de leur mari et père, la Régie n'est pas fondée à prétendre que la renonciation a eu lieu pour éluder le payement des droits de mutation par décès sur l'usufruit dont le mari avait fait don à la femme ; que par conséquent il y a fraude et que ces droits sont exigibles. Trib. de Coulommiers, 26 juillet 1850 (Jurispr. Not., art. 9261). V. Trib. de Rambouillet et de Château-Thierry, 12 décembre 1845, et 27 février 1851 (Jurispr. Not., art. 7286 et 9150 ; Art. 12612 J. N.).

568. Lorsque le mari survivant, légataire en usufruit de tous les biens meubles et immeubles, a, par acte notarié, renoncé purement et simplement à ce legs, et que, par acte postérieur de plus d'un mois à sa renonciation, il a fait entre ses enfants le partage anticipé de ses biens, en se réservant l'usufruit des immeubles qui avaient appartenu à sa femme, mais non l'usufruit des meubles, la Régie ne peut prétendre que la renonciation n'est pas sérieuse, et réclamer en conséquence du mari le droit de mutation par décès pour le legs d'usufruit. Trib. de Senlis, 20 janvier 1853 (Art. 17676 J. N.).

Cette décision paraît parfaitement fondée. Voir dans le même sens : Trib. Rambouillet, 12 décembre 1845; Saint-Quentin, 1er juillet 1856; Saumur, 9 avril 1859; Nancy, 17 février 1862 (Art. 12612, 12760, 16574 et 17368 J. N.; Dict. Not., v° *Renonciation*, n° 134; *Succession*, n° 935, 4° édit.).

569. Lorsque le légataire de l'usufruit des immeubles et de la propriété des meubles, à charge de payer les dettes de la succession, a renoncé à l'usufruit des immeubles, les deux legs à titre universel étant distincts, cette renonciation dispense le légataire du payement des droits de mutation par décès sur l'usufruit. Cass. (ch. civ.), 5 mai 1856 (Art. 13799 J. N.).

570. Lorsqu'un époux survivant, donataire contractuel de la portion disponible des biens de son conjoint, a renoncé à une partie de cette donation, il n'est pas tenu de payer le droit de mutation par décès sur la totalité de la donation, et l'acte de renonciation n'est pas passible du droit proportionnel d'enregistrement comme donation entre-vifs. Trib. de Nancy, 26 février 1855 (Art. 15483 J. N.).

571. Le mari qui, prenant la qualité de légataire en usufruit des biens de sa femme, donne procuration pour les administrer, affermer, etc., fait un acte d'acceptation pure et simple. En conséquence, quoique postérieurement à cette procuration, il ait renoncé par acte en forme à l'usufruit, il doit acquitter les droits de mutation par décès, à raison de ce legs. Cass. (ch. civ.), 4 avril 1849 (Art. 13763 J. N.).

572. Par suite de la même doctrine, la femme qui, dans l'inventaire de la communauté dissoute par le décès du mari, déclare qu'elle agit tant comme commune que comme donataire contractuelle en usufruit des biens de son mari, fait acte d'acceptation de la donation et doit en conséquence acquitter le droit de mutation par décès pour cet usufruit, quoiqu'elle y ait renoncé par acte postérieur à l'inventaire. Trib. de Blois, 18 décembre 1852 (Art. 14932 J. N.; Jurisp. Not., art. 10956).

573. Le légataire à titre particulier sous une condition éventuelle qui a renoncé à son legs moyennant différents avantages à lui assurés par le légataire universel, est tenu au payement des droits de mutation par décès, lorsque l'événement prévu vient à se réaliser. Trib. de Nîmes, 30 août 1859 (Art. 16759 J. N.).

574. Lorsqu'une veuve, donataire en usufruit de la moitié des biens de son mari, aux termes du contrat de mariage, a, conjointement avec ses enfants majeurs, afferme par acte notarié des immeubles de la succession, sans faire aucune réserve, sa renonciation à la donation, par acte postérieur, ne la dispense pas du payement des droits de mutation par décès sur l'usufruit de moitié des biens. Trib. de Péronne, 28 juin 1854 (Jurisp. Not., art. 10524).

575. Lorsque, après avoir renoncé par acte notarié à la donation en usufruit à elle faite par son mari, dans leur contrat de mariage, une veuve, dans le compte de tutelle rendu à ses enfants, s'est néanmoins expressément réservé ses droits d'usufruit, et que, dans le contrat de mariage de l'un d'eux, elle a fait abandon à son profit de l'usufruit grevant la part de cet enfant dans la succession de son père, se réservant son droit d'usufruit sur la part de l'autre enfant, la renonciation de la veuve ne peut être considérée comme réelle et sincère. En conséquence, la Régie est fondée à demander à la veuve le payement des droits de mutation par décès sur l'usufruit à elle donné par son mari. Cass. 17 août 1863 (Art. 17831 J. N., Jurisp. Not., art. 12472).

576. Transaction. — La transaction par laquelle un légataire universel, investi de la saisine à défaut d'héritier à réserve, et qui a obtenu l'envoi en possession, abandonne aux héritiers naturels du défunt une partie de la succession, afin qu'ils ne querellent pas le testament, doit être considérée comme un acte translatif de propriété. Cass. 26 juillet 1844 D. P. 41. 1. 312); Trib. de Saint-Quentin, 14 mai 1842 (D. P. 42. 4. 157).

577. De même la transaction par laquelle un légataire universel, institué à défaut d'héritier à réserve, renonce, après avoir obtenu son envoi en possession, au bénéfice du testament, et vient prendre dans la succession, en qualité d'héritier du sang, la seule part que lui assigne cette qualité, est translative de portion des biens héréditaires au profit des autres héritiers, et donne ouverture au droit proportionnel de mutation. Cass. 17 mars 1846 (D. P. 46. 1. 148).

578. De même encore, l'abandon que fait par transaction un légataire universel de sa qualité et des droits qui y sont attachés, pour rendre efficace la disposition universelle faite au profit d'un tiers, par un testament antérieur révoqué, donne ouverture au droit proportionnel sur la valeur des biens que cette transaction fait parvenir à ce tiers. Cass. 22 avril 1815 (D. P. 45. 1. 268)... Et ce droit est celui des mutations à titre gratuit et non des mutations à titre onéreux. Trib. de Joigny, 22 janvier 1843 (Dict. Not., v° *Transaction*, n° 163, 4° édit.).

579. Décidé cependant que la transaction par laquelle le légataire universel saisi de la succession à défaut d'héritiers à réserve, abandonne avant envoi en possession aux héritiers naturels une partie des valeurs héréditaires, est passible du *droit de vente*. Trib. d'Arras, 12 mai 1846 (D. P. 46. 4. 259).

580. Décidé, d'autre part, que la transaction par laquelle un légataire universel, investi de la saisine, renonce au bénéfice du testament, moyennant l'abandon, par les héritiers, d'un immeuble déterminé et le payement d'une somme d'argent ne donne pas ouverture au droit proportionnel de mutation, lorsque cette transaction n'a eu lieu qu'après un jugement prononçant la nullité du testament et sur l'appel de ce jugement. Cass. 21 août 1848 (D. P. 48. 1. 220; Art. 13489 J. N.).

581. Lorsque, par transaction passée entre l'héritier du sang et le légataire à titre particulier, ce dernier consent à recevoir autre chose que ce qui lui avait été légué, et par exemple une somme d'argent au lieu d'immeubles, cette transaction est déclarative, et non translative. — Par suite, le droit à percevoir sur la transaction est celui de legs de sommes (6 p. 100), et non celui d'obligation (1 p. 100. Cass. 25 février 1846 D. P. 46. 1. 118; Art. 12622 J. N.).

582. S'il existait des héritiers auxquels une quotité de biens du testateur fût réservée par la loi, ils seraient, aux termes de l'art. 1004 C. N., saisis de plein droit, nonobstant le legs universel, de tous les biens de la succession, et le légataire serait tenu de leur demander la délivrance de son legs. En conséquence la renonciation faite avant cette délivrance à une partie des biens compris dans le legs universel n'opérerait de sa part aucune transmission au profit des héritiers, attendu qu'il ne serait encore légalement saisi d'aucune partie de la succession : cette renonciation ne donnerait donc ouverture à aucun droit proportionnel, à moins toutefois qu'elle n'eût été consentie moyennant le payement d'une somme ou à une condition à titre onéreux. Délib. Rég. 23 mars 1825, 19 février 1828 Art. 7386 J. N.).

583. Rentes et actions immobilisées. — Les rentes sur l'État, les actions de la banque de France, les actions sur les canaux immobilisées en vertu du décret du 16 janvier 1808, pour faire partie d'une dotation ou d'un majorat, sont assujetties aux droits établis pour les successions depuis la loi du 18 mai 1850. Elles doivent être déclarées au bureau dans l'arrondissement duquel se trouve le siége de l'administration.

Leur assiette se trouve, en effet, déterminée par le lieu où se trouve placé leur administration. Or, les diverses administrations de ces valeurs établies à Paris, où se trouvent également les registres du trésor qui portent l'immatricule des actions et des rentes immobilisées, il en résulte que c'est à Paris et non au domicile du décédé que doit être faite la déclaration de ces titres, et c'est même le bureau dans l'arrondissement duquel est le siége de l'administration qui doit recevoir cette déclaration. (Garnier, 12567 ; Dict. Not., v⁹ *Succession*, n° 576, et *Rente sur l'État*, § 3.

584. Rentes sur un Etat étranger immobilisées. — L'immobilisation au profit d'un Français de rentes sur l'État étranger n'enlève pas à ces rentes leur caractère mobilier à l'égard de la loi française, et ne les empêche pas de faire partie de la succession de ce Français à déclarer en France. Cass. 28 juillet 1862 (Garnier, *Rép. pér.*, 1682 et 1751 ; Art. 17492 J. N.).

585. Retour légal. — Le retour légal est ainsi appelé par opposition au retour conventionnel, parce qu'il est accordé par la loi seule, sans qu'il soit besoin de le stipuler. « Les ascendants, dit l'art. 747 C. N., succèdent, à l'exclusion de tous autres, aux choses par eux données à leurs enfants ou descendants décédés sans postérité, lorsque les objets donnés se retrouvent en nature dans la succession. — Si les objets ont été aliénés, les ascendants recueillent le prix qui peut en être dû. Ils succèdent aussi à l'action en reprise que pouvait avoir le donataire. »

Il en résulte que l'ascendant donateur qui reprend dans la succession de son fils ou de son petit-fils décédé sans postérité, les choses par lui données, ou le prix qui peut en être dû, ou l'action en reprise qui en résulte, doit en passer déclaration à la Régie : car c'est à titre successif qu'il les recueille. Déc. min.

Inn. 29 décembre 1807 ; Délib. 22 novembre 1839 ; Instr. gén.
23 février 1808, n° 366, § 17, et 29 juin 1840, n° 1615, § 5 (Jurisp. Not., art. 1674 ; Garnier 11330 ; Dict., Not., v° *Retour*, n° 3,
4° édit. ; Art., 5690 J. N.).

586. Au contraire, le retour qui s'opère au profit du donateur, en vertu d'une clause de l'acte de donation, conformément à l'art. 951 C. N., n'opère aucun droit de mutation,
car la condition était inhérente au contrat, et son accomplissement fait rentrer les biens dans le patrimoine du donateur,
comme s'ils n'en étaient jamais sortis (*ibid.*) (Art. 6160
J. N.).

587. Le retour légal s'applique aux biens donnés par un
partage d'ascendants entre-vifs. Dans le cas de décès de l'un
des enfants donataires sans postérité, les biens qui lui avaient
été attribués par le partage et auxquels succède l'ascendant
donateur, ne sont sujets qu'aux droits de mutation en ligne
directe. Trib. Bressuire, 9 mai 1837 ; Délib. Rég. 25 juillet 1837
(Art. 9759 J. N.).

587 *bis.* Lorsque, dans un partage d'ascendants, les biens
paternels et maternels ont été confondus en une seule masse,
et que l'un des enfants, dont le lot se composait entièrement de
biens paternels, est décédé sans postérité, après son père, mais
avant sa mère, le retour légal ne peut être exercé par cette
dernière sur ces biens ; en conséquence, les droits de mutation ouverts par le décès de cet enfant doivent être liquidés
sur ces biens comme pour une succession ordinaire. Trib. de
Cholet, 29 avril 1863 (Art. 18066 J. N.).

Cette décision est conforme, en principe, à l'opinion émise
à l'Art. 9899 J. N., et au jugement du tribunal de Bressuire
du 9 mai 1837 (Art. 9759 J. N. ; Dict. Not., v^{is} *Retour*, n° 4,
et *Retour légal*, n° 38, 4° édit.).

588. Le retour légal réservé aux ascendants par l'art. 747
C. N. s'applique à l'action en reprise des sommes et objets
mobiliers constitués en dot à leur fille. En conséquence, dans
le cas de décès de cette dernière sans postérité, ces objets ne
sont sujets au droit de mutation qu'au taux fixé pour la ligne
directe. Délib. Rég. 29 juin 1840, n° 1615, § 5 (Art. 10581
J. N.).

589. Les biens que l'enfant adopté, décédé sans postérité,
avait recueillis dans la succession de l'adoptant, et qui retour-

ment aux descendants de celui-ci en vertu de l'art. 351
C. N., sont assujettis, lors de ce retour, au payement des droits
de mutation par décès. En effet, ce retour est de même nature
que le retour légal, qui, aux termes de l'art. 747, s'opère à
titre successif. Cass. 28 décembre 1829; Instr. Rég. 27
mars 1830, n° 1307, § 11 (Art. 7084 J. N.; Jurisp. Not.,
art. 749.).

590 Retour conventionnel. — Lorsqu'une succession
comprend une créance qui appartenait au défunt en vertu du
retour conventionnel stipulé dans le contrat de mariage de sa
fille, mais grevée de l'usufruit du mari encore vivant de cette
dernière, les héritiers sont-ils tenus d'acquitter le droit de
mutation par décès sur la valeur entière ou seulement sur la
moitié de cette créance? Le tribunal de la Seine a décidé, le
27 avril 1861, qu'en pareil cas le droit est dû sur la valeur entière de la créance. (Art. 17119 J. N.; Jurisp., Not., art.
11854.

591. Secours (legs à titre de). — Lorsqu'un établissement public, institué légataire universel, n'est autorisé à accepter que sous la condition de donner, *à titre de secours*, aux
héritiers, une partie quelconque des biens de la succession,
ces héritiers n'ont aucun droit à payer sur la valeur de ce
qu'ils recueillent. Déc. min. fin. 17 décembre 1825 (Dict. Not.,
v° *Legs*, n° 430, 4° édit.).

**592. Sociétés. — Mutation par décès d'in-
térêts ou d'actions dans les sociétés.** — L'héritier de l'associé décédé doit, dans les six mois du décès, faire
au bureau de l'enregistrement la déclaration de la part
appartenant à la succession dans l'actif social, et acquitter le
droit de mutation par décès au taux déterminé par son degré
de parenté avec le défunt.

593. Après le décès d'un associé, ses héritiers doivent
payer le droit de succession, non sur la part dans l'actif brut
de la société, mais seulement sur l'émolument qu'ils recueillent, déduction faite des dettes et charges de la société et d'a-
près le résultat du partage, s'il a été effectué avant la déclaration de la succession. Dans le cas où le partage n'a pas encore
été effectué, lors de la déclaration, les héritiers sont admis à
évaluer l'émolument de la succession dans la société. Cass.
3 mars 1829; Inst. Rég. 26 septembre 1829. n° 1293, § 6

(Art. 6833 et 6989 J. N. ; Dict. Not., v° *Société*, n° 541, 4° édit.)
V. aussi Jurisp. Not., v° *Mutation par décès*, n° 130.

594. Mais de ce que, dans le cas de mutation par décès, l'actif d'une société commerciale peut n'être déclaré que déduction faite des dettes, il n'en faut pas conclure que lorsqu'un époux survivant fait déclaration de sa part dans la communauté, on doive également faire distraction des charges. Délib. Rég. 11 sept. 1829 (Jurisp. Not., art. 646).

595. Si, dans le cas de dissolution de la société par le décès de l'un des associés, les intérêts dans la société ne sont pas représentés par des actions circulant dans le commerce, l'héritier de l'associé décédé copropriétaire indivis de tout ce qui appartient à la société, est tenu de passer une déclaration détaillée des biens de diverse nature possédés par la société. Déc. min. fin. 19 février 1811 ; Instr. Rég. 15 mai 1811, n° 520, § 2 (Dict. Not., *loc cit.*, n° 541).

596. Les héritiers d'un associé doivent acquitter les droits sur la part du défunt, comme pour les successions ordinaires ; mais si la société continue, les droits ne sont exigibles qu'au taux fixé pour les meubles, lors même que des immeubles en dépendraient. Cass. 14 août 1833 ; Déc. min. fin. 8 décembre 1807 ; Solut. 2 juin 1837 ; Instr. gén. 22 décembre 1807, n° 360 ; 30 décembre 1833, n° 1416, § 6, et 18 juin 1838, n° 1562, § 20

597. Les héritiers d'une femme commune en biens, dont le mari est sociétaire d'un établissement de commerce, ne sont tenus de déclarer les objets qui peuvent revenir à la défunte dans cette société que comme valeurs mobilières, encore que l'établissement possède des immeubles. Solut. 19 mai 1824 ; Instr. gén. 8 septembre 1824, n° 1146, § 10 (Jurispr. Not., *loc. cit.*, n° 133).

598. Depuis que la loi du 18 mai 1850, art. 10, a assujetti les transmissions de biens meubles par décès aux quotités de droits établies pour les transmissions d'immeubles, ces dernières décisions ont beaucoup perdu de leur importance. Aujourd'hui il importe peu de savoir si les intérêts dans une société étaient sujets au droit de mutation immobilière lorsque l'actif social comprenait des immeubles.

599. Lorsqu'il a été stipulé dans le contrat d'une société civile et universelle de tous biens présents et de gains, que le décès de l'un ou de plusieurs des associés n'apportera aucun changement à la société et qu'elle continuera entre les survivants qui resteront seuls propriétaires de tous les biens et produits de l'association, le droit de mutation est exigible au décès de chacun des associés. Cass. 22 août 1842 (D. P. 42. 1. 353). Cass. 15 juin 1847 :

« Attendu qu'en décidant, par interprétation de l'acte de société du 19 décembre 1837, 1° que c'était par le décès des sociétaires prémourantes et la survivance des autres, que se réalisait et s'accomplissait la condition suspensive sous laquelle la propriété avait été éventuellement transmise dans l'acte constitutif; 2° qu'au fur et à mesure de chaque décès, les associées survivantes devenaient propriétaires des apports et des parts sociales des prédécédées; et que, pour avoir appliqué à ce cas l'art. 4 de la loi du 22 frimaire an 7, qui dispose que le droit proportionnel est établi pour toutes les transmissions de propriété, le jugement attaqué, loin d'avoir violé cette loi, en a fait une juste application; — Rejette (Jurispr. Not., art. 7844; D. P. 47. 1. 240).

600. La Cour de cassation a consacré la même doctrine par un nouvel arrêt le 8 août 1848 (Jurispr. Not., art. 8261; D. P. 48. 1. 186).

601. Il en est de même alors surtout que les associés survivants ont recueilli la part de l'associé décédé, non pas seulement en vertu du pacte social, mais, en outre, en vertu du legs que cet associé leur en a fait, et dont ils ont réclamé et obtenu la délivrance. Cass. 7 janvier 1850 (D. P. 50. 1. 12).

La stipulation dont il est question donne ouverture, lors du décès de chaque associé, non pas à un droit de mutation à titre gratuit, mais au droit de mutation à titre onéreux. Cass. 10 août 1853 (D. P. 53. 1. 258).

602. Lorsque, dans le contrat d'une société civile et universelle de tous biens et gains, formée entre les membres d'une communauté religieuse, il a été stipulé que tous les biens de la société appartiendront exclusivement à ceux des associés qui existeront au moment de sa dissolution, cette clause constitue au profit des survivants un droit d'accroissement qui a le caractère d'un acte commutatif. En conséquence, lors du décès de chaque associé, il est dû le droit de mutation à titre onéreux et non celui de mutation par décès.

Ainsi décidé le 26 juillet 1864, par la C. cass. (ch. civ.), conformément à la jurisprudence établie par les arrêts des 15 décembre 1852, 12 juillet, 10 et 25 août 1853 et 26 avril 1854 (Art. 14860, 15020, 15040, 15073 et 15248 J. N.) :

« LA COUR ; — Vu l'art. 4 de la loi du 22 frimaire an 7 ; — Attendu qu'il s'agissait dans l'espèce, non de la succession des religieuses faisant partie de l'association constituée par l'acte du 16 février 1853, aujourd'hui décédées, et dont les religieuses survivantes ne pouvaient être considérées ni comme héritières ni comme légataires, mais d'un droit d'accroissement stipulé dans ledit acte d'association au profit desdites survivantes, et que ce droit avait un caractère aléatoire qui constituait pour chacune des religieuses à l'égard des autres un acte commutatif ; — D'où il suit que le droit à percevoir était celui d'une mutation à titre onéreux tel que le détermine l'art. 69, § 7, n° 1, de la loi du 22 frimaire an 7, et qu'en appliquant le droit de mutation dû pour les transmissions à titre successoral, le jugement attaqué a expressément violé les articles précités ; — Casse. » (Art. 15289 J. N. ; D. P. 53. 1. 289 ; D. P. 54. 1. 264).

603. Il en est encore ainsi dans le cas où trois acquéreurs d'un immeuble ont stipulé, dans l'acte d'acquisition, qu'à une époque déterminée cet immeuble demeurerait la propriété des deux premiers d'entre eux, s'ils vivaient encore, ou celle du survivant, et que le troisième en resterait, au contraire, seul propriétaire si, à la même époque, ses coacquéreurs se trouvaient décédés l'un et l'autre, alors même qu'il a été dit, au contrat, que l'immeuble serait réputé avoir été acquis en entier par celui ou ceux des trois acquéreurs à qui il resterait en totalité. Cass. 19 mars 1855 (D. P. 55. 1. 289.). V. observ.

604. Lorsque, dans l'acte constitutif d'une société dont le fonds social est divisé par actions, et qui a été autorisée par le gouvernement comme association tontinière, il a été stipulé qu'au décès de chacune des têtes sous lesquelles les actions seraient assises, le droit de chaque actionnaire serait éteint et anéanti, au moyen de quoi sa part et portion, tant dans les revenus à échoir que dans la propriété éventuelle, resterait et demeurerait acquise aux associés survivants, il n'est pas dû un droit de mutation, soit à titre onéreux, soit par décès, à la mort de chacun des associés par ceux qui survivent. Cass. 1er juin 1858 (ch. civ.) deux arrêts (Art. 16332 J. N.). V. les observa-

tions présentées par ce journal à la suite du compte rendu
de ces arrêts.

605. Les actions, dans une société anonyme dont le fonds
social se compose d'immeubles, ne sont exemptées du droit
de mutation par décès, ni par l'art. 15 de la loi du 5 juin 1850,
sur le timbre qui ne s'applique qu'aux transferts et cessions à
titre onéreux, ni par la loi du 20 février 1849, qui établit une
taxe spéciale, dite de mainmorte, sur les immeubles possédés
par les compagnies anonymes. Trib. de Carcassonne, 10 janvier
1860 (Art. 16824). V. *suprà*, n° 318.

**606. Sommes d'argent constituées en dot ou
données entre-vifs.** — Doit-on déduire de l'actif de la
succession, pour la perception des droits de mutation par décès, le montant des sommes données entre-vifs par l'auteur de
la succession, lorsque le payement n'en a point été effectué
avant sa mort ; ou, ce qui est la même chose, faut-il imputer
sur les droits de mutation ouverts par son décès les droits payés
pour ces mêmes sommes à l'enregistrement de l'acte de donation ? La jurisprudence a subi sur cette question de nombreuses
variations avant de recevoir la solution consacrée par la Cour
de cassation le 30 juillet 1862 (Art. 17594 J. N..

Décidé d'abord que les sommes données entre-vifs et non
payées au décès du donateur ne devaient en aucun cas être distraites de l'actif de la succession pour l'acquit des droits de
mutation par décès, et qu'il n'y avait pas lieu d'imputer sur
ces droits ceux qui auraient été payés lors de l'enregistrement
du contrat de donation : « Attendu, d'une part, que l'art. 60 de
la loi du 22 frimaire an 7 prohibe, quels que soient les événements ultérieurs, toute restitution des droits régulièrement
perçus, et que la réduction, l'imputation ou la compensation
du droit proportionnel régulièrement perçu sur l'acte de donation serait une véritable restitution ; d'autre part, que la somme
donnée entre-vifs et non payée au décès du donateur constitue
une créance, par conséquent une charge de la succession, qui
ne peut, aux termes des art. 14 et 15 de la loi du 22 frimaire
an 7, être distraite de l'actif pour la perception des droits de
mutation par décès ; et qu'on ne pouvait, lorsqu'il s'agit d'une
donation entre-vifs et non éventuelle, appliquer l'avis du conseil d'Etat du 10 septembre 1808, relatif aux legs de sommes
d'argent. » Déc. min. fin., 22 septembre 1812 ; Délib. Rég. 26

juin 1824 ; Instr. Rég. 26 mars 1826, n° 1187, § 6 (Art. 1014, 4838, 5617 J. N.). Il s'agissait dans les espèces de ces décisions de sommes constituées en dot par des père et mère à leurs enfants en avancement d'hoirie, et non payées au décès des donateurs (Dict. Not., v° *Succession*, n° 465 et suiv., 4° édition).

607. Ces décisions ne furent point ratifiées par la Cour de cassation. Elle décida que la somme donnée entre vifs en avancement d'hoirie, par une mère à son fils, payable à son décès et soumise au droit proportionnel lors de l'enregistrement du contrat de donation devait être distraite de l'actif de la succession de la donation : « Attendu que cette donation avait saisi irrévocablement le donataire du montant de la donation, et que, par suite de ce principe, il n'y avait pas lieu à la perception d'un nouveau droit. » Cass. 18 février 1820 (Art. 6849 J. N.).

608. La Cour de cassation consacra la même doctrine, à l'égard de sommes données entre-vifs, par un oncle à ses neveux, sous réserve d'usufruit : « Attendu que l'effet immédiat de la donation entre-vifs est de saisir à l'instant le donataire de la propriété de la chose donnée, lors même que le donateur s'en réserve l'usufruit ; en sorte qu'au décès de ce dernier, la chose donnée *ne fait pas partie de la succession*, mais est dévolue au donataire, qui en réunit alors l'usufruit à la propriété ; qu'ainsi il n'est dû à cet égard par les héritiers aucun droit de mutation par décès. » Dans l'espèce, les donataires entre-vifs de sommes d'argent étaient en même temps héritiers ou légataires universels du donateur. Cass. 1er avril 1829 (Art. 6878 J. N.).

609. La Régie acquiesça à cette jurisprudence. Elle reconnut en termes exprès que, par suite des arrêts précités, les sommes données, payables au décès du donateur, et sur lesquelles les droits proportionnels avaient été acquittés lors de l'enregistrement des donations, n'étaient point passibles du droit de mutation par décès à l'époque de l'ouverture de la succession. En conséquence, elle prescrivit à ses préposés, pour la liquidation des droits de mutation à l'égard des successions grevées de donations entre-vifs de sommes d'argent des règles semblables à celles qui étaient établies relativement aux successions chargées de legs de sommes. Instr. Régie, 26 septembre 1829, n° 1293, § 4 ; 26 août 1833, n° 1432 ; Délib. Régie, 15 janvier 1830 (Art. 7001, 7106 et 9717 J. N.).

610. Les mêmes règles étaient applicables lorsque le donataire était étranger à la succession ; dans ce cas, comme dans celui où le donataire est héritier ou légataire universel du donateur, l'effet immédiat de la donation entre-vifs est de saisir à l'instant le donataire de la propriété de la chose donnée ; au décès du donateur, la somme donnée ne faisant point partie de l'hérédité, on doit admettre, dans l'un et l'autre cas, la déduction sur l'actif de la succession de la somme dont il s'était dessaisi par acte entre-vifs, quoique payable seulement à son décès. Délib. Régie, 26 mars 1830 (Art. 7201 J. N.).

611. Enfin, les mêmes règles de perception devaient être suivies lorsque les sommes données entre-vifs et stipulées payables *soit à la volonté du donateur, soit à terme*, n'avaient point été payées avant son décès. Trib. la Flèche, 16 juin 1835 ; Bourges, 11 décembre 1835 ; Paimbeuf, 27 avril 1837 ; Instr. Régie, 18 juin 1838, n° 1562, § 17 ; 15 juillet 1839, n° 1590, § 10 ; Délib. Régie, 19 mars 1839 (Art. 9150, 9846, 10318, 10320 J. N. — Opinion conforme du J. N., Art. 8262, 9150).

612. La question paraissait ainsi définitivement décidée en faveur de la distraction de l'actif de la succession du donateur des sommes données entre-vifs et non payées lors de son décès, et dans le sens opposé à l'instruction de la Régie du 31 mars 1826, dont la doctrine avait été complétement abandonnée. Mais cette doctrine, repoussée par la Cour de cassation, répudiée par la Régie elle-même, nous allons la voir reprendre autorité et dicter de nouveaux arrêts (Dict. Not., *loc. cit.*, n° 472 et suiv.).

613. Décidé que lorsque le donataire n'est ni héritier ni légataire universel du donateur, la somme donnée entre-vifs et payable au décès de ce dernier ne doit pas être distraite de l'actif de la succession, pour la liquidation du droit de mutation par décès : « Attendu que le donataire n'étant ni héritier ni légataire du donateur, il ne peut se présenter que comme un étranger réclamant une *créance* que la succession doit acquitter, et que cette créance est une charge de la succession, qui ne doit pas être déduite de l'actif. » Cass. 2 avril 1839 (Art. 10326 J. N.).

614. Même décision, dans une espèce où la somme donnée entre-vifs avait été stipulée payable au décès du donateur et sous réserve expresse d'usufruit, et où le donataire n'était ni héritier ni légataire universel du donateur : « Attendu que la dame de Nédonchel, en qualité de légataire universelle du sieur Nermont-Rinsart, avait été saisie de plein droit de tous les biens de la succession de celui-ci ; que c'est sur ces biens indistinctement que devraient être payés les 300,000 fr. objet de la donation des 6 et 12 octobre 1817, lesquels ne pouvant être réclamés par le donataire qu'à titre de créance, puisqu'il n'était lui-même ni héritier ni légataire du sieur Nermont-Rinsart, formaient une charge de sa succession. » Cass. 26 juin 1849 ; Trib. Avesnes, 13 mars 1847 ; Havre, 13 mars 1851 (Art. 12973 et 13766 J. N.).

615. Les sommes données entre-vifs en non payées au décès du donateur doivent être déduites des valeurs mobilières de la succession pour la perception du droit de mutation par décès.

Mais la dot constituée en immeubles propres à la mère et stipulée imputable sur la succession du premier mourant des père et mère ne doit pas être déduite de l'actif de la succession paternelle.

Ainsi jugé, le 22 décembre 1847, par le tribunal de Montargis. La première décision est conforme aux arrêts de la Cour de cassation des 18 février et 1er avril 1829 (Art. 6849 et 6878 J. N.) ; elle n'était point d'ailleurs contestée dans l'espèce. La seconde paraît également fondée (Jurispr. Not., art. 8104).

616. Les droits d'enregistrement perçus sur la donation entre-vifs d'une somme d'argent payable sans intérêts au décès du donateur ne doivent pas être imputés sur ceux qui sont dus au décès de ce dernier sur les biens composant sa succession par le légataire institué légataire universel.

C'est ce qui résulte d'un arrêt de la Cour de cassation du 20 novembre 1849 (Art. 13902 J. N.).

Le *Journal des Notaires* critique avec raison cette décision, qui est contraire à la doctrine suivie jusqu'alors par cette Cour et consacrée par deux arrêts des 18 février et 1er avril 1829 (Art. 6849 et 6878 J. N.), et d'après laquelle les sommes données entre-vifs sous réserve de jouissance et payables au décès du donateur devaient être distraites de l'actif de sa succession pour la liquidation des droits de mutation par décès ; ou, ce qui est la même chose, on devait imputer sur ces droits ceux qui avaient été perçus sur la donation entre-vifs.

Cette jurisprudence, prescrite pour règle de perception par une instruction de la Régie du 26 septembre 1829, n° 1293, § 4 (Art. 7001 J. N.), a été pendant vingt ans constamment suivie. Cette ancienne jurisprudence nous paraît donc préférable à celle que voudrait introduire l'arrêt de la Cour de cassation du 20 novembre 1849

617. Les sommes données entre-vifs, et encore dues au moment du décès du donateur, sont des dettes ou charges de la succession, quand le donataire *n'a aucune part à prétendre dans l'hérédité ;* en conséquence, les droits de mutation par décès, doivent être perçus sur la valeur des biens de la succession sans déduction de ces charges.

La même règle doit être appliquée au cas où le donataire entre-vifs d'une somme non payée par le donateur avant son décès est *institué légataire universel* et recueille la succession du donateur.

Mais cette règle cesse d'être applicable quand la donation de sommes a été faite à *un des enfants* ou *descendants du donateur,* attendu qu'au décès de celui-ci, il s'opère une confusion des titres de donataire et d'héritier.

Dans le cas de donation entre-vifs de sommes dont le donateur s'est réservé l'usufruit, la somme donnée ne faisant plus partie de la succession doit être distraite de l'actif de cette succession pour la perception des droits de mutation par décès.

Ces solutions résultent d'une instruction du 30 juin 1850, n° 1857, § 5, dans laquelle la Régie s'est efforcée de concilier la doctrine des arrêts de la Cour de cassation des 28 juin et 20 novembre 1849 (Art. 13765 et 13902 J. N.), avec celle des arrêts des 18 février et 1er avril 1829 (Art. 6849 et 6878 J. N.). Voir cette instruction, Art. 14600 J. N.

618. Les sommes d'argent données par acte entre-vifs et payables au décès du donateur ne doivent pas être distraites de l'actif de la succession pour le payement des droits de mutation par décès dus par le donataire institué légataire universel du donateur. Tribunal de la Seine, 18 novembre 1852 (Art. 14957 J. N.).

Ce jugement est conforme à un arrêt de la Cour de cassation du 30 novembre 1849 et à une instruction de la Régie du 30 juin 1850, n° 1857, § 5 (Art. 13902, 14600 J. N.).

619. Les sommes données entre-vifs et stipulées payables après le décès du donateur, et sans intérêts jusqu'à cette époque, doivent être distraites de l'actif de la succession de ce dernier, pour la perception des droits de mutation par décès. Tribunal d'Orange, 22 avril 1853 (Art. 15198 J. N.).

La Régie a donné son acquiescement à ce jugement. Par son instruction du 30 juin 1850, n° 1857, § 5 (Art. 14600 J. N.), et par approbation de la doctrine d'un arrêt de la Cour de cassation du 1er avril 1829 (Art. 6878 J. N.), elle a reconnu que, dans le cas d'une donation entre-vifs de sommes dont le donateur s'est réservé l'usufruit, les sommes données ne faisant plus partie de la succession doivent être distraites de l'actif de cette succession pour le payement des droits de mutation par décès; et que cette règle n'avait point été modifiée par les arrêts des 28 juin et 20 novembre 1849 (Art. 13766 et 13903 J. N.), ni par conséquent par celui du 31 janvier 1854 (Art. 15156 J. N.). Or, comme l'observe le jugement du tribunal d'Orange, donner une somme d'argent sous réserve d'usufruit ou sous la stipulation que cette somme ne sera payable qu'après le décès du donateur, sans intérêts jusqu'à cette époque, sont des expressions équivalentes. — *Contra*, Cass. 6 mai 1857, 13 novembre 1860 (Art. 16069 et 17002 J. N.).

620. Les droits d'enregistrement perçus sur la donation entre-vifs d'une somme d'argent payable au décès du donateur, ne doivent pas être imputés sur ceux qui sont dus au décès de ce dernier sur les biens de sa succession par le donataire institué légataire universel. Cass. 31 janvier 1854 (Art. 15156 J. N.).

621. Cette décision est conforme à celle du 20 novembre 1840 et à l'instruction de la Régie du 30 juin 1850, n° 1857, § 5 (Art. 13902, 14600 et 14957 J. N.).

622. Les droits d'enregistrement perçus sur la donation entre-vifs d'une somme d'argent, payable au décès du donateur, ne doivent pas être imputés sur ceux qui sont dus au décès de ce dernier sur les biens de sa succession par le donataire *institué légataire universel*. Cass. 19 juin 1855 (Art. 15345 J. N.). — Cette décision est conforme à celles des 26 juin et 20 novembre 1849 et 31 janvier 1854 (Art. 13767, 13902 et 15156 J. N.).

623. Les sommes données en avancement d'hoirie aux *enfants du donateur* et non payées lors du décès de ce dernier, ne doivent pas être distraites de l'actif de la succession pour l'acquit des droits de mutation ouverts par son décès. Cass. 6 mai 1857 (Art. 16069 J. N.).

Cet arrêt supprime la restriction apportée par l'instruction de la Régie du 30 juin 1850, lorsque le donataire est *un des enfants ou descendants du donateur.* Il est en opposition manifeste avec celui du 18 février 1829 (Art. 6849 J. N.), rendu dans des circonstances analogues. — V. les observations présentées par ce journal sur les variations qu'a subies la jurisprudence sur cette grave question (Art. 1606 J. N.).

624. La disposition d'un acte entre-vifs de tous les immeubles du donateur, par laquelle le donataire est chargé de payer une somme déterminée « aux héritiers naturels du donateur, dans la proportion de leurs droits dans la succession et d'après leurs qualités héréditaires au jour de son décès, » constitue non une libéralité entre-vifs saisissant actuellement et irrévocablement les héritiers donataires, mais une disposition gratuite subordonnée au décès du donateur et sujette, à cette époque, au droit de mutation, indépendamment du droit perçu lors de l'enregistrement de la donation entre-vifs sur la valeur intégrale des immeubles. Cass. 24 mars 1860 (Art. 16829 J. N.).

625. Le droit de mutation par décès est exigible sur une somme donnée entre-vifs par un père à l'un de ses enfants et rapportée par le donataire à la succession du donateur pour remplir ses cohéritiers de leur réserve. Tribunal de Bagnères, 18 avril 1859 (Art. 16696 J. N.).

626. Cette décision nous parait erronée. La Régie a reconnu que les sommes données entre-vifs par un père à ses enfants et rapportées par ceux-ci à la succession, ne doivent pas être comprises dans la déclaration pour le payement du droit de mutation par décès, si elles ont été payées avant le décès du père. Délibération de la Régie du 28 thermidor an 9, 2 octobre 1845 ; (Dict du Not., v° *Rapport à succession*, n° 320, 4° édition). La même décision résulte d'un jugement du tribunal d'Epernay, du 3 août 1827, auquel la Régie a acquiescé par une délibération du 26 octobre suivant (Art. 6434 J. N.; Dict. du Not., v° *Succession*, n° 360, 3° édition). En effet, les sommes données entre-vifs appartiennent bien à la succession du donateur, puisqu'elles en sont un démembrement anticipé ; mais elles ne font point partie des biens transmis par le décès du donateur. Peu importe que le donataire conserve intégralement la somme donnée ou qu'il en restitue une partie à ses cohéritiers pour leur réserve ; dans l'un et l'autre cas, c'est un rapport, c'est-à-dire la remise effective à la masse successible des objets dont le défunt a disposé par anticipation et en vue du règlement des droits des héritiers. La succession n'acquiert rien ; la masse héréditaire n'est point augmentée ; elle se compose de deux parties : des biens que le défunt en a distraits par la donation entre-vifs, et de ceux dont il est resté propriétaire au jour de son décès.

627. Les sommes d'argent, données par acte entre-vifs et payables au décès du donateur ou dans un délai déterminé après ce décès, ne doivent pas être distraites de l'actif de sa succession pour l'acquit des droits de mutation ouverts par son décès. —Ces sommes ne doivent pas être distraites de l'actif de la succession de l'*héritier* ou du *légataire universel* du donateur, lorsqu'elles n'ont pas encore été acquittées lors du décès de cet héritier ou légataire universel. Cass. 13 novembre 1860 (Art. 17002 J. N.). — Voir aussi Cass. 2 avril 1839, 26 juin et 20 novembre 1849, 31 janvier 1854, 18 juin 1855 et 6 mai 1857 (Art. 10356, 13766, 13902, 15156, 13545 et 16069 J. N.).

628. Les sommes d'argent données entre-vifs par contrat de mariage, dont le donateur s'est dessaisi actuellement et irrévocablement, quoique stipulées payables après son décès, et sur lesquelles le droit proportionnel de donation a été perçu lors de l'enregistrement du contrat, ont cessé dès le moment de la donation, et au point de vue de la perception de l'impôt, de faire partie du patrimoine du donateur. En conséquence, ces sommes ne peuvent être assimilées à des charges de la succession de ce dernier et doivent être distraites de l'actif de cette succession, pour l'acquit des droits de mutation ouverts par son décès. Cass. 30 juillet 1862 (Art. 17504 J. N.).

Voici l'espèce qui a donné lieu à cette importante décision :

Le sieur Fulchiron est décédé le 22 mars 1859, laissant pour légataire universel le sieur Bignan, son neveu.

Il avait, suivant deux contrats de mariage des 14 mars 1829 et 11 septembre 1854, constitué en dot audit Bignan une somme de 250,000 fr. et à la dame Coppens, sa petite-nièce, une somme de 100,000 fr., ces deux sommes stipulées payables seulement après son décès. Le droit de donation entre-vifs par contrat de mariage fut perçu sur les deux donations.

Lors de la déclaration de la succession du sieur Fulchiron, le légataire universel a demandé que de l'importance des biens on déduisit la double somme de 250,000 fr. et de 100,000 fr. pour la liquidation du droit de mutation par décès. Le receveur s'étant refusé à cette déclaration, le légataire s'est pourvu en justice.

Mais, le 25 août 1860, jugement du tribunal civil de la Seine, qui repousse la demande :

« Attendu que la prétention de déduire les sommes données, mais non encore délivrées au jour du décès du donateur, de l'actif mobilier ou immobilier composant la succession, se fonde sur le motif qu'il y a eu dessaisissement de ces sommes et qu'elles ne sont pas entrées dans les mains des héritiers du donateur en vertu d'une transmission héréditaire ;

» Mais attendu que la propriété des sommes données est acquise au donataire du jour du contrat de donation, et s'il y a eu dessaisissement pour la validité, le donateur n'a cependant pas fait une donation effective et réelle des sommes données ; que celles-ci, confondues dans son patrimoine, soumises à toutes les chances bonnes ou mauvaises de conservation, d'accroissement ou de dépérissement, n'ont jamais représenté un corps certain et déterminé ; que le donataire, lorsque le terme de l'exigibilité est arrivé, ne revendique pas plutôt telle somme que telle autre, qui souvent n'existe pas dans la succession, mais poursuit, comme créancier, son payement sur toute la masse héréditaire, même sur les biens personnels de l'héritier pur et simple, parce qu'ils forment son gage ; que cette dette de la succession est, comme toute autre dette contractuelle, une charge qui ne peut être distraite des valeurs héréditaires, conformément à la loi de frimaire an 7 ; que le droit de mutation, qui est alors perçu sur les valeurs de la succession, sans distraction des charges, n'est plus le même que celui qui a été pris sur la première transmission à l'origine de la donation ; qu'il est dû à un autre titre ; que des situations

distinctes donnent lieu successivement à des perceptions différentes et prévues par des lois spéciales ; qu'il n'y a donc aucune
contrariété, en cette matière, entre les principes du droit civil
et ceux du droit fiscal. »

Pourvoi en cassation du sieur Bignan, et, le 30 juillet 1862 :

« LA COUR ; — Vu les art. 14, n° 8, et 15, n° 7, de la loi du
22 frimaire an 7 : — Attendu que, par les donations faites par
Fulchiron à Bignan et à la femme Coppens dans leur contrat de
mariage, le donateur s'est dessaisi actuellement et irrévocablement des sommes par lui données à son neveu et à sa petite-
nièce ; qu'aux yeux de la loi fiscale, ces donations ont opéré
une véritable mutation dont les droits ont été perçus par la Régie au moment de la représentation des contrats à la formalité
de l'enregistrement ; que, dès ce moment, les sommes données
ont cessé, au point de vue de la perception de l'impôt, de faire
partie du patrimoine du donateur, et par conséquent ont dû
être distraites de la masse active de sa succession, lors de la
déclaration qui en a été faite après son décès ; qu'on ne peut
assimiler des libéralités provenant de la volonté du défunt à
une charge de sa succession, dont les choses données ont, au
contraire, été attachées dès le moment de la déposition ; d'où
il suit qu'en refusant d'accorder la déduction demandée sur
la succession Fulchiron, le jugement attaqué a faussement appliqué, et, par suite, violé les articles ci-dessus ; — Casse. »

C'est avec une vive satisfaction que nous avons accueilli cet
arrêt comme un retour manifeste à la doctrine des deux arrêts
des 18 février et 1er avril 1829. La Cour de cassation, en revenant à cette doctrine, abandonne celle des arrêts intermédiaires.

629. Le legs particulier d'une somme d'argent non existant en nature dans la succession, ne donne ouverture qu'au
droit de mutation calculé d'après le degré de parenté du légataire avec le testateur, encore bien que ce droit soit inférieur en quotité à celui qui est dû par le légataire universel ou
l'héritier, et que la somme léguée doive, à défaut de valeurs
mobilières, être imputée sur les immeubles.

Les sommes d'argent léguées à titre particulier, qui n'ont
pu être payées avant le décès du légataire universel, ou qui
ont été stipulées payables sans intérêts après ce décès, doivent

être déduites des valeurs de la succession du légataire universel pour la perception du droit de mutation par décès.

Les sommes données entre-vifs et qui ont été déclarées payables après le décès du donateur, doivent être déduites des valeurs de sa succession pour la liquidation des droits de mutation par décès.

Le legs de sommes d'argent payables sans intérêts après le décès du légataire universel constitue un usufruit au profit de ce dernier; en conséquence, il y a lieu d'exiger de l'héritier ou du légataire universel un droit de mutation d'usufruit sur les sommes léguées, dans tous les cas où le légataire particulier de ces sommes n'en sera, au décès du testateur, que nu-propriétaire.

Ces diverses décisions sont rapportées en ces termes dans une instruction de la Régie, du 15 novembre 1862, n° 2234, § 1er, dans laquelle sont rapportés les arrêts de la Cour de cassation qui ont consacré les trois premières.

A cette occasion le *Journal des Notaires* s'exprime ainsi (Art. 17601) :

« La première décision est conforme à un arrêt de la Cour de cassation du 30 mars 1858, et à l'opinion que nous avons constamment soutenue (Art. 15902 et 16273 J. N.; Dict. Not., v° *Legs*, n° 484 et suiv., 4° édit.).

» La seconde a été consacrée par des arrêts de la même Cour, des 6 déc. 1858, 16 et 22 août 1859, et principalement par ceux des 18 nov. 1835 et 25 juin 1862, contraires à un autre arrêt du 17 février 1857, dont nous avions combattu la doctrine (Art. 9080, 15998, 16470, 16659, 16706 et 17472 J. N.; Dict. Not., v° *Legs*, n° 464, 4° édit.).

» La troisième constate l'acquiescement de la Régie à l'arrêt de la Cour de cassation du 30 juillet 1862, conforme à ceux des 18 fév. et 18 avr. 1829, mais contraires à de nombreux arrêts dont le dernier du 13 nov. 1860, contre la doctrine desquels nous avions toujours protesté (Art. 6849, 6878, 17002 et 17004 J. N.; Dict. Not., v° *Succession*, n° 473 et suiv., 4° édit.).

» La Cour de cassation n'a point statué en termes formels sur la quatrième et dernière proposition ; mais elle résulte explicitement des motifs de l'arrêt du 25 juin 1862 (Art. 17472 J. N.). » (Art. 17601 J. N.; Garnier, *Rép. pér.*, art. 1720).

630. Somme fournie par un tiers. — Créance de la succession. — Le droit de mutation par décès est dû sur la moitié d'une créance hypothécaire faisant partie d'une communauté, alors même que, postérieurement au décès de l'un des époux, il a été reconnu, par une délibération du conseil de famille des héritiers mineurs, que la moitié de cette créance appartient à un tiers qui avait fourni les fonds jusqu'à due concurrence. Il y a purement et simplement une charge non susceptible d'être déduite de l'actif. Trib. de Dinan, 5 février 1858 (Garnier, *Rép. pér.*, art. 1016).

631. Substitution. — Le grevé de substitution doit payer les droits de mutation par décès sur la pleine propriété des biens à lui transmis, absolument comme si la charge de restitution ne le grevait pas. Le grevé n'est pas simple usufruitier, mais propriétaire des biens à lui transmis à la charge de restitution.

En second lieu, un nouveau droit de même nature est exigible lorsque les appelés recueillent les biens par suite du décès du grevé, car une nouvelle mutation s'opère sur leur tête (Garnier, 13218).

632. Les substitutions établies par donations entre-vifs ne donnent lieu à la perception d'aucun droit particulier, parce que l'appelé ou les appelés ne sont point saisis de la chose; ils n'ont qu'une expectative de recueillir qui peut ne pas se réaliser; et, comme la substitution est pour eux un mode de succéder, ils ne devront, s'ils recueillent l'héritage, que le droit de mutation par décès, à raison de leur degré de parenté avec le donataire ou l'héritier grevé de substitution. Délib. Rég., 26 août 1814; Trib. Rennes, 22 mars 1846 (Dict. Not., v° *Substitution*, n° 333, 4ᵉ édit.; Art. 12903 J. N.).

633. Les mêmes règles s'appliquent à la substitution par testament. Le testament est enregistré au droit fixe; l'héritier ou le légataire grevé acquitte les droits de succession, et ce n'est qu'à son décès que les droits des substitués s'ouvriront, et qu'ils auront à payer, à leur tour, un même droit de mutation (*ibid*).

634. L'appelé à une substitution n'est tenu de passer déclaration, pour le payement des droits de mutation par décès que dans les six mois du décès du grevé. Déc. min. fin. 24 août 1831 (Dict. Not., *loc. cit.*, n° 335).

635. C'est sur la valeur de la propriété des biens, et non sur l'usufruit, que le grevé, et après lui les appelés, doivent payer le droit de mutation par décès, parce qu'ils sont successivement investis de la propriété, et qu'il peut même arriver que la restitution n'ait pas lieu ; car le grevé ou ses descendants, l'appelé au premier degré ou ses descendants, peuvent devenir propriétaires incommutables, s'ils survivent à ceux qui devaient leur succéder. Délib. Rég. 26 août 1821 (Art. 4033 J. N.).

636. La disposition d'un testament contenant legs de plusieurs immeubles à un mineur, sous la condition que les biens légués rentreront dans l'hérédité si le légataire vient à mourir avant sa majorité et sans enfants, présente le caractère d'une substitution prohibée. Cependant, si cette disposition a été exécutée pendant la vie du légataire, décédé ensuite dans les conditions prévues par le testament, le retour à la succession des biens légués opère une nouvelle transmission passible du droit de mutation, au payement duquel les héritiers du testateur ne peuvent se soustraire en excipant de la nullité du legs, pour cause de substitution. Cass. 11 décembre 1860 ; (Jurisp. Not., art. 11833 ; Art. 17071 J. N.).

637. Lorsque des biens ont été légués à un mineur, sous la condition qu'ils rentreront dans l'hérédité si le légataire vient à mourir avant sa majorité et sans enfants, la Régie, en cas du décès du légataire mineur arrivé dans les conditions prévues par le testament, et sans qu'il ait été fait délivrance du legs, n'est pas fondée à prétendre que les biens légués ont fait retour à la succession et qu'il s'est opéré au profit des héritiers du testateur une nouvelle mutation passible du droit proportionnel d'enregistrement. Trib. de la Seine, 20 décembre 1862 (Jurisp. Not., art. 12374).

Cette décision paraît fondée. Elle n'est point contraire à l'arrêt de la Cour de cassation du 11 décembre 1860, qui a décidé que lorsqu'en fait une semblable disposition testamentaire, entachée de substitution prohibée, a été exécutée pendant la vie du légataire, et que ce légataire meurt ensuite dans les conditions prévues par le testament, le retour à la succession des biens légués opère une nouvelle transmission passible du droit de mutation. En effet, dans le cas de cet arrêt, les héritiers du testateur ne pouvaient se soustraire au payement du droit de la mutation opérée à leur profit, en excipant de la nullité pour cause de substitution, puisqu'ils avaient pendant la vie du légataire respecté et exécuté la disposition. Mais il n'en est pas de même, lorsque, comme dans l'espèce du jugement du tribunal de la Seine, les héritiers ont, pendant la vie du légataire, refusé de l'exécuter et de faire la délivrance du legs (Art. 17656 J. N.).

§. VII. — Tarif et liquidation des droits de mutation par décès. Des valeurs sur lesquelles sont assis ces droits. De leur liquidation.

1° TARIF DES DROITS DE MUTATION PAR DÉCÈS.

638. Avant la loi du 18 mai 1850, les droits de mutation par décès avaient été fixés par les art. 69, § 1er, n° 3, § 3, n° 4 de la loi du 22 frimaire an 7, par l'art. 52 de la loi du 28 avril 1816, et l'art. 33 de la loi du 21 avril 1832, ainsi qu'il suit ;

En ligne directe : 25 c. par 100 fr. pour les *meubles*, et 1 fr. par 100 fr. pour les *immeubles* .

Entre époux : 1 fr. 50 par 100 fr. pour les *meubles* ; 3 fr. par 100 fr. pour les *immeubles*.

Entre frères, sœurs, oncles, tantes, neveux et nièces : 3 fr. par 100 fr. pour les *biens meubles*, et 6 fr. 50 c. pour les *immeubles*.

Entre grands-oncles et grand'tantes, petits-neveux et petites-nièces, cousins germains : 4 fr. par 100 fr. pour les *meubles*, et 7 fr. par 100 fr. pour les *immeubles*.

Entre parents au-delà du quatrième degré et jusqu'au douzième 5 fr. par 100 fr. pour les *meubles :* et 8 fr. par 100 fr. pour les *immeubles*.

Entre personnes non parentes : 6 fr. par 100 pour les *meubles*, et 9 fr. par 100 fr. pour les *immeubles*.

639. Sous cette ancienne législation, les droits de mutation par décès ainsi fixés s'appliquaient indistinctement aux successions *contractuelles*, aux successions *testamentaires* comme aux successions *légitimes*. Afin d'éviter toute équivoque, nous dirons que la succession contractuelle est celle qui est déférée par contrat de mariage aux futurs époux ou aux enfants à naître ; celle testamentaire qui est déférée par testament, c'est-à-dire par la volonté de l'homme ; enfin celle légitime qui, à défaut de manifestation légale de la volonté du défunt, est déféré par le seul effet de la loi (Dict. Not., v° *Succession*, n°ˢ 1ᵉʳ et suiv., 4ᵉ édit. ; Dalloz, 3973 et 4079 ; Garnier, 12059 et suiv. ; Répert. Jurispr. Not., v° *Mutation par décès*, n° 16).

640. Ce tarif a été modifié par l'art. 10 de la loi du 18 mai 1850, portant que les transmissions de biens meubles qui s'effectuent par décès sont assujetties aux diverses quotités de droits établis pour les transmissions d'immeubles de même espèce. Les mutations par décès, sans distinction de biens meubles et immeubles, sont actuellement soumises aux droits ci-après :

En ligne directe : 1 fr. pour 100 fr. ;

Entre époux : 3 fr. pour 100 fr. ;

Entre frères et sœurs, oncles et tantes, neveux et nièces : 6 fr. 50 c. pour 100 fr. ;

Entre grands-oncles et grand'tantes, petits-neveux et petites-nièces, cousins germains : 7 fr. pour 100 fr. ;

Entre parents au delà du 4ᵉ degré : 8 fr. pour 100 fr. ;

Entre personnes non parentes : 9 fr. pour 100 fr. ;

Ce nouveau tarif ainsi modifié s'applique également indistinctement aux trois natures de succession dont nous avons précédemment parlé, c'est-à-dire aux successions ou *contractuelles,* ou *testamentaires,* ou *légitimes.* V. la loi, Art. 14050 J. N.

641. L'art. 7 de la loi du 18 mai 1850 porte : « Les mutations par décès et les transmissions entre-vifs à titre gratuit d'inscriptions sur le grand-livre de la dette publique seront soumises aux droits établis pour les successions ou donations. — Il en sera de même des mutations par décès de fonds publics et *d'actions* des compagnies ou sociétés d'industrie et de finances étrangères, dépendant d'une succession régie par la loi française, et des transmissions entre-vifs à titre gratuit de ces mêmes valeurs au profit d'un Français. — Le capital servant à la liquidation du droit d'enregistrement sera déterminé par le cours moyen de la Bourse au jour de la transmission. — S'il s'agit de valeurs non cotées à la Bourse, le capital sera déterminé par la déclaration estimative des parties, conformément à l'art. 14 de la loi du 22 frim. an 7, sauf l'application de l'art. 39 de la même loi, si l'estimation est reconnue insuffisante. »

Cet article n'ayant désigné que les actions des compagnies étrangères, les obligations de ces mêmes compagnies échappaient, à défaut d'une énumération formelle, aux droits établis pour les donations et les successions.

La loi de finances du 13 mai 1863 fait disparaître cette inégalité. L'art. 11 de cette loi est ainsi conçu :

« Les dispositions de l'art. 7 de la loi du 15 (18) mars 1850 sont applicables aux obligations des compagnies ou sociétés d'industrie et de finances étrangères. »

Les obligations dont-il s'agit sont donc passibles du droit de mutation par décès, lorsqu'elles dépendent d'une succession régie par la loi française, et du droit de donation lorsqu'elles sont transmises entre-vifs à titre gratuit au profit d'un Français. Instr. de la Régie, 21 mai 1863, n° 2245, pour l'exécution de l'art. 11 de la loi du 15 du même mois, relatif aux obligations des compagnies étrangères (Art. 17749 J. N.).

642. La perception du droit proportionnel suit les sommes et valeurs de 20 fr. en 20 fr. inclusivement et sans fraction (Art. 2 de la loi du 29 ventôse an 11). Ainsi le droit est le même sur 20 fr. 05 c. que sur 40 fr., sur 41 fr., que sur 60 fr., etc.

643. Alliés. — Les alliés sont considérés comme *étrangers*, pour la perception des droits d'enregistrement (Circul. 202). Cette règle, qui a été constamment suivie par les employés, ne semblait pas de nature à soulever la moindre objection ; cependant la Cour de cassation a été appelée à se prononcer plusieurs fois, et elle en a consacré le principe d'une manière irrévocable en décidant qu'un gendre légataire d'un quart en propriété et d'un quart en usufruit des biens de la succession de son beau-père, doit acquitter les droits de mutation au taux fixé pour les personnes non parentes. Cass. 22 décembre 1829.

La Régie a donné connaissance de cet arrêt à ses préposés, par le § 6 de son instruction du 7 mars 1830, n° 1307 (Art. 7126 J. N.; Dalloz, 3663 ; Garnier, 1513 ; Jurisp. Not., v° *Mutation par décès*, n° 307).

644. Enfant adoptif. — L'enfant adoptif étant civilement et par fiction un enfant légitime, les droits de mutation sur les biens que lui ou ses enfants recueillent par le décès de l'adoptant, sont perçus au taux pour la ligne directe.

Lors même que l'adoption a eu lieu par testament et que l'adoptant est décédé avant la majorité de l'adopté, le droit n'est dû qu'au taux fixé pour la ligne directe. Délib. Rég. 19 août 1834 ; Cass. 2 décembre 1822 (Art. 4030 et 4325 J. N.; Dict. Not., v° *Adoption*, n°° 67 et 69, 4° édit.; Jurisp. Not., *loc. cit.*, n° 316, et v° *Adoption*, n° 56; Dalloz, 4084; Garnier, 1284).

645. Lorsque l'adopté est décédé sans postérité, les biens qu'il avait recueillis dans la succession de l'adoptant et qui font retour aux descendants de celui-ci, sont sujets au droit de mutation par décès. Dans ce cas, si c'est un fils de l'adoptant qui profite du retour, le taux est celui fixé pour les mutations entre frères et sœurs. Délib. Rég. 6 février 1827 (Dict. Not., v° *Succession*, n° 858 ; Garnier, 1289; Dalloz, v° *Adoption*, n° 186).

646. Enfant posthume. — Il n'est pas dû de droit de mutation par suite du décès d'un enfant posthume, né *avant* le cent quatre-vingtième jour de sa conception et mort peu d'instants après sa naissance. Cet enfant n'étant pas présumé légalement viable, était incapable de succéder et par conséquent de transmettre (C. N. 314, 725). Délib. Rég. 24 novembre 1829 ; Inst. Rég. 27 mars 1830, n° 1307, § 10 (Art. 7037 J. N.; Dalloz, 4002; Garnier, 12078).

647. Enfant conçu. — Mais l'enfant né après le cent quatre-vingtième jour de sa conception est présumé viable, lors même qu'il n'a vécu que quelques instants. En conséquence, il a pu succéder et transmettre, et le droit de mutation est dû par suite de son décès. Délib. Rég. 7 janvier 1831 (Art. 7354 J. N.; Garnier, 12081; Dalloz, 4002).

648. Enfant naturel. — En règle générale, les mutations qui s'effectuent au profit des enfants naturels ou de leurs descendants légitimes, par le décès de leurs père et mère, ne donnent ouverture qu'au droit établi pour les successions en ligne directe. C'est l'application des dispositions de la loi du 22 frim. an 7 qui tarifent aux mêmes droits toutes les successions en ligne directe, sans distinction de la succession légitime et de la succession naturelle. Déc. min. fin. 7 messidor an 12 ; Instr. Rég. 29 du même mois, n° 239 ; Délib. Rég. 17 juin 1834 (Art. 8600 J. N.; Dict. Not., v° *Succession*, n° 867, 4e édit.; Jurisp. Not., v° *Mutation par décès*, n° 313 ; Dalloz, n° 4086 ; Garnier, 5612).

649. Il a été dérogé à cette règle par l'art. 53 de la loi du 28 avril 1816, pour les cas où les enfants naturels sont appelés à la succession à défaut de parents au degré successible. Ils sont alors considérés comme personnes non parentes (Garnier, 5719 et 12138 ; Dalloz, 4088 ; Dict. Not. et Jurisp. Notariat, *ibid.*).

Cette disposition exceptionnelle a donné lieu aux décisions suivantes :

650. L'enfant naturel qui recueille, en vertu d'un testament, une portion de la succession de sa mère plus forte que celle que lui accorde l'art. 757 C. N., ne doit acquitter le droit de mutation par décès qu'au taux fixé pour les successions en ligne directe.

C'est ce qui résulte d'une décision de la Régie du 20 novembre 1845. (Jurisp. Not., art. 7175; Garnier, 5721 ; Art. 12565 J. N.). Opinion conforme, Art. 9971 J. N. *Contrà*, Délib. Rég. 18 juillet 1856 ; Trib. Meaux, 7 mars 1838 (Art. 9971 J. N.); Seine, 27 mars 1844 (Art. 12565 J. N.).

651. L'enfant naturel appelé à recueillir la totalité des biens de la succession de son père, à défaut de parents au degré successible, doit-il acquitter le droit de mutation par décès, au taux déterminé pour les mutations entre personnes non parentes, *sur la totalité de la succession ?*

L'affirmative résulte d'un jugement du tribunal de Lyon du 19 février 1845 (Art. 12315 J N.). Ce jugement a été maintenu par la Cour de cassation, le 12 avril 1847 (ch. civ.) :

LA COUR ; — Sur le 1er et le 2e moyen : — Attendu qu'il est constaté par le jugement attaqué que c'est en vertu du droit ouvert par l'art. 758 C. N. que le demandeur a recueilli les biens acquis dans l'hoirie paternelle, et non en vertu du testament de son père, dont il n'a même pas fait mention dans sa déclaration, en ce qui le concerne ;

Attendu qu'aux termes de l'art. 758 C. N., l'enfant naturel appelé à recucillir la totalité des biens, ne l'est qu'à un seul titre et par l'unique motif que son père ou sa mère n'a laissé aucun parent au degré successible, et que l'art. 53 de la loi du 28 avril 1816 n'établit qu'une seule espèce de droits dans ce cas ;

Sur le 3° moyen : — Attendu que le jugement attaqué, en faisant supporter la totalité des droits d'enregistrement à l'enfant naturel, investi de la totalité des biens, sans aucune déduction des charges dont ces biens pouvaient être grevés, a tiré dans l'espèce la conséquence légale des faits précédemment reconnus ou déclarés par lui ; — D'où il suit qu'il a fait une juste application de l'art. 758 C. N., et qu'il n'a violé aucune loi ; — Rejette (Art. 13006 J. N. ; Garnier, 5720 ; Dalloz, 4090).

Nous croyons devoir rapporter en entier les excellentes observations présentées à l'occasion de ces décisions par le Dict. Not., *loc cit.*, n° 873, 4° édit.

« Cette décision nous a paru contestable. Nous persistons à penser que, suivant l'esprit et la lettre de l'art. 53 de la loi du 28 avril 1846, l'enfant naturel ne doit acquitter le droit de mutation entre personnes non parentes que sur la portion de la succession qu'il recueille par le défaut de parents au degré successible, c'est-à-dire sur *un quart* seulement.

« Sans doute, comme l'énonce l'arrêt, c'est au seul titre d'enfant naturel que celui-ci est appelé à recueillir, en vertu de l'art. 758 C. N., la totalité de la succession paternelle, à défaut de parents au degré successible. Mais, aux termes de l'art. 757, si les père et mère n'ont laissé ni descendants, ni ascendants, ni frères ni sœurs, l'enfant naturel a droit aux trois quarts de la succession, et il n'est point contesté que, dans ce cas, le droit de mutation n'est dû qu'au taux de la ligne directe. La circonstance du défaut de parents au degré successible n'ajoute donc qu'*un quart* aux droits de l'enfant naturel. Si, d'après la loi civile, il n'a dans tous les cas qu'un seul titre, il est vrai aussi que de la part de la loi fiscale ce titre est traité de deux manières, puisque dans un cas elle considère l'enfant naturel comme héritier en ligne directe, et dans l'autre comme non parent. L'unité de titre n'est donc ici d'aucune conséquence pour l'unité de perception. Dire ensuite avec la Cour de cassation, que la loi du 28 avril 1846 n'établit qu'une seule quotité de droit pour le cas de l'art. 758 C. N., c'est tout simplement décider la question par la question.

» L'appel à la succession à défaut de parents au degré successible n'augmentant que d'*un quart* les droits de l'enfant naturel, c'est déjà beaucoup que pour *ce quart* la loi fiscale lui enlève la qualité de successeur direct, et assujettisse cette

portion au droit de mutation entre personnes non parentes.
Est-il raisonnable de supposer que dans le cas de l'art. 758
C. N., elle ait voulu traiter l'enfant naturel comme un étranger pour la totalité de la succession, tout en continuant à le
considérer comme successeur direct, lorsqu'en vertu de
l'art. 757 il recueille les trois quarts de l'hérédité ? — Il est
clair pour nous que dans l'esprit de la loi de 1816, la disposition de l'art. 53 ne s'applique qu'*au quart* de la succession.

« Cette interprétation n'a rien de contraire à la lettre de la
loi. Le défaut de parents au degré successible n'ajoutant qu'*un
quart* aux droits de l'enfant naturel, il est conforme aux
termes de la loi que la perception du droit de mutation entre
personnes non parentes soit limitée à cet avantage. Il faut
d'ailleurs remarquer que l'art. 53 de la loi de 1816 comprend
l'époux survivant et l'enfant naturel. Or, le Code Napoléon n'appelle le conjoint survivant à la succession que dans un seul cas :
celui du défaut de parents au degré successible ; tandis que
dans tous les cas, même lorsqu'il existe des descendants légitimes, il accorde à l'enfant naturel un droit à la succession de
son père ou de sa mère. Ces expressions de la loi de 1816, *à
défaut de parents au degré successible*, n'ont donc pas le même
sens, la même valeur à l'égard de l'enfant naturel qu'à celui de
l'époux survivant ; à ce dernier, qui aurait été complétement
exclu par l'existence de parents au degré successible, le défaut de parents donne toute la succession ; au premier il n'apporte que l'avantage d'*un quart*. Dans ce cas, l'époux survivant doit le droit de mutation entre personnes non parentes
sur la totalité de la succession ; l'enfant naturel n'y est tenu
que pour *un quart*. Tel est, à notre avis, le sens véritable de
l'art. 53 de la loi du 28 avril 1816 (Art. 8334, 12315 et 13006
J. N.). » V. *Contra*, Dalloz, 4090.

652. Lorsque, par testament, une mère à légué a sa fille naturelle reconnue l'usufruit de tous ses biens, et la nue propriété au fils légitime de celle-ci, les droits de mutation par
décès ne sont dus par ces légataires qu'au taux fixé pour la
ligne directe. Instr. gén. de la Régie, 31 décembre 1847,
n° 1796, § 15 (Jurisp. Not., art. 8076 ; Dict. Not., *loc. cit.*,
n° 870 ; Garnier, 5721, Art. 13324 J. N.).

653. L'enfant naturel qui recueille la succession de sa mère,
enfant naturel elle-même, décédée laissant sa mère et des frères

et sœurs illégitimes, doit-il payer le droit de mutation par décès au taux fixé pour les personnes non parentes?

L'affirmative a été jugée par les tribunaux de la Seine, 12 juin 1850, et de Guéret, 17 octobre 1851 (Art. 14172 et 14518 J. N.; Garnier, 5722; Dalloz, 4090).

654. Lorsque l'enfant naturel est appelé à la succession de son père, en vertu de l'art. 758 C. N., à défaut de parents au degré successible, il est tenu d'acquitter le droit de mutation par décès, au taux réglé pour les personnes non parentes, sur tout ce qui lui échoit, et cela encore que, par l'effet de dispositions entre-vifs ou testamentaires, il ne recueille pas la totalité de la succession. Trib. Seine, 22 mars 1848 (Jurisp. Not., art. 8679; Art. 13354 J. N.).

Le Dictionnaire du Notariat, v° *Succession*, n° 874, 4° édition, en rappelant ce jugement, fait les observations suivantes : « Cette décision peut être contestée : s'il eût existé des parents au dégré successible, l'enfant naturel aurait recueilli les trois quarts et n'aurait payé le droit de mutation qu'au taux de la ligne directe. Appelé à la succession à défaut de parents au degré successible, il n'en recueille néanmoins que la moitié par l'effet des dispositions faites par son père en faveur d'autres personnes. Il semble qu'il ne doit que le droit de mutation en ligne directe sur moitié. » V. aussi Art. 8334, 12315, 12565, 13006 J. N., et Garnier, 5720.

M. Dalloz exprime une opinion contraire; il approuve le jugement du tribunal de la Seine en rappelant un autre précédent rendu dans le même sens par ce tribunal, le 27 mars 1844.

« Il faut en convenir, dit-il, cette solution paraît seule conforme au texte formel de la loi de 1816. Cette loi, comme nous le faisons remarquer dans notre recueil périodique en rapportant l'arrêt précité du 12 avril 1847, s'est attachée à cette considération que l'enfant naturel, non successible à raison de sa qualité, pouvait, lorsqu'il appréhendait la succession à défaut de successibles, en vertu d'une dévolution semblable à celle que la loi a établie en faveur de l'époux survivant, être assimilé, quant à la perception, à cet époux, et placé, comme lui, au rang des personnes non parentes. La loi ne nie pas, pour cela, le lien de parenté qui unit l'enfant naturel au père qui l'a reconnu; elle l'assujettit seulement à une perception plus élevée que celle qui est applicable aux successibles. Et comme, lorsqu'il recueille l'intégralité des biens qui composent la succession, conformément à l'art. 758 C. Nap., il la recueille en vertu d'un titre unique et indivisible, en sa qualité d'enfant naturel, la perception doit de même être indivisible et frapper la totalité de l'émolument qu'il obtient. » (Art. 4090.)

De ces deux opinions aussi opposées nous estimons que c'est celle professée par MM. les rédacteurs du *Journal des Notaires*, qui doit être préférée. L'enfant naturel appelé à toute la succession en vertu de l'art. 758 C. N., ne doit supporter le droit entre personnes non parentes que sur *un quart* de la succession, le surplus lui étant attribué par l'art. 755 dans le cas même d'existence de parents au degré successible, autres que les descendants, ascendants, frères ou sœurs.

655. L'enfant naturel reconnu, dont la mère ne laisse pas de parents au degré successible, et qui recueille toute la succession en qualité de légataire universel, n'est passible des droits de mutation par décès que comme successeur en ligne directe, et non comme personne non parente.

Ainsi jugé avec raison, à notre avis, dans l'espèce que voici :

Mademoiselle Mars, célèbre actrice, dont le véritable nom était Anne-Françoise-Hippolyte Boulet, est décédée à Paris le 20 mars 1847, après avoir institué, par testament olographe du 5 août 1838, pour son légataire universel, le sieur Bronner, son fils naturel reconnu.

Lors des déclarations faites aux bureaux de Paris et de Versailles, par le sieur Bronner, en sa double qualité de légataire universel et d'enfant naturel de mademoiselle Mars, il a été perçu les droits de 6 et 9 p. 100 établis pour les mutations par décès de biens meubles et immeubles entre personnes non parentes.

Cette perception a été attaquée par le sieur Bronner, soutenant qu'il n'était dû que les droits de mutation en ligne directe.

Mais sa demande en restitution a été rejetée, le 10 janv. 1850, par le tribunal de la Seine, et, le 17 du même mois, par le tribunal de Versailles.

Le sieur Bronner s'est pourvu en cassation contre ces jugements. Son pourvoi a été admis par arrêt du 5 avril 1852 qui a cassé les deux jugements.

La Régie ne s'est point rendue à l'autorité de cet arrêt ; elle a porté l'affaire devant le tribunal de Melun, qui a statué, dans le même sens de l'arrêt du 5 avril 1852, par jugement du 27 août 1852 (Jurisp. Not., art. 9509 et art. 9722; D. P., 52, 1. 142 et D. P. 55. 1. 121 ; Art. 14629 et 14759 J. N.).

656. Lorsqu'une mère, laissant deux enfants naturels et une sœur légitime, a institué pour légataire universel un étranger, les enfants naturels n'ont-ils droit, pour leur réserve, qu'à un tiers de la succession, et le légataire doit-il acquitter le droit de mutation par décès sur les deux autres tiers ?

L'affirmative a été jugée le 20 avril 1860 par le tribunal de la Seine (Art. 6842 J. N.; Jurisp. Not., art. 11612).

Cette décision est conforme en principe à un arrêt de la Cour de cassation du 15 mars 1847 (Art. 12972 J. N.). Dict. Not., v° *Portion disponible*, n° 120, 4° édit.).

657. L'enfant naturel qui recueille les biens de la succession de sa mère, en vertu du testament olographe qui l'institue légataire universel, doit acquitter le droit de mutation par décès au taux déterminé pour les mutations en ligne directe, et non pour celles entre personnes non parentes, quoiqu'il n'y ait eu ni dépôt du testament, ni envoi en possession, dans les termes des art. 1007 et 1008 C. N.

Il résultait déjà d'un arrêt de la C. de cass., du 5 avr. 1852 (Art. 14629 J. N.), conforme à l'opinion exprimée à l'Art. 14009 J. N., que la disposition de l'art. 53 de la loi du 28 avr. 1816, d'après laquelle l'enfant naturel appelé à la succession de son père ou de sa mère, à défaut de parents au degré successible, doit être considéré, quant à la quotité des droits de mutation, comme personne non parente, ne s'applique point à l'enfant naturel institué légataire universel. La Régie a prétendu faire une distinction pour le cas où l'enfant naturel, institué légataire universel par un testament olographe, n'aurait pas rempli les formalités prescrites par les art. 1007 et 1008 C. N. pour le dépôt du testament et l'envoi en possession. Cette distinction a été condamnée par la C. cass. (ch. civ.), le 28 fév. 1855. (Art. 15473 J. N.; Jurisp. Not., art. 10440.)

658. Lorsque le légataire universel d'un enfant naturel reconnu envoyé en possession, a, par un acte de transaction, abandonné à la mère de ce dernier la moitié des biens de la succession, le droit de mutation en ligne directe, à 1 p. 100, ne peut néanmoins être perçu sur la moitié des biens ainsi abandonnée à la mère naturelle.

En admettant que le droit à une réserve, reconnu par la transaction, au profit de la mère naturelle, pût être opposé à la Régie, cette réserve ne pouvant être que d'un quart, le légataire universel, non parent du testateur, aurait été saisi des trois quarts des biens, et devrait acquitter sur ces trois quarts le droit de mutation à 9 pour 100.

C'est ce qui résulte d'un arrêt de la Cour de cassation, ch. civ., du 5 juin 1861 (Jurisp. Not., art. 11920 ; Art. 17164 J. N.).

659. Enfant naturel reconnu pendant le mariage. — Si des héritiers légitimes, dans le partage des biens de leur auteur, font une part égale à une sœur naturelle, reconnue seulement après le mariage, et née antérieurement au mariage de leurs père et mère, le droit de donation entre étrangers est exigible, alors même qu'il n'y aurait pas acceptation formelle. Trib. Montmédy, 25 mars 1852 (Garnier, 5724).

DES DROITS DU CONJOINT SURVIVANT ET DE L'ÉTAT.

660. Conjoint. — Lorsque, le défunt ne laisse ni ascendants au degré successible, ni enfants naturels, les biens de la succession appartiennent au conjoint non divorcé qui lui survit. (767 C. N.).

Lorsqu'une veuve, donataire en usufruit de tous les biens de son mari, recueille la nue propriété, à défaut d'héritiers au degré successible, en vertu de cet art. 767 C. N., le droit de mutation par décès est dû, savoir : sur l'usufruit, au taux des mutations entre époux, et sur la nue propriété, au taux des mutations entre personnes non parentes. Délib. Rég. 28 avril 1843 (Art. 11618 J. N.).

661. État. — A défaut de conjoint survivant, la succession est acquise à l'État (768 C. N.).

La question s'étant élevée de savoir si l'État avait la faculté comme tout héritier et tout autre successeur irrégulier de s'abstenir de recueillir les successions auxquelles il est appelé, une décision du ministre de la justice et des finances, du 8 juillet 1806 et une instruction générale de la Régie, n° 300, avaient admis que l'administration n'était pas autorisée à s'abstenir de demander l'envoi en possession d'une succession à laquelle il est appelé. Les art. 1er et 2 d'une décision ministérielle du 13 août

1832 (Instr. gén. 1407) consacrent cette dernière opinion, en même temps qu'ils confirment à l'administration des domaines l'attribution exclusive d'examiner si dans la situation de l'actif et du passif de la succession, il est utile d'en réclamer l'envoi en possession au nom de l'État.

En conséquence, et ainsi que le prescrit l'instruction n° 1118, lorsqu'un receveur des domaines est informé de l'ouverture d'une succession pour laquelle il n'existe pas d'héritiers connus, ou à laquelle les héritiers connus ont renoncé, il doit requérir le juge de paix d'apposer les scellés, si déjà cette mesure n'a été prise, faire connaître au directeur la valeur approximative tant des biens de la succession que des dettes et charges qui la grèvent, et lui fournir tous les renseignements qui peuvent déterminer l'administration à demander l'envoi en possession, dans l'intérêt de l'État, ou à s'abstenir de cette demande (Garnier, 12144).

662. L'État, au cas où il est appelé comme héritier irrégulier à recueillir une succession en déshérence, vient à cette succession au même titre et avec les mêmes droits que tous autres héritiers : en conséquence et spécialement, l'État a qualité pour demander l'envoi en possession provisoire des biens d'un absent qui n'a laissé aucun héritier présomptif connu, ni aucun successeur irrégulier préférable à l'État. A ce cas ne sont par applicables les formalités relatives aux successions vacantes (Plasman, *des Absents*, t. 1er, p. 346; Rouen, 7 décembre 1840; Colmar, 18 janvier 1850).

663. L'État appelé comme héritier irrégulier à recueillir une succession en déshérence, n'a pas de droit à payer en vertu du principe général d'exemption de l'art. 70 de la loi du 22 frimaire an 7, qui veut que l'État ne se paye pas de droit à lui-même (Garnier, 12144 et 13030).

2°. DES VALEURS SUR LESQUELLES LES DROITS SONT ASSIS ET DE LEUR LIQUIDATION.

664. La valeur de la propriété et de l'usufruit des biens dont la transmission s'opère par décès est déterminée, pour la liquidation et le payement du droit proportionnel, savoir : 1° celle des *biens meubles*, par la déclaration estimative des parties, *sans distraction des charges;* et l'usufruit s'évalue à la moitié de la valeur entière de l'objet. L. 22 frimaire an 7, art. 14, n°s 8 et 11.

2° Celle des immeubles, par l'évaluation qui est faite et portée à vingt fois le produit des biens, ou le prix des baux courants s'il s'agit de la propriété, et à dix fois seulement s'il s'agit d'un usufruit, aussi sans distraction des charges. Il n'est rien dû pour la réunion de l'usufruit à la nue propriété, lorsque le droit a été acquitté sur la valeur entière à l'époque de la transmission de la nue propriété. Enfin lorsque l'usufruitier qui a payé le droit pour son usufruit recueille la nue propriété, il ne doit que le droit sur sa valeur, sans qu'il y ait lieu d'y joindre celle de l'usufruit. *Ibid*. art. 15, n°s 7 et 8.

665. L'évaluation des biens, pour la perception du droit de mutation par décès, doit être faite *sans distraction des charges*, mais ceci ne s'entend que des dettes ou impôts qui grèvent les biens, et non des choses elles-mêmes qui ont été distraites du patrimoine de la personne décédée, et qui n'ont pas été transmises à son héritier.

666. Les legs particuliers faits par le défunt, même lorsqu'ils n'existent pas en nature dans la succession, ou les sommes qu'il avait données entre-vifs en avancement d'hoirie, ne sont pas des charges dans le sens de la loi, dont la distraction ne puisse être opérée : ce sont des démembrements ou des parties de patrimoine dont le défunt a disposé à titre particulier, et qui ont déjà payé ou doivent payer particulièrement le droit de mutation. L'héritier, tenu seulement de payer les droits sur la part qu'il prend réellement dans la succession, est donc autorisé à opérer la distraction de ces objets, afin que la même valeur ne soit pas assujettie à deux droits de mutation (Garnier, 13272).

667. Legs de sommes d'argent non existantes dans la succession. — En ce qui concerne les legs particuliers consistant en sommes d'argent *qui ne se trouvent point dans la succession*, la Régie avait d'abord prétendu qu'il ne devrait être fait aucune déduction, pour ces legs, dans la déclaration des héritiers ou légataires universels qui devaient acquitter les droits de mutation sur la *totalité* des biens de la succession ; et que les légataires particuliers étaient tenus, néanmoins, de payer en outre ces droits sur la valeur des legs. Elle soutenait que, dans cette hypothèse, les legs particuliers formaient des *charges* qui, d'après les art. 14 et 15 de la loi du

22 frim. an 7, n'étaient point susceptibles d'être *distraites* de la masse de la succession, pour la liquidation du droit de mutation. Cette prétention a été condamnée par des arrêts de la C. de cassation des 27 mai 1807, 12 avril et 8 septembre 1808, et par un avis du conseil d'Etat du 2 septembre 1808, approuvé le 10 du même mois (Dict. Not., v° *Legs*, n°ʰ 466 et suiv., et *Succession*, 826, 4ᵉ édit.; Jurisp. Not., v° *Mutation par décès*, n°ˢ 383 et suiv.; Dalloz, 1125; Garnier, 13306).

658. Un document réellement important sur lequel nous avons à appeler l'attention de nos lecteurs, est l'avis du conseil d'Etat du 2 septembre 1808. Cet avis, qui est comme la clef de notre sujet, a force législative, car il a été inséré au *Bulletin des lois*; son application donne encore lieu chaque jour à des difficultés; il n'est donc pas hors de propos d'en reproduire ici le texte; il est ainsi conçu :

« Le conseil d'Etat qui, en exécution du renvoi ordonné par Sa Majesté, a entendu le rapport des sections des finances et de législation, sur celui du ministre de finances, présentant la question de savoir :

» Si, lorsqu'un légataire universel est grevé de legs particuliers de sommes d'argent qui ne se trouvent pas dans la succession, le droit proportionnel dû par lui sur la valeur entière des biens qui la composent, doit être perçu indépendamment des droits dus pour chacun de ces legs particuliers; vu les art. 14 et 15, 27 et 32 de la loi du 22 frim. an 7 ; les art. 1016 et 1017 C. N. ;

» Considérant que la déclaration des héritiers ou légataires à titre universel devant comprendre l'universalité des biens de la succession, le droit proportionnel qui est perçu d'après cette déclaration, remplit le vœu de la loi, puisqu'il est porté sur la totalité de la succession ;

» Que la délivrance des legs particuliers, soit qu'ils consistent en effets réellement existants dans la succession, soit que les légataires universels ou les héritiers doivent les payer de leurs propres deniers, n'opère point de mutation de ces derniers aux légataires particuliers; que, dans les deux cas, la loi ne regarde les héritiers ou légataires universels que comme de simples intermédiaires entre le testateur, qui est censé donner lui-même, et les légataires particuliers qui reçoivent;

» Que du système contraire il résulterait que le même objet

serait, en définitive, assujetti à deux droits de mutation, ce qui n'est ni dans le texte ni dans l'esprit de la loi ;

» Qu'enfin on ne doit pas assimiler le legs particulier payé d'après la volonté du testateur, à une dette de succession :

» Est d'avis, que lorsque des héritiers ou légataires universels sont grevés de legs particuliers de sommes d'argent non existantes dans la succession, et qu'ils ont acquitté le droit proportionnel sur l'intégralité des biens de cette même succession, le même droit n'est pas dû pour ces legs ; conséquemment que les droits déjà payés par les légataires particuliers doivent s'imputer sur ceux dus par les héritiers ou légataires universels. » (Dict. Not., v° *Legs*, n° 467 ; Garnier, 13308 ; Jurisp. Not., v° *Mutation par décès*, n° 385 ; Dalloz, 1425.)

669. La loi du 18 mai 1850, en assujettissant les valeurs mobilières au même tarif que les immeubles, a laissé à peu près sans objet toute la jurisprudence antérieure. Nous nous abstiendrons donc de faire ici l'historique des longues controverses qui ont agité notre sujet avant cette époque. Nous renvoyons nos lecteurs à l'art. 13306 du *Rép. gén.* de M. Garnier, qui reproduit en note l'instruction générale de la Régie formant en quelque sorte le code administratif sur la matière, puisqu'elle résume toute la doctrine et la jurisprudence qui ont précédé sa venue et qui, depuis son apparition, forme l'axe autour duquel ont gravité toutes les décisions administratives et judiciaires intervenues sur la question, antérieurement à la loi du 18 mai 1850 (Instr. gén., n° 1432).

670. On ne doit jamais percevoir deux fois le même droit sur le même bien. — Tel est le principe posé par l'avis du conseil d'État que nous avons reproduit. Lorsque les legs particuliers de sommes d'argent sont supérieurs à la valeur des biens meubles et immeubles de la succession, estimés d'après les bases prescrites par la loi du 22 frim. an 7, pour l'acquit des droits de mutation par décès, la Régie ne peut percevoir les droits de mutation que sur cette valeur, suivant le degré de parenté des légataires particuliers avec l'auteur de la succession ; elle n'est point fondée à les réclamer sur la différence existant entre le montant des legs particuliers et la valeur des biens de la succession, estimés d'après ces bases. Cass. 17 juillet 1856 (Art. 15842 J. N., Jurisp. Not., art. 10888 ; Garnier, 13314).

671. La Régie, qui avait résisté à cet arrêt, s'est enfin décidée à en admettre la doctrine. Par une instruction générale du 15 novembre 1862, n° 2234, § 2, elle a transmis cette décision à ses préposés qui devront désormais la prendre pour règle.

Dans son instruction la Régie a fait suivre l'arrêt des observations suivantes : « L'administration avait pensé que le droit de mutation par décès devait être perçu sur le montant intégral des sommes d'argent non existantes en nature, lorsqu'il était constant que les biens composant la succession avaient une valeur *réelle* suffisante pour l'acquittement de ces legs. La Cour de cassation a repoussé ce système en décidant que, dans tous les cas, le droit n'est exigible que sur les valeurs de l'hérédité, déterminées conformément à la loi du 22 frimaire an 7. » (Art. 17590 J. N.)

« Nous ajoutons que la Cour suprême a eu parfaitement raison de le décider ainsi, puisque l'impôt ne doit être perçu que d'après les bases et les règles posées par la loi. Autrement, la perception serait livrée à l'arbitraire des gens du fisc. » (Jurisp. Not., art. 12304.)

672. Donation entre-vifs de tous les immeubles du donateur à la charge par le donataire de payer une somme déterminée aux héritiers du donateur. — La disposition d'un acte de donation entre-vifs de tous les immeubles du donateur, par laquelle le donataire est chargé de payer une somme déterminée aux héritiers naturels du donateur dans la proportion de leurs droits dans sa succession, et d'après leurs qualités héréditaires au jour de son décès, doit-elle être considérée comme une disposition gratuite, subordonnée au décès du donateur, et sujette à cette époque au droit de mutation, indépendamment du droit perçu lors de l'enregistrement de la donation entre-vifs sur la valeur entière des immeubles ?

L'affirmative résulte d'un arrêt de la Cour de cassation (ch. civ.) du 21 mars 1860 (Art. 16829 J. N.; Jurisp. Not., art. 11651).

Ces deux recueils critiquent avec juste raison cette décision. Voici le résumé de leurs observations :

« Lors de l'enregistrement de l'acte de donation entre-vifs, le droit proportionnel a été perçu sur la valeur entière des immeubles. Si, comme le décide l'arrêt de la Cour de cassation, le droit de mutation par décès est en outre exigible sur la somme que le donataire a été chargé de payer aux héritiers de la donatrice après son décès, il en résulte que *le même objet sera, en définitive, assujetti à deux droits de mutation, ce qui n'est,* dit l'avis du conseil d'Etat du 2-10 septembre 1808, *ni dans le texte ni dans l'esprit de la loi.* En effet, les immeubles donnés au donataire et la somme que celui-ci est chargé de payer aux héritiers de la donatrice, forment bien *un même objet*, puisque cette somme est à prendre sur la valeur des immeubles, et réduit d'égale somme l'importance de la donation principale. » (J. N.).

« Les motifs de cet arrêt, dit à son tour la *Jurisprudence du Notariat,* nous semblent pris en dehors de la question qu'il s'agissait de décider.

» L'art. 4 de la loi du 22 frimaire an 7, dispose que le droit proportionnel est établi pour toute transmission de propriété, d'usufruit ou de jouissance de biens meubles ou immeubles, soit entre-vifs, soit par décès.

» Cet article n'exprime pas une distinction entre les mutations entre-vifs et les mutations par décès ; les unes et les autres sont passibles des droits déterminés par les tarifs, et leur perception se fait, quant aux droits de succession, suivant les règles posées par les art. 24, 27, 29, 32 et 39 de la même loi du 22 frimaire an 7, cités dans l'arrêt du 21 mars 1860. C'est par erreur qu'il est dit dans cet arrêt que, d'après l'art. 4, il faut faire une distinction entre les mutations entre-vifs et les mutations par décès. Ce qu'il faut admettre et ce qui résulte de la loi, c'est qu'il existe des règles différentes pour la liquidation et la perception des droits sur chaque espèce ou nature de transmission.

» Ce même art. 4 de la loi du 22 frimaire an 7, après avoir dit que le droit proportionnel est établi pour toute transmission de biens, soit entre-vifs, soit par décès, ajoute : « IL EST ÉTABLI SUR LES VALEURS. »

» Voilà un principe général, applicable aux transmissions entre-vifs et aux transmissions par décès.

» Le droit proportionnel est établi *sur les valeurs,* c'est-à-dire sur les valeurs qui existent réellement et qui sont transmises, et non sur des valeurs qui n'existent pas.

» Ce principe, d'où ressort la règle, conforme à l'équité,

qu'une même valeur transmise une seule fois ne peut être assujettie à deux droits de mutation, a été méconnu par l'arrêt du 21 mars 1860... » (Art. 11651.)

673. Legs d'une somme d'argent payable au décès du légataire universel. — Le legs d'une somme d'argent payable au décès du légataire universel ne peut être considéré comme une charge ou une dette de la succession de ce dernier. En conséquence, le montant de ce legs doit être distrait de la valeur des biens de la succession du légataire universel, pour le payement des droits de mutation ouverts par son décès. C'est ce qui a été décidé par un arrêt de la Cour de cassation, du 18 novembre 1835 (Art. 9080 J. N.), dont la doctrine a été adoptée par les tribunaux de Châlons-sur-Marne, de Saint-Gaudens et de la Seine, les 18 janvier et 2 août 1839, 24 février 1845 et 19 juillet 1848 (Art. 10773, 12470 et 13608 J. N.; Dict. Not., v° *Legs*, n° 494, 4° édit.).

674. La Cour de cassation (ch. civ.) a confirmé cette doctrine par un arrêt du 25 juin 1862 (Art. 17472 J. N.; Jurispr. Not., art. 12255). Elle a décidé que les dispositions d'un testament contenant des legs particuliers de sommes d'argent payables après le décès du légataire universel sans intérêts jusqu'à cette époque, et sans que les légataires puissent exiger aucune garantie, caution ni hypothèque, doivent être considérés comme des legs en nue propriété au profit des légataires particuliers et en usufruit en faveur du légataire universel. En conséquence, lors du décès de ce dernier, les sommes léguées ne peuvent être assimilées à des charges de sa succession ; elles doivent être distraites de l'actif de cette succession pour l'acquit des droits de mutation par décès. V. dans le même sens arrêts de la même Cour des 6 décembre 1858, 16 et 22 août 1859 (Art. 16470, 16659 et 16706 J. N.; Jurispr. Not., v° *Mutation par décès*, n°ˢ 404, et art. 11330, 11486, 12155 et 12305).

675. La Régie s'est enfin décidée à admettre la jurisprudence résultant de ces arrêts. Par une instruction générale du 15 novembre 1852, n° 2234, § 2, elle a prescrit à ses préposés de s'y conformer (V. *supra*, n° 671).

676. Legs d'une somme d'argent payable seulement après la mort du légataire universel. — Lorsqu'un legs particulier consiste, non en un objet fixe et déterminé, mais en une somme d'argent payable seulement après la mort du légataire universel, cette somme constitue une simple créance, dont le légataire particulier est saisi du jour du décès du testateur, mais dont il ne peut demander le payement que sur la succession du légataire universel. En conséquence, cette créance formant une charge de la succession du légataire universel, ne peut être déduite de l'actif de cette succession pour l'acquit des droits de mutation ouverts par son décès. Cass. (ch. civ.) 17 fév. 1857 (Art. 15998 J. N.).

« Cette décision est formellement contraire à un précédent arrêt du 18 novembre 1835 (Art. 9080 J. N. ; Dict. Not., v° *Legs*, n° 494, 4e édit.). émané, comme, celui du 17 février, 1857, de la chambre civile, et dont la doctrine, à laquelle la Régie n'avait pas cessé de résister, avait été adoptée par les trib. de Châlons-sur-Marne et de Saint-Gaudens, les 18 janvier, 2 août 1839 et 24 février 1845, et par le trib. de la Seine, les 18 janvier 1839 et 19 juillet 1848 (Art. 10773 12479 et 13608 J. N.).

» Dans l'espèce du premier arrêt, il s'agissait, comme dans le second, du legs particulier d'une somme d'argent payable au décès du légataire universel. Dans l'une et l'autre affaire, les droits de mutation avaient été acquittés, lors du décès du testateur, par le légataire particulier sur le montant de son legs, par le légataire universel sur les valeurs restantes de la succession. Il y a donc analogie parfaite entre les deux espèces. L'arrêt du 18 novembre 1835 décide qu'à l'époque du décès du légataire universel, le legs particulier de somme d'argent, payable à cette époque, a dû être distrait de l'actif de sa succession, par l'acquit des droits de mutation par ses héritiers.

» La contradiction entre les motifs des deux arrêts est manifeste. Par l'arrêt de 1835, la Cour déclare que la somme léguée à titre particulier et payable au décès du légataire universel, n'est point *une dette de la succession* de ce dernier ; par celui de 1857, elle décide que cette somme constitue *une simple créance* sur la succession du légataire universel. Suivant le premier arrêt, le légataire particulier d'une somme d'argent payable au décès du légataire universel a *un droit de propriété à partir du décès du testateur* ; aux termes du second arrêt, il ne s'opère dans ce cas aucune dévolution directe et actuelle des biens du testateur sur la tête du légataire particulier ; celui-ci n'acquiert la propriété ou la nue propriété d'aucun des biens héréditaires. » Observations à la suite de l'arrêt (Art. 15998, J. N.).

677. Legs particuliers de sommes d'argent faits à des tiers. — Décès du légataire d'un usufruit universel. — Pour la liquidation du droit de mutation par décès, dû par le légataire d'usufruit universel, on doit distraire de l'actif immobilier de la succession le montant des legs particuliers des sommes d'argent faits à des tiers. Opinion du *Journal des Notaires* (Art. 16274, J. N.).

678. Legs particulier d'une somme d'argent pour le cas seulement où le légataire particulier survivrait au légataire universel. — Un pareil legs constitue une charge non susceptible d'être déduite de la succession de ce dernier. Cass. 20 janvier 1858 (Garnier, *Rép. pér.*, art. 984).

Cet arrêt confirme la doctrine d'un précédent arrêt, du 17 fév. 1857, qui a fait l'objet d'une instruction générale, n° 2896, § 9.

679. Legs d'une rente viagère qui doit être franche de toute espèce de retenue. — Le légataire d'une rente viagère ne doit pas supporter les droits d'enregistrement de mutation par décès, lorsque le testament porte que la rente sera franche de toute espèce de retenue, sous quelque dénomination que ce puisse être. Trib. Seine, 12 mars 1853 ; Paris, 17 janvier 1853 (Art. 14715 et 14858 J. N. ; Jurisp. Not., art. 9607 et 9803).

680. Legs de rente viagère à plusieurs pour en jouir successivement. — Lorsque le legs d'une rente viagère a été faite à plusieurs personnes pour en jouir successivement, le droit de mutation exigible au décès du premier légataire doit être perçu d'après les quotités fixées par la loi en vigueur à l'époque du décès du testateur, et non d'après celles de la loi existante au décès du premier légataire. Trib. Seine, 6 juin 1851 et 16 février 1856; Délib. Rég. 20 décembre 1851 (Art. 14385, 14546 et 15739). Opinion conforme (Art. 14381 J. N.; Dict. Not., v° *Legs*, n° 445, 4e édit.).

681. Substitution de legs. — Le droit de mutation par décès est dû sur une somme d'argent, substituée à un legs en immeubles au profit d'une commune, par une transaction qu'une ordonnance royale a approuvée en autorisant la commune à accepter le legs Cass. 25 février 1846 (Art. 12622 J. N.; Garnier, 13830).

682. Honoraires alloués au tuteur nommé par acte de dernière volonté. — Le droit de mutation est exigible sur les honoraires annuels alloués par le testament au tuteur nommé par acte de dernière volonté. Trib. de Valognes, 3 janvier 1850 (Art. 11011 J. N.; Garnier, 1307 *bis*).

683. Legs particuliers de sommes d'argent payables immédiatement après le décès du légataire universel. — Lorsque des legs particuliers de sommes d'argent payables immédiatement après le décès du testateur n'ont pas été acquittés avant le décès de l'héritier ou du légataire universel, arrivé peu de temps après celui du testateur, le montant de ces legs doit-il être distrait de l'actif de la succession de l'héritier ou du légataire universel, pour l'acquit des droits de mutation ouverts par son décès?

L'affirmative a été jugée le 23 janvier 1858 par le tribunal de la Seine (Art. 16240 J. N.).

Ce jugement est conforme à la doctrine consacrée par un arrêt de la Cour de cassation du 18 novembre 1835, doctrine adoptée par un assez grand nombre de tribunaux (Art. 9080 J. N.; Dict. Not., v° *Legs*, n° 494, 4° édition). Mais il est contraire à un arrêt de la Cour de cassation du 17 février 1857, rendu dans une espèce où il s'agissait de legs de sommes d'argent payables seulement après le décès de l'héritier ou du légataire universel.

684. Un arrêt de la Cour de cassation du 16 août 1859 (ch. civ.) a décidé, conformément aux mêmes principes, que, lorsque des legs particuliers de sommes d'argent payables dans les deux ans du décès du testateur, n'ont pas été acquittés avant le décès du légataire universel, arrivé peu de temps après celui du testateur, le montant de ces legs ne doit pas être compris dans l'actif de la succession du légataire universel pour la liquidation et le payement des droits de mutation ouverts par son décès (Jurisp. Not., art. 11486; Art. 16639 J. N.).

685. Légataire d'un immeuble chargé d'acquitter un legs en argent. — Lorsque le légataire d'un immeuble a été chargé d'acquitter un legs en argent, les droits de mutation par décès doivent être liquidés d'après le degré de parenté de chacun des légataires avec le testateur, savoir : pour le legs en argent, sur la somme léguée, et pour le legs immobilier, seulement sur la différence existant entre cette même somme et la valeur de l'immeuble, estimée d'après les bases fixées par la loi. Spécialement, si un immeuble a été légué à la sœur du testateur, à charge de payer un legs en argent à l'enfant naturel reconnu de ce dernier, le droit de mutation en ligne directe à 1 pour 100 est dû sur la somme léguée, sur la différence entre cette somme et la valeur estimative de l'immeuble. Cass. (ch. civ.) 30 mars 1858 (Art. 16273 J. N.; Garnier, *Rép. pér.*, art. 997).

686. Dans tous les cas semblables, c'est-à-dire toutes les fois que les droits de mutation dus par les légataires de sommes d'argent étaient *inférieurs en quotité* à celui qui était exigible de l'héritier ou du légataire des immeubles, la Régie prétendait que ce dernier devrait acquitter le droit déterminé par son degré de parenté avec le testateur, sur la valeur *entière* des immeubles, en imputant seulement sur ce droit ceux d'une quotité inférieure, payés ou à payer par les légataires de sommes d'argent. Cette prétention a été combattue dans une dissertation insérée sous l'Art. 15902 J. N., et dans le Dict. Not., v° *Legs*, n°s 484 et suiv., 4e édit., et dans le Rép. de la Jurisp. Not., v°s *Mutation par décès*, n° 384 et suiv., en invoquant l'avis du conseil d'Etat du 2 septembre 1808 que nous avons reproduit *supra*, n° 668.

L'arrêt du 30 mars 1858 confirme tout à la fois l'opinion de ces deux recueils et un précédent arrêt de la même Cour du 11 mars 1840 (Art. 10615 J. N., et Jurisp. Not., art. 4717 et 11152).

Cette décision est d'une grande importance. La controverse continuait toujours, la Régie ne consentant pas à abandonner une opinion assurément mal fondée.

687. Enfin, après environ cinq années à compter de cet arrêt du 30 mars 1858, cette administration a pris le parti de transmettre à ses préposés, par une instruction générale du 15 novembre 1862, n° 2234, § 1er, ce même arrêt de la Cour suprême, avec ordre de s'y conformer. V. *suprà*, n° 671 (Art. 17590 J. N.).

688. Uufruit éteint naturellement.—Réunion à la propriété. — Aucun droit de mutation n'est exigible, lorsque l'usufruit s'éteint naturellement, sans qu'il y ait lieu de distinguer entre le cas où la réunion de l'usufruit s'opère en la personne de l'acquéreur de la nue propriété, et celui où la réunion s'effectue au profit d'un légataire, d'un donataire ou d'un tiers acquéreur.

C'est ce qui résulte d'une instruction de la Régie du 31 janvier 1861, n° 2188 (Art. 17049 J. N.) avec les observations suivantes :

« Cette décision est importante. En s'étayant d'un arrêt de la Cour de cassation du 25 novembre 1829 (Art. 7077 J. N.; Dict. Not., v° *Usufruit*, n° 819, 4° édit.), la Régie prétendait que le droit de mutation était exigible pour la réunion de l'usufruit, opérée par le décès de l'usufruitier ou par l'expiration du terme de sa durée, soit lorsque, par le même acte, la nue propriété et l'usufruit n'appartenaient pas à celui qui vendait la nue propriété, mais à une tierce personne, en vertu d'un titre antérieur, attendu que, dans ces différents cas, le droit proportionnel n'avait été peru, lors de l'enregistrement de l'acte de vente, que sur le prix stipulé pour la nue propriété, sans aucune addition pour la valeur de l'usufruit.

» Nous avons constamment combattu cette distinction et soutenu que, dans aucun cas, la réunion de l'usufruit à la nue propriété, opérée par l'extinction naturelle de l'usufruit, ne pouvait donner ouverture à un droit de mutation (Art. 7463, J. N.; Dict. not., *loc. cit.*, n°s 820, 821; 822 et 823, 4° édit). L'instruction de la Régie consacre définitivement notre opinion. ».(Art. 17049 J. N.)

689. Legs d'un usufruit fait à plusieurs personnes pour en jouir successivement. — Lorsque le legs d'un usufruit a été fait à plusieurs, pour en jouir successivement, le droit de mutation exigible au décès du premier légataire doit-il être perçu d'après les quotités fixées par la loi en vigueur à l'époque du testateur, et non d'après celles de la loi existante au décès du premier usufruitier ?

La valeur à déclarer pour l'acquit des droits est-elle celle des biens à l'époque du décès du premier usufruitier et non celle qu'ils avaient lors du décès du testateur ?

L'affirmative de ces deux questions résulte d'un jugement du tribunal de la Seine du 16 février 1856. Sur le premier point, cette décision est conforme à un autre jugement du même tribunal du 6 juin 1851 (Art. 14385 J. N.), auquel la Régie a acquiescé le 20 décembre 1851 (Art. 14546 J. N.), et à l'opinion soutenue à l'art. 14381 J. N. V. Art. 15739 J. N., et Jurisp. Not., art. 10683).

690. Décès de l'héritier de la nue propriété avant l'extinction de l'usufruit. — Lorsque, avant l'extinction de l'usufruit légué à un tiers, l'héritier de la nue propriété vient à décéder, le droit de mutation ouvert par ce décès doit être liquidé sur la valeur seulement de la nue propriété, c'est-à-dire sur un capital de dix fois le revenu des biens. Cass. 30 mars 1841, 9 avril 1845 (5 arrêts), 27 décembre 1847 (chambres réunies) et 21 juin 1848 ; Trib. de Valenciennes 19 juin 1851, (Art. 10943, 12355, 13237 et 13426 J. N. ; Dict. Not., v° *usufruit*, n° 795, 4° édit.; Jurisp. Not., v° *Mutation par décès*, n° 335, et art. 7037, 7426, 7288, 7414, 7984, 8339, 8907, 9301, et 11709).

Ces décisions sont motivées sur ce que, à l'époque du démembrement de la propriété, l'héritier ou le légataire de la nue propriété doit, d'après les dispositions spéciales de la loi du 22 frim. an 7, acquitter le droit de mutation sur la valeur *entière* des biens ; qu'en ce qui concerne l'usufruit dont ne jouit pas encore l'héritier, cette perception a lieu par anticipation et à valoir sur la mutation qui doit ultérieurement s'opérer par la réunion de l'usufruit à la nue propriété ; que par une conséquence nécessaire, il ne peut être dû un droit pour l'usufruit, non seulement au jour de la réunion fictive à la nue propriété, mais encore lors des mutations intermédiaires de la nue propriété séparée de l'usufruit.

691. La Régie a fini par se rendre à cette opinion. Elle a transmis à ses préposés des ordres conformes, par une instruction générale du 8 mars 1855, n° 2025, § 3, conçue en ces termes :

« Il résulte d'un arrêt de la chambre des requêtes de la Cour de cassation, du 4 août 1842, inséré dans l'instruction 1683 § 4, que lorsque avant l'extinction de l'usufruit légué à un tiers l'héritier de la nue propriété d'objets mobiliers vient à décéder, le droit de mutation ouvert par ce décès doit être liquidé sur la valeur de l'usufruit. « Les chambres réunies de la cour de cassation ayant décidé, par un arrêt du 27 déc. qu'en matiéres d'immeubles le droit de mutation doit être liquidé, en pareil cas, sur la valeur dela nue-propriété seulement, c'est-à-dire sur un capital forméde dix fois le revenu des biens, l'administration a fait connaître aux préposés, par l'instruction du 7 juill. 1848, n° 1816, que, pour éviter des contestations aussi nuisibles aux intérêts du trésor qu'à ceux des contribuables, l'arrêt du 27 déc. 1847 serait appliqué dans tous les cas identiques.

Mais depuis la loi du 18 mai 1850, qui, art. 10 assujettit les transmissions entre-vifs à titre gratuit, et les mutations par décès de biens meubles aux mêmes quotités de droit que celles établies pour les biens immeubles, la question a été soumise à un nouvel examen, et il a été reconnu que la doctrine de l'arrêt du 27 déc. 1847 devait régir les transmissions immobilières effectuées, soit entre-vifs à titre gratuit, soit par décès. » (Jurisp. Not. art. 10436; 15481 J. N.).

M. Garnier, en rapportant cette instruction, fait cette réflexion fort juste : « Ainsi il a fallu cinq ans à l'administration pour reconnaître qu'une loi rendait sans objet une distinction que trois ans avant cette loi elle aurait dû condamner comme souverainement antipathique à la doctrine qu'elle proclamait elle-même dans son instruction générale n° 1816. O déplorables lenteurs administratives, qui vous jouez ainsi, comme à plaisir des droits les plus sacrés du contribuable! les droits de l'égalité devant l'impôt. »(V. n° 13235.).

· **692.** Un récent arrêt de la Cour de cassation a décidé que lorsqu'en instituant un légataire universel, le testateur a légué à un tiers l'usufruit de ses biens, à la condition que cet usufruit ne commencera que du jour du décès du légataire universel, les héritiers de ce dernier, cette condition se réalisant, doivent acquitter le droit de mutation par décès sur la valeur de la propriété entière, c'est-à-dire sur un capital formé de vingt fois le revenu des immeubles, et non pas seulement sur la valeur de la nue propriété ou en capital de dix fois le revenu. Cass. (ch. civ.) 5 avril 1864 (Art. 18000 J. N.) ; Trib. Seine, 25 août 1860 (Art. 16926).

Cette décision ne déroge point à la jurisprudence que nous avons rappelée sous l'article précédent. Dans l'espèce soumise en dernier lieu à la Cour de cassation, Mme de Louvencourt avait recueilli, comme légataire universelle, la nue propriété et l'usufruit des biens de la succesion de son oncle. Il peut n'être pas exact de dire avec les motifs de l'arrêt *qu'elle avait été saisie de la pleine et entière propriété de ces biens.* En effet, la propriété est le droit de jouir et de disposer des choses *de la manière la plus absolue* (C. N., 544). Or, Mme de Louvencourt ne pouvait disposer *d'une manière absolue* que de la nue propriété, puisque, suivant les dispositions du testament, l'usufruit devait appartenir à son mari, s'il lui survivait. Par l'effet de la clause de réversibilité, Mme de Louvencourt était soumise aux obligations de l'usufruitier. L'intention du testateur à cet égard n'était pas douteuse. (V. les observations qui accompagnent cet arrêt (Art. 18000 J. N.).

693. Héritier de la nue propriété. — Cession de droits indivis. — Décès du cessionnaire. — Lorsqu'une mère, héritière à réserve de la nue propriété du quart de la succession de son fils, et qui a payé le droit de mutation par décès sur la valeur entière de ce quart, après avoir cédé ses droits indivis à la veuve de son fils, légataire universelle du défunt, moyennant un prix grevé de l'usufruit de cette dernière, a transporté à un tiers le prix de cette cession, si ce tiers cessionnaire vient à mourir avant l'extinction de l'usufruit de la légataire universelle, ses héritiers ne doivent-ils le droit de mutation ouvert par son décès que sur moitié de la valeur de sa créance ?

L'affirmative établie dans une dissertation insérée à l'art. 17486 du *Journal des Notaires* a été consacrée par un jugement du tribunal de Segré, du 28 juillet 1863, dans l'affaire même sur laquelle le Journal avait été consulté (Art. 17949 J. N.).

3° DE LA LIQUIDATION DES DROITS.

694 Comme point de départ, nous dirons que la déclaration de la succession est l'œuvre des parties elles-mêmes, quant aux biens qu'elle doit comprendre et à l'évaluation de ces biens, tellement que le receveur doit l'accepter comme elles la font. Mais la liquidation des droits sur la déclaration appartient exclusivement à ce préposé. C'est ce qui résulte des termes de l'art. 28 de la loi du 22 frimaire an 7. Trib. Dreux, 25 août 1856. (Garnier, 13274 ; Dict. not., *loc. cit.*, n° 882).

Les droits de mutation par décès sont liquidés et perçus de

20 fr. en 20 fr. sans fraction. Le *minimum* d'une perception est de 25 centimes.

1° DE L'USUFRUIT.

695. L'usufruit s'évalue à la moitié de la propriété. — L'objet transmis en usufruit se trouve représenter, dans le système de la loi, la moitié de la valeur de la propriété. D'où la conséquence que la mutation par décès de l'usufruit ne produit que la moitié du droit auquel se trouve assujettie la mutation de la propriété.

C'est, en effet, d'après cette idée qu'ont été rédigés les art. 14, n° 11, et 15, n° 8 de la loi du 22 frimaire an 7, dont le premier déclare qu'en matière mobilière l'usufruit s'évalue à la moité de la valeur entière de l'objet, et le second veut que lorsqu'il s'agit d'immeubles, la valeur de l'usufruit soit déterminée par l'évaluation qui sera faite et portée à dix fois le produit des biens, ou le prix des baux courants, *sans distraction des charges* (Garnier, 13221 ; Dalloz, 4449).

696. Usufruit à terme. — Il n'y aurait plus à suivre les règles ci-dessus, s'il s'agissait d'un usufruit temporaire : l'opération à faire, pour obtenir le capital passible du droit, consisterait à multiplier le revenu par le nombre d'années que devrait durer l'usufruit. En ce sens, le tribunal d'Évreux a jugé, le 18 août 1849 (14847 J. E.), que lorsque le legs particulier d'un immeuble contient réserve de la jouissance pendant trois années au profit du légataire universel, et que, par suite de la renonciation de ce dernier, les héritiers sont appelés à recueillir la succession, ils doivent payer pour l'usufruit de l'immeuble d'après le degré de parenté avec le défunt. (Garnier, 13223).

697. Durée excédant dix ans. — *Quid*, lorsque la durée de l'usufruit temporaire excède dix ans? Faut-il multiplier également le revenu par le nombre d'années qui forment la durée? L'affirmative, que l'on a quelquefois enseignée, conduirait à ce résultat absurde que s'il s'agissait d'une durée de plus 40 ans, par exemple, on obtiendrait, par une semblable opération, un capital double de celui de la pleine propriété elle-même. La raison indique donc que le seul mode d'opérer, qui trouve sa justification dans la nature des choses, est de calculer l'usufruit temporaire comme l'usufruit ordinaire s'il doit durer plus de dix ans, ou d'opérer sur le nombre des années, si ce nombre est inférieur à dix (Garnier, *ibid.*).

698. Durée indéterminée. — Mais toutes les fois que la durée est indéterminée, la seule base légale à adopter, et la seule d'ailleurs qui soit rationnelle, c'est de multiplier le revenu par dix (Garnier, 13224).

2° DE LA NUE PROPRIÉTÉ.

699. La nue propriété s'évalue comme la propriété entière. — D'où la conséquence que l'héritier de la nue propriété ne devrait payer le droit de mutation que sur la moitié et l'usufruitier sur l'autre moitié, sauf au nu-propriétaire à payer le complément du droit lorsque, par l'extinction de l'usufruit, il réunirait la propriété entière entre ses mains.

Mais l'art. 15, n° 7, de la loi du 22 frimaire an 7 semble indiquer une autre marche. Après avoir déterminé la valeur de la propriété, pour les transmissions par décès, à vingt fois le revenu des biens, cet article ajoute : « Il ne sera rien dû pour la réunion de l'usufruit à la propriété, lorsque le droit d'enregistrement aura été acquitté sur la valeur entière de la propriété. » Dans la pensée du législateur, l'héritier doit donc, dès qu'il recueille la nue propriété, payer le droit sur la valeur de l'entière propriété, sauf à réunir plus tard l'usufruit à sa nue propriété sans bourse délier. C'est du moins dans ce sens que l'art. 15, n° 7, a été, dès le principe, interprété par la Cour de cassation, et cette interprétation n'a presque plus soulevé de difficultés depuis cette époque. Cass. 11 septembre et 18 décembre 1811 (Garnier, 13229 ; Dalloz, 4177).

700. Décès du nu-propriétaire avant la réunion de l'usufruit. — Lorsque, avant l'extinction de l'usufruit légué à un tiers, l'héritier de la nue propriété vient à décéder, le droit de mutation ouvert par ce décès doit être liquidé sur la valeur seulement de la nue propriété, c'est-à-dire sur un capital formé de dix fois le revenu des biens. Cass. 30 mars 1841, 9 avril 1845 (5 arrêts), 27 décembre 1847 (chambres réunies) et 21 juin 1848 ; Trib. Chartres, 17 février 1838 ; Evreux, 16 mars 1839 ; Pont-Audemer, 24 février 1842 et 22 août 1845 ; Rouen, 11 mai 1842 ; Evreux, 21 mai 1842 ; Château-Thierry, 11 juin 1842 ; Seine, 15 juin 1842 ; Corbeil, 24 août 1842 ; Doullens, 6 décembre 1843 ; Pithiviers, 22 août

1844 ; Étampes, 19 novembre 1844; Hazebrouck, 11 janvier 1845; Grasse, 24 novembre 1845 (Art. 10425, 10943, 11360, 11408, 11441, 11547, 12067, 12186, 12355, 12489, 12562, 13237 et 13426 J. N.). Opinion conforme (Art. 10425, 10969, 11360, 12087 J. N.). *Contrà*, Trib. Arras, 27 avril 1842; Douai, 27 juin 1844; Boulogne, 14 février 1846 (Art. 11363, 12087 et 13237 J. N.); Dieppe, 1er juin 1842; Saint-Calais, 18 février 1843; Pontoise, 18 avril 1843; Seine, 14 février et 27 juin 1844; Bethune, 14 février 1846; Sancerre, 24 février 1847 (Garnier, 13230; Dalloz, 4551).

701. Principe. — Il faut admettre comme un principe irrécusable aujourd'hui que lorsque la nue propriété d'un immeuble a été transmise *une première fois* par décès, et que, lors de cette première transmission, le droit de mutation a été perçu sur la *valeur entière*, ce droit ne doit plus être assis, tant que l'usufruit restera séparé, que sur dix fois le revenu, lors des transmissions qui peuvent avoir lieu ensuite.

« Nous appelons d'une manière toute particulière l'attention de nos lecteurs sur les mots que nous venons de souligner. Il faut, en effet, pour que la doctrine de la Cour de cassation puisse rester en harmonie avec les principes de la loi de l'impôt, que le droit de mutation ait été acquitté sur la *valeur entière* de la propriété par celui qui transmet la nue-propriété. » (Garnier, 13231).

702. Usufruit détaché par le propriétaire. — Si donc un propriétaire d'immeubles en cède l'usufruit, ses héritiers, qui ne recueillent que la nue propriété, sont tenus de payer le droit de succession sur vingt fois le revenu, parce que s'il en était autrement, il en résulterait qu'à l'extinction de l'usufruit, cette valeur se réunirait à la nue propriété, sans qu'ils eussent jamais payé aucun droit à raison de cette mutation, ce qui serait contraire à l'esprit de la loi. C'est, au surplus, ce qui a été décidé par un jugement du tribunal de Saumur du 30 juillet 1853 (Garnier, 13231).

ÉVALUATION PAR LES PARTIES. — BAUX COURANTS OU AUTRES CAS ÉTABLISSANT LE REVENU DES IMMEUBLES.

703. Le mode d'évaluer les biens n'est pas facultatif. — La loi indique deux modes d'évaluation pour les immeubles : la déclaration des parties, et les baux courants. On ne doit recourir à l'expertise que quand on ne pourra établir par des actes le véritable revenu des biens (art. 19 de la loi du 22 frim. an 7.) Les *baux courants* doivent être admis comme documents et même comme éléments *obligés* de constatation, parce qu'ils n'ouvrent pas la porte à la fraude non plus qu'à l'arbitraire.

C'est ce qu'a jugé la Cour de cassation par un premier arrêt en date du 5 avril 1808 : « Lorsqu'il existe des baux courants non contestés par la Régie, ils doivent servir de base à l'évaluation d'un immeuble transmis par décès, et *ce n'est qu'à défaut de baux* qu'on doit rechercher le produit matériel de l'immeuble, et payer les droits en conséquence. » (Art. 457 J. N.).

Depuis ce moment, la Cour suprême n'a cessé de juger par une série d'arrêts non interrompue, que s'il existe un bail courant à l'époque du décès, il doit servir *exclusivement* de base à l'évaluation du revenu. Les parties, pas plus que l'administration, ne peuvent le repousser. Cass. 7 germinal an 12, 18 février 1807, 13 février et 14 juin 1809, 23 mars 1812 ; 7 février 1821, 19 août 1829, 9 décembre 1835, 6 décembre 1856, 3 mars 1840, 17 février 1842 ; Inst. Rég. 29 mars 1829, n° 1304, § 8, 23 juin 1836, n° 13, § 3, 5 juin 1837, sect. 2, n° 261. (Dict. Not., v° *Expertise en matière d'enregistrement*, n° 68.)

Nous ferons observer que quelques-uns de ces arrêts ont été rendus en matière de mutation à titre gratuit entre-vifs ; mais le principe qu'ils consacrent s'applique avec la même énergie aux mutations par décès (Garnier, 13167 ; Dalloz, 4725).

704. L'estimation pour les transmissions de propriété qui s'effectuent par décès, de biens immeubles, doit être faite et portée à vingt fois le produit des biens ou le prix des *baux courants* sans distinction des charges, et à dix fois seulement s'il ne s'agit que d'un usufruit. L. 22 frim. an 7, art. 15.

705. Baux courants. — Les baux courants sont ceux qui avaient cours à l'époque du décès, sans égard à l'augmentation ou la diminution qui serait survenue pour le revenu dans l'intervalle du bail à la déclaration. Si le bail, quoique subsistant à l'époque du décès, n'avait dû avoir cours que postérieurement, il ne peut servir de base à la déclaration, et l'évaluation, si elle est insuffisante, ne peut être attaquée que par la voie de l'expertise. Inst. Rég. 290.

706. De quoi se compose le prix du bail. — Le prix du bail courant se compose de tout ce que le fermier paye au propriétaire ou à sa décharge et de l'évaluation de tous les charges qui augmentent ce prix. Si l'impôt est mis à la charge du fermier, il s'évalue au quart du prix et des charges, à moins qu'il ne soit justifié du montant de cet impôt par la représentation d'un extrait du rôle (Garnier, 13168 *bis*.).

707. Bail courant écarté d'office. — Les préposés de l'enregistrement sont tenus de se conformer au principe que c'est le bail courant qui doit servir de base exclusivement à l'évaluation d'un immeuble transmis par décès, mais la Régie peut en faire céder l'inflexibilité devant des circonstances particulières. Solution du 1er avril 1828 (J E. 9013; Garnier, 13167),

708. Evaluation par les parties supérieure au bail. — Les héritiers ne pourraient non plus invoquer le bail courant contre une évaluation supérieure qu'ils auraient faite spontanément. Nancy, 14 juin 1829 (J. E. 9379; Garnier 13168, 13209 *ter in fine*).

Ces principes posés, nous allons passer en revue, dans deux articles distincts, les diverses questions qui se rattachent aux évaluations par baux courants d'abord, aux autres modes d'évaluation ensuite.

1° BAUX COURANTS.

709. Le prix du bail ne peut être repoussé comme exagéré. — Le droit de contrôle appartenant à l'administration seule, les parties ne peuvent alléguer contre le prix d'un bail des circonstances fortuites qui auraient pu en élever le prix. Elles se trouvent liées par le bail. Cass. 19 août 1829:

« Attendu 1° qu'aux termes de l'art. 15, n° 7, la valeur de la jouissance des immeubles est déterminée, pour la liquidation et le payement du droit proportionnel, *par le prix des baux courants*, sans distraction des charges ; — que cette disposition, conçue en termes impératifs, et qui n'admettent aucune exception, a eu pour but de soumettre la perception des droits à une règle fixe et indépendante des circonstances, dont on pourrait conclure, dans l'intérêt de la Régie ou dans celui des redevables, que le prix du bail courant a été porté au-dessous et au-dessus de la valeur réelle du revenu de l'immeuble ; — Attendu 2° qu'il résulte de l'art. 19 de la même loi que le redevable doit, dans tous les cas, donner la déclaration du revenu auquel il évalue l'immeuble, et que la Régie a seule le droit de réquérir l'expertise, lorsqu'à défaut d'actes qui établissent ce revenu, et auxquels elle est tenue, sauf le cas de dol ou de fraude, de s'en rapporter elle-même, elle croit qu'il y a insuffisance dans la déclaration. » (Dalloz, 1729).

« On peut consulter dans le même ordre d'idées un arrêt de la même Cour, en date du 17 février 1852, rendu en matière de donation entre-vifs et rapporté dans l'instruction générale n° 1920, § 4. » (Garnier, 13170).

710. Bail non enregistré, mais dont l'existence est constatée. — Si des circonstances particulières peuvent constater l'existence d'un bail secret d'une manière assez positive pour rendre exigibles les droits auxquels ce bail donne ouverture ; les même principes peuvent être invoqués dans l'ordre d'idées que nous suivons en ce moment. Ainsi il a été jugé avec raison :

1° Par le tribunal de Rouen, le 30 juillet 1839, qu'un jugement rendu contre le fermier d'un domaine pour un terme de fermage, et un procès-verbal de non-conciliation entre ce fermier et le propriétaire, où le montant du fermage est encore énoncé, établissent régulièrement et d'une manière certaine le véritable produit des biens.

2° Par le tribunal de Sarreguemines, le 22 août 1837, que la mention faite dans un procès-verbal d'apposition de scellés, qu'un immeuble dépendant de la succession est loué pour un prix, dont on indique le montant est insufffisante pour constater le véritable revenu de cet immeuble (Garnier, 13171).

711. Bail résultant de quittances. — Mais, pour que le bail qui se produit dans de pareilles circonstances puisse être admis, il faut qu'il ne laisse aucune incertitude non-seulement sur l'existence du bail, mais encore sur ses conditions. En ce sens, la Cour de cassation a jugé, par arrêt du 12 février 1835, que la production d'une simple quittance qui ne renferme ni toutes les conditions, ni les époques de durée, ni les charges d'un bail, ne peut être assimilée à un bail courant et motiver une fin de non-recevoir contre une demande en expertise : « Attendu que, s'il est vrai que l'existence d'un bail courant au moment du décès élève, suivant les art. 15 et 19 de la loi du 22 frim. an 7, une fin de non-recevoir contre la demande d'expertise, il est aussi démontré par toutes les dispositions, et notamment par l'art. 15, n° 1, de la loi de l'an 7, que la production d'une simple quittance, qui ne renferme ni toutes les conditions ni les époques de durée, ni les charges d'un bail, ne peut être assimilée à un bail et motiver ladite fin de non-recevoir ; et qu'en le décidant ainsi, le tribunal d'Étampes a fait une juste application de la loi de frimaire. » (Garnier, 13172 ; Art. 8799 J. N.).

712. Bail verbal. — Tacite reconduction. — Le bail *courant*, qui doit être pris pour base de l'évaluation du revenu des immeubles, ne peut être un bail *verbal*. En conséquence, les héritiers ne peuvent opposer à la demande en expertise, formée par la Régie, que l'évaluation exprimée dans leur déclaration est conforme au prix d'un bail notarié expiré, mais continué par tacite reconduction jusqu'à l'époque du décès. Cass. 2 juin 1847 et 19 novembre 1850, Inst. Rég.: 31 décembre 1847, n^s 1776, § 10, et 30 juin 1851, n° 1883, (p 4 (Art. 13125 et 14225, J. N.; Garnier, 13176; Dalloz, 4731).

713. Bail n'existant plus que pour partie des biens. — On ne peut plus considérer comme bail courant un bail qui n'existe plus que pour une partie des biens qui en faisaient originairement l'objet. Dans ce cas, la Régie ne peut que requérir l'expertise. Cass. 9 vendémiaire, an 13 (Dict. Not., v° *Expertise en matière d'enregistrement*, n° 75). V. dans le même sens, Cass. 18 juillet 1821 (Garnier, 13185).

714. Bail à courte durée. — Quelque courte que soit la durée d'un bail, du moment qu'il est courant au moment du décès, il doit être pris pour base de la déclaration de succession. Tribunal de Sarreguemines, 1er août 1837 (Garnier, 13178).

715 Bail non suivi d'exécution. — Les actes de baux qui servent de base à la demande de l'administration ne peuvent être repoussés sous le prétexte que ces actes *n'ont jamais été exécutés.* Cass., 9 décembre 1835. (Garnier, 13183. Dalloz, 4732).

716 Bail in extremis. — Bail entaché de dol et

de fraude. — Lorsqu'un bail est entaché de simulation, une distinction essentielle est à faire.

1° *Simulation opposée par les parties.* — Si ce sont les parties qui opposent la simulation, elles ne sont pas recevables dans leurs prétentions. Cass., 9 décembre 1835 (Dalloz, 4733).

2° *Simulation opposée par i'administration.* — Mais si les circonstances sont telles que le bail apparaisse à l'administration comme imaginé en vue de soustraire à la perception une partie des droits, elle peut le repousser comme frauduleux. Un bail fait *in extremis* est simulé et ne peut être opposé à l'administration. Cass., 1er décembre 1835. (Garnier, 13184 ; art. 9115 J. N. ; lnstr. Rég , 24 juin 1836, no 1513, § 4 ; 5 juin 1837, sect. 2, n° 263. V. aussi Dalloz, 4732 ; Dict. Not., v° Expertise . en matière d'enregistrement, n° 70).

717. Bail courant au moment du décès, mais expiré au moment de la déclaration. — Il est important de remarquer que, dans l'esprit de la loi, c'est au moment où s'accomplit la mutation que le bail doit être courant, et non à celui où cette mutation est déclarée. Un bail non encore expiré au moment du décès, doit servir uniquement de base pour la perception du droit proportionnel auquel la transmission par décès donne lieu. Cass. 19 août 1829 (Garnier, 13194 ; Dalloz, 4729 et 4737).

718. Bail renouvelé après le décès. — La conséquence de cette règle, c'est que bien qu'un bail courant au moment du décès, renouvelé par l'auteur de la succession mais pour ne prendre date qu'à une époque non encore arrivée au moment du décès, c'est le premier bail et non le bail renouvelé qui doit servir de base au revenu des biens. Délib. Rég,, 31 octobre 1836. (Garnier, 13192 ; Dalloz, 5414).

719. Baux payables en nature. — Si les baux sont payables en nature ou en portion de fruits, on évalue les droits d'après les mercuriales. Si le prix est payable moitié en numéraire et moitié en nature de grains au choix du bailleur, le droit peut être établi sur la moitié du prix, d'après les mercuriales s'il doit être plus élevé que le prix en argent. Déc. min. fin., 9 février 1812.

720. Bail en cours d'exécution. — Date postérieure au décès. — Le bail d'un immeuble dépendant d'une communauté entre époux, en cours d'exécution au décès de la femme, doit être pris pour base d'évaluation dans la déclaration de cette dernière, quoiqu'il ait été souscrit par le mari seul (comme administrateur de la communauté) et qu'il n'ait acquis date certaine que postérieurement au décès de la femme. Dans ce cas, il n'y a pas lieu à l'expertise. Cass. 23 mars 1840 (Art. 10626 J. N. ; Garnier, 13175).

721. Bail prétendu simulé ou n'ayant pas reçu exécution. — En ce qui concerne les transmissions d'immeubles entre-vifs, à titre gratuit ou par décès, s'il existe un bail courant à l'époque du contrat ou du décès, il doit servir exclusivement de base a l'évaluation du revenu, lors même que les parties prétendent qu'il est simulé, ou qu'il n'a pas été exécuté, et il ne peut y avoir lieu dans ce cas à requérir l'expertise. Cass. 7 germinal an 12, 18 février 1807, 13 février et 14 juin 1809, 23 mars 1812, 7 février 1821, 19 août 1829 et 9 décembre 1835 ; Instr. Rég. 29 décembre 1829, n° 1303, § 8 ; 24 juin 1836, n° 1513, § 3 ; 5 juin 1837, n° 1537, sect. 2, n° 261. (*Dict. Not.*, v° *Expertise en matière d'enregistrement*, n° 68, 4e édition ; Jurispr. Not. *eod. verbo*, n°ˢ 47 et suiv. ; Garnier, 13183).

722. Bail à des prix différents. — Lorsqu'un bail a été fait à des prix différents pour les diverses périodes de sa durée, le revenu de ces immeubles doit être évalué, pour la perception des droits de mutation par décès, d'après le prix moyen de toutes les années du bail, et non d'après celui de l'année ou de la période durant laquelle la succession s'est ouverte. Trib. Seine, 13 juillet 1861 (Art. 17249 J. N.).

Cette décision est conforme à une délibération de la Régie du 6 septembre 1814, et à un précédent jugement du même tribunal rendu le 14 juillet 1853, en matière de donation entre-vifs (Art. 15017 J. N. V. aussi Garnier, 13180 et *Rép. pér.* 1522).

723. Bail résilié au moment du décès. — Un bail résilié ne peut jamais être pris pour base du revenu. Jugé dans ce sens par la Cour de cassation, le 3 juin 1810, que l'administration, pour percevoir les droits sur la valeur d'une maison, après mutation par décès, ne peut invoquer un bail sous seing privé, si ce bail ne s'applique pas au locataire actuel de la maison. — Dans tous les cas, un bail résilié par acte enregistré, à partir du 8 avril 1849, doit être pris pour base de la déclaration de succession du bailleur décédé le 1er avril 1849, alors même que le nouveau fermier aurait eu la faculté d'entrer en possession de quelques immeubles dès le commencement de l'année. Rouen, 17 décembre 1850.

Mais il faut remarquer que la partie qui excipe de la résiliation, d'un bail doit prouver cette résiliation; ce n'est pas à l'administration à administrer la preuve. Cass. 7 février 1821; Trib. Seine, 13 avril 1842 ; Châteaulin 11 août 1847 (Garnier, 13189; Dalloz, 4728).

724. Bail résiliable mais non résilié. — Lors même que d'après une clause du bail, le défaut du payement d'un seul terme devait le rendre nul et non avenu à la volonté du bailleur, si le preneur est encore en jouissance au jour de l'acte de donation, des biens affermés et que d'ailleurs rien ne prouve le non-payement du terme échu avant la date de la donation et allégué par le donataire, c'est le prix de ce bail qui doit servir de base à l'assiette du droit de donation. Cette décision, qui résulte d'un jugement du tribunal de Lectoure, du 22 août 1851, est parfaitement applicable en matière de droit de mutation par décès (Garnier, 13190.)

725. Bail réduit le même jour que le décès — Il a été décidé, en matière de donation, que si le prix d'un bail a été réduit par un acte du même jour que la donation des biens affermés, l'administration a le droit de prendre pour base de la liquidation du droit, le bail ancien, alors même que rien ne prouverait que cette réduction ait eu lieu en fraude des droits du Trésor, car, du moment que rien n'indique que la réduction soit antérieure à la donation, l'administration est fondée à ne considérer comme courant que l'ancien bail. Tulle, 15 décembre 1852, *à fortiori* en serait-il de même si le bail n'avait été réduit que postérieurement à l'acte de donation. Seine, 14 juillet 1853.

« Ces décisions, dit M. Garnier, sont parfaitement applicables à la matière des successions, sauf une distinction essentielle : toutes les fois que le bail réduit aura une date certaine postérieure au décès, il ne pourra être pris pour base de la déclaration. Mais du moment qu'un acte de réduction aura été passé par le bailleur, cet acte fut-il sous seing privé et ne fut-il pas enregistré, il devra être pris pour base du revenu des biens, alors même qu'il aurait été rédigé le jour même de la mort du bailleur, car il aura acquis date certaine par le décès.

« La raison de cette distinction est facile à saisir. Un acte ne prend pas sa date de l'heure, mais du jour de sa rédaction. Donc, lorsque l'acte de réduction a été passé le même jour que la donation, on ne peut dire qu'il lui est antérieur. Mais il n'en est plus de même lorsqu'il s'agit du décès ; car un bail passé par le défunt est évidemment antérieur à son décès. Si donc l'entrée en jouissance des biens doit partir de la date même du bail, ce bail se trouvant courant au moment du décès doit servir de base à la déclaration de succession. » (13193.).

726. Bail par l'usufruitier. — La loi n'est pas limitative ; elle n'exige pas que le bail de l'immeuble ait été passé par l'auteur de la mutation. Ainsi le bail consenti par l'usufruitier doit être pris pour base du revenu des biens, quand il s'agit de la perception des droits de mutation dus par l'héritier du nu-propriétaire (Garnier, 13196).

727. Sous-bail. — Le sous-bail constitue un nouveau bail du preneur originaire au sous-locataire. Il n'y a donc pas de raison pour que, s'il est courant au moment de la mutation, on ne doive le prendre pour base de l'évaluation du revenu de la mutation. Reconnu, en ce sens, que le sous-bail consenti par le fermier et accepté par le propriétaire doit être pris pour base du revenu de l'immeuble affermé encore que le bail consenti par le propriétaire ne soit pas connu. Trib. de Bernay, 18 novembre 1839, 12778 J. E. (Garnier, 13197).

728. Bail. — Charges. — Contributions. — La contribution connue, dans le nord de la France, sous le nom de contribution des Moëres, doit être ajoutée au prix du bail, pour la liquidation du droit de mutation par décès, lorsque le fermier est chargé de l'acquitter en sus de son prix Trib. de Dunkerque du 7 septembre 1861. (Garnier, *Rép., pér* art. 1532 et *Rép. gén.*, 1818, 4828 et 13257).

2° DIVERS ACTES POUVANT ÉTABLIR LE REVENU.

729. Principes. -- M. Garnier, n° 13198, s'exprime ainsi : « Nous avons vu, dans la division précédente, une application directe de l'art. 15, n°s 7 et 8 de la loi du 22 frimaire an 7, qui prescrit impérativement de prendre pour base de l'évaluation les baux courants au moment du décès. Cependant ce n'est pas la seule disposition législative qui fournisse des moyens légaux de suppléer à la déclaration des parties. De l'art. 19 de la loi du 22 frimaire an 7, il résulte également que l'expertise peut être suppléée par toutes sortes d'actes pouvant faire connaître le véritable revenu des biens. Cette disposition de la loi n'étant ni énonciative ni impérative, il en résulte que tout rentre dans le domaine de l'interprétation quant à ce point. Les parties peuvent toujours refuser de prendre pour base de leur déclaration tel ou tel acte qui leur serait opposé par l'administration, et c'est aux tribunaux seuls qu'il est permis d'apprécier si la base de revenu demandée est réellement celle qui doit être appliquée. La solution devrait évidemment être la même, si c'étaient les parties qui voulussent imposer une base de revenu fournie par un acte quelconque.

» En d'autres termes, le bail courant fournit une base d'évaluation sur laquelle le receveur peut liquider les droits de succession, même contre le gré des héritiers. Mais, hors de là, le préposé ne serait pas fondé à repousser la déclaration qui lui serait offerte, sous prétexte qu'il peut trouver une base exacte d'évaluation dans un acte autre qu'un bail courant. Telle est la règle. Au surplus, voici le résumé des diverses solutions fournies par la jurisprudence sur ce point. (Garnier, 13198. » V. aussi Dalloz, 4742.)

730. Actes ne faisant connaître que la valeur vénale. — En tout état de cause, la perception des droits de mutation par décès ne pouvant être établie que sur un capital formé d'après l'évaluation du revenu des biens, on ne pourrait prendre pour base l'acte qui ne ferait connaître que la valeur vénale des biens à déclarer. C'est ce qui s'induit d'un jugement du tribunal de la Seine, du 30 août 1838, et d'une délibération de l'administration, du 9 juillet 1825, qui ont décidé : le premier, que lorsque la perception doit être assise sur le revenu, on ne peut prendre pour base du droit de mutation soit un rapport d'experts entre les parties évaluant les biens en valeur vénale, soit le prix d'une vente ; la seconde, que la perception des droits sur les donations d'immeubles étant basée sur le revenu attribué aux biens, on ne peut constater l'insuffisance de ce revenu par une évaluation faite en capital dans un partage subséquent passé entre les mêmes parties. (Garnier, 13199.)

731. Simple déclaration du fermier. — On ne peut ranger dans la classe des actes pouvant faire connaître le revenu véritable des biens la simple déclaration du fermier faite sans la participation du propriétaire. La Régie doit, dans ce cas, recourir à l'expertise, si l'évaluation des parties lui paraît insuffisante. Cass. 21 janvier 1812 ; Inst. Rég. 5 juin 1837, n° 1537, sect. 2, n° 266 (Dict. not., *loc. cit.*, n° 77, 4° édit. ; Dalloz, 4748).

732. Rôle de la contribution foncière. — Un tribunal ne pourrait refuser d'ordonner l'expertise, sous le motif que la valeur des immeubles a été portée à quinze fois le revenu indiqué au rôle de la contribution foncière, conformément à l'art. 2165 C. N, ; Cass. 4 août 1807 , Inst. Rég. 5 juin 1837, n° 1537, sect. 2, n° 267. (Dict. Not., *loc. cit.*, n° 78). En ce sens, trib. du Havre, 11 janvier 1838. (Garnier, 13200 ; V. aussi Dalloz, 4735 et 4745).

733. Expertise contradictoire. — L'insuffisance de l'évaluation dans une déclaration de succession peut, à défaut de bail courant, être établie par une expertise des mêmes biens faite contradictoirement entre l'auteur de la succession et la Régie, sans que celle-ci soit tenue de requérir une nouvelle expertise. Cass. 31 décembre 1823, 18 janvier 1825 et 1er décembre 1835 ; Inst. Rég. 5 juin 1837 , n° 1537, sect. 2, n° 265 (Art. 5031 et 9145 J. N. ; Dalloz, 4745).

734. Expertise à la requête des héritiers. — Décidé même que l'insuffisance de l'évaluation d'immeubles faite dans une déclaration de succession peut, à défaut de bail courant, être établie par une expertise des mêmes biens, faite à la requête des héritiers pour le partage de la succession et homologuée en justice. Cette expertise, quoique faite en l'absence de la Régie et, par conséquent, non opposable à la Régie, peut être invoquée par elle, pour la demande d'un supplément de droits de mutation. C'est un des actes signalés par l'art. 19 de la loi du 22 frim. an 7 comme pouvant faire connaître le véritable revenu. Cass, 26 février 1851 (Art. 14324 J. N. Jurisp. Not. ; Art. 9219). Il en serait de même alors que l'expertise serait postérieure à la déclaration de succession. Cass. 18 janvier 1823 (Dalloz, 4744 et 4749). *Contra*, Trib. Lisieux, 23 mars 1833 ; Château-Gontier, 20 décembre

1834 : Délib. Rég. 8 novembre 1833 et 24 février 1835 (Art. 8544 et 8949 J. N.; Garnier, 13202).

735. Mais, en pareil cas, il faut que l'expertise faite dans l'intérêt des parties sans l'intervention de la Régie, soit réelle, positive et non provisoire ou approximative, comme celle qui est faite, par exemple, pour parvenir à une licitation entre cohéritiers ou copropriétaires; à une adjudication qui peut avoir lieu au-dessous de l'estimation, suivant l'art. 964 C. pr. civ.; Trib. Seine, 16 août 1826 (Dict. Not., *loc. cit.*, n° 84).

736. Droit de chasse. — Pour la liquidation et le payement du droit de mutation par décès, doit-on considérer comme une *charge* de nature à être ajoutée au prix des baux courants, après évaluation par les parties avant l'enregistrement, la réserve du droit de chasse, faite dans ces baux par le propriétaire ?

La négative, à notre avis, ne peut faire aucun doute. Consultés sur ce point, les rédacteurs de la *Jurisprudence du Notariat* ont répondu comme il suit :

« On entend par *charges* à ajouter au prix des baux, soit pour la perception du droit de bail sur les actes de cette nature, soit pour la liquidation du droit de mutation dans les cas où, suivant la loi, le revenu des biens forme la base de la perception, les conditions onéreuses pour le fermier et avantageuses pour le propriétaire, stipulées dans les baux.

» Des faisances, des denrées que le fermier doit livrer, en sus du prix du bail, des charrois qui lui sont imposés, etc., se résument en *charges*, appréciables en argent. Le propriétaire profite de ces charges; elles augmentent pour lui le prix du bail et doivent être ajoutées à ce prix, d'après l'art. 15 de la loi du 22 frim. an 7, pour la perception des droits d'enregistrement, dans les cas qu'indique cet article.

» Mais la réserve du droit de chasse faite par le propriétaire, ne peut se traduire en un sacrifice pécuniaire imposé au fermier. Cette réserve le prive d'une faculté, d'un agrément, sans doute, mais d'un plaisir toujours dispendieux.

» Considéré en lui-même et abstractivement, le droit de chasse ne doit être regardé comme formant une partie intégrante du revenu de l'immeuble qu'autant qu'il est sorti des

16

mains du propriétaire et que celui-ci en tire un produit réel par l'amodiation.

» Entre les mains du propriétaire, le droit de chasse n'a pas une valeur appréciable ; il échappe à toute évaluation. Comme on ne saurait le concevoir indépendamment de l'exercice qui peut en être fait, et que cet exercice est, de la part du propriétaire, entièrement facultatif, il ne constitue pas une source positive de revenu ; s'il peut, quelquefois, en résulter un produit, ce produit fort éventuel ne peut jamais être apprécié.

» La réserve du droit de chasse par le propriétaire, dans les baux des biens immeubles ne forme donc pas une charge de nature à être ajoutée au prix de ces baux pour la perception des droits d'enregistrement. » (Art. 11712).

737. Obligations créées par les compagnies de chemins de fer. — Elles doivent, pour le payement des droits de mutation par décès, être déclarées, non d'après leur valeur nominale, mais suivant le cours de la Bourse au jour du décès. Délib. Rég. 5 novembre 1850 (Art. 14210 J. N. ; Jurisp. Not., art. 9067).

738. Actions de compagnies d'industrie ou de finances. — Évaluation. — Cours de la Bourse. — Lorsqu'une succession comprend des actions de compagnies d'industrie ou de finances, l'évaluation en capital de la valeur de ces actions, pour le payement des droits de mutation par décès, doit-elle être faite d'après le cours moyen de la Bourse du lieu du décès ou d'après le cours de la Bourse de Paris ?

Dans une dissertation insérée à l'art. 17391, le *Journal des Notaires* a soutenu que l'évaluation des actions doit être faite d'après le cours moyen de la Bourse du lieu du décès, et non d'après le cours moyen de la Bourse de Paris. Son opinion a été adoptée par un jugement du tribunal de Lyon, du 19 juin 1863, rendu dans l'espèce même sur laquelle il avait été consulté (Art. 17861 J. N. ; Jurisp. Not., art. 12489).

PARTAGE.

739. Effet du partage. — La liquidation des droits de mutation par décès dans une déclaration de succession est du domaine exclusif du receveur. Cependant il est un cas où celui-ci doit accepter la liquidation des parties : c'est lorsque

cette liquidation fait l'objet d'un partage. Ce partage, ayant
our effet de faire considérer chaque copartageant comme propriétaire *ab initio* des biens qui lui sont dévolus, doit fournir
la mesure de la déclaration à effectuer par les héritiers du défunt ; et comme ces héritiers doivent la déclaration uniquement
des biens appartenant à leur auteur, il s'ensuit qu'ils ne
sont tenus d'y comprendre rien de ce que le partage a attribué
à d'autres qu'à lui. Cass. 16 juillet 1823 (7556 J. E.; Garnier,
13282; Art. 4900 J. N.).

740. Date du partage. — Mais il est essentiel de s'at-
tacher à la date du partage, car s'il était postérieur à la déclaration, bien que son effet, à l'égard des parties, fût de faire re-
monter les attributions *ab initio*, il resterait sans influence sur
la liquidation des droits d'enregistrement, puisque, au regard
de l'administration, il ne pourrait être considéré que comme
un de ces événements ultérieurs que la disposition de l'art. 60
de la loi du 22 frimaire an 7 écarte de la manière la plus abso
lue (Garnier, 13285).

PARTAGE ANTÉRIEUR A LA DÉCLARATION.

741. Partage de communauté. — Lorsque, par un
partage antérieur à la déclaration que les héritiers d'un époux
décédé et l'époux survivant sont tenus de faire des biens à eux
échus en ces qualités, une part avantageuse dans les conquêts
de communauté est attribuée à l'époux survivant, moyennant
récompense aux héritiers du prédécédé en valeurs mobilières
de la communauté, cette part avantageuse était censée lui appartenir du jour de l'acquisition que les époux en avaient faite,
et n'est passible d'aucun droit proportionnel de mutation résultant de la dissolution de la communauté. Cass. 15 juillet
1823 (7556 J. E.).

741 *bis.* Décidé également par l'administration, le 5 juillet
1826, que lorsque le partage d'une communauté est antérieur
à la déclaration de succession, les héritiers de l'époux prédécédé ne sont tenus de comprendre dans leur déclaration que
les immeubles qui leur sont échus, bien qu'ils ne s'élèvent pas
à la moitié de ceux qui composaient la communauté (Art. 5780
J. N.; Garnier, 13286).

742. Lorsque le partage d'une communauté entre époux a
été fait antérieurement à la déclaration de la succession du

conjoint prédécédé, et que le lot attribué aux héritiers de ce dernier est composé de biens de la communauté et d'une soulte à la charge de l'époux survivant, il y a lieu de comprendre dans la déclaration de la succession, non la soulte comme valeur mobilière, mais la portion d'immeubles que cette soulte représente, évaluée en revenu. Délib. de la Régie, 23 mai 1845 (Jurisp. Not., art. 7232).

743. Partage de succession. — L'administration a voulu que la doctrine consacrée par l'arrêt de la Cour de cassation du 15 juillet 1823 fût limitée aux partages de communauté, et qu'elle restât sans application du moment qu'il s'agissait d'un partage de succession.

« Il serait difficile, dit M. Garnier (13287), d'assigner un motif sérieux à une pareille prétention ; un partage de succession a le même effet rétroactif qu'un partage de communauté. Dans l'un comme dans l'autre cas, chaque copropriétaire est censé n'avoir jamais eu aucun droit aux objets compris dans le lot de son copartageant. »

Cette prétention a été condamnée par un jugement du tribunal de Tours du 1er septembre 1849 (Art. 14316 J. N.; art. 9217 Jurisp. Not.; Garnier, 13287).

Ce jugement a été confirmé par arrêt de la Cour de cassation du 11 mars 1851 (Art. 14316 J. N.).

744. Lorsque, antérieurement à la déclaration de la succession, un acte de partage a attribué à l'époux survivant des valeurs en toute propriété, pour lui tenir lieu de la portion en usufruit dont il était donataire, cet acte doit-il servir de base à la perception des droits de mutation par décès?

La négative résulte d'un jugement du tribunal civil de la Seine, du 25 juillet 1862, conforme à un jugement du tribunal de Corbeil, du 23 août 1834 (Art. 15337 J. N.), et à la doctrine d'un arrêt de la Cour de cassation du 9 novembre 1834, rendu sur une question analogue (Dict. Not., v° *Succession*, n°s 907 et 908, 4e édit.; Art. 17606 J. N.; Jurisp. Not., art. 12286).

745. Prorogation de délai. — On sait que le ministre peut accorder et accorde souvent des prorogations de délai pour le payement des droits de mutation par décès (Garnier, 12495).

Quid, si un partage intervenait entre les héritiers anterieu-

rement au terme du délai ainsi prorogé, mais postérieurement
à l'expiration du délai légal ?

Il résulte d'un arrêt de la Cour de cassation du 18 décembre
1839, qu'un semblable partage ne pourrait plus être pris pour
base de la déclaration de succession.

M. Garnier critique avec juste raison les motifs de cette décision : « Que le partage soit passé avant ou après l'expiration
du délai, il n'en conserve pas moins son effet propre, c'est-à-
dire une énergie rétroactive qui fait que chaque copartageant
est censé n'avoir jamais eu aucun droit aux biens qui ne sont
pas compris dans son lot. Et si le partage postérieur à la déclaration reste sans influence sur la perception, c'est uniquement, ainsi que nous l'avons dit au n° 13285, parce qu'il se
trouve alors en présence d'une disposition de la loi spéciale qui
défend la restitution de tout droit régulièrement perçu. »
13298).

PARTAGE POSTÉRIEUR A LA DÉCLARATION.

746. — Lorsque le partage qui a attribué à l'époux survivant l'usufruit, et aux héritiers de l'autre la nue propriété de la
totalité des biens de la communauté, est *postérieur* à la déclaration de la succession, la Régie est-elle fondée à réclamer un
supplément de mutation par décès sur la moitié de ces biens ?

Dans l'affirmative, la Régie peut-elle exiger le demi-droit en
sus, pour défaut de déclaration de la moitié des biens de communauté, dans les six mois à compter de la date du partage ?

L'affirmative de la première question et la négative de la
suivante résultent d'un jugement du tribunal de la Seine du
4 juin 1859.

Le *Journal des Notaires*, en rapportant cette décision
(Art 16615), présente les observations suivantes :

« Il résulte d'un arrêt de la C. de cass. du 16 juin 1824, et
de plusieurs décisions administratives (Art. 2029, 4015 et 4702
J. N.; Dict Not., v° *Partage*, n°ˢ 730 et 732, 4ᵉ édit.), que la disposition d'un partage par laquelle l'usufruit de biens indivis
est attribué à l'un des copropriétaires, et la nue propriété à
l'autre sans soulte ni retour, n'opère point mutation, et n'est
sujette qu'au droit fixe.

» D'un autre côté, il a été décidé par un arrêt de la Cour
de cass du 16 juin 1823 (Art. 4900 J. N.; Dict. Not., v° *Succes-*

sion, n° 330, 3ᵉ édit.), que le partage des biens d'une communauté entre époux, s'il est *antérieur à la déclaration de succession* du conjoint prédécédé, doit servir de base à cette déclaration et à la perception du droit de mutation par décès ; qu'en conséquence si le partage a attribué aux héritiers du défunt les valeurs mobilières de la communauté, et à l'époux survivant les immeubles, les héritiers ne doivent comprendre dans leur déclaration que les valeurs mobilières... »

447. Lorsque le partage qui attribue à l'époux survivant l'usufruit et aux héritiers de l'autre la nue propriété de la totalité des biens de la communauté, est *postérieur* à la déclaration de succession, la Régie est-elle fondée à réclamer un supplément de droit de mutation par décès sur la moitié de ces biens ?

Dans l'affirmative, la Régie peut-elle exiger le demi-droit en sus, pour défaut de déclaration des biens de communauté dans les six mois de la date du partage ?

L'affirmative des deux questions résulte d'un jugement du tribunal de Mamers, du 2 juin 1863.

Sur le premier point, cette décision est conforme à un jugement du tribunal de la Seine du 4 juin 1859 combattu à l'Art. 16645 J. N. et dans le Dict. Not., vᵒ *Succession*, n° 901 4ᵉ édit, mais contraire à un jugement du tribunal de Meaux, du 20 août 1829, auquel la Régie a acquiescé par une délibération du 8 janvier 1830 (Art. 7159 J. N. ; Dict. Not., *loc cit.*, n° 895), et à la doctrine d'un arrêt de la Cour de cassation, du 11 mars 1851 (Art. 13836 J. N.), portant que « c'est l'état des choses au moment où la perception a dû avoir lieu qui détermine ce qui doit être perçu. » Sur le second point, le jugement du tribunal de Mamers est contraire au jugement précité du tribunal de la Seine (Art. 17886 J. N.).

§ VIII. — **Payement des droits.** — **Solidarité.** — **Action de la Régie.**

1° PAYEMENT DES DROITS.

748. Les droits de mutation par décès sont payés avant l'enregistrement des déclarations, et nul ne peut en atténuer ni différer le payement sous prétexte de contestation sur la quotité, ni pour quelque autre motif que ce soit, sauf à se pourvoir en restitution. L. 22 frimaire an 7, art. 28 (Dict. Not., v° *Successions*, n° 910).

749. De ceux qui doivent acquitter les droits de mutation par décès. — Ce sont les héritiers, donataires ou légataires. L. 22 frimaire an 7, art. 32.

750. Commerçant décédé en état de faillite. — Les droits de succession d'un commerçant décédé en état de faillite doivent être réclamés à ses héritiers. Trib. de la Seine, 29 mars 1862 (Garnier, *Rép. pér.*, art. 1725). « Ce jugement confirme la doctrine, rappelée au n° 12616 du *Rép. gén.*, que la déclaration de faillite, n'ayant pas pour effet de priver le failli de la propriété de ses biens, c'est, après son décès, à ses héritiers, tant qu'ils n'ont pas renoncé, que doivent être réclamés les droits de mutation. »

751. Héritier bénéficiaire. — L'héritier bénéficiaire est tenu personnellement, comme l'héritier pur et simple, d'acquitter les droits de mutation par décès : « Attendu qu'à cet égard, la loi ne fait pas de distinction entre les héritiers purs et simples et les héritiers sous bénéfice d'inventaire; — Que si l'héritier bénéficiaire, à la différence de l'héritier pur et simple, n'est tenu que jusqu'à concurrence des forces de la succession, et ne confond pas ses biens et ses droits personnels avec ceux de l'hérédité, il n'en a pas moins la qualité d'héritier, et la transmission des biens de la succession ne s'en opère pas moins sur sa tête ; que le droit dû pour mutation de propriété par décès est une contribution indirecte qui constitue vis-à-vis de l'État une dette des héritiers, laquelle n'a pour cause que la transmission des biens opérée en leur faveur. » Cass. 29 germinal an 11, 5 nivôse an 12, 21 avril et 28 octobre 1806, 3 février 1829, 1er février 1830, 24 avril 1833, 7 avril 1835, 12 juillet 1836 (deux arrêts), 28 août 1837 (Art. 6882, 7080, 8086, 8840, 9293, 9812 J. N. ; Garnier, 12564 (Dict. Not., *loc. cit.*, n° 917).

752. Les arrêts du 12 juillet 1836 ajoutent que l'héritier bénéficiaire doit *au moins faire l'avance de ces droits*. Cette restriction concilie la loi fiscale avec la loi civile : il en résulte que l'héritier bénéficiaire, quoique débiteur *personnel* envers la Régie, du droit de mutation, peut en comprendre le montant en dépense, dans le compte de son administration de la succession (Art. 9293 J. N.).

753. L'acceptation d'une succession bénéficiaire est irrévocable; toute renonciation postérieure est nulle. En conséquence, l'héritier bénéficiaire doit les droits de succession, comme l'héritier pur et simple, et le demi-droit en sus, s'il ne paye pas dans le délai de six mois. Sa déclaration ne peut, par suite, être reçue sans l'acquittement préalable des droits. Il ne peut enfin s'affranchir de ce payement en faisant abandon des biens de la succession. Cass. 1er février 1830 (deux arrêts) :

« Attendu que si le Code Napoléon donne aux héritiers la faculté d'accepter, soit purement, soit sous bénéfice d'inventaire, les successions qui leur sont échues, aucun article du même Code ne leur laisse le droit de renoncer aux successions qu'ils ont acceptées, ce qui est conforme à cette maxime de droit : *Qui semel hæres, semper hæres* (Art. 7080 J. N.). V. aussi Cass. 24 avril 1833 (Art. 8086 J. N.) *Contrà*, Cass. 6 juin 1815 (Art. 1697 J. N.).

754. Légataires et donataires. — Les droits de mutation sont dus par les légataires particuliers chacun en ce qui le concerne, s'il n'en a été autrement ordonné par le testament (C. N. 1016). — Il en est de même de chaque donataire qui recueille par l'événement du décès.

755. Legs à des malades. — Le legs fait aux plus pauvres des malades d'un hospice doit être versé entre les mains de la commission administrative légalement autorisée à recevoir. C'est donc cette commission qui doit payer les droits de mutation par décès. Bordeaux, 26 juin 1845 (Garnier, 13327).

756. Tuteur. — Un tuteur ne peut différer le payement des droits de mutation par décès dus pour son pupille, en alléguant qu'il n'a perçu aucune valeur appartenant au mineur. Bordeaux, 10 février 1857; Seine, 13 juin 1855 (Art. 16127 J. N.; Garnier, 13329).

757. Curateur à succession vacante. — A propos des curateurs aux successsions vacantes, dans le paragraphe relatif aux personnes tenues de faire la déclaration de la succession, nous avons rapporté (nos 17 à 32) des décisions qui peuvent paraître un peu contradictoires.

Afin de mieux préciser la règle à suivre par les curateurs aux successions vacantes, pour le payement des droits de mutation par décès, nous croyons devoir, en résumant de nouvelles décisions, signaler les solutions dont la doctrine nous semble la meilleure.

758. Un jugement du tribunal de la Seine, du 11 mai 1861, a décidé que, lorsque la nomination du curateur est postérieure de plus de six mois à l'ouverture de la succession, et s'il n'a pas de fonds disponibles, si le curateur a fait signifier à la Régie, par acte extrajudiciaire, la déclaration estimative des biens du défunt, le demi-droit en sus de mutation ne peut être mis à la charge ni du curateur personnellement à qui aucune négligence ne peut être reprochée, ni de la succession vacante qui, dépourvue de curateur, n'a pu agir elle-même. Ce jugement est conforme à l'opinion émise par le Dictionnaire du Notariat, v° *Succession vacante*, n° 20, 4° édition (Art. 17205 J. N.).

759. Aux termes d'un arrêt de la Cour supérieure de Bruxelles, du 4 novembre 1845, un curateur à succession vacante n'est pas tenu de payer les droits de mutation par décès lorsqu'il est établi et non contestesté qu'il n'est nanti d'aucuns fonds dépendant de cette succession (Dict. Not., *loc. cit.*, n° 15).

760. Ces décisions sont conformes aux principes admis par la Cour de cassation. Par arrêt du 5 décembre 1839 (Art. 10570), la Cour suprême a décidé que le curateur à une succession vacante n'est pas tenu personnellement des droits de mutation par décès, il n'en peut être tenu que comme administrateur des biens sur lesquels ces droits doivent être acquittés. S'il n'existe pas dans la succession des biens et valeurs suffisants pour le payement des droits, ils ne peuvent être exigés sur la fortune personnelle du curateur. En conséquence, lorsque le curateur a payé, de ses deniers personnels, les droits de mutation, en se réservant la faculté d'en demander la restitution, dans le cas où les valeurs de la succession ne suffiraient pas pour en opérer le payement, l'action en restitution ne pourrait lui être déniée, s'il établissait cette insuffisance ; à défaut de cette justification, la restitution ne peut être ordonnée (Art. 10570 J. N.).

761. Un arrêt de la Cour de cassation, du 4 avril 1807, a décidé que la Régie a une action contre le curateur pour le payement des droits de mutation, sauf le compte de son administration et les droits que les autres créanciers pourraient être dans le cas d'exercer utilement (Dict. Not., *loc. cit.*, n° 14).

762. Par suite du principe posé par l'art. 39 de la loi du 22 frim. an 7, que les curateurs sont passibles personnellement de la peine du double droit, lorsqu'ils ont fait des omissions de biens ou des estimations insuffisantes dans la déclaration de la succession, le tribunal de Marseille a décidé qu'en cas de retard dans la déclaration de succession, d'omissions ou d'insuffisances dans l'évaluation, l'action de la Régie en payement des droits de mutation doit être dirigée contre le curateur personnellement sur ses biens pour le demi-droit en sus ou le double droit par lui encouru, et sur les biens de la succession pour le simple droit. Marseille, 22 mai 1840 (Dict. Not., *loc. cit.*, n° 23).

Pour résumer ici la question relative aux curateurs aux successions vacantes, nous dirons que pour le payement des droits de mutation par décès, l'action de la Régie ne prend un caractère exceptionnel qu'autant que ces curateurs ont négligé de faire la déclaration dans les délais prescrits ou ont commis des omissions ou des insuffisances d'évaluation. Dans ces cas seulement, ils sont personnellement tenus du demi-droit en sus ou du double droit, et, dès lors, la Régie peut les poursuivre sur leurs biens personnels. Mais quand ces curateurs ont fidèlement et scrupuleusement rempli leur mission, la Régie n'a contre eux d'autre action que celle qui lui appartient contre tous autres redevables pour le payement des droits de mutation par décès. Sous les n°s 800 et suivants, nous établissons *infrà* quelle est la nature de cette action que la jurisprudence, après une lutte de plus de cinquante ans, a fini par préciser et déterminer d'une manière désormais incontestable.

763. Le payement des droits de succession n'emporte pas adition d'hérédité. — En principe, le payement des droits de mutation par décès n'emporte pas adition d'hérédité. C'est ce qu'établit une jurisprudence que l'on peut dire constante, car on ne rencontre en forme de l'opinion contraire qu'un arrêt de la Cour de Caen du 17 janvier 1824 (9273 J. N.). Ainsi, on peut voir dans M. Dalloz, v° *Succession*, n° 503 et suiv., le résumé de nombreux arrêts qui ont reconnu qu'il n'y a qu'acceptation de la succession dans le payement des droits de mutation, fait dans les circonstances suivantes :

1° Lorsque les droits d'enregistrement payés étaient modiques. C. Montpellier ; 1er juillet 1828.

2° S'il était établi dès l'ouverture de la succession qu'elle était insolvable. C. Toulouse, 7 juillet 1836.

3° Si l'héritier a payé un droit qu'il croyait devoir à un autre titre qu'à celui d'héritier. C. Bordeaux, 16 janvier 1839.

4° Si l'héritier a payé depuis sa renonciation et qu'il ait formellement déclaré devant le receveur qu'il n'entendait pas prendre qualité d'héritier. C. Bordeaux, 11 mai 1833.

5° Il n'y a pas adition d'hérédité, bien que dans la quittance de droits payés, le receveur ait donné au successible la qualité d'héritier et que celui-ci n'ait fait aucune réserve. C. Nancy, 19 mai 1842.

6° Alors que l'héritier n'a payé que sur contrainte. Cass., 24 déc 1828.

7° Alors même que le successible aurait formellement pris la qualité d'héritier dans la declaration. C. Bourges, 25 août 1841 ; Cass , 1er février 1853, Lyon, 17 juillet 1829.

8° A plus forte raison doit-il en être ainsi, si le successible a fait une simple déclaration sans payer de droits. C. Agen, 6 avril 1816.

9° A plus forte raison encore, le payement des droits de succession par le mari d'une femme successible n'emporte pas acceptation de l'hérédité à l'égard de cette dernière. C. Montpellier, 4 juillet 1828.

10° De même encore la déclaration de succession, faite par la tutrice légale, non autorisée d'ailleurs à accepter pour son pupille, ne peut tenir lieu d'acceptation, ni constituer celui-ci héritier bénéficiaire de son auteur (Garnier, 12229).

764. Le payement des droits de mutation, dus par suite du décès n'est pas acte d'héritier ; ce n'est qu'un acte fait dans l'intérêt de la succession, qui ne peut échapper à l'obligation de payer le droit (Dict. Not., v° *Acte d'héritier*, n° 52, 4e édit.; Art. 6195, 6867, 12740 J. N.; Rép. de la Jurisp. Not., *eodem verbo*, n° 34).

2° DE LA SOLIDARITÉ.

765. L'art. 32 de la loi du 22 frim. an 7 déclarant les cohéritiers solidaires pour le payement des droits de mutation par décès, il s'ensuit qu'un seul peut être poursuivi pour tous ; que la Régie peut s'adresser à celui des héritiers qu'elle veut choisir, sans que les poursuites faites contre lui l'empêchent d'en exercer contre les autres. Cass. 29 germinal an 11, 21 mai 1806 ; Déc. min. fin. 7 juin 1808 ; Inst. Rég. 29 juin 1808, n° 386, § 36 ; 29 octobre 1810, n° 495 (Dict. Not., v° *Succession*, n° 943, 4° édit.; Jurisp. Not., *eod verbo*, n° 273 ; Garnier, 13333.)

766. Toutefois, les préposés de la Régie doivent agir de préférence contre les héritiers qui sont sur les lieux, contre les majeurs et ceux qui disposent de leurs droits, et contre ceux qui présentent le plus de solvabilité, plutôt que d'attaquer les mineurs, les interdits, des femmes en puissance de mari ou des héritiers n'ayant pas par eux-mêmes des moyens suffisants pour acquitter les droits. Déc. min fin. 7 juin 1808 ; Inst. Rég. 29 juin 1808, n° 386, § 36 ; 8 septembre 1824, n° 1146, § 18 (Dict. Not., *loc. cit.*, n° 944).

767. La solidarité s'applique même aux héritiers bénéficiaires. Si un seul d'entre eux est poursuivi pour le recouvrement des droits de mutation par décès, il ne peut opposer qu'étant héritier bénéficiaire il n'est point tenu de payer pour lui et ses cohéritiers. Cass. 3 ventôse an 11 et 27 juin 1809 ; Trib. Grenoble, 31 août 1840 ; Angoulême, 23 janvier 1850 (*ibid.*, n° 945 ; Garnier, 13334).

768. La solidarité entre cohéritiers s'étend même au demi-droit en sus et au double droit. Trib. Neufchâteau, 8 mars 1832 ; Grenoble, 27 décembre 1847 (Garnier, 13335 ; Jurisp. Not., *loc. cit.*, n° 274).

769. Jugé que, lorsqu'une succession a été déclarée ouverte en totalité en ligne directe, et qu'il survient des héritiers en ligne collatérale, il y a solidarité entre eux et les héritiers de la ligne directe pour le payement du supplément de droit devenu exigible. Trib. Seine, 25 mars 1852 (Art. 14620 J. N.).

770. Quoiqu'une demande en payement des droits de mutation ait été formée contre un héritier, tant pour lui que pour ses cohéritiers, et qu'il ait agi lui-même en cette qualité dans l'instance engagée, si le jugement qui intervient est rendu contre lui seul et n'est point déclaré commun avec ses cohéritiers, il n'est attaquable en cassation que contre le seul héritier qui l'a obtenu. La Régie ne peut procéder que par action nouvelle contre ses cohéritiers. Cass. 17 mars 1823 (Dict Not., *loc. cit.*, n° 948).

771 Enfant naturel. — L'enfant naturel n'étant pas héritier, il n'est pas solidaire avec les héritiers légitimes pour le payement des droits de mutation par décès. Inst. Rég. 26 messidor an 12, n° 239 ; 20 juin 1808, n° 386, § 36 (*ibid.*, Garnier, 13338 ; Jurisp. Not., *loc. cit.*, n° 276).

772. Il n'y a point solidarité entre les héritiers et les légataires ; ceux-ci sont tenus de fournir, en leur nom personnel, déclaration de l'objet de leur legs, et d'acquitter les droits de mutation dont il est passible. Mêmes inst. (Dict. Not., *loc. cit.*, n° 950).

773. Usufruitier. — Nu-propriétaire. — L'usufruit ne pouvant procéder que d'une donation ou d'une disposition testamentaire, celui qui en est investi se trouve nécessairement dans la catégorie des donataires ou des légataires et jamais dans celle des héritiers. Dès lors, d'après ce qu'on vient de voir dans les précédents numéros, aucune solidarité ne peut exister entre lui et les héritiers pour le payement des droits de mutation par décès. Cass. 9 mai 1813.

774. Si l'usufruitier offrait le payement des droits dus par les héritiers de la nue propriété, on ne pourrait le refuser pour diriger des poursuites contre ces héritiers. Paris, 4 avril 1811 (Art. 1570 J. N.).

775. Mais si l'usufruitier n'est pas solidaire, il peut être poursuivi sur les revenus des biens pour le recouvrement des droits dus par les héritiers de la nue propriété, sauf son recours contre les héritiers. Cass. 9 juin 1813 (Art. 1570 J. N.).. Si l'avis du conseil d'État, du 4 septembre 1810, dispense de l'action de la Régie les tiers acquéreurs, c'est parce qu'ils ne sont pas dénommés dans l'art. 32 de la loi du 22 frim. an 7 ; il est conséquemment applicable aux légataires d'usufruit dénommés dans cet article. Cass. 24 octobre 1814 (Art. 11098 J. N.).

776. L'usufruitier qui a fait l'avance des droits dus par l'héritier ou le légataire de la nue propriété est fondé à en réclamer contre lui le recouvrement sans attendre la fin de l'usufruit, et sans être tenu de consentir à la vente d'aucune partie des biens soumis à l'usufruit pour les acquitter. Cass. 9 juin 1813 (Art. 4571 J. N.; Dict. Not., *loc. cit.*, n° 1032 ; Garnier, 13337).

777. Légataire universel. — Un jugement du tribunal de la Seine, du 6 décembre 1848, a décidé que la solidarité ne s'étendait pas au légataire universel. Mais le légataire universel, étant assimilé à l'héritier en ce qui concerne le payement des dettes et charges de la succession, on pourrait soutenir qu'il n'y a pas de raison sérieuse pour l'exonérer de la solidarité qui pèse sur l'héritier. Aussi le tribunal de Bordeaux leur a-t-il appliqué le principe de la solidarité par un jugement du 10 février 1857 :

« Attendu qu'aux termes de l'art. 32 de la loi du 22 frim. an 7, les cohéritiers sont tenus solidairement du payement des droits de mutation par décès ; qu'il est évident que cette disposition s'applique aux légataires universels comme aux héritiers ; qu'ainsi le premier motif sur lequel est fondée l'opposition de J.-L. Lamarque, à la contrainte du 26 juillet 1856, doit être écarté. » (Art. 16127 J. N.).

778. Cependant le tribunal de Beaupréau s'est prononcé en sens contraire, le 26 août 1856, et cette doctrine est celle que l'administration a enseignée dans ses instructions générales, nos 239 et 386, n° 36, où elle déclare que les *légataires* ne sont pas solidaires avec les héritiers légitimes pour le payement des droits de mutation, attendu que l'art. 32 de la loi du 22 frim. an 7, en parlant des *cohéritiers*, n'a évidemment pas entendu les légataires (Garnier, 13339 ; Dict. Not., *loc. cit.*, n° 952; Art. 15896 J. N.).

779. Légataire à titre universel. — Le légataire à titre universel se trouvant dans la même position que le légataire universel, en ce qui concerne la contribution aux dettes (Garnier, 12389), il doit en être de lui comme du légataire universel pour le payement des droits de mutation par décès. Aussi a-t-il été jugé qu'à cet égard aucune solidarité n'existe entre les légataires à titre universel (c'est également ce que portent les deux instructions précitées). Trib. Seine, 6 décembre 1848 et 23 novembre 1861 ; Beaupréau, 26 août 1856 ; Toulouse, 3 juillet 1862 (Art. 15894, 17318, 17468 et 17557 J. N.; Jurisp. Not., art. 8350, 10851, 12041 et 12198 ; Garnier, 13341).

3°. DE L'ACTION DE LA RÉGIE SUR LES BIENS DE LA SUCCESSION.
— PRIVILÉGE.

780. L'État a action sur les revenus des biens à déclarer, en quelques mains qu'ils se trouvent, pour le payement des droits de mutation par décès dont il faut poursuivre le recouvrement. L. 22 frim. an 7, art. 32.

« La question de savoir, dit M. Garnier, quelle est la nature de l'action de l'administration pour le payement des droits de mutation par décès, quoique vieille aujourd'hui de plus de cinquante ans, verra encore s'élever à côté d'elle plus d'une controverse. Il ne peut guère en être autrement, car cette question a, pour l'administration, une très-grande importance, alors qu'elle est, pour les parties, une des plus vives qui puissent s'agiter, en ce qu'elle vient heurter à chaque instant les intérêts des tiers. Au surplus, la discussion trouve des aliments naturels dans les tergiversations de la jurisprudence, dans les retours les plus inopinés que la Cour de cassation a souvent faits sur ses propres doctrines, enfin dans les hésitations de l'administration elle-même. » (13342.)

781. D'après les termes généraux de cet article, il avait d'abord été admis que tout acquéreur ou détenteur des immeubles de la succession était, malgré la transcription de son titre, débiteur du droit dû pour la mutation par décès antérieure à son acquisition ; qu'il pouvait par conséquent être valablement poursuivi sur les revenus de ces biens pour le payement des droits dus par les héritiers vendeurs. Déc., min. fin. 25 nivôse an 12 et 21 octobre 1806 ; Instr. Rég. 5 ventôse an 12, n° 206 ; 11 messidor an 12, n° 233 ; 22 février 1808, n° 366, § 13.

782. Quant à la Cour de cassation, elle avait décidé : 1° que l'adjudicataire d'immeubles dépendant d'une succession ne pouvait être recherché pour le payement des droits de mutation par décès, lorsqu'il avait purgé et payé son prix de vente en vertu d'un jugement d'ordre, sans qu'il y eût de la part de la Régie, soit appel en ce qu'elle n'était pas colloquée, soit opposition à ce que l'adjudicataire payât au préjudice de sa non-collocation. Cass. 15 avril, 11, 27 mai et 20 août 1807 ; 9 mars 1808 ; 17 octobre 1820 ; 2° mais que l'acquéreur des biens d'une succession pouvait être contraint à acquitter, sur les revenus de ces biens, les droits de mutation par décès réclamés par la Régie, lorsqu'il n'avait pas payé les immeubles suivant le mode prescrit par les lois hypothécaires. Cass. 29 avril 1807 (Dict. Not., v° *Succession*, n° 1022; Dalloz, 5164 et suiv.; Garnier, 13342; Jurispr. Not., *eod verbo*, n°s 281 et suiv.).

783. C'est dans cet état de la jurisprudence que, sur la question de savoir si les droits de mutation par décès peuvent être exigés des tiers acquéreurs des biens de la succession, lorsqu'ils n'ont pas été acquittés par les héritiers, donataires ou légataires, est intervenu un avis du conseil d'État du 4 septembre 1810, approuvé le 21 du même mois, et portant que ces expressions de la loi : *en quelques mains qu'ils se trouvent*, ne concernent que les *héritiers, donataires ou légataires;* qu'en conséquence l'action, accordée à la Régie par l'art. 32 de la loi du 22 frim. an 7, ne peut être exercée pour le recouvrement des droits de mutation par décès au préjudice des tiers acquéreurs des biens de la succession. Instr. Rég. 29 octobre 1810, n° 495 (*ibid.*).

784. Cet avis du conseil d'État, qui fait encore règle aujourd'hui, donnait à l'art. 32 une interprétation différente de celle qui avait été suivie jusqu'alors.

Cette première difficulté vidée, le débat s'engagea sur un autre point également fort délicat. Comme le mot *privilége* n'est pas prononcé par l'art. 32 de la loi du 22 frim. an 7, on soutint que cet article donne sur les revenus des biens à déclarer un droit en faveur de l'administration, mais non un privilége sur tous les créanciers, et la Cour de cassation adopta d'abord cette manière de voir. Elle décida, le 6 mai 1816, que l'administration ne peut exercer sur le prix d'un immeuble sujet au droit de mutation aucune action au préjudice des créanciers hypothécaires inscrits avant le décès.

Cette doctrine, consacrée par un arrêt de la cour d'Amiens du 11 juin 1853, a été vivement défendue par MM. Dalloz, n° 5177, et par MM. Championnière, Rigaud et Pont, supplément au Traité des droits d'enregistrement, n°s 547 et 548.

785. Au milieu de ces vifs débats, la Cour de cassation intervint plusieurs fois et, abandonnant sa première jurisprudence, reconnut dans une affaire où il s'agissait d'une succession vacante que la Régie avait un privilége ou droit de prélèvement pour le recouvrement des droits par décès; non-seulement sur les fruits des biens de la succession, mais encore sur la totalité des valeurs mobilières et même sur les immeubles, lorsque la Régie avait pris inscription, et sans préjudice aux droits de créanciers précédemment inscrits. Cass. 3 décembre 1839 et 28 juillet 1851 ; Paris, 3 mai 1853, 13 mars 1855, et 12 novembre 1856 ; Tribunal Seine, 31 juillet 1852.

786. Ces décisions donnaient à la loi une extension qu'elle ne comporte pas, aussi elles ont été constamment combattues dans le Répertoire de la Jurisprudence du Notariat, v° *Mutation par décès*, n° 287 et sous les art. 8262, 9447, 9782, 9902, 10014, 10041, 10112, 10196, 10621, 11015, 11577, 12284, 12614 de la Jurisp. Not. et dans le Dict. Not., v° *Succession*, n° 1038 et suiv., et sous les art. 14901, 14834, 14966, 15069, 15254, 15351, 15468, 16593, 16091, 16092, 16774, 16875, 17615, et 18014 J. N. V. ausssi Garnier, 13346 et suiv.. et Dalloz, 5164 et suiv.

787. Mais il a été décidé en dernier lieu, et très-probablement d'une manière définitive, que la Régie n'a, pour le recouvrement des droits de mutation par décès, sur les biens de la succession, ni privilége, ni droit de prélèvement, à l'exclusion des créanciers de la succession ; qu'elle vient en concours avec eux, dans la distribution du prix de ces biens. L'action qui lui est accordée par l'art. 32 de la loi du 2² frim. an 7 est restreinte aux revenus, et ne peut, en l'absence d'une disposition formelle de la loi, s'étendre au delà et affecter les biens : « Attendu que si, pour assurer le recouvrement de la dette des droits de mutation personnelle aux héritiers, un privilége ou un droit de préférence peut être attribué par le législateur au trésor public, sur certains biens, il faut, aux termes de l'art. 2098 C. N., qu'un tel privilége, et l'ordre dans lequel il devrait s'exercer, soient écrits dans une loi, sans pouvoir ni sortir du cercle tracé par cette loi, ni prévaloir contre les droits antérieurement acquis à des tiers ;

« Attendu que ni les dispositions de la loi du 22 frim. an 7, à l'exception toutefois de l'art. 32, ni aucune autre loi, n'expriment ou n'impliquent, en faveur de l'impôt de mutation par décès, ni un privilége ou droit réel quelconque sur les biens à déclarer, ni l'ordre dans lequel un droit de cette nature aurait à s'exercer ; que les art. 4, 14, n° 8, 15, n° 7, 27, 28,

39 et 59 de la loi du 22 frim. an 7, se bornent en effet à régler les bases, les modes de liquidation, les délais pour l'acquittement des droits à percevoir, en donnant à la Régie une action personnelle et solidaire contre les cohéritiers ; et que l'on n'en saurait induire un privilége sur les biens à déclarer pour le recouvrement des droits de mutation ; que si le législateur, considérant alors qu'un tel impôt ne devait pas excéder une année de revenu, a, en conséquence, par l'art. 32 de la même loi, donné au trésor public *action sur les revenus des biens à déclarer, en quelques mains qu'ils se trouvent*, cette attribution d'un droit réel sur les revenus ne peut, en l'absence d'une disposition formelle de la loi, s'étendre au delà, et affecter les biens à l'exemple des revenus, auxquels elle est textuellement restreinte. » Cass. (4 arrêts), 23 juin 1857 ; Dijon, 5 février 1853 ; Caen, 17 décembre 1835 ; Trib. Seine, 2 avril 1852, 6 janvier et 9 mai 1854 (Art. J. N. ci-dessus rappellés, 13495, 14966, etc.).

788. La même décision a été consacrée par un autre arrêt de la C. cass. du 24 juin 1857, qui décide en outre que l'action que l'art. 32 de la loi de frim. an 7 attribue à la Régie pour les revenus des biens du défunt, ne peut être exercée par elle sur les intérêts du prix d'un immeuble de la succession, courus depuis que la notification que l'acquéreur a faite de son contrat aux créanciers inscrits ; ces intérêts suivent le sort du prix principal, et sont dès lors affectés au gage de ces créanciers ; qu'en conséquence, l'héritier bénéficiaire qui a acquitté les droits de mutation, lesquels constituaient pour lui une dette personnelle, et qui se trouve subrogé aux droits du trésor, ne peut se rembourser par préférence aux créanciers inscrits, ni sur le prix des immeubles vendus, ni sur les intérêts de ce prix courus depuis la notification à fin de purge (Art. 16092 J. N. ; Jurisp. Not., art. 11015).

789. Lorsqu'une personne est décédée postérieurement à sa déclaration de faillite, le trésor n'a aucune action pour le payement des droits de mutation par décès, sur les intérêts des capitaux déposés à la caisse des dépôts et consignations pour le compte de la faillite. Trib. de la Seine, 21 et 22 novembre 1862 (Garnier, *Rép. pér.*, art. 1726).

790. Un arrêt de la Cour impériale d'Orléans du 9 juin 1860 avait décidé que l'action accordée à la Régie pour le payement des droits de mutation par décès, sur les revenus des biens de la succession ne constitue pas un privilége, et qu'en admettant que cette action soit privilégiée, elle ne peut être exercée au préjudice des droits des créanciers, pour le recouvrement des droits de mutation ouverts par le décès d'un failli arrivé postérieurement à la déclaration de la faillite (Art. 16875 J. N.).

791. Cet arrêt, déféré par la Régie à la Cour de cassation, fut cassé par arrêt du 2 décembre 1862 (ch. civ.). La Cour suprême a décidé que l'action que l'art. 32 de la loi du 22 frim. an 7 accorde à la Régie pour le recouvrement des droits de mutation par décès sur les revenus des biens à déclarer, constitue un privilége sur ce genre spécial de valeurs.

Cette action privilégiée, qui ne cesse d'avoir effet qu'autant que les biens à déclarer sont sortis du patrimoine du défunt, et passé par voie d'aliénation aux mains de tiers acquéreurs, conserve toute son efficacité, lorsque le principal et l'accessoire sont encore dans le patrimoine du défunt ou dans les mains des héritiers, donataires ou légataires.

En conséquence, elle atteint les revenus des biens de la succession d'un failli décédé depuis le jugement déclaratif de la faillite, dans la période qui doit, à défaut de concordat, aboutir à l'union des créanciers et à la liquidation de la faillite ; dans cette période le failli étant seulement dessaisi de l'dministration de ses biens, lesquels ne sont pas néanmoins sortis de son patrimoine (Art. 17615 J. N. ; Jurisp. Not., art. 12284 ; Garnier, *Rép. pér.*, art. 1726 et 1727).

792. La Cour de Bourges, statuant par suite du renvoi ordonné par l'arrêt de la Cour de cassation du 2 décembre 1862, a confirmé la doctrine de la Cour suprême par décision du 24 février 1863 (Art. 18014 J. N.; Jurisp. Not., 12614).

793. L'action privilégiée que l'art. 32 de la loi du 7 frimaire an 7 accorde à la Régie pour le recouvrement des droits de mutation par décès, sur les revenus des biens à déclarer, peut-elle atteindre l'intégralité des termes de loyers devenus exigibles postérieurement au décès, ou ne frappe-t-elle que la portion de loyers courue depuis le décès ?

Jugé, le 24 avril 1863, par le tribunal de Lyon, que la Régie ne peut exercer son action privilégiée que sur les loyers courus depuis le décès ; que cette action n'atteint point le prorata des loyers courus avant cette époque (Art. 17963 J. N.).

794. Par un arrêt parfaitement motivé du 26 février 1864, la Cour de Lyon a confirmé le jugement du tribunal de la même ville du 24 avril 1863, et a décidé que l'action que l'art. 32 de la loi du 22 frim. an 7 accorde à la Régie pour le recouvrement des biens à déclarer, n'atteint que les revenus échus depuis le décès et les loyers afférents au temps écoulé depuis cette époque.

Ces décisions nous paraissent parfaitement fondées ; elles sont conformes à l'opinion exprimée Dict. Not., v° *Succession*, n°ˢ 1020, 1042 et 1043, 4° édit.

« Considérant, dit l'arrêt de la Cour de Lyon, que ce serait singulièrement s'éloigner des sages intentions du législateur que d'accorder à la Régie des domaines un privilége qui ne serait pas restreint aux revenus courus depuis l'ouverture de la succession ; — Qu'en effet, la Régie appelant revenus les intérêts des capitaux, on enlèverait aux créanciers de la succession des sommes considérables, et on reviendrait par une voie détournée à ce droit de prélèvement si solennellement proscrit par les arrêts de la Cour suprême. » (Art. 18408 J. N.).

On annonce que la Régie a prescrit d'exécuter cet arrêt.

795. Législation piémontaise. — Pays annexés. — Dans la législation sarde, le droit de mutation par décès étant une dette personnelle à l'héritier, et les créanciers du défunt pouvant demander la séparation des patrimoines, il s'ensuit que la dette de l'héritier pour l'acquittement des droits de la mutation, quoique privilégiée à l'égard de tous ses autres créanciers, ne peut venir en concours, sur les biens de la succession, avec les créanciers du défunt qui ont conservé et obtenu le privilége de la séparation des patrimoines.

Ainsi décidé par la Cour de cassation, chambre civile, le 2 décembre 1862.

LA COUR ; — Attendu qu'aux termes de l'art. 1400 du Code civil sarde, les créanciers de la succession peuvent demander, dans tous les cas et contre tout créancier, la séparation du patrimoine du défunt d'avec le patrimoine de l'héritier ;

Que cette expression : *contre tout créancier*, comprend dans la généralité même les créanciers privilégiés de l'héritier ;

Attendu que, d'après la loi sarde du 9 septembre 1854, le droit de mutation par décès constitue une dette essentiellement personnelle à l'héritier ;

Qu'aux termes des art. 68 et 69 de ladite loi, la perception de ce droit est suspendue jusqu'à ce qu'il y ait un héritier connu si la succession est vacante, et que, si la succession est acceptée sous bénéfice d'inventaire, l'héritier bénéficiaire n'est tenu d'acquitter ce droit que sur les fonds héréditaires, ce qui indique clairement que, dans la pensée du législateur sarde, cette dette, quoique privilégiée à l'égard de tous autres créanciers de l'héritier, ne peut venir en concours, sur les biens de la succession, avec les créanciers du défunt qui ont conservé et obtenu le privilége de la séparation des patrimoines;

Qu'en le décidant ainsi, le jugement attaqué, loin de violer la loi, en a fait une juste application; — Rejette.

« Cette décision ne peut recevoir d'application que dans les départements récemment annexés au territoire français et qui ont été soumis à la législation sarde jusqu'au 1er novembre 1860 (circulaire aux directeurs de ces départements du 23 octobre 1860). Mais il offre de l'intérêt en permettant de comparer les actions accordées par chacune des législations sarde et française pour le recouvrement des droits de mutation. » (Garnier, *Rép. pér.*, art. 1759).

§ IX. — **Des fausses évaluations dans les déclarations et de l'expertise. — Des omissions et insuffisances. — Des peines dans ces deux cas.**

796. Sanction de la loi. — Nous avons passé en revue, dans les paragraphes précédents, les dispositions de la loi en ce qui concerne les biens à déclarer et le mode de procéder quant à leur évaluation. La sanction légale de ce que nous avons dit se trouve dans l'art. 39 de la loi du 22 frimaire an 7, ainsi conçu :
« La peine pour les omissions qui seront reconnues avoir été faites dans les déclarations, sera d'un droit en sus de celui qui se trouvera dû pour les objets omis. Il en sera de même pour les insuffisances constatées dans les estimations des biens déclarés.

» Si l'insuffisance est établie par un rapport d'experts, les contrevenants payeront en outre les frais de l'expertise.

» Les tuteurs et curateurs supporteront personnellement les peines ci-dessus... lorsqu'ils auront fait des omissions ou des estimations insuffisantes. » (Garnier, 13355).

797. Caractère de l'omission. — « En principe, c'est la réticence frauduleuse de la part de l'héritier qui constitue l'omission. Du moment donc que l'administration a été mise à portée, par la déclaration de l'héritier, non-seulement d'établir elle-même une perception régulière, mais encore de contredire une opinion erronée qui pourrait être émise par l'héritier, il ne peut y avoir omission dans le sens de la loi. Or, lorsque l'héritier n'a rien dissimulé, lorsqu'il a énoncé les faits dans leur exactitude rigoureuse, s'il en déduit les conséquences qui pouvaient être contestables, c'est à l'administration de les contredire lors de la déclaration ou dans le délai fixé par la loi par la demande d'un suplément de droits. Tel est le principe qui nous paraît incontestable en cette matière. Il a d'ailleurs été formellement conservé par un arrêt de la Cour de cassation du 14 août 1850. » (Garnier, 13356 ; Art. 14145 J. N.).

798. Principe. — En principe, il y a omission toutes les fois qu'on n'a pas compris dans une déclaration tous les biens qu'elle devait comprendre, et toute omission dans une déclaration faite après décès donne lieu à la perception d'un droit en sus de celui qui est dû pour les objets omis. Cass. 13 mars 1812, 16 mars et 10 mai 1844 (4901 J. E.; Garnier, 13363 ; Dalloz, 5047).

799. Insuffisance. — Expertise. — Lorsque l'insuffisance dans l'évaluation des biens immeubles transmis par décès ne peut être établie par des actes qui fassent connaître le véritable revenu des biens, la Régie peut requérir l'expertise de ce revenu pourvu qu'elle en fasse la demande dans les deux ans à compter du jour de la déclaration. Loi 22 frim. an 7, art. 19.

800. L'expertise n'est pas autorisée pour les biens meubles, et la preuve de l'insuffisance d'évaluation des biens de cette nature, dans les déclarations de mutation par décès ne peut résulter que d'un inventaire ou de tout autre acte constatant leur véritable valeur. Arg. même loi, art. 19 ; Cass. 18 janvier 1825 ; Instr. gén. 29 juin 1825, n° 1166, § 5 (Jurisp. Not., v° *Mutation par décès*, n° 414 ; Dalloz, 4744).

801. Jugé que, dans l'expertise des biens ruraux, les experts ne sont pas tenus, pour l'estimation des denrées, de se conformer aux mercuriales qui, dans l'espèce, ne sont pas obligatoires et ne peuvent servir que comme éléments de conviction. Trib. Nîmes, 28 avril 1845 (Art. 12535 J. N.). ·

802. Les experts chargés d'évaluer des immeubles pour le payement des droits de mutation par décès, ne sont point tenus de prendre pour base de leur estimation des *baux courants*, tels que marchés et baux expirés qui leur sont communiqués par les parties. Cass. 6 décembre 1836 (Art. 9486 J. N.).

803. Dans l'expertise faite à la requête de la Régie d'une maison transmise par décès, il doit être tenu compte des non-valeurs en loyers et des grosses réparations pour l'appréciation des revenus. Trib. Lyon, 19 février 1845 ; Nîmes, 28 avril 1845 Art. 12344 et 12535 J. N.).

804. L'expertise des immeubles dépendant d'une succession, faite à la requête des héritiers, pour arriver au partage, et homologuée en justice, suffit, à défaut de baux courants à l'époque du décès, pour constater le véritable revenu des biens ; et si l'évaluation des héritiers, dans leur déclaration, est inférieure au chiffre de cette expertise, la Régie peut s'en prévaloir pour exiger un supplément de droits. Cass. 26 février 1851 (Jurip. Not., art. 9219).

805. Tiers expert. — En matière d'enregistrement, lorsque le tiers expert, après avoir donné à un domaine rural une évaluation conforme à celle de l'un des deux premiers experts, a énoncé que ce revenu pouvait être porté à une somme supérieure au moyen de certaines améliorations de culture, c'est néanmoins ce même revenu multiplié par vingt qui doit servir de base à l'assiette du droit de mutation par décès.

L'art. 323 C. pr., portant que les juges ne sont pas astreints à suivre l'avis des experts, n'est pas applicable en matière d'enregistrement. Ils ne peuvent en cette matière, ni faire eux-mêmes l'estimation, ni critiquer celle faite par les experts, ni adopter arbitrairement l'avis isolé de l'un des experts. C'est le résultat de l'expertise constaté par la majorité des experts qui lie le tribunal et fait la loi des parties. En conséquence, spécialement lorsque l'un des premiers experts et le tiers expert ont évalué le revenu d'une maison à une somme identique, et que l'autre des premiers experts, acceptant lui-même cette évaluation, l'a réduite d'un quart, conformément à l'art. 5 de la loi du 3 frim. an 7, sur la contribution foncière, le trib. ne peut adopter cette réduction.

Ces décisions résultent d'un arrêt de la Cour de cass. (ch. civ.), du 6 nov. 1859, qui rejette, sur le premier point, le pourvoi de la Régie, et annule, sur le second, un jugement du trib. d'Apt, du 3 février 1858 (Art. 16710 J. N.).

Sur ce dernier point, la décision de la Cour est conforme aux nombreux arrêts rapportés dans le Dict. Notariat. v° *Expertise en matière d'enregistrement*, n°ˢ 148 et 150 (4° édit.).

806. Arbres épars et en bordure. — Lors de l'expertisé requise par la Régie du revenu d'immeubles ruraux, les experts doivent-ils comprendre dans leur estimation le revenu des arbres forestiers croissant sur les terres et des arbres de bordure?

L'affirmative a été jugée le 9 décembre 1859 par le tribunal d'Hazebrouck (Art. 16867 J. N.).

Suivant un arrêt de la Cour de cassation du 15 juillet 1812, l'estimation en revenu des biens transmis à titre gratuit, doit comprendre le produit des arbres de bordure existant sur les terres (Dict. Not., v° *Expertise en matière d'enregistrement*, n° 92, 4° édit.; Inst. Rég. 5 juin 1837, sect. 2, n° 295). Il résulte aussi d'un autre arrêt du 18 juin 1855 (Art. 15548 J. N.; Dict. Not., v° *Succession*, n° 802, 4° édit.) que, pour l'estimation en revenu des biens, le produit des bois de haute futaie, non aménagés en coupes réglées, est déterminé par l'âge moyen des arbres ou la valeur de leur croissance annuelle, et non pas seulement par les revenus accessoires, tels que l'élagage, le pacage et la glandée.

Le jugement du tribunal d'Hazebrouck du 9 décembre 1859 a été déféré à la Cour de cassation. Mais le pourvoi formé contre ce jugement a été rejeté par arrêt de la chambre des requêtes du 24 juillet 1860.

Par suite de l'arrêt précité de la Cour de cassation, les experts désignés par le tribunal d'Hazebrouck ont procédé à l'estimation du revenu des immeubles (objets de la donation du 23 juillet 1856). Dans leur rapport déposé au greffe, ils ont divisé leur travail en deux parties : dans la première, ils ont fixé distinctement, d'une part, la valeur en revenu des arbres épars et en bordure, représentée par la croissance annuelle, et, d'autre part, le revenu du sol comprenant les fruits annuels de ces arbres.

D'après cette manière d'opérer, le supplément de droits s'élevait à 2,975 fr. 36 c. Dans la deuxième partie, contrairement au système de l'arrêt précité, ils n'ont formé la valeur en revenu des arbres que par le seul produit de l'élagage. D'après cette seconde manière d'opérer, un supplément de droits simple et en sus, montant à 978 fr. 56 c., était exigible.

Par jugement du 31 août 1861, le tribunal d'Hazebrouck a homologué la première partie du rapport des experts. Ce nouveau jugement a été également déféré à la Cour de cassation qui, par arrêt du 29 juin 1864 (chambre civile), a rejeté ce pourvoi en décidant que, lors de l'expertise requise par la Régie du revenu d'immeubles ruraux transmis par acte de donation entre-vifs, les experts doivent comprendre dans l'estimation du revenu des arbres épars ou en bordure, existant sur les terres, non-seulement l'élagage et les fruits des arbres, mais encore *la valeur de leur croissance annuelle* (Art. 18845 J. N.).

807. Cette décision est contraire à la doctrine de l'arrêt de la même Cour (chambre des requêtes) du 24 juillet 1860, qui déclare expressément en principe : « que pour les arbres épars
» ou en bordure existant sur les immeubles, les produits à
» calculer pour la détermination de la valeur soumise au droit
» de mutation, *consiste uniquement dans l'élagage et les fruits*
» *de ces arbres;* que la valeur résultant de la croissance annuelle
» des arbres est *à considérer uniquement à l'égard des bois taillis*
» et *futaies* dont les revenus consistent dans l'entier produit
» du sol forestier, et doivent être par conséquent appréciés
» d'après le degré de croissance des arbres existant sur le sol. »

Ainsi que nous l'avons déjà dit (n° 806 plus haut), un arrêt de la chambre civile du 18 juin 1855 a décidé que pour la perception des droits de mutation par décès, le produit des bois non aménagés en coupes réglées est déterminé par l'âge moyen des arbres ou la valeur de leur croissance annuelle et non pas seulement par les revenus accessoires, tels que l'élagage, le pacage et la glandée (Art. 15548 J. N.; Dict. Not., v° *Succession*, n° 802, 4e édit.). Il résulte de l'arrêt du 27 juin 1864 que les mêmes bases d'évaluation devraient être appliquées aux arbres épars ou en bordure existant sur les terres.

808. Evaluation provisoire. — En général les héritiers sont tenus d'évaluer d'une manière précise et définitive, en ce qui les concerne, les biens qui leur sont transmis par décès;

cependant il est des cas où le receveur, par la nature des choses, doit se contenter d'une évaluation provisoire, sauf rectification ultérieure : ainsi, lorsque les scellés, apposés sur les effets mobiliers de la succession, n'ont pu être levés avant l'expiration des six mois. Il a même été jugé, dans un cas pareil, que, lorsqu'après le décès d'un failli, il avait été fait par les syndics, à raison du scellé apposé sur ces effets, une déclaration provisoire de la valeur du mobilier, sous la réserve d'en passer une autre après la levée des scellés et la vente, la Régie conservait bien une action pour le supplément de droit qui, par l'événement pourrait être dû, mais qu'elle ne pouvait réclamer le droit en sus, à défaut de déclaration nouvelle dans les six mois depuis la vente, alors surtout qu'elle avait été mise à même d'en connaître le produit par le dépôt des fonds dans ses caisses. Cass. 26 novembre 1810 (Jurisp. Not., v° *Mutation par décès*, n° 417 ; Dalloz, 5046).

« La loi, dit M. Dalloz, n'a pas imposé à l'héritier de faire une nouvelle déclaration dans les six mois de la première : du moment qu'il a satisfait à ce qu'elle prescrit, en faisant sa déclaration d'héritier dans les six mois, on ne peut le soumettre arbitrairement à une nouvelle déchéance. Mais, dira-t-on, il pourra en résulter un abus : l'héritier auquel seront échus des biens considérables pourra, sous la forme d'une déclaration provisoire, n'en annoncer qu'une très-faible partie, et éviter perpétuellement l'amende, en se réservant de faire une déclaration supplémentaire. La loi, de cette manière, sera éludée, et le trésor sera privé, pendant un temps plus ou moins long, de capitaux dont elle a voulu lui assurer le prompt recouvrement. Il ne faut jamais raisonner pour les cas de fraude, car la fraude fait exception à toutes les règles, et bien certainement la déclaration provisoire ne serait pas admise, si elle était empreinte de mauvaise foi. D'un autre côté, par cela que l'héritier se sera réservé de faire une déclaration supplétive, ce n'est pas à dire qu'il ne puisse jamais être condamné au double droit, s'il est prouvé que les objets omis dans sa déclaration l'ont été sciemment. Enfin la Régie, quand les six mois sont écoulés, n'est pas obligée d'attendre la déclaration de l'héritier ; elle peut, aussitôt qu'elle a découvert une omission, décerner contrainte en payement des droits sur l'objet omis. » (5046).

809. Erreur de calcul. Le double droit n'est pas dû sur

une insuffisance dans une déclaration provenant d'une erreur de calcul commise dans l'inventaire mis sous les yeux du receveur, car celui-ci aurait pu et dû en vérifier l'exactitude. Trib. d'Autun, 22 juillet 1833 (Jurisp. Not., *loc. cit.*, n° 416 ; Garnier, 13377). Par une délibération spéciale, la Régie a donné son acquiescement à ce jugement le 15 novembre 1833 (Dalloz, 5052.

810. Bail courant avec d'autres immeubles étrangers à la succession. — Lorsque des immeubles dépendant d'une succession sont présumés compris dans un bail courant au jour du décès, avec d'autres immeubles qui lui sont étrangers, pour un prix unique et sans distinction, le tribunal peut, sur la demande en expertise de la Régie, ordonner : 1° que les experts rechercheront si les biens provenant de la succession sont ou non compris dans le bail ; 2° dans le cas de négative, qu'ils procéderont à l'évaluation de ces biens ; dans l'affirmative, qu'ils opéreront une ventilation du prix, afin de déterminer la portion de ce prix applicable aux biens de la succession.

Ainsi décidé par le tribunal de Charleville, le 18 septembre 1863.

Cette décision ne paraît point fondée. A la place des opérations multiples ordonnées par le tribunal de Charleville, il y avait lieu d'autoriser purement et simplement l'expertise des biens, dans les formes prescrites par la loi du 22 frimaire an 7, puisqu'au jour du décès il n'existait pas de baux faisant connaître d'une manière exacte, spéciale et positive le revenu des immeubles dépendant de la succession.

En statuant comme il l'a fait, le tribunal a méconnu le texte et l'esprit des art. 15, n° 7, et 19 de la loi du 22 frimaire an 7, d'après lesquels, à défaut de biens, si la Régie conteste l'évaluation faite par les parties, le seul et unique moyen légal à employer pour la fixation du revenu est une expertise contradictoire (Jurisp. Not., art. 12471).

811. Bail à portion de fruits. — L'estimation en revenu d'un domaine affermé à portion de fruits s'établit par les dernières mercuriales du canton de la situation des biens (L. 22 frim. an 7, art. 15, n° 1). Ainsi, les experts chargés de l'estimation du revenu d'immeubles transmis par décès et affermés à portion de fruits ne sont tenus de prendre pour base ni les mercuriales des trois dernières années, ni celles des quatorze dernières années. Le décret du 26 avril 1808 et l'art. 75 de la loi du 15 mai 1818, qui ont déterminé ces bases d'évaluation, n'ont expressément disposé qu'à l'égard des baux payables en nature et n'ont point parlé des baux à portion de fruits ; on ne peut exciper de l'analogie de ces baux avec ceux payables en nature, puisqu'il est de principe qu'en matière d'impôt on ne peut étendre, par analogie, d'un cas à un autre la disposition de la loi. Cass. 9 mai 1826 (Art. 5771 J. N.).

812. Bail courant non enregistré. — La Régie n'insiste pas pour faire enregistrer les baux courants au jour du décès qui établissent le revenu brut des immeubles. Solution du 2 juillet 1864.

« La communication du bail sous seing privé n'ayant eu lieu qu'à titre confidentiel, l'administration ne saurait se prévaloir de cette communication pour soutenir qu'elle a eu légalement connaissance des actes produits. Sans doute les parties avaient intérêt à faire cette production, afin d'écarter une instance en expertise, mais il était également de l'intérêt de l'administration de connaître les baux courants, qui lui permettent de percevoir régulièrement les droits de mutation par décès dus par les héritiers. Le trésor devant être désintéressé par le payement des droits sur le supplément du revenu, l'administration ne doit rien exiger au delà ; elle ne pourrait non plus équitablement user de l'expédient qui consisterait à engager une instance en expertise dans le seul but de mettre les parties dans l'alternative de supporter les frais du procès ou de faire enregistrer les baux. » (Garnier, *Rép. pér.*, art. 1934).

813. Une solution du 24 pluviôse an 12 (1677 J. E. autorise les héritiers, lorsqu'ils déclarent des biens qui leur sont échus, à énoncer des actes sous seing privé autres que ceux portant transmission d'immeubles, sans que les receveurs soient, à raison de cette énonciation, autorisés à exiger les droits d'enregistrement (Garnier, 12626).

814. Preuves des omissions ou insuffisances. — On chercherait vainement dans la loi du 22 frimaire an 7 les éléments d'une théorie des preuves appliquées au droit bursal, à part les rares articles qui s'occupent des mutations secrètes ou de la procédure de l'expertise, aucune disposition ne précise la mesure des droits de l'administration pour le recouvrement de l'impôt. C'est donc dans la jurisprudence que nous devons chercher les éléments de ces droits.

815. Pièces probantes. — Inventaire et partage. — L'omission de valeurs mobilières, dans une déclaration de succession peut être prouvée par les inventaire et partage faits après le décès du *de cujus*. Cass. 18 janvier 1825 (Garnier, 13202; Dalloz, 4744).

816. Il n'y a pas omission dans une déclaration de succession, lorsque l'héritier qui l'a souscrite a fait connaître que des rentes sur l'État et des actions de banque de France, énoncées dans l'inventaire, et qui étaient inscrites au nom du défunt, appartenaient réellement à l'héritier déclarant, suivant un jugement passé en force de chose jugée avant la déclaration. En conséquence, si plus tard la Régie prétend que ces valeurs étaient la propriété du défunt et doivent supporter le droit de mutation par décès, sa demande en payement de ce droit est soumise non à la prescription de trois ans (aujourd'hui cinq ans), établie pour les omissions dans les déclarations de succession, mais à celle de deux ans prononcée pour les insuffisances de perception. Cass. 14 août 1850 (Art. 14145 J. N.).

817. La Régie peut, pour établir une omission dans la déclaration de succession, invoquer comme preuve l'énonciation faite par un des héritiers dans un acte émané de lui, spécialement dans un testament, de l'importance de l'émolument qu'il a recueilli dans la succession.

Cet aveu autorise la Régie à réclamer le payement des droits dus par celui qui l'a fait sur l'évaluation de ce qu'il reconnaît avoir ainsi recueilli dans la succession. Mais la Régie n'est pas fondée à se prévaloir de cette évaluation pour exiger un supplément de droits des autres héritiers, lors même qu'ils sont les représentants de l'auteur de l'aveu. Jugement du tribunal de Bar-le-Duc, 15 avril 1863 (Art. 17874 J. N.; Jurisp. Not., art. 12491).

818. Lorsqu'il résulte d'un acte authentique que le défunt s'est reconnu propriétaire de certains immeubles, l'héritier ou le légataire universel ne peut se dispenser de comprendre ces immeubles dans la déclaration de la succession, en alléguant, mais sans en fournir la preuve, que ces immeubles n'appartenaient pas à son auteur. Trib. Pontarlier, 1er mars 1856 (Jurisp. Not., Art. 10886 ; art. 15926 J. N.).

819. La non-déclaration par les héritiers des intérêts échus et non payés avant le décès de leur auteur d'une créance dont le capital a été par eux déclaré, doit-elle être considérée comme une fausse évaluation sujette à la prescription de deux ans, ou comme une omission dans la déclaration de la succession pour le payement des droits de mutation par décès ?

Le tribunal de la Seine a jugé, le 11 février 1852, que la non-déclaration des intérêts de la créance déclarée constitue une fausse évaluation soumise à la prescription de deux ans (Art. 14620 J. N.).

820. D'après un arrêt de la Cour de cassation du 24 mars 1846, la Régie de l'enregistrement aurait le droit de contrôler l'estimation des valeurs mobilières, spécialement des actions industrielles, comprises dans les déclarations faites par les héritiers ou légataires pour le payement des droits de mutation par décès. La preuve de la valeur de ces objets pourrait, à défaut de dispositions spéciales dans la loi sur l'enregistrement, être faite par la Régie suivant les règles du droit commun, soit par la commune renommée, soit par le concours de présomptions graves, précises et concordantes, soit enfin par des faits et des actes de nature à établir juridiquement l'insuffisance des déclarations estimatives.

Le *Journal des Notaires*, en rapportant cet arrêt sous l'Art. 12656, établit que la doctrine est en principe contraire aux dispositions de la loi et dangereuse dans ses conséquences, à raison de la carrière indéfinie qu'elle ouvre à l'arbitraire de la Régie *et le trouble dans les familles*. V. aussi Jurisp. Not., art. 11570.

821. Par un arrêt du 19 mars 1862, la Cour de cassation (ch. civ.) a décidé que lorsque la Régie prétend que des créances établies par des titres authentiques et non échues lors du décès ont été omises dans la déclaration de succession de ce dernier, les héritiers ne peuvent être admis à prouver par témoins que le défunt n'a jamais eu la propriété effective de ces créances, ou que leur remboursement a eu lieu avant son décès (Art. 17381 J. N. ; Jurisp. Not., art. 12178 ; Garnier, *Rép. pér.*, 1600).

822. Conformément à cette doctrine, le tribunal de Saint-

Omer a décidé, le 16 août 1863, que la Régie ne peut, pour établir les omissions de valeurs mobilières dans les déclarations de succession, s'appuyer sur des inductions tirées du rapprochement d'actes, de faits et circonstances extérieurs, c'est-à-dire sur de simples présomptions ; qu'elle ne peut réclamer les droits que pour des omissions dont la preuve est parfaite et ressort d'un acte enregistré. Spécialement, le tuteur qui, comme héritier de son pupille, n'a point fait mention, dans la déclaration passée après le décès, d'une somme dont il aurait reçu le remboursement pour le compte du mineur, ne peut être recherché pour omission de cette valeur, sous prétexte qu'il ne justifie pas en avoir fait emploi (Art. 17960 J. N. ; Jurisp. Not., art. 12650 ; Garnier, *Rép.*, *pér.*, n° 1841).

823. Un jugement du tribunal de Gourdon, du 13 mai 1856, a jugé que l'omission de valeurs mobilières dans une déclaration de succession peut être prouvée par témoins.

Le même *Journal des Notaires et des Avocats* attaque de nouveau cette doctrine qu'il persiste à considérer comme contraire à la lettre et à l'esprit de la loi spéciale de l'enregistrement et incompatible avec les formes de procédure qu'elle a établies (Art. 15853 J. N.).

824. La Régie ne peut, pour établir les omissions et les insuffisances d'évaluation de valeurs mobilières comprises dans les déclarations de succession, recourir à la voie de l'enquête et de la preuve testimoniale. L'élément de preuve, en harmonie avec l'esprit de la loi fiscale, doit reposer sur des faits et actes parvenus à la connaissance de la Régie et propres à établir juridiquement les insuffisances ou les omissions qu'elle allègue, tels que partages, transactions, inventaires, liquidations et autres actes semblables soumis à l'enregistrement.

Cette importante décision a été consacrée par un arrêt de la Cour de cassation (ch. civ.) du 29 février 1860 (Art. 16790 J. N.,)parfaitement conforme à l'opinion que ce journal a soutenue dans les dissertations insérées aux Art. 12476 et 12656. Cet arrêt du 29 février 1860 repousse la doctrine admise jusqu'alors par la Régie ; il la repousse avec une haute sagesse comme contraire à la lettre et à l'esprit de la loi fiscale, et *de nature à jeter l'inquiétude*. V. Garnier. *Rép. pér.*, 1284.

825. La Régie a le droit de constater par pièces probantes les insuffisances d'évaluation de biens meubles compris dans les déclarations de successions.

L'insuffisance d'évaluation de valeurs mobilières, spécialement d'un fonds de commerce, ne peut être établie par une déclaration émanée d'un tiers qui, n'ayant aucun droit sur ces valeurs, n'avait ni titre ni intérêt légitime pour en faire l'évaluation, déclaration qui n'est dès lors qu'un certificat sans force probante.

Lorsque, pour établir l'insuffisance d'évaluation de valeurs mobilières, notamment d'actions dans une entreprise de journal, la Régie produit les documents souscrits par l'auteur même de la succession, et des actes postérieurs à son décès, auxquels ses héritiers ou leurs représentants ont recouru, ces actes et documents ne peuvent être écartés par le motif qu'ils ne sont pas contemporains du décès et que la valeur des actions d'un journal est essentiellement variable ; il appartient aux juges de rechercher si la valeur des actions avait varié entre la date du décès et celle des pièces produites; dans quelle proportion cette valeur avait été amoindrie, et à la Cour de cassation de vérifier les bases de la décision.

Ces décisions résultent d'un arrêt de la Cour de cassation (ch. civ.) du 10 février 1864.

Le droit de contrôle de la Régie sur les évaluations de valeurs mobilières comprises dans les déclarations de successions, a déjà été consacré par les arrêts des 24 mars 1846 et 29 févr. 1860 (Art. 12656 et 11790 J. N.; Dict. Not., v° *Succession*, n° 967, 4° édit.). Le dernier de ces arrêts, en rejetant la voie de l'enquête et de la preuve testimoniale, a posé en principe » que l'élément de preuves en harmonie avec l'esprit de la loi » fiscale doit reposer sur des faits et actes parvenus à la con- » naissance de la Régie et propres à établir juridiquement les » insuffisances qu'elle allègue, tels que partages, transactions. » inventaires, liquidations, répertoires de notaires et autres » actes semblables soumis à l'enregistrement. » Dans l'espèce, un nouvel arrêt de la Cour de cassation a fait l'application de ces principes : d'une part, elle a repoussé, comme dénués de force probante, l'évaluation faite par un tiers étranger à la succession; d'autre part, elle a admis que la preuve de l'insuffisance d'évaluation peut résulter de documents souscrits par l'auteur même de la succession, et d'actes postérieurs à son décès, auxquels ses héritiers ou représentants ont adhéré. Il est évident en effet que si les actes et documents devaient être strictement contemporains du décès, la preuve de l'insuffisance d'évaluation serait à peu près impossible. Comme la Cour de cassation l'a décidé, il appartient aux juges d'apprécier les variations que les valeurs mobilières peuvent avoir éprouvées, pour en fixer l'évaluation à l'époque du décès (Art. 17925 J. N.; Jurisp. Not., art. 12550).

826. Preuve des omissions. — Vente de meubles sans désignation d'origine. — Registre des contributions indirectes. — Lorsque des héritiers font procéder, au domicile mortuaire de leur auteur, à une vente de meubles dont l'origine n'est pas indiquée, l'administration peut, selon les circonstances, établir que ces meubles dépendent de la succession.

Il en est de même des liquides enlevés à la suite d'une déclaration souscrite sur les registres des contributions indirectes.

Dans tous les cas, le défunt doit être considéré comme dépositaire, et c'est aux héritiers à faire la preuve écrite du dépôt.

Ainsi décidé par le tribunal d'Hazebrouck le 13 février 1864 (Garnier, *Rép. pér.*, 1931).

M. Garnier fait, avec juste raison, la critique de cette décision. Elle contient de graves erreurs en admettant deux présomptions *légales* de propriété aussi inadmissibles l'une que l'autre.

« Il est constant, dit le jugement, que les objets se trouvaient dans la maison de la défunte à son décès. Si la défunte n'en était pas propriétaire, ils n'y pouvaient être qu'à *titre de dépôt*. Or, c'est aux héritiers à faire la *preuve écrite de ce dépôt*, sans quoi la défunte sera réputée propriétaire, en vertu de la maxime : *En fait de meubles, possession vaut titre.* »

Détenir un meuble n'est pas le posséder, comme le veulent les art. 2228 et 2279 C. N., et si, dans l'espèce, on peut invoquer l'art. 1924 du même Code, les héritiers seraient reçus au nom du dépositaire qu'ils représentent à affirmer simplement l'existence du dépôt.

827. Lorsque, à la demande de la Régie des droits simple et en sus, pour prétendue omission d'un immeuble ou portion d'immeubles, dans une déclaration de succession, les héritiers opposent un acte d'acquisition sous seings privés qui prouverait que l'omission n'existe pas, ils sont tenus de produire cet acte et de le faire enregistrer. Cass. 27 mars 1854. (Art. 15362 J. N. ; Jurispr. Not., art. 10352).

828. A défaut d'inventaire authentique rédigé après le décès d'un marchand de vins, l'omission dans la déclaration de sa succession des quantités de vins existant encore en magasin au jour du décès peut être établie par les registres portatifs des préposés des contributions indirectes. Trib. de la Seine, 4 juin 1859 (Art. 16646 J. N.). Conforme à une décision du ministre des finances du 23 avril 1855 et à une instruction de la Régie du 25 juillet suivant, n° 2039 (Art. 15605 J. N. ; Jurispr. Not., art. 10572).

829. Résultat de l'expertise. — Frais. — En matière de mutation par décès, lorsque l'expertise constate une insuffisance dans l'évaluation du revenu, le droit simple et le double droit sont exigibles sur le montant de cette insuffisance, et les frais de l'expertise sont à la charge de la partie. L. 22 frim. an 7, art. 39.

830. Cet article ne fait point de distinction quant à la quotité de l'insuffisance. En conséquence, lorsqu'il s'agit de biens transmis par décès, ne sont point applicables les dispositions de l'art. 18 de la loi du 22 frim. an 7 et de l'art. 5 de la loi du 27 ventôse an 7, relatives aux transmissions d'immeubles à titre onéreux, et qui, en cas d'insuffisance de prix constatée par experts, ne mettent les frais de l'expertise et le double droit à la charge de l'acquéreur qu'autant que l'évaluation des experts excède d'un huitième au moins l'évaluation faite par les parties. Quelle que soit l'insuffisance d'évaluation constatée dans la déclaration des héritiers, ils doivent supporter le double droit et les frais de l'expertise. Cass. 11 mai 1824 et 9 mai 1826 (Art. 4707 et 5772 J. N.) ; Inst. Rég. 8 septembre 1824, n° 1146, § 5 ; 30 septembre 1826, n° 1200, § 4 ; 5 juin 1837, n° 1537, sect. 2, n° 311.

831. L'exigibilité du droit en sus, encouru pour insuffisance d'évaluation, est acquise par le seul fait de la déclaration, et ne peut être couverte par l'offre de porter l'évaluation à un taux plus élevé, et d'acquitter les droits simples sur l'excédant, lorsque cette offre n'a été faite que postérieurement au jugement qui a ordonné l'expertise, et qu'elle n'a d'ailleurs pour objet que le tiers de l'immeuble précédemment déclaré pour la totalité. En conséquence, le tribunal ne peut, sous prétexte d'une offre semblable, dispenser les parties du payement du double droit sur la plus-value constatée par l'expertise. Cass. 4 décembre 1821; Inst. Rég. 5 juin 1837, n° 1537, sect. 2, n° 312. (Dict Not., *loc. cit.*, n° 95.

832. Cependant lorsque, sur la demande d'un supplément de droits de mutation par décès, faite par la Régie pour insuffisance présumée de l'évaluation du revenu des immeubles de la succession, les héritiers ont offert par une soumission de payer les droits simples et en sus sur une somme déterminée, et que la Régie, refusant cette soumission, a requis l'expertise, les frais de l'instance en expertise doivent rester à sa charge, si le rapport des experts ne constate pas une insuffisance d'évaluation plus forte que celle qui avait été reconnue par la soumission des héritiers. Trib. Seine. 30 mai 1851 Art. 14499 J. N.; Jurip. Not., art. 9320).

§ X. — Restitution des droits de successions.

833. Tout droit d'enregistrement perçu régulièrement ne pourra être restitué, quels que soient les événements ultérieurs, sauf les cas prévus par la loi. L. 22 frim. an 7, art. 60.

Le législateur a eu pour but, en prohibant les restitutions pour cause d'événements ultérieurs, d'assurer la stabilité de l'impôt dans l'intérêt des services publics. Cass. 15 novembre 1849 (Art. 13921 J. N. ; Dict. Not., v° *Restitution des droits d'enregistrement*, n° 2).

834. Absence. — Lorsqu'un individu, dont l'absence a été déclarée, vient à reparaître, les droits de mutation par décès, payés par ses héritiers ou légataires, doivent être restitués, sous la déduction de ceux auxquels donne lieu la jouissance des héritiers. L. 18 avril 1816, art. 40 (Dict. Not., v°s *Absence*, n° 500, et *Restitution des droits d'enregistrement*, n° 6, 4° édit.).

835. Semblable restitution proportionnelle doit être faite à l'héritier-présomptif qui, après avoir obtenu l'envoi en possession, se trouve évincé, en exécution de l'art. 130 C. N., par l'héritier plus proche de l'absent à l'époque du décès légalement prouvé. Mais, dans ce cas, ce dernier doit passer déclaration et acquitter le droit pour la mutation qui s'opère irrévocablement en sa faveur. Déc. min. fin. 24 fructidor an 12,

Instr. Rég. 3 fructidor an 13, n° 290, § 72 (Dict. Not., v° *Ab-sence*, n° 501).

836. Comment doit être liquidé le droit de mutation réservé pour la jouissance des héritiers envoyés en possession ? D'après l'instruction du 3 fructidor an 13, n° 290, § 72, cette jouissance serait considérée comme un usufruit : le droit serait en conséquence exigible sur le capital, au denier dix, du revenu des biens, sauf déduction d'un cinquième ou d'un dixième suivant que, par la durée de l'absence, les héritiers n'ont profité que des quatre cinquièmes ou des neuf dixièmes des revenus. Ce mode de perception pourrait être contesté : la possession provisoire n'est qu'un dépôt qui rend ceux qui l'ont obtenue comptables envers l'absent (C. N. 125). La loi fiscale a dérogé à ce principe en considérant la possession provisoire comme opérant mutation ; mais, en cas de retour de l'absent, le droit commun reprend son empire ; les envoyés en possession ne sont comptables que des revenus qu'ils ont perçus ; ils n'ont jamais été ni-propriétaires ni usufruitiers ; seulement ils retiennent, dans le compte qu'ils sont tenus de rendre à l'absent, la portion des revenus qui leur est attribuée par la loi. Nous pensons que le droit de mutation est dû seulement sur cette portion de revenus (Dict. Not., *loc. cit.*, n° 502).

837. Lorsque, sans avoir fait déclarer l'absence, les héritiers présomptifs se sont mis, de fait, en possession des biens de l'absent, les droits de mutation qu'ils ont acquittés doivent-ils, en cas de retour de l'absent, être restitués ? Suivant une solution du 9 février 1837, non-seulement la restitution doit avoir lieu sur une partie, mais encore sur la *totalité* des droits, parce que, dans ce cas, les héritiers présomptifs n'ont pu conserver aucune portion des revenus qu'ils avaient perçus (Dict. Not., *loc. cit.*, n° 504).

838. Erreur de fait. — Lorsque, par une erreur de fait, les héritiers ont compris dans leur déclaration des biens qui sont légalement reconnus étrangers à la succession, ils sont fondés à réclamer la restitution des droits de mutation par décès perçus pour ces biens, dans le délai de deux ans, à partir de la déclaration. Déc. min. fin. 12 avril 1808 ; Inst. Rég. 7 juin 1808, n° 386, n° 30 (Dict. Not. v° *Succession*, n° 1048 ; Jurisp. Not., v° *Mutation par décès*, n° 437).

839. Sont restituables, jusqu'à concurrence, les droits de mutation perçus sur une déclaration de succession dans laquelle on a compris la totalité des biens dont il est prouvé que la moitié appartient à la sœur du défunt. Délib. Rég. 17 octobre 1821 ; Déc. min. fin. 7 novembre 1841 (Art. 3964 J. N.).

840. Les droits payés par erreur pour la succession d'un enfant posthume, qui, n'étant pas né viable ou réputé tel d'après l'art. 314 C. N., n'était point habile à succéder, doivent être restitués. Inst. Rég. 27 mars 1830, n° 1307, § 10 (Dict. Not., v° *Restitution des droits d'enreg.*, n° 196).

841. Lorsqu'il a été perçu des droits de mutation à raison des mêmes biens d'une succession, les héritiers sont fondés à réclamer dans le délai de deux ans la restitution de ce qu'ils ont payé par erreur. Délib. Rég. 22 août 1811 (Dict. Not., *loc. cit.*, n° 185).

842. Des héritiers qui, par erreur, ont compris dans leur déclaration une créance éteinte peuvent demander la restitution des droits perçus sur cette créance en justifiant de l'extinction de la créance, par un acte qui ait acquis une date certaine, avant le décès de l'auteur de la succession, sans qu'ils soient astreints, d'ailleurs, à faire enregistrer cet acte. Délib. Rég. 24 octobre 1821 ; Déc. min. fin. 5 décembre 1821 (*ibid*, n° 186).

843. Lorsque les droits de mutation par décès ont été perçus sur le cautionnement d'un fonctionnaire public, et qu'il est justifié dans les deux ans que le cautionnement appartenait à un bailleur de fonds qui avait le privilége de second ordre, d'après l'inscription du cautionnement sur les livres du trésor, il y a erreur de fait et les droits perçus sont restituables. Délib. Rég. 12 juin 1835 (*ibid.*, n° 187).

844. Lorsque, dans le cas d'existence d'héritiers à réserve, la disposition entre-vifs ou testamentaire faite en usufruit par un époux au profit de son conjoint survivant excède la quotité disponible en usufruit, si la réduction à cette quotité n'a point été exprimée dans la déclaration faite au bureau de l'enregistrement, par l'effet d'une erreur matérielle, l'époux survivant doit être admis à faire une déclaration rectificative, par suite de laquelle les droits perçus, lors de la première déclaration, sur ce qui excédait la quotité disponible, doivent être restitués. Délib. Régie, 23 mars 1825 et 28 décembre 1822 (Art. 5094 et 7975 J. N.).

845. L'héritier qui a compris dans sa déclaration des biens légués à un établissement public, et payé le droit de mutation sur ces biens, dans la persuasion que l'acceptation du legs ne serait pas autorisée et que les biens lui resteraient, est fondé à en demander la restitution, si postérieurement l'établissement public est autorisé à accepter le legs et revendique les biens. Délib. Rég. 13 novembre 1840 (Dict. Not., *loc. cit.,* n° 190).

846. Lorsque, dans une déclaration de succession, les héritiers ont compris un domaine pour la totalité et ont acquitté le droit de mutation par décès en conséquence, l'effet de cette déclaration ne peut être détruit ni modifié, par rapport à la Régie, par la simple allégation que ce domaine n'appartenait que pour un tiers à la succession. Si l'erreur n'est constatée par aucune preuve légale, les droits perçus ne sont point en partie restituables. Cass. 4 décembre 1821 (Dict. Not., *loc. cit.,* n° 192).

847. L'héritier qui a compris dans sa déclaration des immeubles sur lesquels l'auteur de la succession avait des droits indivis ne peut, pour prouver qu'ils ont été portés par erreur et obtenir la restitution des droits de mutation, s'étayer d'un acte de partage postérieur à cette déclaration, et qui attribue ces biens à un copropriétaire autre que le défunt. Cass. 1er décembre 1835 (Art. 9115 J. N.).

848. Lorsqu'au décès du donateur, le donataire institué a fait la déclaration de la totalité des biens, quoique la donation qui comprenait expressément cette totalité fût sujette à réduction à la quotité disponible, il ne peut, sur ce motif, réclamer la restitution des droits perçus sur cette portion qu'en justifiant, par un acte régulier, que la réduction a été effectivement opérée, et qu'ainsi il y a une erreur dans la déclaration. Délib. Rég. 24 avril 1832 (Dict. Not., *loc. cit.,* n° 194).

849. Lorsqu'une déclaration de succession a été faite d'après un acte de décès erroné, et que néanmoins celui qu'on présumait décédé se représente et rentre dans ses biens, il y a lieu de restituer les droits perçus. Dans ce cas, il y a erreur de fait qui ne peut être imputée aux parties et dont la Régie ne doit pas profiter. Solut. Rég. 17 octobre 1814 (Dict. Not., *loc. cit.,* n° 195).

850. Les droits de mutation par décès perçus sur les fonds publics ou actions des compagnies ou sociétés d'industrie et de finances, étrangers, compris dans la déclaration de la succession d'une personne décédée en France, doivent être restitués, lorsque, dans le délai de deux ans, à partir de cette déclaration, il est prouvé que le défunt n'était point Français et que sa succession n'est point régie par la loi française. Trib. Seine, 8 mai 1857 (Art. 16325 J. N.).

851. Les droits de mutation perçus sur des créances irrécouvrables ne sont pas sujets à restitution; mais les héritiers auraient pu en éviter le payement, en affirmant dans leur déclaration qu'ils renonçaient à ces créances. Trib. Seine, 27 avril 1842 (Dict. Not., *loc. cit.*, n° 198.).

852. Lorsque, dans la déclaration de la succession de sa femme, faite tant en son nom personnel qu'en celui de sa fille, dont il était le mandataire par acte en forme, le mari a pris la qualité de donataire en usufruit de la totalité des biens de la défunte, en produisant au receveur une expédition de l'acte de cette donation, et sans énoncer qu'elle devait être réduite à moitié en usufruit en vertu de l'art. 1094 C. N., la perception des droits de mutation par décès, faite conformément à cette déclaration, n'est pas susceptible de restitution. Cass. 10 juillet 1860 (Art. 16894 J. N., et Jurispr. Not., 11716.

853. Lorsque des immeubles dépendant d'une succession ont été déclarés comme échus pour un quart à la mère du défunt et pour les trois autres quarts à ses frères et sœurs, et que les droits de mutation par décès ont été perçus conformément à cette déclaration, la demande en réduction ou restitution de ces droits est-elle admissible, lorsqu'il est prouvé que les immeubles provenant d'une donation entre-vifs faite par la mère à son fils ont été entièrement recueillis par la mère en vertu du retour légal ?

La négative a été jugée, le 22 janvier 1855, par le tribunal de Montargis.

854. Le *Journal des Notaires* fait avec juste raison la critique de cette décision, qui est évidemment inadmissible :

« L'art. 60 de la loi du 22 frim. an 7 porte que tout droit d'enregistrement *régulièrement perçu* ne peut être restitué, quels que soient les événements ultérieurs ; mais il a été reconnu. par une décision du ministre de finances du 12 avril 1808. et par une instruction de la Régie du 7 juin suivant, n° 386,

§ 30 (Dict. Not., v° *Restitution de droits d'enregistrement*, n° 50, 3° édit.), que cette disposition ne met pas obstacle à la restitution de droits de mutation perçus sur des biens qui sont ultérieurement reconnus ne pas faire partie de la succession. Il est impossible, en effet, d'admettre que la perception de droits de mutation, faite sur des biens qui, par erreur, ont été compris dans une déclaration de succession soit *régulière*. Or, dans l'espèce du jugement ci-après, les héritiers ont déclaré comme appartenant à la succession, tant en ligne directe qu'en ligne collatérale, des immeubles qui, en vertu du retour légal, étaient entièrement échus à la ligne directe. Cette espèce rentre évidemment dans l'hypothèse prévue par les décisions et instructions précitées. L'erreur portait, sinon sur le droit de propriété du défunt, au moins sur l'origine et la nature de ce droit. La déclaration n'était point conforme à l'état des choses existant au moment où elle était passée. La perception faite d'après cette déclaration n'était donc pas régulière. » (Art. 15458 J. N.).

855. Les droits de mutation par décès perçus sur des fonds publics ou actions de compagnies ou sociétés d'industrie et de finances, étrangers, compris dans la déclaration de la succession d'une personne décédée en France, doivent-ils être restitués, lorsque, dans le délai de deux ans à partir de cette déclaration, il est prouvé que le défunt n'était pas Français et que sa succession n'est point régie par la loi française ?

L'affirmative, jugée le 8 mai 1858 par le tribunal de la Seine, paraît parfaitement fondée (Art. 16325 J. N.; Jurisp. Not., art. 11488).

856. Lorsque le légataire universel en usufruit a payé, en cette qualité, le droit de mutation par décès sur la totalité de cet usufruit, et que, postérieurement, une commune, légataire de la nue propriété, n'a été autorisée à accepter ce legs que jusqu'à concurrence d'une somme déterminée, payable, en valeurs de la succession, avant le décès du légataire de l'usufruit, celui-ci est-il fondé à demander la restitution partielle des droits par lui acquittés sur l'usufruit de tous les biens de la succession ?

La négative résulte d'un jugement du tribunal de la Seine, du 10 août 1855 (Jurisp. Not., art. 10682; Art. 15746 J. N.).

857. Erreur d'évaluation. — Aux termes de l'art. 15,

n° 7 de la loi du 22 frim. an 7, l'évaluation des immeubles, pour les transmissions qui s'effectuent par décès, doit être faite d'après le prix des baux courants au jour du décès. Cette règle est obligatoire pour la Régie comme pour les contribuables. En conséquence, lorsque les héritiers ont dans leur déclaration pris pour base de l'évaluation des immeubles, non le prix d'un bail courant à l'époque du décès, mais le prix supérieur d'un bail qui n'a eu cours qu'après cette époque, la perception faite d'après cette base n'est point *régulière*, et l'excédant de droit indûment perçu doit être restitué. Délib. Rég. 16 avril 1823, et 21 octobre 1836 (Dict. Not., v° *Restitution*, n° 200).

858. La Régie doit restituer ce qui a été perçu en trop, lorsqu'à défaut de justification d'un extrait du rôle de la contribution foncière, au moment de la déclaration de succession, le receveur a ajouté, au prix du bail courant des immeubles, le quart pour la charge de l'impôt que le fermier ou locataire supporte sans déduction, et qu'il est ultérieurement justifié que l'impôt est moins élevé. Délib. Rég. 15 février 1825, 3 septembre 1826 et 19 mai 1829 (*ibid.*, n° 202).

859. Les héritiers d'un officier public, qui, dans la déclaration de sa succession, se sont référés, pour l'estimation de l'office, à la valeur déterminée par un inventaire authentique, ne sont pas fondés à former une demande en restitution de droits de mutation, lorsque l'office a été vendu ultérieurement à un prix fixé par le gouvernement et moins élevé que l'évaluation de l'inventaire. Trib. Bordeaux, 20 novembre 1848 (Art. 13601 J. N.).

860. Compensation. — Lorsque la perception des droits d'enregistrement faite sur une déclaration de succession est EXCESSIVE pour certaines valeurs déclarées, et INSUFFISANTE pour d'autres, la Régie est fondée à repousser jusqu'à due concurrence, par l'exception de compensation, la demande en restitution formée par les parties dans les deux ans de la déclaration, quoiqu'elle n'ait pas fait signifier de demande en supplément de droits dans le même délai. Cass. 30 janvier 1855 (Art. 15425 J. N.; Dict Not., v° *Compensation*, n° 379 et 80, 4° édit.).

861. Biens sortis de l'hérédité. — Lorsqu'un héritier a compris dans sa déclaration un immeuble que le défunt avait acheté par adjudication judiciaire, il y a lieu restitution des droits de mutation par décès, si cette adjudication est, plus tard, annulée en appel. Déc. min. fin. 13 juin 1809 ; Inst. Rég. 4 juillet 1809, n° 436, § 57 (*ibid.*, n° 204).

862. Mais n'est point restituable le droit de succession payé pour des biens dont la vente au profit de l'auteur de la succession est résolue pour défaut de payement du prix, par jugement postérieur à la déclaration. Délib. Rég. 17 janvier 1824.

863. Héritiers évincés par d'autres. — Lorsque des héritiers collatéraux, qui ont acquitté les droits de mutation par décès sur la totalité des biens de la succession, ont été plus tard condamnés à en délaisser les trois quarts à un enfant naturel du défunt, ils ne sont point fondés à demander la restitution du montant de la différence entre les droits par eux payés, et ceux qui auraient été exigés de l'enfant naturel. Cass. 15 juillet 1840 (Art. 10722 J. N.).

864. Cette demande, dans le cas d'ailleurs où elle serait fondée, devrait être formée dans le délai de deux ans à partir du jour du payement des droits de mutation, et non de la date de l'arrêt qui a ordonné le délaissement au profit de l'enfant naturel. Même arrêt.

865. Legs conditionnel. — Le légataire en usufruit qui, par suite de l'accomplissement d'une condition du testament, recueille la nue propriété primitivement léguée à un tiers, et qui, par suite, a été condamné à rembourser aux héritiers de ce tiers les droits de succession qu'ils ont payés pour la propriété entière, n'est point fondé à réclamer la restitution des droits perçus à raison du legs de l'usufruit. Cass. 30 juin 1841 (Art. 11061 J. N.).

866. Renonciation des héritiers ou légataires. — Les droits de mutation par décès, acquittés par un exécuteur testamentaire pour des legs particuliers, ne sont point sujets à restitution en cas de renonciation ultérieure des légataires, malgré les réserves faites à cet égard par l'exécuteur testamentaire lors du payement des droits : « Attendu que la perception a été opérée *régulièrement*, en vertu du testament présenté au préposé de la Régie, et en exécution des dispositions de la loi applicables aux legs constitués dans ce testament ; qu'il est de principe que les réserves du contribuable ne peuvent lui créer un droit de restitution hors des cas prévus et déterminés par la loi spéciale ; que, loin de se trouver dans aucun de ces cas, la demande en restitution est repoussée par la disposition formelle de l'art. 60, puisque cette demande reposait uniquement sur la renonciation des légataires, renonciation qui n'a été faite qu'après le payement des droits, et qui constitue dès lors *un fait ultérieur* dans le sens de cet article. » Cass. 15 janvier 1850 (Art. 13953 J. N.; Jurispr. Not., 9029).

867. Les droits payés pour des successions ou legs auxquels les héritiers ou légataires ont renoncé postérieurement à leur déclaration ne sont point sujets à restitution. Délib. Rég. 9 août 1826; Trib. Nîmes, 16 décembre 1839.

868. La renonciation faite par le légataire, même lorsque la délivrance du legs n'a pas eu lieu, ne rend point restituables les droits de mutation par décès qu'il a acquittés sur la valeur de ce legs. Délib. Rég. 4 mai 1825 (Art. 5648 J. N.).

869. Ne sont pas restituables les droits payés au nom d'enfants mineurs, héritiers de leur mère, sur les biens de la communauté de leurs auteurs, par suite de la renonciation à la communauté faite par ces enfants depuis leur majorité. Délib. Rég. 16 juillet 1832 (Dict. Not., *loc. cit.*, nº 212).

870. Il avait été décidé que le mineur au nom duquel une succession avait été acceptée sous bénéfice d'inventaire, et qui avait renoncé à cette succession à sa majorité, était fondé à demander la restitution des droits de mutation par décès que son tuteur avait payés (Délib. de la Rég. du 6 juin 1828). D'après la jurisprudence rapportée sous les numéros qui précèdent, cette solution ne serait plus actuellement suivie.

871. La même observation s'applique à une décision qui avait admis que lorsqu'un légataire, par suite d'une demande en nullité de testament, et avant qu'aucune délivrance lui eût été faite, avait transigé avec les héritiers naturels et consenti à leur laisser une partie des biens légués, pouvaient demander la restitution partielle des droits par lui payés sur la totalité du legs avant cette transaction. Délib. de la Rég. 23 mars 1825 (Art. 5095 J. N.).

872. Lorsque les droits de mutation par décès ont été acquittés sur la totalité des valeurs constatées par l'inventaire de la succession du mari, et que, postérieurement à la déclaration de succession, la renonciation à la communauté, faite par la femme, du vivant du mari, après séparation de biens, a été annulée en justice, il n'y a pas lieu à la restitution des droits de mutation payés sur la portion des biens de la communauté revenant à la veuve, lors même que les héritiers du mari, en acquittant ces droits, se sont réservé de se pourvoir en restitution. Cass. 2 août 1844.

873. L'annulation judiciaire de la renonciation par la femme à la communauté est un événement ultérieur qui ne se trouve compris dans aucun des cas d'exception prévus par la loi.

« Attendu, dit cet arrêt, que suivant l'art. 60 de la loi du 22 frimaire an 7, tout droit d'enregistrement régulièrement perçu ne peut etre restitué, quels que soient les événements ultérieurs, sauf les cas prévus par la loi...;

« Attendu que les réserves que les héritiers Béchaud ont fait insérer dans la quittance des droits par eux payés ne sauraient avoir pour effet d'introduire en leur faveur une exception qui n'est pas admise par la loi, et donner à une perception déclarée définitive par la loi le caractère de perception provisoire qui ne peut avoir lieu que dans les cas d'exception formellement admis par la loi (Art. 11701 J. N.).

874. Légataire universel évincé. — Lorsqu'un légataire universel nommé par un premier testament et qui a payé le droit de mutation par décès est évincé par un second légataire, institué par un testament postérieur, celui-ci ne doit pas acquitter un nouveau droit de mutation. Cass. 13 novembre 1814 (Art. 14697 J. N.).

875. Testament découvert. — Mais la découverte d'un testament faite après la déclaration de succession autorise l'héritier qui a fait cette déclaration à réclamer la restitution des droits acquittés sur les biens dont il se trouve dépouillé par le testament. La découverte d'un testament n'est pas un des événements ultérieurs dont parle l'art. 60 de la loi du 22 frimaire an 7. Le legs contenu dans ce testament est, au contraire, un fait préexistant qui établit *ab initio* les droits du légataire. Délib. Rég. 30 avril 1825, 18 août 1826 et 2 octobre 1846 (Art. 5236 et 12830 J. N. ; Jurisp. Not. , art. 7605).

876. Testament annulé en justice. — Les droits de mutation par décès perçus d'après un testament qui, postérieurement, a été annulé en justice, ne sont pas sujets à restitution : « Attendu qu'à l'époque où la perception a eu lieu, le testament n'était pas encore annulé ; qu'il constituait un titre apparent en vertu duquel l'héritier institué qui se présentait pour faire la déclaration était actuellement le vrai redevable du droit ; d'où il suit que la perception a été régulière ; — Attendu que les droits d'enregistrement perçus ne peuvent, aux termes de l'art. 60 de la loi du 22 frimaire an 7, être restitués que dans les cas prévus expressément par la loi, et que l'annulation d'un testament en vertu duquel la perception des droits a été opérée n'est pas mise par la loi au nombre des cas de restitution. Cass. 11 mars, 7 avril et 1er juillet 1840 (Art. 10614, 10697 et 10721 J. N., et Jurisp. Not., art. 11255).

877. *Contra*, Délib. Rég. 27 septembre 1826, 4 mai 1830 ; Trib. Pont-Audemer, 12 avril 1836 : Seine, 30 décembre 1845 et 16 décembre 1846 (Art. 5912, 7140, 9463, 12585 et 12945 J. N.). Opinion conforme, J. N., Art. 8362, et Jurisp. Not., v° *Mutation par décès*, no 258 et suiv., où la même opinion est enseignée. *V.* aussi Jurisp. Not., art. 7533. La doctrine des arrêts de la Cour de cassation des 7 avril et 1er juillet 1840, qui admet que, dans aucun cas, les droits payés en vertu d'un testament annulé postérieurement en justice ne pouvaient être restitués, est combattue avec force : « D'après l'équité et d'après la loi bursale elle-même, sainement entendue, les droits de mutation par décès, payés en vertu d'un testament qui depuis a été annulé en justice, doivent être restitués, et le délai de deux ans, pour la demande en restitution de ces droits, ne court que du jour du jugement ou de l'arrêt qui a fait passer les biens de la succession en d'autres mains. » (Art. 7533 J. N.).

878. Lorsque les droits de mutation ont été acquittés par autorité de justice, à raison du litige élevé sur le testament qui instituait pour légataire universel un individu non parent du testateur, ces droits doivent être restitués jusqu'à due concurrence, par suite du jugement qui a annulé le testament et restitué la succession aux héritiers légitimes : « Attendu que le payement fait par l'administrateur provisoire était essentiellement réductible, puisque la liquidation définitive du droit dépendait nécessairement de l'événement du procès qui devait déterminer quel serait le légitime possesseur de la succession. » Cass. 17 juin 1839 ; Trib. Seine, 11 janvier 1838 et 31 janvier 1849 (Art. 10025, 10458 et 13644 J. N.).

879. Les droits de mutation par décès, acquittés par un légataire universel qui a été nommé administrateur provisoire de la succession, par ordonnance du président du tribunal, ne sont pas restituables par suite de l'annulation du testament en justice, si, dans la déclaration de la succession, il a pris la qualité de légataire universel, et non celle d'administrateur provisoire, et lors même qu'il s'est réservé de répéter les droits, en cas d'annulation du testament : « Attendu que le légataire universel a pris lui-même cette qualité de légataire, et non celle d'administrateur provisoire de la succession, dans les déclarations par lui faites au fisc ; que c'est sur ses propres déclarations qu'a été liquidé et perçu le droit dont il demande la restitution, et que les réserves qu'il a pu faire lors du payement ne sauraient lui créer un droit de restitution que la loi lui refuse. Cass. 6 août 1839 (Art. 13810 J. N.).

880. Succession bénéficiaire. — L'héritier bénéficiaire étant tenu personnellement envers la Régie du payement des droits de mutation par décès, ne peut en réclamer la restitution lorsqu'il n'a point été colloqué sur le prix de la vente des immeubles de la succession pour le montant des droits payés par lui. Cass. 3 février 1829 (Art. 6882 J. N.).

881. Succession vacante. — Le curateur d'une succession vacante qui a payé de ses deniers personnels les droits de mutation par décès, en se réservant la faculté d'en demander la restitution, dans le cas où la valeur de la succession ne suffirait pas à en opérer le payement, ne peut obtenir la restitution de ces droits qu'en prouvant l'insuffisance des valeurs de la succession pour l'acquit de ces droits. Si le curateur établissait cette insuffisance, l'action en restitution ne pourrait lui être déniée. Cass. 3 décembre 1829 (Art. 10570 J. N. ; Dict. Not., v° *Restitution de droits d'enregistrement*, n° 183 et suiv., 4° édition).

882. Intérêts moratoires. — En matière d'enregistrement, il ne peut être adjugé d'intérêts moratoires, ni à la Régie qui obtient des condamnations contre des particuliers, ni aux particuliers qui en obtiennent contre elle. Cass. 17 janvier 1854 (Art. 15137 J. N. ; Jurisp. Not., art. 10109).

Cette jurisprudence est établie depuis longtemps dans le sens de cette décision (Dict. Not., v° *Restitution de droits d'enregistrement*, n° 3, 4° édit.).

§ XI. **Prescription pour la demande des droits.**

883. Il y a prescription pour la demande des droits, savoir :
1° après deux années à compter du jour de l'enregistrement,
s'il s'agit d'un supplément de perception insuffisamment faite,
ou d'une fausse évaluation faite dans une déclaration et pour
la constater par la voie de l'expertise (les parties sont
également non recevables après le même délai, pour toute
demande en restitution des droits perçus); 2° après trois années,
aussi à compter du jour de l'enregistrement, s'il s'agit d'une
omission de biens dans une déclaration faite après décès ;
3° après cinq années, à compter du jour du décès, pour les
successions non déclarées. — Les prescriptions ci-dessus seront suspendues par des demandes signifiées et enregistrées
avant l'expiration des délais ; mais elles seront acquises irrévocablement si les poursuites commencées sont interrompues
pendant une année sans qu'il y ait d'instance devant les juges
compétents, quand même le premier délai pour la prescription
ne serait pas expiré. L. 22 frimaire an 7, 61.

884. Prescription de deux ans. — Lorsque les de-
mandeurs en restitution de droits perçus sur une déclaration
de mutation par décès ont, par un mémoire produit dans le
cours de l'instance, formé une demande subsidiaire ayant un
objet distinct et séparé de la première, la prescription est opposable par la Régie à cette demande subsidiaire, s'il s'est écoulé
plus de deux ans entre la déclaration de la succession et la
signification du mémoire. Cass. 8 décembre 1856 (Art. 15945
J. N.).

885. Les droits simples dus par suite d'une omission dans
une déclaration de succession, se prescrivent par trois ans
(depuis la loi du 18 mai 1850, cinq ans) à partir du jour de la
déclaration ; mais la prescription de deux ans est applicable
au droit en sus encouru pour l'omission. Cass. 3 mars 1831
(Jurip. Not., 9319).

886. Lorsque, à la suite d'un partage portant attribution
de toutes les valeurs mobilières de la succession à un légataire
universel, et des immeubles aux héritiers réservataires, chaque
copartageant, et entre autres le légataire universel, s'est borné
à déclarer à la Régie les valeurs placées dans son lot, sans

faire mention des autres valeurs, ni sans faire, par conséquent, de déclaration aux bureaux dans l'étendue desquels il n'a rien reçu, et que, dans les divers bureaux de perception, le droit de mutation a été perçu conformément à l'acte de partage, si la Régie changeant de base par elle acceptée, veut ensuite établir la perception, à l'encontre du légataire universel, d'après les droits indivis de ce légataire dans les meubles et immeubles de la succession, tels qu'ils existaient avant le partage, son action a le caractère d'une demande en supplément de perception, et est, dès lors, prescriptible par deux ans. Cass. 1er août 1853 (D. P. 53. 1. 304).

887. On objecterait vainement qu'il y a, en cas pareil, de la part du légataire universel, soit une véritable omission de biens pour les bureaux où il a fait sa déclaration sans y parler des immeubles attribués à ses copartageants, omission seulement couverte par la prescription triennale, soit même une absence complète de cette déclaration, pour les bureaux où il n'a rien déclaré, absence de déclaration qui n'est protégée que par la prescription quinquennale. Même arrêt (*ibid.*).

888. Lorsqu'il dépend d'une succession des biens situés dans plusieurs arrondissements de bureaux d'enregistrement, et que la déclaration faite à l'un de ces bureaux n'embrasse pas ceux qui, à raison de leur situation, ne devaient pas y être compris, il y a, relativement à ces biens, non pas une omission, mais l'absence totale de déclaration. En conséquence, la prescription applicable dans ce cas à l'action de la Régie en payement des droits de mutation est de cinq ans (aujourd'hui dix ans) à partir du décès, et non celle de trois ans (aujourd'hui cinq ans) à partir de la déclaration.

L'acte intervenu entre une veuve et ses enfants à titre de pacte de famille, et qui a pour effet de convertir en une quotité fixe en toute propriété des avantages matrimoniaux en rente viagère et en usufruit assurés à la veuve, ne peut être considéré comme un partage de succession devant servir de base à la perception des droits de mutation. Tribunal de Corbeil, 23 août 1854 (Art. 15337 J. N.; Jurisp. Not., art. 10317).

889. Les droits de mutation par décès, perçus en vertu d'un testament dont les dispositions ont été ultérieurement modifiées par un jugement, comme portant atteinte à la réserve légale, sont-ils sujets à restitution ?

Dans le cas où la restitution pourrait avoir lieu, la demande devrait-elle en être faite dans les deux ans, à partir de la perception des droits ?

La négative de la première question et l'affirmative de la seconde résultent d'un jugement du trib. de la Seine, du 24 déc. 1858, conforme à la doctrine des arrêts de la C. cass. des 11 mars, 7 avril, 1er juill. 1840 et 6 août 1849 (Art. 10697, 10721 et 13810 J. N.), qui ont décidé que les droits de mutation par décès perçus en vertu d'un testament qui, postérieurement, a été annulé en justice, ne sont point restituables. Le jugement du 24 déc. 1858 est conçu en ces termes :

« Attendu qu'aux termes de l'art. 90 de la loi de frimaire an 7, tout droit d'enregistrement régulièrement perçu ne saurait être restitué, quels que soient les événements ultérieurs ; — Attendu que le droit dont la restitution est demandée a été perçu régulièrement, en conformité des dispositions testamentaires qui ont donné lieu à la perception ; — Attendu que le jugement du 12 août 1856, qui a modifié ces dispositions comme portant atteinte à la réserve légale de la veuve du Roure, est un fait ultérieur qui ne donne pas ouverture au droit de restitution ; — Attendu au surplus qu'en admettant que la perception n'eût pas été régulière, la demande en restitution faite plus de deux années après le jour de cette perception, se trouverait prescrite aux termes de l'art. 61 de la loi de frimaire an 7 ; — Par ces motifs, déclare la veuve Des Roys du Roure mal fondée dans sa demande. » (Art. 16521 J. N.).

890. Lorsqu'une omission a été relevée dans une déclaration de succession, n'a-t-on pas le droit d'invoquer la prescription de deux ans pour le double droit, surtout quand un acte authentique (une liquidation) a mis la Régie à même de relever l'omission et que la réclamation se produit plus de deux ans après l'enregistrement de cet acte ?

La Cour de cassation a décidé, par deux arrêts des 26 avril 1826 et 2 mars 1851, que les demi-droit et double droit d'enregistrement, exigibles, à titre d'amende, pour défaut de déclaration d'une succession dans le délai prescrit ou pour omission dans une déclaration de cette nature sont soumis à la prescription de deux ans, par application de l'avis du conseil d'État du 18 août 1810 et de l'art. 14 de la loi du 16 juin 1824.

(Art. 9245 et 14305 J. N.; Dict. Not., v° *Succession*, no 1055, 4ᵉ édit.).

891. Lorsque l'héritier qui a souscrit une déclaration de succession y a fait consigner que des rentes sur l'État et des actions de la banque de France, énoncées dans l'inventaire et qui étaient inscrites au nom du défunt, étaient réellement la propriété de l'héritier déclarant, d'après un jugement passé en force de chose jugée avant la déclaration, il n'y a pas omission de ces valeurs dans la déclaration.

En conséquence, si ultérieurement la Régie prétend que ces mêmes valeurs étaient la propriété du défunt et doivent supporter le droit de mutation par décès, sa demande en payement de ce droit est soumise, non à la prescription de trois ans établie pour les omissions par l'art. 61 de la loi du 22 frim. an 7, mais à celle de deux ans prononcée par le même article pour les insuffisances de perception. Cass. 14 août 1850 (Jurisp. Not., art. 9028 ; Art. 14145 J. N. ; D. P. 50. 1. 279).

892. La prescription du droit simple de mutation par décès pour une omission de valeurs dans une déclaration de succession entraîne celle du droit en sus qui n'est que l'accessoire du droit simple. En conséquence, le jugement qui déclare le simple droit prescrit, ne peut condamner les parties au payement du droit en sus. Cass. 4 janvier 1854 (Art. 15155. J. N., et Jurisp. Not., art. 10113 ; D. P. 54. 1. 68).

893. La prescription de l'action en restitution des droits de mutation payés par l'administrateur judiciaire, sous réserve de restitution, en cas d'annulation du testament, court du jour de cette annulation, et non pas à dater de cette perception. Trib. Seine, 31 janvier 1849 (D. P. 49. 5. 167. Art. 13644 J. N. V. aussi art. 12585 J. N. contenant l'état de la jurisprudence relative à la restitution des droits de mutation par décès perçus d'après un testament qui plus tard a été annulé en justice.

894. Prescription de trois ans, actuellement de cinq ans. — La prescription de trois ans (5 ans) est applicable à des objets soustraits par l'un des héritiers, et qui n'ont point été énoncés dans la déclaration de la succession Cass. 22 (ou 10) juin 1822 (Dict. Not., v° *Succession*, no 1061).

895. Lorsque, postérieurement à la déclaration d'une succession, un immeuble non compris dans cette déclaration a été reconnu par un jugement avoir été la propriété du défunt, lors de son décès, la prescription pour la demande du droit de mutation sur cet immeuble est de cinq ans et non de 10 ans. Trib. de la Seine, 21 février 1863 (Jurisp. Not., art. 12390, et Art. 17726 J. N.).

896. Cette décision nous paraît fondée. La question jugée par le tribunal de la Seine n'a jamais été soumise à la Cour de cassation. Il résulte bien des arrêts de cette Cour, des 30 mars 1813 et 24 août 1841 (Art. 7135 et 11070 J. N. ; Dict. Not., v° *Succession*, n° 1081, 4° édit.), que la prescription pour la demande des droits de mutation, à raison des biens rentrés dans l'hérédité, ne court contre la Régie qu'à compter de l'arrêt ou du jugement qui a mis les héritiers en possession, lorsqu'une déclaration a été faite précédemment pour les autres biens de la succession, mais ces arrêts ne se sont point prononcés sur le délai de la prescription.

897. Lorsqu'un immeuble propre au défunt a été déclaré comme acquêt de communauté, cette erreur ne constitue point une insuffisance d'évaluation, mais une omission de biens. Par conséquent, c'est la prescription de trois ans (5 ans), et non celle de deux ans, qui est opposable à la demande du supplément de droits. Trib. Vire, 9 juin 1850 (Dict. Not., *loc. cit.*, n° 1062).

898. Lorsque l'héritier n'a pas compris dans sa déclaration une action tendant à revendiquer un immeuble ou cet immeuble même, la prescription de trois ans (5 ans) est applicable à la demande des droits résultant de cette omission. Déc. min. fin. 28 août 1828 (*ibid.*, n° 1063).

899. Prescription de cinq ans, actuellement de dix ans. — La prescription pour la demande des droits des successions non déclarées, qui était de *cinq ans*, aux termes de l'art. 61, § 3, de la loi du 22 frimaire an 7, a été portée, par l'art. 11 de la loi du 18 mai 1850, à *dix ans*, à compter du jour du décès.

900. La prescription peut être opposée à la Régie lorsqu'il s'est écoulé plus de dix ans entre le décès d'un particulier et l'époque des poursuites dirigées contre ses héritiers pour le payement des droits de succession, même lorsqu'il s'agit de biens que les héritiers ont recouvrés, longtemps après le décès, par suite d'une action résolutoire, ou de toute autre manière. Cass. 8 mars 1826, 7 mai 1833 (Art. 7090, 7784 et 8120 J. N.)

901. La jurisprudence de la Cour de cassation, sur ce point, avait déjà été manifestée par deux arrêts, du 20 frimaire an 14 et du 3 septembre 1810.

Par suite, la Régie a prescrit à ses préposés de diriger des poursuites contre les héritiers qui refuseraient de faire une déclaration dans le cas où il n'existerait aucune valeur hérédiaire au moment de l'ouverture de la succession. Instr. Rég. 16 juin 1826, n° 1189, § 5 (Art. 5689 J. N.).

902. On ne peut opposer la prescription à la demande des droits de succession, lorsque le décès n'ayant pas été inscrit sur les registres de l'état civil ni constaté par un acte public, la Régie n'a pu être informée qu'elle avait des droits à réclamer et une action à exercer. Cass. 5 ventôse an 9, 30 juin 1806, 26 novembre 1810, 3 novembre 1813; Instr. Rég. 23 mars 1809, n° 424, § 1er (Dict. Not., *loc. cit.*, n° 1066).

903. La prescription de cinq ans (dix ans) ne peut être opposée à la Régie, lorsqu'elle n'a point eu une connaissance *légale* de l'ouverture de la succession; spécialement, lorsqu'un décès n'a point été porté sur le registre de l'état civil, la prescription ne court qu'à partir de l'acte de notoriété dressé pour réparer cette omission. Cass. 25 janvier 1815 (Dict. Not., *loc. cit.*, n° 1067).

904. Comme preuve du décès arrivé plus de cinq ans (dix ans) avant la contrainte décernée pour le payement des droits de mutation, on ne peut avoir égard à un extrait délivré par le curé de la paroisse, et produit pour la première fois devant la Cour de cassation, lorsqu'il ne paraît pas que cet extrait ait été tiré d'un registre tenu dans les formes légales, et attendu d'ailleurs qu'il est émané d'un fonctionnaire sans qualité. Cass. 3 novembre 1813 (*ibid*, n° 1068).

905. Une succession a été déclarée par le légataire de l'usufruit, mais ne l'a pas été par le nu-propriétaire. C'est la prescription de cinq ans (dix ans), pour défaut de déclaration, et non celle de trois ans (cinq ans,) pour omission dans la déclaration de l'usufruitier, qui est applicable au nu-propriétaire en retard. Trib. Narbonne, 31 août 1846 (*ibid.*, n° 1069).

906. Lorsque le légataire universel n'a point compris dans la déclaration de la succession une créance léguée à un tiers à titre particulier, le légataire particulier, débiteur principal des droits de mutation sur cette créance, ne peut opposer à la demande de ces droits la prescription de trois ans (cinq ans), à compter de la déclaration faite par le légataire universel. C'est la prescription de cinq ans (dix ans) qui est applicable. Trib. Saint-Étienne, 12 novembre 1851 (Art. 14592 J. N.; Jurisp. Not., art. 9479).

907. Lorsque, dans un partage d'ascendants, les donateurs ont réservé au profit du survivant l'usufruit des biens donnés, la prescription pour l'exigibilité du droit de mutation sur cet usufruit, après le décès du prémourant des donateurs, est de cinq ans (dix ans), et non de deux ans. Trib. Châlon-sur-Saône, 7 novembre 1848 (Dict. Not., *loc. cit.*, n° 1071. Art. 13692 J. N.).

908. Point de départ de la prescription. — La prescription pour la demande des droits de succession commence à courir du jour du décès, et non de celui de l'expiration du délai accordé pour faire la déclaration. Cass. 26 frim. an 8 et 23 floréal an 9 (*ibid.*, n° 1073).

909. Les droits de mutation par décès dus pour une succession non déclarée dans le délai se prescrivent par cinq ans (dix ans), à compter du jour du décès. On ne peut opposer à la demande de ces droits la prescription de deux ans à partir de l'enregistrement d'un acte de partage qui aurait donné connaissance au préposé de la Régie de l'ouverture de la succession. Cass. 29 mai 1832 et 7 mai 1833 (Art. 7781 et 8120 J. N.); Inst. Rég. 30 septembre 1832, n° 1410, § 9; 30 sept. 1833, n° 1437, § 14 (Dict. Not., *lac. cit.*, n° 1074).

910. Lorsqu'un individu est décédé hors du lieu de son domicile, dans un hôpital de la marine, et que les registres de cet hôpital ont été déposés à la mairie de la ville où il est établi, la prescription de cinq ans (dix ans), pour la demande des droits de mutation par décès, commence à courir à compter du jour du décès, et non pas seulement à partir du jour où ce décès a été inscrit sur les registres de l'état civil du domicile du défunt. Cass. 21 février 1809 (*ibid.*, n° 1075).

911. La prescription de cinq ans établie par l'art. 61 de la loi du 22 frimaire an 7 court, pour la demande des droits de succession d'individus décédés à l'étranger, et dont le décès n'a point été inscrit sur le registre de l'état civil, à partir du jour où les préposés de la Régie ont été à même de connaître le décès par des actes présentés à l'enregistrement. Cass. 8 mai 1809, 8 mars 1826 et 7 mai 1833; Trib. Senlis, 30 mars 1836; Délib. Rég. 24 novembre 1829 et 6 septembre 1836; Instr.

Rég. 30 septembre 1833, n° 1437, § 11 (Art. 7090, 8120 et 9584 J. N.).

912. La prescription de cinq ans (dix ans) peut être opposée à la demande des droits de mutation par décès pour des biens situés en France et dépendant de la succession d'un individu décédé dans une colonie française, et dont le décès a été inscrit sur les registres de l'état civil de la colonie, lorsque surtout ces registres sont restés pendant plus de cinq ans au dépôt du ministère de la marine en France. Cass. 9 juin 1817 (Dict. Not., *loc. cit.*, n° 1078).

913. La prescription court contre la Régie à l'égard des droits de mutation dus pour la succession d'un individu décédé dans une colonie française, soit à partir du jour du décès inscrit sur les registres de l'état civil de la colonie, soit à compter de l'époque où les communications ont été rétablies entre les colonies et la métropole, si elles se trouvaient interrompues par la guerre au moment du décès. Cass. 21 novembre 1822 (*ibid.*, n° 1079).

914. Lorsque le lieu où le décès est arrivé dépendant à cette époque du territoire français a été séparé depuis, la prescription de cinq ans court du décès si, avant la séparation du territoire, les préposés de la Régie ont été à portée de connaître le décès, ou même s'ils ont pu avoir cette connaissance postérieurement, au moyen des documents provenant du ministère de la guerre. Déc. min. fin. 21 juillet 1820 (Art. 5579 J. N.).

915. Lorsqu'il n'a été fait par les héritiers du nu-propriétaire d'immeubles aucune déclaration, ni par la Régie aucune poursuite, dans les cinq ans qui ont suivi le décès, toute action en payement des droits de mutation, même sur la valeur de l'usufruit, est prescrite quoiqu'il se soit écoulé moins de cinq ans depuis la réunion de l'usufruit à la nue propriété, opérée par le décès de l'usufruitier. Cass. 31 juillet 1815 (Art. 1626 et 4042 J. N.).

916. Lorsqu'un usufruit a été légué à deux personnes pour en jouir successivement, la prescription pour la demande du droit de mutation par décès, au second usufruitier, ne court qu'à compter du décès du premier usufruitier. Cass. 30 décembre 1834 ; Instr. Rég. 21 avril 1835, n° 1481, § 9 (Art. 11125 J. N.).

917. Lorsqu'un testament mystique ouvert plus de cinq ans après le décès du testateur fait connaître un legs d'usufruit qui grève les immeubles de la succession, le délai de cinq ans (dix ans), pour la prescription des droits de mutation dus pour ce legs, ne court qu'à compter de l'ouverture du testament, quand même aucune déclaration n'aurait été faite pour la mutation de la propriété de ces immeubles. Cass. 26 juillet 1825; Déc. min. fin. 10 juin 1826; Inst. Rég. 30 septembre 1826, n° 1200, § 14 (Art. 5838 J. N.).

918. Biens rentrés dans l'hérédité. — La prescription, pour la demande des droits de mutation, à raison de biens échus à des héritiers, par l'effet de l'annulation d'une vente consentie par leur auteur, ne court contre la Régie qu'à compter de l'arrêt ou du jugement qui les envoie en possession, lorsqu'une déclaration a été faite précédemment par ces héritiers pour les autres biens de la succession. Il ne s'agit point, en effet, d'une succession *non déclarée;* l'arrêt ou le jugement qui a fait rentrer dans la succession des biens qui ne s'y trouvaient pas à l'époque du décès, a donné ouverture à un nouveau droit de mutation, dont la prescription, suivant les règles du droit commun, n'a pu courir qu'à partir de l'époque à laquelle il a été ouvert. Cass. 30 mars 1813, 24 août 1841 ; Délib. Rég. 19 janvier 1830 (Art. 7133, 11170 J. N.).

919. Mais la prescription de cinq ans (dix ans) court du jour du décès pour les biens recouvrés depuis le décès par suite de la nullité d'un acte, d'une clause résolutoire ou autrement, lorsqu'aucune déclaration n'a été faite par les héritiers à l'époque du décès. Cass. 8 germinal an 11, 20 frimaire an 14, 29 octobre 1806, 3 septembre 1810, 8 mars 1826, 20 août 1827 ; Inst. Rég. 16 juin 1826, n° 1189, § 5 ; 15 décembre 1827, n° 1229, § 3 (Art. 5689, 6305, 6400 J. N.).

920. Lorsqu'une renonciation à communauté entre époux fait rentrer dans la succession du mari l'intégralité des biens qui dépendent de la communauté, la prescription pour la demande des droits de mutation ne court que de la date de la renonciation. Trib. Seine, 16 janvier 1822 et 7 décembre 1818 (Art. 13587 J. N.).

921. Lorsque des biens recueillis d'abord par des héritiers en ligne directe, et déclarés par eux, passent ensuite, par l'événement d'une transaction sur procès, à des héritiers collatéraux, la prescription pour la demande des droits de mutation dus par ces derniers court, non du jour du décès, mais du jour de l'acte qui les a mis en possession des biens de l'hérédité. Cass. 5 septembre 1829 (Dict. Not., *loc. cit.*, n° 1087).

922. La prescription pour les demandes des droits de mutation pour un objet rentré dans l'hérédité par suite du refus du gouvernement d'autoriser l'établissement public à qui cet objet avait été légué, d'accepter le legs, ne court que de la date du décret qui a refusé l'autorisation. Trib. Gap, 28 novembre 1849 (Dict. Not., *loc. cit.*, n° 1088).

923. Lorsque, à raison de l'état de minorité du testateur à l'époque de son décès, la moitié des biens de la succession qui avait été léguée en totalité à la veuve du défunt, a été attribuée, en vertu de l'art. 904 C. N., par un jugement, aux héritiers collatéraux, le délai de prescription pour la demande des droits de mutation dus par ces derniers est de cinq ans (dix ans) à compter du jugement qui a réduit le legs, et non de deux ans à partir de la déclaration faite par la veuve conformément au testament. Cass. 19 juillet 1815 (Art. 1753 J. N.).

924. Succession appréhendée par l'Etat. — Lorsqu'une succession a été appréhendée par l'Etat, à titre de successeur irrégulier, et a été ensuite restituée aux héritiers, la prescription de cinq ans (dix ans) ne court que du jour de leur mise en possession. Déc. min. fin. 8 frimaire an 9 (Dict. Not., *loc. cit.*, n₀ 1090).

925. Successions des absents. — Le délai de prescription pour la demande des droits de la succession d'un absent est de cinq ans (dix ans). Il court, soit à partir de la date du jugement d'envoi en possession des héritiers ou légataires, soit du jour des actes qui établissent la prise de possession de fait par les héritiers. Cass. 22 brum. an 14, 29 avril 1818, 5 novembre 1821 et 12 mai 1834; Trib. Mauriac, 15 novembre 1855 (Art. 4061, 8560 et 15730 J. N.).

926. Successions de militaires. — La jurisprudence n'est point encore positivement fixée sur la question de savoir à partir de quelle époque commence à courir la prescription des droits de mutation dus pour la succession d'un militaire décédé en activité de service hors de son département.

D'après un arrêt de la Cour de cassation du 20 avril 1807,

la prescription ne court contre la Régie qu'à partir du jour où elle a eu connaissance du décès par un acte présenté à l'enregistrement (Dict. Not., *loc. cit.*, n° 1095).

927. L'enregistrement, soit d'un inventaire contenant l'énonciation du décès d'un militaire décédé en activité de service hors de France, et de la justification de ce décès par un certificat du ministre de la guerre, soit d'un exploit de demande en partage de sa succession, fait courir la prescription contre la Régie, pour la demande des droits de mutation ouverts par le décès. Cass. 5 novembre 1821 (Art. 4060 J. N.).

928. Cependant il a été jugé en dernier lieu que, lorsqu'un militaire est décédé en activité de service dans un département autre que celui de son domicile, le délai de cinq ans (aujourd'hui dix ans), pour la prescription des droits de mutation, court du jour du décès inscrit sur les registres de l'état civil où il a eu lieu, et non du jour de la mise en possession des héritiers. Cass. 2 juillet 1851 (Art. 14422 J. N.).

929. La prescription est légalement acquise contre la demande des droits de la succession d'un militaire décédé en activité de service hors de son département, lorsque la Régie elle-même produit un certificat du ministère de la guerre qui constate que le décès remonte à plus de cinq ans. Cass. 6 mai 1822 (Dict. Not., *loc. cit.*, n° 1099).

930. Prescription de trente ans. — En ce qui concerne les inscriptions de rentes sur l'Etat, la demande des droits de mutation par décès, et des peines encourues en cas de retard ou d'omission de ces valeurs dans la déclaration des héritiers, légataires ou donataires, la prescription est de *trente ans*. L. 8 juillet 1852, art. 26. (Dict. Not., v° *Inscription sur le grand-livre de la dette publique*, n° 89, 4ᵉ édit.).

931. Interruption de la prescription. — Les prescriptions ci-dessus sont suspendues par des demandes signifiées et enregistrées avant l'expiration des délais ; mais elles sont acquises irrévocablement si les poursuites commencées sont interrompues pendant une année, sans qu'il y ait d'instance devant les juges compétents, quand même le premier délai pour la prescription ne serait pas expiré. L. 22 frim. an 7, art. 61 (Dict. Not., v° *Enregistrement*, n°ˢ 346 et suiv., 409 et suiv.).

§ XII. Formules d'états pour la déclaration de succession et d'une procuration pour se faire représenter.

1° ÉTAT ESTIMATIF D'OBJETS MOBILIERS.

932. État descriptif et estimatif des meubles meublants et objets mobiliers dépendant de la communauté qui a existé entre M. Eugène Darcourt et dame Eugénie Bernard, son épouse, décédée à..., le..., dressé par M. Darcourt, demeurant à..., tant à cause de ladite communauté de biens que de la donation en usufruit pour moitié des biens de ladite dame, contenue dans leur contrat de mariage passé devant Mᵉ...., notaire à..., le..,, et par MM. Louis Bernard et Gabriel Bernard, frères germains de cette dame, dont ils sont héritiers chacun pour moitié.

Meubles meublants.

1° Une garniture de cheminée composée d'une pelle, pincettes, soufflet, chenets, foyer, estimée ensemble la somme de. 15

2° Un lit en acajou. 65

3° 17

Bijoux. — Une broche en or avec camée, une montre et une chaîne d'or, etc. 210

Argenterie. — Douze couverts d'argent, pesant ensemble. . . kilog. . . grammes. 630

Garde-Robe. — Deux châles carrés, un mantelet de soie, . . . robes, etc. 1,860

Bibliothèque. — Un corps de bibliothèque en acajou, renfermant. . . . volumes, dont les œuvres de . . ., reliés et brochés. 1,300

Total de l'estimation. . . . 4,097

Le présent état certifié sincère et véritable par les soussignés, à..., le... 1865.

2° ÉTAT DES VALEURS MOBILIÈRES ET DES IMMEUBLES.

933. État des biens meubles et immeubles dépendant de

la communauté entre M. Eugène Darcourt et de défunte dame Eugénie Bernard, son épouse, et de la succession de cette dernière, décédée à..., le...

§ Ier. *Biens meubles.*

1° Montant de l'estimation du mobilier. 4,097

2° Rente sur l'État 4 1/2 p. 100, inscrite au nom de..., n°..., série..., de la somme de 1,800 fr., estimée au cours de 90 fr. au jour du décès de madame Darcourt. 36,000

3° Loyers courus jusqu'au..., jour du décès de madame Darcourt. 1,643

4° Fermages courus jusqu'à la même époque, d'une propriété située à..., appartenant en propre à M. Darcourt. 960

5° Dix actions du chemin de fer d'Orléans, estimées à raison de 1,180 fr., cours de ces valeurs au jour du décès de madame Darcourt. 11,800

6° Onze actions de mines..., estimées deux cents francs, valeur au jour du décès, étant observé que ces actions ne sont pas cotés à la Bourse. . . . 2,200

Total de l'actif mobilier. . 56,700

PRÉLÈVEMENTS A EXERCER.

Reprises de Mme Darcourt.

Les reprises de Mme Darcourt s'élèvent à la somme de 9,300 fr., composée :

1° De la somme de 8,000 fr., montant de ses apports mobiliers, suivant son contrat de mariage passé devant M^e. 8,000

2° Du prix de deux actions de la banque de France, qu'elle avait recueillies dans la succession de M..., son oncle. 4,300

Ensemble. 12,300

A reporter . . . 12,300   56,700

Report.... 12,300   56,700

A déduire la somme de 3,000 fr., montant de la mise en communauté dans le contrat ci-dessus énoncé.   3,000

Reste net à reprendre. . . .   9,300

Reprises de M. Darcourt.

1° Son apport en mariage, tant en objets mobiliers qu'en deniers comptants   4,600

2° La somme de 8,000 fr. qui lui a été léguée par M. Antoine Darcourt, son oncle, suivant testament, etc., et qu'il a touchée, suivant quittance devant Me..., etc.   8,000

Total.   12,600

A déduire sa mise en communauté.   3,000

Reste net à reprendre.   9,600   9,600

Total à déduire sur l'actif de la communauté.   18,900   18,900

Reste net à l'actif de la communauté.   37,800

§ II. *Biens immeubles propres à Mme Darcourt.*

1° Une maison située à..., appartenant à Mme. Darcourt et qui était habitée par elle et son mari, revenu annuel de 840 fr., estimée à vingt fois le produit.   16,800

2° Un bois de contenance de... hectares situé dans la commune de..., dont les produits étaient vendus annuellement à diverses personnes, par conventions verbales, pour la somme de 970 fr., en moyenne, estimé   19,400

3° Une ferme située à..., de la contenance de...

A reporter.   36,200

| | *Report.* . . . | 36,200 |

hectares, louée à..., par bail passé devant M^e...
notaire à..., le..., moyennant 3,600 fr.   3,600
  Plus les impôts à la charge du fermier..   800

| | | 4,400 |

estimés sur le pied du denier vingt.   88,000

| | Total des immeubles. . . . | 124,200 |

4° Une maison située à..., louée 5,200 fr., par
bail, etc.   5,200
  Plus les impôts à la charge du locataire.   900

| | Total....,.. | 6,100 |

estimée sur le pied du denier vingt.   122,000

| | Total des immeubles. . . . | 246,200 |

A quoi ajoutant 1° le montant de la moitié du mobilier (défalcation faite des reprises). 18.900
  2° Et les reprises de Mme D'arcourt.   9,300

| | Il y a lieu de payer les droits sur. . . . . | 274,400 |

OBSERVATIONS.

Il est observé ici qu'il a été acquis divers immeubles pendant la communauté, mais qu'ils ont tous été revendus et que
les prix en étaient entièrement soldés au décès de Mme Darcourt, en principal et intérêts.

En conséquence, MM. Léon Bernard et Gabriel Bernard
doivent payer, en qualité de seuls héritiers de Mme Darcourt,
leur sœur, le droit à raison de 6 fr. 50 c. par 100 fr.
sur   274,400

M. Darcourt comme donataire en usufruit de son   1/4
épouse doit payer, sur le quart de cette somme,
à raison de 3 fr. par 100 sur..   68,600

POUVOIR POUR FAIRE UNE DÉCLARATION.

934. Je soussigné, tant en mon nom personnel qu'au nom

de M. Gustave Labitte, docteur en médecine, mon frère, demeurant à... et de Mme Amélie Labitte, ma sœur, épouse de M..., demeurant à...

Donne pouvoir à M..., de, pour nous et en notre nom, se présenter dans tous bureaux d'enregistrement pour faire les déclarations nécessaires pour l'acquit des droits de la succession de M. Antoine Labitte, notre père, décédé à..., le...., dont nous sommes héritiers chacun pour un tiers.

Produire tous états, ainsi que tous actes nécessaires pour l'établissement des droits à payer, les certifier véritables, signer tous actes, registres et émargements, retirer toutes quittances et certificats constatant l'acquit des droits de mutation, et généralement faire ce qui sera nécessaire, promettant l'avouer.

Fait à... le... mil huit cent soixante...

Bon pour pouvoir. (*Signature.*)

TABLE SOMMAIRE.

TABLE CHRONOLOGIQUE.

1703.

Déc. ».Edit sur les success., p. 3.

1704.

Juill. 19.Déclaration du roi, p. 4.

1716.

Mars 1er. Ordonnance, p. 165

1790.

Déc. 5. Loi, p.4.

1791.

Mai 13. Loi, p.165.

1793.

Juill. 19. Loi, p.169.
Juill. 24. Loi, p 140.

AN VI.

Vend. 19. Circul. Rég., p. 35.

AN VII.

Prair. 1er. Arrêté, p. 110.
Mess. 12. Circ. Rég., p. 135.

AN VIII.

Germ. 2. Solut. Rég., p. 56.
Flor. 13. Cass., p. 49.

AN IX.

Germ. 11. Cass., p. 129.
Ther. 28. Délib. Rég., p. 195.

AN X.

Prair. 5. Déc. miu., p. 133.

AN XI.

Vent. 5. Cass., p. 117.
Frim. 20. Cass., p. 170.
Germ. 7. Cass., p. 231.
Germ. 29. Cass., p. 247.

AN XII.

Niv. 12. Cass., p. 10.
Niv. 25. Déc. min. fin., p. 255.
Vent. 5. Inst. Rég., p. 247.
Germ. 19. Cass., p. 231.
Mess. 7. Déc. min. fin., 8600 J. N.,
p. 205.
Mess. 26. Inst. Rég., p. 253.

AN. XIII.

Vend. 9. Cass., p. 234.
Niv. 3. Cass., p. 10.
Pluv. 15. Loi.
Flor. 17. Déc. min. fin., p 25
Mess. 28. Cass.,
Therm.19. Cass., p. 10.
Fruct. 3. Inst. Rég., p. 10.

1806.

Avril 6. Rouen, p. 145.
Avril 21. Cass., p. 247.
Avril 22. Déc. min. fin., p. 53.
Avril 28. Cass., p. 247.
Mai 7. Cass., 16065 J.N., p.162
Mai 21. Cass., p. 252.
Juill. 8. Déc. min. fin., p. 212.
Juill. 15. Cass., p. 10.
Juill. 15. Déc. min. fin., p. 56.
Aout 12. Déc. min. fin., p 157.
Aout 19. Cass., p. 88.
Oct. 21. Déc. min. fin., p. 255.
Déc. 2. Cass., p. 36.

1807.

Févr. 18. Cass., p. 231.

Mars   4. Cass., p. 88.
Avril   4. Cass., p. 47.
Avril   15. Cass , p. 255.
Avril   20. Cass., p. 255.
Avril   27. Cass. 1448 J.N., p. 25.
Avril   29. Cass., p. 257.
Mai   11. Cass., p. 255.
Mai   26. Cass., p. 88.
Juin   27. Cass., p 118.
Août   4. Cass., p 240.
Août   7. Cass., p. 60.
Août   20. Cass , p. 256.
Déc.   8. Déc. min. fin , p. 186.
Déc.   29. Déc. min. fin ,5690 J.N.,
            p. 184.

1808.

Févr.   22. Inst. Rég., p. 184.
Avril   5. Cass., 457 J.N.. p. 231.
Avril   12. Cass., p. 215.
Avril   20. Inst. Rég., p. 17.
Avril   26. Décret.
Avril   26. Cass., 171 J. N., p. 86.
Mai   7. Déc. min. fin., p. 171.
Juin   7. Déc. min. fin., p. 171.
Juin   7. Inst. Rég., p. 29.
Juin   22. Cass., p. 25.
Juin   29. Inst. Rég., 4349 J. N.,
            p. 252.
Sept.   2. Cass., p. 215.
Sept.   10. Avis Cons. d'Etat, p. 215.
Oct.   5. Cass., p. 122.
Oct.   11. Déc. min. fin.
Oct.   22. Avis Cons. d'Etat, p. 135.

1809.

Janv.   30. Cass., p. 53.
Fevr.   13. Cass., p. 231.
Févr.   21. Cass , p. 293.
Mars   9. Cass., p. 30.
Avril   18. Cass., 3695 J.N., p. 28.
Mai   16. Déc. min. fin., p. 135.
Juin   14. Cass., p. 231.
Juin   13. Déc. min. fin., p. 119.
Juin   27. Cass., p. 118.
Juin   29. Délib.Rég.,3695J.N., p 28
Juin   29. Cass., p. 48.
Juill.   4. Inst. Rég., p. 149.
Juill.   26. Inst. Rég., p. 15.

1810.

Févr.   5. Décret., p. 170.

Juin   3. Cass., p. 236.
Sept.   3. Cass., p. 292.
Sept.   4. Déc. min fin., p. 64.
Sept.   5. Solut. Rég., p. 64.
Sept.   21. Inst. Rég. p. 116.
Oct.   9. Déc. min. fin., 1153 J N.
            p. 49.
Oct.   29. Inst. Rég., p. 256.
Nov.   26. Cass., p. 153.

1811.

Janv.   16. Cass., p. 47.
Janv.   16. Cass., 3828 J.N., p. 21.
Févr.   14. Cass., p. 21.
Févr.   19. Déc. min. fin., p. 186.
Mars   27. Cass., p. 36.
Avril   4. Paris, 1570 J. N., p. 253.
Mai   5. Solut. Rég., p. 63.
Mai   15. Inst. Rég., p. 116.
Juill.   11. Déc. min. fin., 6994 J.N.,
            p. 116.
Aout   2. Cass.
Aout   22. Délib. Rég., p. 277.
Sept.   11. Cass., p. 227.
Nov.   23. Cass.
Déc.   18. Cass., p. 227.

1812.

Janv.   21. Cass., p. 240.
Févr.   4. Cass., p. 47.
Févr.   9. Déc. min. fin., p. 235
Mars   13. Cass., p. 231.
Mars   23. Cass., p. 231.
Juin   18. Solut. Rég., 1037 J.N.,
            p. 153.
Juill.   15. Cass., p. 264.
Sept.   11. Cass., 1626 J. N., p. 48.
Sept.   22. Déc. min. fin., 1014 J. N.,
            p. 189.
Nov.   16. Déc. min. fin.,983J.N.p.31.
Déc.   18. Cass.
Déc.   21. Cass., p. 149.
Déc.   22. Décret.

1813.

Févr.   9. Déc. min. fin., p. 253.
Mars   30. Cass. p. 53.
Mai   9. Cass., p. 253.
Mai   4. Déc. min. fin., 2623 J.N,
            p. 159.
Juin   8. Déc. min. fin., p. 146.

Juin   9. Cass., 1570 J.N.,p. 253.
Juin   16. Cass., p, 144.
Juill. 1er. Solut. Rég., p. 53.
Nov.   2. Cass., p. 26.
Nov.   3. Cass., p. 292.
Déc.   21. Cass., 5223 J.N., p. 61.

1814.

Mars   14. Cass., p. 53.
Juill. 16. Cass., 2695 J.N., p. 25.
Juill. 27. Solut. Rég., 1401 J.N.,
Juill. 26. Cass., 1448 J.N., p. 25.
Août   18. Cass., p. 52.
Août   18. Déc. min. fin., p. 52.
Août   26. Délib. Rég., 15447 J.N.,
             p. 200.
Sept.   6. Délib. Rég., 15017 J.N.,
             p. 236.
Sept.   16. Délib. Rég.
Oct.   11. Cass., 1645 J.N.
Oct.   17. Délib. Rég., p. 278.
Oct.   21. Délib. Rég., p. 49.
Oct.   24. Cass., 1198 J.N., p. 253.
Nov.   13. Cass., 14691 J.N.,p. 284.
Déc.   13. Cass., 1482 J.N., p. 53.

1815.

Janv.   25. Cass., p. 294.
Avril   11. Cass., p. 121.
Juin   6. Cass., 1697 J.N.,p. 248.
Juill.   5. Cass., p. 173.
Juill. 19. Cass., 1753 J.N., p. 296.
Juill. 31. Cass., 4042 J.N., p. 294.
Nov.   4. Bruxelles, p. 249.

1816.

Avril   6. Agen., p. 251.
Avril   28. Loi, p. 206.
Mai   6. Cass, p. 256.
Mai   15. Loi, 5771 J.N.
Juin   9. Cass.
Août   20. Cass., p. 53.
Août   27. Dec. min. fin., p. 116.
Oct.   4. Instr. Rég., p. 146.

1817.

Mars   19. Florac, 2396 J.N., p. 28.
Sept.   24. Dél. Rég., 2396 J.N., p. 28.
Sept.   26. Déc. min. fin., p. 21.

1818.

Avril   14. Déc. min fin., p. 27.
Mai   20. Dél. Rég., 2565 J.N.,p. 21.
Mai   20. Dél. Rég., 2623 J.N.,p. 159.

1819.

Fév.   2. Cass., 6731 J.N., p. 123.
Fév.   26. Vendôme.
Avril   14. Loi, p. 66.
Juill. 27. Toulouse, p. 86.
Juill. 27. Cass., 4447 J.N., p. 62.
Sept.   24. Déc. min. fin.
Nov.   9. Cass., 2565 J.N., p. 21.

1820.

Fév.   18. Cass., 6849 J.N., p. 190.
Fév.   23. Délib. Rég., p. 147.
Mai   2. Cass., p. 130.
Juin   28. Cass., p. 58.
Juill.   5. Cass., p. 135.
Juill. 21. Déc. min. fin., 5579 J.N.
Oct.   17. Cass.
Déc.   6. Déc. min. fin., p. 95.
Déc.   9. Délib. Rég., p. 129.
Déc.   20. Déc. min. fin.

1821.

Fév.   7. Cass., p. 231.
Fév.   21. Délib. Rég., p. 28.
Mars   10. Rennes, p. 143.
Avril   30. Cass., 3848 J.N., p. 26.
Juill. 18. Cass. p. 234.
Août   26. Déc. min. fin., 4033 J.N.,
             p. 201.
Août   27. Paris, 3944 J.N., p. 29.
Oct.   17. Délib. Rég., 3964 J.N.,
Nov.   5. Cass., 4060 J.N., p. 294.
Déc.   4. Cass., p. 295.
Déc.   5. Déc. min. fin., p. 277.

1822.

Janv.   16. Seine, 1991 J.N., p. 295.
Fév.   15. Cass., 7666 J.N., p. 93.
Mai   6. Cass, 4097 J.N., p. 93.
Mai   27. Déc. min. fin., 6991 J.N,
             p. 117.

Mars   6 Cass., p. 92.
Mars   18.Bourges, 4391 J. N., p. 417.
Juin   22.Cass., p. 297.
Oct.   3.Déc. min. fin., 4273 J. N.,
Nov.   24.Cass.
Déc.   2.Cass., 4325 J. N., p. 10.
Déc.   2.Cass., p. 205.
Déc.   19.Cass., 7181 J. N., p. 129.
Déc.   28.Délib. Rég., 7975 J. N., p. 277.

1823.

Fév.   26.Cass., 4349 J. N., p. 52.
Mars   17.Cass., p. 253.
Avril   2.Cass., 4449 J. N., p. 21.
Avril   16.Délib. Rég., p. 281.
Mai   22.Cass., 5332 J. N., p. 167.
Juin   6.Déc. min. fin., p. 21.
Juin   16.Cass., 4447 J. N., p. 134.
Juill.   2.Cass., 4468 J. N., p. 25.
Juill.   16.Cass., 4900 J. N., p. 62.
Juill.   30.Cass., 4503, p. 92.
Oct.   3.Déc. min. fin., p. 95.
Nov.   9.Déc. min. fin., 4244 J. N., p. 173.
Nov.   10.Cass., 4481 J. N., p. 63.
Déc.   31.Cass., 5034 J. N., p. 240.

1824.

Janv.   8.Inst. gén., p. 88.
Janv.   17.Caen, p. 250.
Janv.   19.Cass., 8364 J. N., p. 86.
Mai.   11.Cass., 4707 p. 274.
Mai.   19.Sol. Rég., p. 186.
Juin   16.Cass., p. 245.
Juin   26.Délib. Rég., 4838 J. N., p. 490.
Juill.   19.Déc. min. fin., 4919 J. N., p. 46.
Sept.   8.Inst. Rég., p. 186.

1825

Janv.   1er.Cass., 5389 J. N.
Janv.   18.Cass., 9145 J. N., p. 240.
Fév.   17.Dél. Rég., p. 281.
Mars   4.Dél.Rég.,5648 J. N, p. 170.
Mars   23.Dél.Rég.,7386 J.N.,p.110.
Avril   30.Dél.Rég.,5236 J.N.,p.284.
Mai   4.Dél.Rég.,5448 J.N.,p.283.
Juin   29.Inst.Rég.,5223J.N.,p.136.

Juill.   9.Délib.Rég., p. 239.
Juill.   26 Cass. p. 295.
Nov.   18.Cass.,p. 118.
Déc.   17 Déc. min. fin., p. 185.
Déc.   20 Seine, p. 133.
Déc.   23.Délib.Rég.,5566J.N.,p.124.

1826.

Janv.   18.Cass., 5689 J. N.
Mars   8.Cass., 5689 J.N., p. 190.
Mars   31.Inst.Rég.,5619 J.N.,p.29.
Avril   26.Cass., 9245 J. N., p. 190.
Avril   30.Loi, p. 159.
Mai   8.Cass., p. 27.
Mai   9.Cass., 5771, p. 268.
Juin   10.Déc.min.fin.,5639J.N.p.295
Juin   14.Avis Cons. d'Et.,6073 J.N., p. 96.
Juin   16.Inst. Rég., 5689 J.N., p. 9.
Juill.   5.Délib. Rég , p. 243.
Juill.   7 Délib. Rég., p. 158.
Juill.   8.Cass., 5679 J. N., p. 85.
Août   9.Délib. Rég., p. 283.
Août   16.Seine, p. 241.
Août   18.Cass., 12830 J. N.,p. 295.
Sept.   1er.Délib. Rég., p. 158.

1827

Fév.   6.Délib.Rég.,7084J.,N.p.205.
Fév.   20.Délib. Rég., p. 175.
Mai   17.Cass., 6148 J. N., p. 118.
Août   3.Epernay, 6554 J. N., p.195.
Oct.   26.Délib.Rég.,6434J.N.,p.195.
Déc.   15.Inst.Rég.,6404J.N.,p.134.

1828

Févr.   12.Cass., 6587 J. N., p. 123.
Févr.   19 Cass., 7386 J. N., p. 182.
Mars   7.Délib.Rég.,6540J.N.,p.64.
Avril   1er.Solut. Rég., p. 231.
Avril   18.Délib.Rég.,6524 J.N.
Mai   13.Cass., p. 86.
Juin   6.Délib. Rég., p. 283.
Juin   20.Délib., Rég., p. 130.
Juill.   1er.Montpellier, p. 251.
Juill.   4.Montpellier, p. 251.
Août   5.Altkirch. p. 134.
Août   23.Amiens, 13678 J. N., p. 95.
Août   28.Déc. min. fin., p. 159.
Sept.   23.Délib.Rég.,6665J.N.,p.170

Oct.   3.Déc. min. fin., p. 95.
Déc.   24.Cass., p. 251.
Déc.   31.Inst. Rég., 6756 J.N.

1829.

Janv.   27.Délib. Rég., p. 47.
Févr   3.Cass., 6882 J. N., p. 17.
Févr. 17.Cass., 6846 J. N., p. 29.
Févr. 18.Cass., 6849 J. N., p. 192.
Mars   3.Cass., 6833 J. N., p. 185.
Mars   10.Cass., 7132 J. N., p. 47.
Mars   10.Cass., p. 16.
Mars   11.Déc. min. fin., 7883 J. N.,
             p. 134.
Mars   13.Délib.Rég.,7232 J.N.
Mars   24.Inss. Rég. 6830 J. N., p.95.
Mars   27.Délib. Rég., p. 20.
Mars   29.Inst. Rég., p. 231.
Avril   1er.Cass., 6873 J. N., p. 190.
Juin   14.Nancy, p. 232.
Juin   28.Inst.Rég.,7493 J.N., p.134.
Juill. 17.Lyon, p. 254.
Août   18.Cass., p. 18.
Août   19.Cass., p. 86.
Août   20.Meaux, p. 247.
Sept.   1er Délib Rég.,6994 J.N., p.117.
Sept.   5.Cass., p. 296.
Sept.   11 Délib. Rég., p. 186.
Sept.   26.Inst.Rég.,6990 J. N., p. 29.
Sept.   26.Inst.Rég.,7001 J.N., p.185.
Oct.   21 Déc,min.fin.,6997J.N.,p.47
Oct.   13.Délib. Rég., p. 49.
Nov.   23.Délib.Rég.,7037 J.N.,p.134
Nov.   25.Cass., 7077 J. N., p. 224.
Déc.   15.Délib.Rég.,7041 J.N.,p.30.
Déc.   20.Cass., p. 204.
Déc.   29.Inst.Rég.,6994J.N.,p.117.
Déc.   31.Inst.Rég.,6756J.N.,p.170.

1830

Janv.   8.Délib.Rég.,7159J.N.,p.246.
Janv.   15.Délib.Rég.,9717J.N.,p.191.
Janv.   19.Délib. Rég., 11170 J. N.,
             p. 265.
Févr.   1er.Cass., 7080 J. N., p. 175.
Mars   26.Délib.Rég.,7201J.N.,p.191.
Mars   27 Inst.Rég.,7126 J.N., p.185.
Mars   27.Inst.Rég.,7132J.N., p.185.
Juin   5.Inst. Rég., p. 18.
Juin   22.Délib.Rég.,7250J.N.,p.168
Août   10.Cass., 7282 J. N., p. 81.

Nov.   16.Délib.Rég.,7304 J.N.,p.70.
Déc.   24.Délib.Rég.,7327 J.N., p.16.

1831

Janv.   7.Délib.Rég.,7354J.N.,p.205
Févr.   15.Cass., 7660 J. N.
Févr.   26.Saint-Amaud, p. 13.
Avril   18.Loi, 7442 J. N., p. 146.
Août   2.Délib. Rég., J. N., p. 138.
Août   24.Déc. min. fin., p. 200.
Sept.   23.Délib. Rég., p. 56.
Oct.   11.Délib.Rég.,7671 J.N.,p.52.
Oct.   21.Délib. Rég. p. 111.
Déc.   26.Cass., 7622 J. N., p. 94.
Déc.   27.Inst.Rég.,3627 J.N.,p.159.
Déc.   28.Seine, p. 60.

1832.

Janv.   15.Délib.Rég.,7708J.N.,p.71.
Févr.   15.Cass., 7660 J. N., p. 93.
Févr.   24.Délib. Rég.,7820J.N.
Mars.   2.Délib.Rég.,0000J.N.,p.13.
Mars.   8 Neufchâteau, p. 252.
Avril   24 Délib.Rég.,7820J.N.,p.278.
Mai   14.Laval, 7975 J,N., p. 173.
Mai   22 Inst. Rég. p. 34.
Mai   29.Cass., 7784 J. N., p. 293.
Juill. 16.Délib.Rég. p.283.
Juill. 25.Le Havre, p. 000.
Juill. 31.Cass., 7805 J. N., p. 71.
Août   13.Déc. min. fin., 7803 J. N.,
             p. 167.
Août   30.Cons. d'Etat ordonnance,
             p. 141.
Sept.   25.Saint-Quentin, p. 173.
Déc.   4.Cass., J. N., p. 110.
Déc.   28 Délib. Rég., 7975 J. N.,
             p. 173.

1833.

Fév.   20.Cons. d'Etat, ordonnance,
             p. 141.
Mars   23.Inst. Rég., p. 240.
Avril   24 Cass., 8086 J. N., p. 175.
Mai   7.Cass., 8120 J. N., p. 293.
Mai   11 Bordeaux, p. 254.
Mai   23.Cass.
Juill. 22.Autun, p. 267.
Juill. 22 Avallon, p. 00.
Juill. 23 Sol.Rég.8199 J.N.,p.173.

Juill. 26.Confolens, 8416 J. N., p. 50.
Juill. 30.Saumur, p. 230.
Août 14.Cass., p. 186.
Août 26.Inst.Rég., 7106 J.N., p.191.
Sept. 27.Délib.Rég., 8308 J.N., p.71.
Sept. 30.Inst.Rég., 2332 J.N., p.110.
Oct. 18.Délib. Rég., 8249 J. N., p. 173.
Nov. 5.Délib. Rég., 8506 J. N., p. 137.
Nov. 26.Délib.Rég, 8416 J.N., p. 50.
Déc. 30.Inst. Rég., 8506 J. N., p. 71.
Déc. 18.Seine, p. 89.

1834.

Janv. 19.Cass., 8363 J. N., p. 82.
Janv. 24.Delib. Rég., p. 62.
Févr. 7.Déc. min. fin., p. 135.
Mars 1er.Délib. Régie, p. 90.
Mars 27.Cass. 15362.J. N.
Avril 2.Inst.Rég., 8249, p. 173.
Avril 19.Délib. Rég., p. 89.
Avril 24.Paris, p. 145.
Mai 12.Cass., 8560 J. N., p. 26.
Juin 17.Délib. Rég. 8600 J. N., p. 205.
Juillet 15.Délib. Rég., 8593 J. N., p. 125.
Juillet 19.Inst. Rég., p. 135.
Août 19.Délib. Rég., p. 205.
Août 29.Déc. min. fin., 8593 J. N., p. 125.
Août 23.Corbeil, 15337 J. N., p. 244.
Sept. 20.Délib. Rég., 8655 J. N., p. 54.
Sept. 26.Délib.Rég., 8655, J.N., p. 133.
Oct. 28.Délib. Rég.,
Nov. 11.Délib. Rég., p. 143.
Nov. 19.Cass.,
Nov. 24.Cass., 8750 J. N., p. 92.
Déc. 30.Cass., 11125 J. N., p. 294.

1835.

Janv. 15.Seine, 8863 J. N., p. 39.
Janv. 17.Reims, 8770 J. N., p. 137.
Janv. 19.Delib. Rég., 8737 J. N., p. 175.
Fév. 12.Cass. 8799 J. N., p. 233.
Fév. 24.Délib. Rég., 8919 J. N., p. 241.

Mars 31.Cass.,
Avril 7.Cass., p. 247.
Avril 21.Inst. Régie, 11125 J. N.,
Mai 12.Délib. Rég., p. 40.
Juin 9.Délib. Rég., p. 145.
Juin 12.Délib. Rég., p. 277.
Juin 16.La Flèche 9150 J.N., p.191.
Juin 18.Cass., 15548 J. N., p. 143.
Oct. 31.Cass., 9080 J. N., p. 135.
Nov. 18.Cass., 9080 J. N., p. 219.
Déc. 1er.Cass., 9115 J. N., p. 137.
Déc. 9.Cass., p. 231.
Déc. 11.Bourges, 9846 J. N., p.191
Déc. 17.Caen, p. 258.

1836.

Févr. 5.Délib. Rég., p. 150.
Mars 4.Villefranche, 9408 J. N., p. 174.
Mars 10.Seine, 9765 J. N., p. 123.
Mars 30.Senlis, p. 234.
Juin 23.Instr.Rég., p. 231.
Juin 24.Instr. Rég., p. 235.
Juillet 7.Toulouse, p. 251.
Juillet 12.Cass., 9293 J.N., p. 247.
Août 29.Strasbourg, 9448 J.N., p. 72.
Oct. 31.Délib. Rég., p. 17.
Nov. 29.Délib. Rég., p. 72.
Déc. 6.Cass., 9486 J. N., p. 231.
Déc. 24.Inst. Rég., p. 150.

1837.

Fév. 7.Solut. Rég.,
Avril 27.Paimbeuf, 10318 J. N., p. 191.
Mai 9.Bressuire, 9759 J. N., p. 184.
Juin 5.Instr. Rég., p. 186.
Juin 24.Cass., 9703 J. N., p. 109.
Juillet 21.Délib. Rég., 9765 J. N., p. 123.
Juill. 24.Délib. Rég., 9765, J. N., p. 184.
Août 1er.Sarreguemines, p. 234,
Août 3.Cass., 11701 J.N.
Août 5.Chartres, p. 175.
Août 22.Sarreguemines, p. 233.
Août 28.Cass., 9842 J. N., p. 62.
Août 29.Cass., p. 63.
Nov. 28.Orléans, 9993 J. N., p. 141.
Déc. 13.Déc. min. fin., p. 153.

1838.

Janv.   11.Seine, 10458 J. N., p. 285.
Janv.   11.Le Havre, p. 240.
Janv.   18.Instr. Rég., p. 219.
Fév.   17.Chartres, p. 229.
Fév.   28.Cass.,p. 67.
Mars   7.Meaux, 9971 J.N., p. 206.
Mars   15.Seine, p. 51.
Mai·   2.Cass., 10031 J. N , p. 86.
Mai   30 Riom, 10255 J. N , p. 141.
Juin   18.Instr. Rég., p. 134.
Juillet 12.Seine, p. 186.
Août   30.Seine, p. 239.
Nov.   13.Délib. Rég., 10199 J. N.,
            p. 160.
Nov.   14.Cass., 10214 J. N., p. 139.
Déc.   31.Instr. Rég., p. 82.

1839.

Janv.   16.Bordeaux, p. 254.
Janv.   18.Châlons-sur-Marne, 10773
            J. N , p. 219.
Janv.   23.Roanne, p. 175.
Mars   9.Déc. min. fin., p. 68.
Mars   16.Instr gé.,10315 J. N., 68.
            p. 68.
Mars   16.Evreux, p. 229.
Mars   19.Délib. Rég., 10320 J. N.,
            p. 194.
Avril   2.Cass., 10356 J. N., p. 194.
Juin   17.Cass., 10458 J.N.,p., 285.
Juin   28.Poitiers, p. 471.
Juillet 15.Délib. Rég. 10318 J. N.,
            p. 194.
Juillet 30.Rouen, p. 233.
Août   2.Saint Gaudens,12479 J.N.,
            p. 219.
Nov.   18.Bernay, p. 233.
Nov.   19.Marseille, p. 59.
Déc.   3.Cass., 10570, J. N.
Déc.   6.Nîmes.
Déc.   4.Cass., p. 122.

1840.

Janv.   6.Cass., p. 143.
Janv.   18.Seine, 9096 J. N., p. 175.
Mars   3.Cass., p. 231.
Mars   7.Paris, p. 85.
Mars   11.Cass., 10615 J. N., p. 223.
Mars   23.Cass., 10626 J.N., p. 236.
Avril   1er.Cass., 7958 J.N., p. 119.

Avril   7.Cass., 10697 J. N., p. 289·
Mai   22.Marseille, p. 250.
Mai   27.Seine, 10755 J.N.
Juin   28.Seine, p. 158.
Juin   29.Inst. Rég., 10581 J. N.,
            p. 184.
Juill.   7.Cass., p. 285.
Juill. 15.Cass., 10722 J.N,, p. 282.
Août   31.Grenoble, p. 252.
Nov.   13.Délib. Rég., p. 278.
Nov.   14.Gien, p. 67.
Nov.   20.Cass., 13902 J.N., p. 194.
Déc.   2.Seine, p. 36.
Déc.   7.Rouen, p. 213.
Déc.   8 Cass.,10849 J.N., p. 139.

1841.

Fév.   15.Cass., 10897 J. N. p. 89.
Mars   30.Cass., 13237 J. N., p. 225.
Avril   16.Uzès, p. 175.
Mai   6.Colmar, 14441 J. N.,
            p. 148.
Juin   25.Loi, p. 167.
Juin   30.Cass., 11061 J. N. p.
            229.
Juill.   7.Seine, p. 12.
Juillet 14.Seine, p. 52.
Juillet 15 Inst. Rég., 11014 J. N.,
            p. 168.
Juill. 17.Condom, p. 172.
Juill. 26.Cass., p. 295.
Août   24.Cass., p. 53.
Août   25.Bourges, p. 251.
Sept.   23.Déc. min. fin.
Oct.   19.Ordonn.
Nov.   4.Inst. Rég.
Déc.   14.Cass., 11187 J. N., p.
            141.
Déc.   29.Cass., p. 36.

1842.

Janv.   26.Seine, p. 123.
Févr.   1er.Cass.
Févr.   2.Seine.
Févr.   23.Mantes.
Févr.   24.Pont-Audemer, p. 229.
Févr.   17.Cass., p. 231.
Mars   7.Cass.
Mars   9.Cass., 11278 J. N., p. 175.
Avril   13.Seine, p. 237.
Avril   27.Seine, p. 82.

Mai   11.Saint-Quentin, p. 181.
Mai   11.Rouen, p. 229.
Mai   19.Nancy, p. 251.
Mai   21.Evreux, p. 229.
Juin   14.Château-Thierry, p. 229.
Juin   15.Seine, p. 229.
Août   2.Cass., 11701 J. N.
Août   4.Cass., p. 225.
Août   15.Toulouse, p. 171.
Août   22.Cass., 4447 J. N., p. 187.
Août   24.Corbeil, p. 229.
Août   27.Château - Gontier,   16759 J. N., p. 53.

1843.

Janv.   22.Joigny, p. 182.
Mars   24.Orléans, p. 82.
Mars   27.Seine, 12565 J. N.
Avril   3.Cass., p. 139.
Avril   28.Délib. Rég., 11618, p. 212.
Mai   20.Oléron, 4447 J. N., p. 134.
Mai   24.Seine, p. 59.
Août   25.Bayeux, p. 123.
Déc.   12.Cass., 11854 J. N., p. 139.
Déc.   6.Doullens, p. 229.

1844.

Mars   27.Seine, 12565 J. N., p. 206.
Mars   5.Béthune, p. 46.
Avril   3.Cass., 11854 J. N., p. 139.
juill.   26.Cass., p. 181.
Août   27.Délib. Rég., p. 106.
Août   3.Loi, p. 170.
Sept.   30.Bernay, 12157 J. N., p. 125.
Nov.   11.Cass., 12140 J. N., p. 138.
Nov.   20.Délib. Rég.
Nov.   24.Délib. Rég., p. 38.
Déc.   23.Orléans, p. 53.

1845.

Févr.   1er.Douai, p. 107.
Févr.   19.Lyon, 12315 J. N., p. 206.
Févr.   13.Valence, 12415 J. N., p. 87.
Févr.   24.Seine, 13608 J. N., p. 220.
Mars   10.Douai, 12543 J. N., p. 50.
Avril   9.Cass., 14952 J. N., p. 225.
Avril   22.Cass., p. 182.
Avril   28.Nîmes, 12535 J. N., p. 263.
Mai   23.Délib. Rég., p. 242.

Juin   25.Valence, 12439 J. N., p. 153.
Juin   26.Bordeaux, p. 248.
Juill.   17.Versailles, 12496 J. N., p. 168.
Août   22.Pont-Audemer, p. 229.
Oct.   2.Délib. Rég., p. 195.
Oct.   4.Sol. Rég. 13648 J. N. p. 78.
Nov.   20.Sol. Rég., 12565 J. N., p. 206.
Déc.   12.Rambouillet, 12612 J., N., p. 179.
Déc.   20.Lille, p. 107.

1846.

Janv.   27.Seine, p. 157.
Févr.   21.Paris, 12690 J. N.
Févr.   25.Cass., 12622 J. N., p. 182.
Mars   17.Cas., p. 181.
Mars   22.Rennes, 12903 J. N., p. 200.
Mars   24.Cass., 12656 J. N., p. 270.
Mai   12.Arras, p. 182.
Juin   9.Arras, p. 107.
Juin   15.Cass., 12107 J. N., p. 111.
Juill.   1.Saint-Quentin, 12760 J. N., p. 176.
Août   31.Narbonne, p. 292.
Sept.   1er.Lille, p. 107.
Déc.   31.Corbeil, 13052 J. N., p. 110.

1847.

Janv.   27.Cass.
Mars   8.Tours, 8737 J. N., p. 175.
Mars   13.Avesne, p. 192.
Mars   15.Cass., 12972 J. N, p. 211.
Mars   23.Bayonne, 13033 J. N., p. 137.
Mars   28.Cass.
Avril   12.Cass., 1306 J. N, p. 206.
Avril   15.Rouen, p. 55.
Mai   26.Grenoble, p. 158.
Juin   2.Cass., 13125 J. N., p. 235.
Juin   15.Cass., p. 187.
Juin   21.Cass., 13064 J. N., p. 125.
Juin   17.Caen, 13103 J. N., p. 174.
Juill.   9.Seine.
Juill.   17.Versailles.
Juill.   22.Mortagne, 13701 J. N.,
Août   11.Châteaulin, p. 237.
Août   31.Nantes, 13253 J.N.
Août   31.Pontoise, 43253 J. N., p. 155.

Nov. 10.Cass., p. 173.
Nov. 20.Nantes, 13549 J.N., p. 155.
Nov. 20.Grenoble, 13549 J. N., p. 155.
Déc. 14.Bayonne, 13405 J. N., p. 137.
Déc. 22.Montargis, p. 192.
Déc. 27.Grenoble, p. 150.
Déc. 27.Cass , 14952 J. N., p. 229.
Déc. 31.Inst. Rég., 13324 J. N., p. 208.

1848.

Janv. 12.Seine, 13280 J. N., p. 147.
Févr. 5.Dijon, 13495 J. N.
Févr. 9.Dieppe, p. 176.
Mars 8.Seine, p. 25.
Mars 13.Avesne, 12673 J. N. .
Mars 22.Seine, 13354 J. N., p. 209.
Mars 29.Seine, 13614 J. N., p. 138.
Mai 8.Cass., 13482 J. N., p. 124.
Mai 18.Compiègne, 13431 J. N., p. 159.
Mai 31.Cass., 7493 J. N., p. 137.
Juin 19.Sarlat, p. 34.
Juin 21.Cass., 13426 J.N., p. 225.
Juill. 16.Seine, 10773 J. N., p. 220.
Août 4.Délib. Rég.
Août 8.Cass., p. 187.
Août 21.Cass., 13489 J. N., p. 182.
Août 22.Délib. Rég., 13502 J. N., p. 138.
Août 28.Toulouse, p. 135.
Oct. 2.Délib. Rég., 13823 J. N., p. 10.
Nov. 7.Châlon-sur-Saône. p. 293.
Nov. 20.Bordeaux, 13601 J.N., p.281
Déc. 5.Blois, 13768 J. N., p. 51
Déc. 6.Seine, 16427 J. N., p. 254.
Déc. 7.Beaupréau, 15894 J. N., p. 47.
Déc. 7.Seine, 13587 J. N., p. 175.
Déc. 29.Délib. Rég., 14603 J. N., p.124.

1849.

Janv. 3. Chaumont. p. 149.
Janv. 23.Roanne.
Janv. 29.Cass. 13033 J.N., p.137.
Janv. 31.Seine, 13624 J.N., p.51.
Fév. 7 Solut. Reg. 13624 J. N., p. 117.

Fév. 8.Le Havre, p. 51.
Fév. 14.Guingamp, p. 151.
Fév. 20.Loi.
Fév. 22 Seine, 13664 J.N., p. 47.
Mars 7 Saint-Etienne, p. 134.
Mars 27.Saint-Etienne, 5223 J. N.,
Mars 28 Cass. 12690 J.N.
Avril 4.Cass.13763 J.N., p. 180.
Avril 12.Seine, p. 153.
Avril 13.Marseille, p. 37.
Avril 26.St-Marcelin, 13532, J. N , p. 10.
Avril 23.Cass.13721 J.N , p.93.
Mai 1.Rouen, 13799 J.N., p. 50.
Mai 2.Cass.13732 J. N., p. 474.
Mai 14.Neufchâtel, 13799 J. N. p. 50.
Juin 23.Lyon, 13850 J.N., p. 87.
Juin 27. Cass.13766 J.N., p.192.
Juin 28.Cass.13766 J.N .p 193.
Juillet 2.Cass. 13750 J. N., p.137.
Juillet 6.Cass.
Juillet 12.Le Havre, 13932J.N., p.164.
Août 6.Cass.13810 J.N. p. 289.
Août 18.Evreux. p. 238.
Août 28.Déc. Reg. 13831 J. N., p. 174.
Sept. 1.Tours, 14316 J. N., p.241.
Nov. 15.Cass.13921J.N
Nov. 20.Cass.13902 J.N., p. 192.
Nov. 26.Cass 13587 J.N., p. 175.
Nov. 30.Cass.13902 J. N., p.194.
Déc. 7.Lille, p. 122.
Déc. 29.Périgueux14066J.N., p.77.
Déc. 31.Aubusson, p. 175.

1850.

Janv. 3.Valognes. 14011 J. N., p. 222.
Janv. 7.Cass., p. 187.
Janv. 8.Epinal, 14203 J.N.
Janv. 10.Seine, 14629 J.N.
Janv. 15.Cass., 13953 J. N. p. 283.
Janv. 17.Versailles, 14759 J. N.,
Janv. 18.Colmar, p. 243.
Janv. 23.Angoulême, p. 47.
Janv. 29.Cass., 13958 J.N., p.125.
Févr. 23.Angoulème, 13768 J. N., p. 47.
Mars 6.Cass., p. 120.
Avril. 16.Délib. Rég., p. 150.

Mai 18.Loi, 14050 J.N., p. 202.	Juill. 2.Cass., 14422. J.N. p. 297.
Mai 2.Inst. Rég., 14035 J. N., p. 138.	Juill. 7.Andelys (Les). p. 178.
Juin 5.Loi, p. 291.	Juill. 21.Cass., 14421. J.N.
Juin 9.Vire, p. 291.	Juill. 28.Cass., 14430, J.N. p. 257.
Juin 12.Seine, 14172 J.N , p. 209.	Juill. 31.Reims, 14679 J.N , p. 48.
Juin 27.Douai, p. 165.	Aout 22.Lectoure. p. 237.
Juin 27.Argentan, 13157 J. N., p. 112.	Oct. Gueret, 14318 J N.,p.209.
Juin 29.Cass., 13064 J.N., p. 132	Nov. 12.St-Etienne, 14590 J. N., p. 17.
Juin 30.Inst.Rég.,14957J.N.,p.193	Nov. 19.Cass., 14523 J.N., p.124.
Juin 30.Inst. Rég., 14600 J. N., p. 194.	Déc. 18. Poitiers.
Juill. 3.Seine, p. 153.	Déc. 28.Délib. Rég. 14546. J.N. p. 221.
Juill. 26.Coulommiers, p. 179.	
Août 9.Seine, 13768 J. N., p. 51.	**1852.**
Août 14.Cass., 14592 J.N., p. 269.	
Août 14.Cass., 14145 J.N., p. 262.	Janv. 13.Déc. min. fin., 14908 J.N., p. 161.
Aout 23.Seine, 14177 J.N., p. 54.	Fév. 11.Seine, 14620 J.N , p. 270.
Nov. 5.Délib. Rég., 14210 J. N , p. 242.	Fév. 12.Bordeaux, p. 130.
Nov. 19.Cass., 14225 J.N., p. 235.	Fév. 24.Délib. Rég., 7820 J. N., p. 134.
Nov. 20.Nantes, 14291 J. N., p.78.	Mars 4.Seine, 14646 J.N., p. 138.
Déc. 4.Seine, p. 59.	Mars 12.Saverne, 14673 J. N., p. 118.
Déc. 6.Seine, 14342 J. N.	Mars 25.Montmédy, p. 212.
Déc. 17 Rouen, p. 237.	Mars 25 Seine, 14620 J. N., p. 252.
Déc. 21.Nontron,15380J.N.,p.150.	Mars 26.Melle, p. 178.
Déc. 24.Cass., 14244 J.N., p. 93.	Mars 27.Melun, 14759 J. N.
Déc. 30.Cass., 14236 J.N., p.175.	Avril 5.Cass., 14629 J.N., p. 210.
	Avril 6.Montluçon, 14866 J. N., p. 112.
1851.	Avril 20.Seine, 14790 J. N., p.113
	Mai 7.Abbeville, 15230 J. N.
Janv. 2.Château-Chinon, p. 153.	Mai 12.Seine, 14981 J.N., p. 12.
Févr. 19.Déc. Rég., 14351 J. N.	Mai 26.Douai, 18899 J.N., p. 158.
Févr. 27.Château-Thierry. 12612 J. N., p. 179.	Juin 14.Montpellier, p. 156.
Févr. 26.Cass., 14324 J.N., p. 241.	Juin 17.Seine, 14702 J. N.,p. 107.
Mars 2.Cass., 14305 J. N., p. 287.	Juill. 8.Loi, p. 164.
Mars 3.Cass.	Juill. 12.Paris.
Mars 11.Cass., 14316 J N., p. 244.	Juill. 22.Seine, 14901 J.N., p. 72.
Mars 13.Le Havre 13766 J.N.,p.192.	Août 7.Inst. Rég., 14738 J. N., p. 461
Avril 9.Seine, p. 164.	Août 17.Sables d'Olonnes, 14816, J. N., p. 72.
Mai 6.Colmar,14441 J.N.,p.133.	Août 27.Melun, 14759 J.N.,p.214.
Mai 13.LeHavre,13766J.N.,p.192.	Août 27.Rhetel,14910J.N., p.148
Mai 28.Seine, 14556 J.N.,p.115.	Sept. 15.Alençon,14806J. N.,p 38.
Mai 28.Dreux 14587 J.N.,p.158.	Nov. 17.Cass.,14829 J.N.,p.120.
Mai 30.Seine,14499 J.N., p. 275.	Nov. 18.Seine, 14957J. N.,p.193.
Juin 4.Brives, p. 151.	Nov. 24.Cass., 14821 J. N.,p.30.
Juin 6.Seine, 14385J.N., p. 221.	Déc. 15.Tulle. p. 237.
Juin 19.Valenciennes, 13426 J.N., p. 225.	
Juin 23.Cass.,14425. J.N. p. 141.	
Juin 21.Angers, 14590,J.N.p.126.	
Juin 30.Inst. Rég. p. 235.	

Déc. 15.Cass.,14860 J. N.,p.124.
Déc. 18.Blois,14932 J. N.,p. 180.

1853.

Janv 17.Paris,14858 J. N., p. 221.
Janv. 20.Senlis,17676 J. N ,p.179.
Janv. 29.Saint-Pons.
Fév. 1er.Cass., p. 250.
Fév. 23.Cass , 16253 J.N.
Fév. 23.Instr. Rég , 14908 J.N., p. 461.
Mars 10.Déc. min. fin., 15306 J N., p. 163.
Mars 17.Seine,14981 J. N.,p.150.
Avril 22.Orange, 15198 J. N., p. 194.
Mai 7.Abbeville, 15230 J. N., p. 169.
Mai 26.Déc. min fin., 15303 J. N., p. 140.
Juin 11.Amiens, p. 256.
Juin 14.Seine.
Juin 26.Cass.,14448 J. N.,p.140.
Juillet 12.Cass.,15020J. N.,p.124.
Juillet 13.Valence, 15238 J. N.. p. 174.
Juillet 14.Seine,15017J. N.,p 236.
Juillet 28.Seine,15043 J. N.,p.461
Juillet 30.Saumur, p. 230
Août 8.Cass.,15046J. N ,p. 126
Août 10.Cass.,13482J.N ,p. 124.
Août 25.Cass.,15073J.N.,p.124.
Août 31.Cass.,12707J. N. p 411.
Nov. 15.Andelys, 15365 J. N., p. 131.
Déc. 28.Reims, p. 148.

1854.

Janv. 4.Cass.15155 J. N. p. 290.
Janv. 6.Seine, p. 287.
Janv. 17.Cass.,15157 J. N..p. 105.
Janv. 25.Sisteron, 15804 J. N., p. 142.
Janv. 30.Cass ,15192 J.N.,p. 139.
Janv. 31 Cass.,15156 J.N.,p.194.
Fév. 15.Cass.,15189 J N , p. 55.
Mars 27.Cass.,15362 J.N.
Mars 28.Cass.,15209 J.N..p.106.
Avril 14.Cass.,15201 J.N.,p.126.
Avril 15.Loi, p. 169.
Avril 24.Cass.,15238J. N., p.176.

Mai 8.Cass., 15237 J. N.,p 92.
Mai 9.Seine,15254J. N., p. 258.
Mai 9.Béthune, 15439 J. N.,p.
Mai 10 Cass ,15245J. N., p. 126.
Juin 12.Cass.,15352J. N.,p.141.
Juin 13.Instr., Rég., 15306 J. N. p. 65.
Juin 19.Seine,15259J. N., p.160.
Juin 28.Péronne,10324 J. N. 109.
Juillet 26.Cass.,15289 J. N.
Août 23.Corbeil,15337J. N.,p.58.

1855.

Janv. 22.Montargis. 15458 J. N., p. 279.
Janv. 24.Bergerac,15516 J.N.,p.174
Janv. 30.Cass., 15425 J. N., p.281
Fév. 15.Versailles.15574J N., p. 38
Fév. 25.Nancy, 15483 J. N.. p.480
Fév. 28.Cass.,15473 J. N., p. 211.
Mars 8.Inst. Rég., 15481 J. N., p. 225.
Mars 13 Cass., p. 257.
Mars 19.Cass., p. 188.
Mars 27.Cass.. 15525 J. N.. p. 179
Mars 27.Cass.. 15528 J. N.. p. 143.
Avril 24.Déc. min.fin.. 15605 J. N..
Mai 12.Laon, p 36.
Mai 14.Douai.
Juin 9.Délib. Rég.. p. 248.
Juin 13.Seine. 16127 J. N., p. 248.
Juin 18.Cass.. 15548 J. N., p. 143.
Juin 19.Cass., 15545 J. N., p. 194.
Juill. 15.Inst. Rég., 15605 J. N..
Juil. 17.Rouen, p.
Août 1er.Cass., 15607 J. N., p. 93.
Août 4.Paris, 15566 J. N., p. 55.
Août 10.Seine, 15746 J. N., p.280
Oct. 2.Inst. Rég., 16424 J. N.,
Nov. 14.Langres, p. 55.
Déc. 28.Angoulême.

1856.

Janv. 30.Cass., 15756 J. N.
Fév. 16. Lure, 16064 J.N., p. 162.
Fév. 16.Seine, 15739 J. N.. p. 221.
Mars 1er.Pontarlier, 15926 J. N.. p. 149.
Mars 12.Le Havre, 15765 J. N.
Mars 17.Rouen, 10755 J. N.

Avril   9.Cass., 15782 J. N., p. 124.
Avril   15.Lyon
Avril   17.Pontoise. 16060 J. N.,
      p. 156.
Avril   30.Seine, 15831 J. N.
Mai   5.Cass. 15799 J. N., p. 180.
Mai   13.Gourdon, 15853 J. N.,
      p. 271.
Juin   12.Amiens, p. 180
Juill.   1er.Saint-Quentin,12760 J.N.,
      p. 180.
Juill.   7.Cass. 15842 J. N., p. 216.
Juill.   15.Cass., 15845 J. N., p. 50.
Juill.   18.Délib. Rég. . 9971 J. N.
      p. 206.
Juill.   23.Seine, 15865 J. N., p. 164.
Juill.   26.Seine, 15892, J. N.
Août   1er Cambrai,15885J. N., p.97.
Août   3.Cusset, 15972 J. N.
Août   25 Dreux,   p. 227.
Août   26.Beaupréau, 15865 J. N.,
      p. 254.
Août   27.Orange, 15908 J. N.,
      p. 149.
Oct.   20. Déc. min. fin., p. 90.
Nov.   12.Paris, p. 257.
Nov.   20.Lille, 15995 J. N., p. 105.
Nov.   24.Cass., 16206 J. N.
Déc.   8.Cass., 15945 J. N., p. 21.
Déc.   18.Argentan, p. 82.
Déc.   22.Cass., 15959 J. N.
Déc.   30.Pamiers.

1857.

Fév.   10.Bordeaux. 16127 J. N., p.
      254.
Fév.   12.Bar-sur-Aube, p. 148.
Fév.   13.Seine, 16032 J. N., p. 78.
Fév.   17.Cass. 16001 J. N., p. 130.
Fév.   17.Cass., 15998 J. N., p. 221.
Fév.   27.Seine, 16064 J. N., p. 163.
Avril.   14.Coutances, 16327 J. N., p.
      114.
Mai   6.Sedan, 16417 J. N., p. 112.
Mai   6.Cass., 16069 J. N., p. 111.
Mai   8.Seine, 16325 J.N.. p. 279.
Juin   23.Cass., 16123 J. N., p. 19.
Juin   24.Cass., 16094 J. N., p. 258.
Juin   24.Cass., 16092 J. N., p. 258.
Juill   6.Lons-le-Saulnier, 16131 J.
      N., p. 107.
Août   12.Cass., 16138 J. N., p. 164.
Août   19.Cass., 16129 J. N., p. 131.

Nov.   11.Cass., 16205 J. N., p. 169.
Nov.   24.Cass., 16206 J. N., p. 172.
Déc.   31.Inst. Rég., 16368 J. N., p.
      112.

1858.

Janv.   6.Cass., 16235 J. N., p. 73.
Janv.   16.Cass., 16223 J. N., p. 73.
Janv.   20.Cass., 16249 J. N., p. 136.
Janv.   23.Seine, 16240 J. N., p. 222.
Fév.   5.Dinan, p.200.
Fév.   23.Cass.. 16253 J. N., p. 40.
Mars   30.Cass., 16273 J. N. p.190.
Avril   3.Cass., 16353 J. N., p. 84.
Avril   14.Cass., 16421 J. N., p. 84.
Mai   8.Seine, 16325 J. N., p.280.
Mai   15.Lille, 16410 J. N., p.178.
Juin   1.Cass., 16332 J. N., p. 66.
Juin   13.Déc. min. fin.,19424 J. N.,
Juin   14.Cass., 16333 J. N., p.124.
Juin   23.Déc. min.fin., 16424 J. N..
      p. 130.
Juill.   20.Versailles, 16811 J. N., p.
      131.
Juill.   23.Seine, 16357 J. N., p. 40.
Août   27.Seine, 16398 J. N., p. 40.
Août   27.Montpellier, 16383 J. N.,
      p. 2.
Oct.   2.Inst. Rég., 16475 J. N., p.
      130.
Nov.   20.Cass., 16476 J. N., p.136.
Déc.   4.Seine, 10505 J. N., p.137.
Déc.   6.Cass., 16470 J. N., p. 199.
Déc.   22.Nap.-Vendée, 16950 J. N.,
      p. 170.
Déc.   24.Seine, 16521 J. N., p. 289.

1859.

Janv.   29.Seine, 16525 J. N., p. 163.
Mars   17.Rouen,10755 J. N., p.115.
Mars   25.Chartres. 16632 J. N., p.
      152.
Mars   25. Cambrai, 16616 J. N.,
      456.
Avril   5.Déc. min. fin., 16577 J. N..
      p. 117.
vril   9. Saumur, 16571 J. N., p.
      113.
Avril   5.Déc. min. fin., 16577 J.
      N., p. 117.
Avril   14.Inst. Rég., 16564 J. N., p.
      65.

Avril 18.Bagnères, 16696, J. N.,p. 195.
Avril 20.Seine, 16727 J. N.
Mai 11.Bordeaux, 17043,J. N.
Juin 4.Seine, 16645 J. N., p.245.
Août 16.Cass. 16659 J. N., p. 199.
Août 22.Cass., 16706J. N.,p. 199.
Août 30.Nimes, 16759 J.N.,p.180.
Nov. 6.Cass., 16710 J. N., p.264.
Déc 9.Hazebrouck, 16867 J. N., p. 264.

1860.

Janv. 10.Carcassonne, 16824 J. N., p. 116.
Janv. 21.Châlon-sur-Saône, 16799 J. N., p. 123.
Janv. 24.Cass., 16764 J. N., p. 112.
Janv. 29.Cass., 13968 J. N.
Févr. 29.Cass., 17381 J. N.
Févr. 29.Cass., 16790 J. N., p. 271.
Mars 7.Villefranche, 16891 J. N., p. 125.
Mars 21.Cass., 16829 J. N., p. 108.
Mars 21.Cass., 16810 J. N., p. 195.
Avril 20.Seine, 16842 J. N., p. 211.
Mai 10.Aubusson,16887 J.N.,p.146
Juin 9.Orléans, 16875J.N., p. 258.
Juin 30.Seine, 16889 J. N., p. 156.
Juillet 10 Cass., 16894 J. N., p.279.
Juillet 18.Cass., 16901 J. N., p. 178.
Juillet 24.Cass., 18045 J. N., p. 178.
Août 9.Valcuciennes, 16977 J. N., p. 138.
Août 25.Seine, 17504 J. N., p. 197.
Août 25.Seine, 16926 J. N., p. 226.
Nov. 13.Cass., 17002 J. N., p. 196.
Déc. 11.Cass., 17071 J. N., p. 201.
Déc. 24.Cass., 17008 J. N., p. 81.

1861.

Janv. 9.Béziers, 17191 J.N.,p.130.
Janv. 12.Seine, 17029 J. N., p. 53.
Janv. 18.Seine, 17112 J. N., p. 53.
Janv. 31.Inst.Rég.,17049J.N..p.224
Avril 24.Cass., 17112 J. N., p. 154.
Avril 27.Seine, 17119 J. N., p. 185.
Mai 11.Seine, 17205 J. N., p. 249.
Mai 20.Montpellier,17195J.N..p.31
Juin 5.Cass., 17163 J. N., p. 212.
Juin 5.Cass., 17164J. N., p. 212.

Juin 27.Caen, p. 77.
Juillet 13.Seine, 17249 J. N., p. 236.
Juillet 18.Seine, 17249 J. N.
Juillet 19.Caen, p. 77.
Août 21.Cass., 17225 J. N., p. 81.
Août 29.Mortagne,17246J.N.,p.112.
Sept. 7.Dunkerque, p. 238.
Sept. 15.Inst.Rég..17261J.N.,p.154.
Nov. 23.Seine, 17318 J. N., p. 254.
Déc. 13.Seine, 17419 J. N., p. 140.

1862.

Fév. 17.Nancy, 17368 J.N.,p. 87.
Mars 14.Tours, p. 15.
Mars 19.Cass., 17381 J.N.,p.270.
Mars 29 Seine, p. 247.
Avril 9.Cass., 17402 J.N.,p.148.
Avril 29.Paris, 17413 J.N.,p.140.
Juin 1er.Cass., 17481 J.N., p. 77.
Juin 25.Cass., 17472 J.N., p. 199.
Juill. 2.Loi, 17445 J.N., p. 254.
Juill. 3.Inst.Rég.,17445 J.N.,p.254.
Juill. 3.Toulouse,17468J.N.
Juill. 25.Seine, 17606 J.N., p.244.
Juill. 28.Cass., 17492 J.N., p. 138.
Juill. 30.Cass., 17504 J N., p.189.
Nov. 21.Seine, p. 258.
Nov. 15.Inst. Rég., 17590 J. N., p. 190.
Nov. 29.Seine, 17634 J.N., p. 165.
Déc. 2.Cass., 17615 J.N., p. 259.
Déc. 20.Seine, 17656 J.N., p. 201.
Déc. 23.Cass., 17598 J.N., p. 126.

1863.

Janv. 20.Senlis, 17676 J.N.,p. 259.
Janv. 20.Marseillle, 17783 J. N., p. 169.
Janv. 31.Seine, 17743 J.N., p. 139.
Fév. 6.Seine, 17688 J. N., p. 44.
Fév. 24.Cass., 18014 J.N., p. 259.
Fév. 21.Seine, 17726 J.N., p. 290.
Mars 5.Toulouse,17719 J.N.
Mars 11.Cass., 17008 J.N..p.132.
Mars 11.St.-Étienne, 17837 J.N., p. 139.
Mars 25.Cass., 17705 J.N.,p.146.
Avril 24.Lyon, 17963 J.N., p. 259.
Avril 29.Cholet, 18066 J.N.,p.184.
Avril 29.Bazas, 17793 J.N.,p.184.
Mai 13.Loi, 17749 J. N., p. 140.

Mai	21.Inst. Rég., 17749 J. N., p. 140.
Juin	2.Mamers, 17886 J.N.,p. 247.
Juin	19 Lyon, 17861 J.N., p. 242.
Juill.	17.Cass., 17769 J. N , p. 37.
Juill.	24.Sens, 18028 J.N., p. 114.
Juill.	28.Segré, 17949 J N., p. 227.
Août	17.St.-Omer, 17960 J.N., p.271.
Août	17.Cass. 17831 J.N., p. 181.
Août	18.Yvetot, 17918 J.N., p. 127.
Août	26.Rennes, 17985 J.N.,p.127.
Août	27.Marseille, p.121.
Sept.	18.Charleville, 17843 J. N., p. 267.
Nov.	24.Inst.Rég. 17889J.N., p.13.
Déc.	2.Cass.!
Déc.	23.Rambouillet, 17969 J. N., p. 114.

1864.

Fév.	10.Cass., 17925 J. N., p. 272.
Fév.	13.Hazebrouck, p 273.
Fév.	26.Lyon, 18108 J. N., p. 55.
Mars	12. Château – Thierry, 18025 J.N , p. 114.
Avril	3.Solut. Rég., 18114 J.N., p. 65.
Avril	5.Cass. 18000 J. N., p. 226.
Avril	19.Cass., 18049 J. N., p. 165.
Avril	15.Vitry - le - François, 18123 J.N., p. 114.
Juin	10.Angers, 18130 J.N., p.128.
Juin	29.Cass., 18045 J.N., p. 265.
Juill.	2.Sol. Rég., J.N. p. 268.
Juill.	26.Cass., 15289 J.N., p. 188.

Paris. — E. Donnaud, imp. de la Cour imp. et des trib., rue Cassette, 9.

PUBLICATIONS DU JOURNAL DES NOTAIRES ET DES AVOCATS.

N. 1.—JOURNAL DES NOTAIRES ET DES AVOCATS. Prix de l'abonnement : 15 fr. (*franco*). — De tout temps, les abonnés au *Journal des Notaires* ont joui de la faculté de consulter *gratuitement* l'Administration sur toutes les questions de droit, de notariat, d'enregistrement, etc., etc., qui peuvent les intéresser.

Le *Journal des Notaires* est le COMPLÉMENT PÉRIODIQUE du *Dictionnaire du Notariat*. — Il suffit de porter en marge de cet ouvrage, à la place indiquée, le *chiffre* de l'article du Journal pour maintenir le Dictionnaire *toujours au courant* de la *législation* et de la *jurisprudence*.

Le Journal paraît *chaque mois* en un cahier de 80 pages d'impression, avec couverture imprimée, formant chaque année un volume de près de 900 pages.

N. 2. — COLLECTION du *Journal des Notaires et des Avocats*, depuis le 1ᵉʳ janvier 1808 jusqu'au 1ᵉʳ janvier 1865. — 95 vol. in-8. — Prix : 220 fr., et 7 fr. pour chaque *année* demandée pour compléter une collection.

Le souscripteur est prié d'indiquer les années de la collection qu'il demande, et les délais qu'il désire pour le payement.

N. 3. — DICTIONNAIRE DU NOTARIAT, *quatrième édition*. — Ouvrage entièrement refondu, 13 vol. in-8 de 50 feuilles, soit plus de 40,400 pages. — Prix : 130 fr. *franc de port*, jusqu'au chef-lieu d'arrondissement.

NOTA. — Les ABONNÉS au *Journal des Notaires* et les personnes qui S'ABONNENT, en souscrivant au Dictionnaire, payeront l'ouvrage 105 fr. *franco* jusqu'au chef-lieu d'arrondissement.

N. 4. — TABLE D'ANNOTATIONS du Dictionnaire du Notariat, contenant l'analyse des articles insérés dans le *Journal des Notaires*, depuis la publication de la 4ᵉ édit. du Dictionnaire (1851 à 1865), br. in-8. — Prix : 2 fr.

N. 5. — FORMULAIRE PORTATIF de tous les actes des Notaires, avec annotations, un cahier, 200 pages in-4°. — Prix : 5 fr. Ce formulaire, de la dimension d'une feuille de papier un timbre de 50 cent., est spécialement destiné à servir hors de l'étude et se place facilement dans un portefeuille-rouleau.

N. 6. — CODE NAPOLÉON PORTATIF, même format, brochure de 60 pages. — Prix 1 fr. 50 cent.

N. 7. — RECUEIL GÉNÉRAL DES LOIS, *Décrets, Ordonnances, Édits, Arrêtés, etc.*, de l'année 1315 au 31 décembre 1864. — 22 vol. in-8. — Prix : 165 fr., *franc de port*, jusqu'au chef-lieu d'arrondissement.

Cette vaste collection embrasse 547 années ; elle se divise en CINQ PARTIES, qui se vendent *séparément*.

N. 8. — *Première partie.*—LEGISLATION DE 1315 A 1789. Manuel complémentaire de toutes les collections de lois qui commencent à 1789, contenant les ordonnances, édits, déclarations, usages locaux, coutumes, etc., antérieurs à 1789 et restés en vigueur. — 1 vol. in-8. — Prix : 15 fr. *franco*.

N. 9. — *Deuxième partie.*—LEGISLATION DE 1789 A 1830. RECUEIL COMPLET (*annoté*) DES LOIS, *Décrets, Ordonnances, Sénatus-consultes*, de 1789 à 1830, avec tables générales analytiques et alphabétiques des matières, mis en ordre et annotés par C.-M. GALISSET, ancien avocat à la Cour de Cassation. — 6 forts vol. in-8, imprimés en très-beaux caractères. — Prix : 50 fr. *franco*.

N. 10. — *Troisième partie.*—LEGISLATION DE 1830 A 1848. RECUEIL GÉNÉRAL DES LOIS et *Ordonnances* depuis le 7 août 1830 jusqu'au 23 février 1848 (*Règne de Louis-Philippe*), avec notes et tables annuelles, et DEUX volumes de tables, du 7 août 1830 au 23 février 1848. 7 vol. in-8. — Prix : 50 fr. *franco*.

N. 11. — *Quatrième partie.*—LEGISLATION DE 1848 A 1852. RECUEIL GÉNÉRAL DES LOIS, *Décrets et Arrêtés* depuis le 24 février 1848 jusqu'au 1ᵉʳ décembre 1852 (*République française*), avec notes et tables annuelles. — 5 vol. in-8. — Prix : 20 fr. *franco*.

N. 12. — *Cinquième partie.*—LÉGISLATION DE 1852 à 1862 inclus. RECUEIL GÉNÉRAL DES SÉNATUS-CONSULTES, *Lois, Décrets et Arrêtés*, depuis le 2 décembre 1852 jusqu'au 31 décembre 1863 (*Empire français*), avec des notes et deux tables annuelles, (chronologique et alphabétique). — 12 années. — Prix : 60 fr. *franco*.

NOTA. — Le prix de l'abonnement annuel *franco* est de CINQ FRANCS, payables *d'avance* ou, au plus tard dans le courant du mois de mai. — Ce Recueil paraît au fur et à mesure de la publication du *Bulletin officiel*, par livraisons *non mensuelles*, de 32 à 96 pages, avec couverture imprimée. — Les livraisons forment chaque année un volume.

N. 13 — TABLES ALPHABETIQUES *et analytiques du Recueil des Lois* :

1830 à 1840, 1 vol. in-8, prix : 6 fr.
1840 à 1848, 1 vol. in-8, prix : 6 fr. *franco*.
1848 à 1858, 24 nom. in-8, prix : 8 fr.

N. 14. — CODE NAPOLEON, format in-3°, de la dimension du *Formulaire Portatif* (V. N° 5), et lui faisant suite avec table alphabétique des matières, cahier de 72 pages. — Prix : 1 fr. 50 *franco*.

N. 15. — AGENDA-ANNUAIRE de la *Magistrature, du Barreau et des Officiers publics*. 1 vol. long, cartonné *représentant* un volume in-8 de 600 pages. — Prix : 3 fr. 50 c., 4 fr. 60 c. et 5 fr. 80 c. — Cet annuaire paraît *chaque année* dans le courant du mois de *décembre*. — Il contient des documents de la plus grande utilité pour les notaires, auxquels il est indispensable.

NOTA. — Cet ouvrage étant toujours ÉPUISÉ à la fin de décembre, il est nécessaire de faire les demandes dans le courant de *novembre*.

N. 16. — COMMENTAIRE ou Explication au point de vue pratique de la loi du 23 mars 1855, sur la *Transcription en matière hypothécaire*, par M. GROSSE, anc. notaire. — 2 vol. in-8. Prix : 10 fr. *franco*.

N. 17. —COMMENTAIRE ou Explication au point de vue pratique de la loi du 21 mai 1858 sur la *Procédure d'ordre*, par M. GROSSE, *ancien notaire*, et M. RAMEAU, *avoué à Versailles*. — 2 vol. in-8. — Prix : 10 fr. *franco*.

N. 18. — VENTES DE MEUBLES (*des Honoraires sur les* par M. GROSSE. — In-8. — Prix : 1 fr. 50 c. *franco*.

N. 19.—DES DONATIONS et TESTAMENTS, Commentaire du titre II du livre III du Code Napoléon, mis en rapport avec le *Dictionnaire du Notariat*, 4ᵉ édit., par M. TROPLONG, président du Sénat, premier président de la Cour de cassation, etc., *deuxième édition* (1862). — 4 vol. in-8, sur beau papier. — Prix : 36 fr. — Ce prix est payable sur mandat de l'Administration, soit en un seul terme, soit en trois payements, à la volonté du souscripteur.

NOTA.—Les Abonnés au *Journal des Notaires*, qui enverront avec leur souscription un *mandat de poste* de 32 fr., recevront l'ouvrage *franc de port à domicile*.

N. 20. — DES LIQUIDATIONS JUDICIAIRES, et spécialement celles qui intéressent les mineurs et autres incapables, par M. MOLLOT, conseiller à la Cour impériale de Paris, *deuxième édition revue et augmentée* (1863). 1 vol. in-8. — Prix : 4 fr.

N. 21. — GUIDE PRATIQUE POUR LA RÉDACTION DES ACTES DES NOTAIRES, avec les droits d'enregistrement appliqués à chaque acte, et *renvois* au Dictionnaire du Notariat et au Formulaire-Pocket, par M. A. MICHAUX, ancien clerc de notaire (1863). 1 vol. in-18. — Prix : 3 fr. 50 c.

N. 22.—MANUEL DES DÉCLARATIONS DE SUCCESSION et des droits de mutation par décès, contenant le résumé des décisions administratives et judiciaires, et mis en rapport avec le *Dictionnaire du Notariat*, par M. MOLINEAU, ancien notaire. 2ᵉ édition (1865). 1 vol. in-8. — Prix : 4 fr.

N. 23.—RADIATIONS HYPOTHECAIRES Traité pratique et théorique (des), par M. Er. BOULANGER, 1 vol. in-8. — Prix : 8 francs.

N. 24. — DES SOCIETES A RESPONSABILITE LIMITEE. —FORMULAIRE avec commentaire, en notes, de la loi du 5 mai 1863, par M. VAVASSEUR, avocat à la Cour impériale de Paris (ancien principal clerc de notaire à Paris) 1 vol. in-8. — Prix : 4 fr. 50 c.

N. 25. — FORMULAIRE GENERAL et Traité pratique à l'usage du Notariat. — Divisé en quatre parties, par M. DE-FRENOIS, anc. pr. clerc de notaire à Evreux, clerc de notaire à Paris, et M. VAVASSEUR, anc. pr. clerc de notaire à Paris. Auteur du 4 vol. grand in-8. — Prix de chaque volume, 8 francs. — Le 1ᵉʳ et le 2ᵉ volumes sont en vente, les deux autres sont sous presse.

N. 26. — INVENTAIRE (Traité formulaire de l') par les mêmes auteurs, brochure grand in-8 de 86 pages. Prix : 2 fr. *franco*.

N° 27.—COURS ÉLÉMENTAIRE de Notariat, par M. HABEL-DELANOE, notaire. 2 vol. in-8. — Prix : 12 fr.

N° 28. — DE L'EMPLOI ET DU REMPLOI en rentes sur l'État, par M. ALPH. LEFEBVRE, avocat à la Cour de Cassation, 1 vol. in-8. — Prix : 3 fr. 80

9 782329 373003